晋商史研究文库·第一辑

王书华 主编·第五卷 资料卷

18—19世纪世界茶叶市场史料与研究

权彤 石涛 等 ◎ 编著

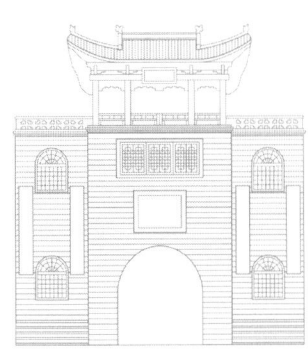

中国社会科学出版社

目　　录

绪　论 …………………………………………………………（1）
　　第一节　第三方视角 ………………………………………（1）
　　第二节　文献回顾 …………………………………………（3）
　　第三节　主要内容与结构 …………………………………（5）

研究篇

第一章　世界茶叶需求的由来 …………………………………（9）
　　第一节　茶之药用 …………………………………………（10）
　　第二节　上层社会的"奢侈品" ……………………………（14）
　　第三节　民众的"必需品" …………………………………（17）

第二章　世界茶叶市场的规模、结构与国家利益 ……………（24）
　　第一节　贸易规模 …………………………………………（25）
　　第二节　贸易结构 …………………………………………（29）
　　第三节　贸易政策 …………………………………………（30）

第三章　世界茶叶供给区的变动及原因 ………………………（37）
　　第一节　华茶经验式生产及经营模式 ……………………（38）

目　录

　　第二节　世界茶叶供给区变动 …………………………………(44)
　　第三节　茶叶供给区变动原因分析 ……………………………(50)
　结语 ……………………………………………………………(61)

史料篇

第一编　中国茶叶生产加工报告 ………………………………(67)
　序言 ……………………………………………………………(67)
　第一章　茶叶的起源 …………………………………………(72)
　第二章　茶叶的种植条件 ……………………………………(80)
　第三章　茶叶的种植土壤 ……………………………………(92)
　第四章　茶叶的栽培 …………………………………………(112)
　第五章　茶叶的采摘 …………………………………………(119)
　第六章　茶叶制作 ……………………………………………(125)
　第七章　茶叶的烘焙和干燥 …………………………………(133)
　第八章　茶叶种类与运输 ……………………………………(151)
　第九章　绿茶的制作过程 ……………………………………(178)
　第十章　制茶的温度 …………………………………………(196)
　第十一章　红茶与绿茶的差异 ………………………………(208)
　第十二章　茶树品种差异 ……………………………………(225)
　第十三章　印度的茶叶种植 …………………………………(237)
　结语 ……………………………………………………………(250)
　詹姆森博士的估计报告 ………………………………………(250)
　附录 ……………………………………………………………(256)

第二编　茶及茶叶贸易简史与中国茶区 ………………………(270)
　前言 ……………………………………………………………(270)
　引言 ……………………………………………………………(271)

第一章	茶叶的早期历史与传入英国	(271)
第二章	茶的互补品和替代品	(281)
第三章	英国茶叶贸易的发展	(287)
第四章	茶树及其栽培	(296)
第五章	茶叶加工	(301)
第六章	不同品质茶叶及生长地	(304)
第七章	印度茶	(318)
第八章	冲泡用水	(327)
第九章	沏茶之道	(343)
第十章	拼合茶	(346)
第十一章	茶的化学成分和生理功能	(351)

第三编　阿萨姆邦的茶土与茶肥 (356)
　第一章　引言 (356)
　第二章　茶土的物理性质 (364)
　第三章　茶土的化学成分 (386)
　第四章　阿萨姆地区的茶用肥料 (411)
　第五章　阿萨姆地区土壤特征 (455)

中英文对照表 (494)

参考文献 (514)

后　记 (519)

丛书后记 (521)

绪　论

第一节　第三方视角

中国经济史研究肇始于20世纪初，50年代前后中国的研究者基本确立了历史发展必须经过原始社会、奴隶社会、封建社会、资本主义社会和社会主义社会五个阶段的结论。同一时期，西方学术界同样关注近代以来中国经济社会停滞还是发展的问题。从立论基础上看，西方不同于中国学术界对于"封建主义"与"资本主义"生产关系的对立，而是侧重"传统"中国与"近代"中国在生产力水平上的对立。西方汉学界认为前近代以来，中国困于人口扩张带来的巨大压力，经济增长基本停滞。中国在清代本质上没有变化，推动质变的力量只能来自外部，即西方冲击中国被动应对的"冲击—反应"模式。中国学者认为明清中国的经济增长并没有停滞，而是充斥着资本主义生产方式出现前的种种预兆，西方的侵略与掠夺，打断了中国内生资本主义持续发展的可能性。20世纪80年代后，国内经济史研究视角从生产关系转向生产力。中西学者关于发展模式的分歧焦点在于生产率与边际报酬之间的关系。1997年吴承明先生将现代化解读为向市场经济转变，标志着中国主流经济史研究从资本主义萌芽研究转向对市场化研究。市场机制与效率成为中国经济史研究中心。

在停滞还是发展的问题上，无论是"冲击—反应"模式，还是

绪 论

《大分流》，20世纪七八十年代以来西方学者对中国经济史问题的研究，大多基于世界范围的比较。尽管存在着欧洲中心说、中国中心说的嬗变，其本质都是建立在以当时世界发达国家为经济增长模式标杆的基础上。尽管我们不断据理反驳"冲击—反应"模式和各种中心论调，但建立在西方话语体系中的中国近代经济增长问题的中西学术体系对立，依然延续着西方学界冲击，中国学界被动应对的尴尬模式。中国经济史学界如何才能在世界提出引起广泛关注的中国经济增长模式问题，在世界学术体系中占据话语主动权，是当前每位中国学人的首要任务。

全球史研究是其中一种尝试。20世纪下半期以来，伴随着对欧洲中心论的批判，学术界出现一种强调以"全球眼光"审视人类历史的史学浪潮，即全球史研究倾向。全球史研究对象是人类社会整体发展进程，摒弃以往以国家为基本单位的传统研究模式。换句话说在历史发展的任何一个阶段，都不能以某个国家的角度来看待和解释整个世界。故而强调以不同人群、社会、民族、国家之间的互动切入考察世界历史，建立编纂世界通史的新框架，亦是从学术发生学的角度对"欧洲中心论"的颠覆。

"茶叶和鸦片就是19世纪中国被卷入经济全球化进程中的两种重要商品。这两种商品在世界经济的去疆界化和再疆界化过程中发挥了重要作用……我试图通过对这两种商品在19世纪国际经济关系中的作用的解剖，研究中国在当时全球化中的角色和地位，以及全球化对中国历史的深远影响。"[①] 这种典型的全球史研究范式的缺陷在于，将着眼点放在被动卷入全球化进程的中国社会变迁中，不可避免地站到了从中国看世界的一方。

囿于时代和现有理论，全球史研究表现出的力求客观，通过转换叙事单位，颠覆西方研究模式的影响，将中国等非西方国家从西方学术话

---

① 仲伟民：《茶叶与鸦片：十九世纪经济全球化中的中国》，生活·读书·新知三联书店2010年版。

语体系中解脱出来的思路与方法，依然是在年鉴学派"三时段"史学理论框架下，"西方因、中国果"的逻辑解读。亦如将茶叶等同于让中国陷入毒品危害的鸦片，从而得到19世纪中国向世界贡献茶叶，却收到英国"回赠"的罪恶毒品——鸦片，使得中国人遭受鸦片毒害百余年，这种"投之于琼瑶，报之于毒药"的闭环式结论尽管精彩，但难以形成一个世界学术领域共同关注的话题。

追求利润最大化是理性人的本质，为追求自身利益做出背信弃义的事也不是任何一方所独有。将近代世界置于这一前提下，客观评判不同博弈主体所选择策略的原因以及在更长一个时段对世界的共同影响，似乎更能激发探索的兴趣。我们权且称之为"第三方视角"。那么如何进行第三方视角研究？所谓第三方，指研究者既要知道近代以来中国如何看世界，也要充分了解西方如何看中国。即要掌握双方的策略及应对，尽量避免主观臆断，客观看待世界经济发展的规律。因此，需要大量西方史料来进行研究。本书撷取19世纪的三本外文茶叶贸易史料进行翻译和汇编，以期对当前茶叶贸易研究提供一些新史料、新视角和新方向。

第二节　文献回顾

最先关注茶叶贸易者乃于19世纪六七十年代西方来华之海关税务官员、科考者，积累了一批丰富的华茶生产加工报告资料，正是中国视角的有效补充。但多以英文为主，现在仍待挖掘。例如威廉·乌克斯在《茶叶全书》（上卷）中对世界贸易中各茶叶生产国的茶叶制作方法、茶叶质量、种类、贸易状况等进行统计分析。① 《两访中国茶乡》详细记录英国植物学家福琼1843年和1848年两次到华经历，着重阐述中国的茶树栽培和制茶方法。②

---

① ［美］威廉·乌克斯：《茶叶全书》（上卷），侬佳、刘涛、姜海蒂译，东方出版社2011年版。
② ［英］罗伯特·福琼：《两访中国茶乡》，敖雪岗译，江苏人民出版社2016年版。

绪 论

进入 20 世纪，茶叶外销量大幅下降引发国内关注茶业之风潮，社会各界志士站出呼吁复兴华茶，一时间茶业研究报告层出不穷。不同身份阶层研究者在探究华茶在世界市场失败之原因的研究结果不尽相同，大体分为政府经济部门、民间商业机构和国内学者这三类。其中不乏茶叶栽培、品质之实验科学分析，亦有部分茶叶手工制造之内容。因内容较多，这里不一一赘述，仅举个例介绍。例如 1937 年上海商务印书馆出版的《中国茶叶问题》（上、下）中提到我国无设备完全之机制工厂，多为手工制造及包装不良。①

直至目前，学术界关于茶叶贸易的研究成果众多，② 主要集中在中国与消费国之间的茶叶贸易以及与其他茶叶生产国之间的竞争比较等方面。近年来，随着全球史兴起，少部分学者转向世界市场视角。除上述仲伟民先生的研究外，另有刁莉教授等从全球史视野详细阐述了中俄近代商品贸易的发展状况，以及三大中俄贸易区各自的特点，探究了以茶叶和棉布为中心的近代中俄贸易中的博弈，认为中国在贸易过程中逐渐沦为原料供给国，被迫融入近代全球化，而俄国则凭借其自身优势及贸易优惠政策主动融入近代全球化。③ 陈慈玉在《近代中国茶业的发展与世界市场》一书中结合内地茶叶生产与广州口岸贸易数据，分析了 19 世纪贸易引起的中国茶业兴衰。④ 陈椽在《茶业通史》中介绍欧洲最早述及茶叶的著作《茶之摘记》《中国茶摘记》《旅行札记》。⑤ 笔者也曾

---

① 吴觉农、范和钧：《中国茶叶问题》（上、下），上海商务印书馆 1937 年版。
② 萧致治、徐方平：《中英早期茶叶贸易——写于马戛尔尼使华 200 周年之际》，《历史研究》1994 年第 3 期；胡赤军：《近代中国与西方的茶叶贸易》，《东北师大学报》（社会科学版）1994 年第 1 期；苏全有：《论清代中俄茶叶贸易》，《北京商学院学报》1997 年第 1 期；陶德臣：《19 世纪 30 年代至 20 世纪 30 年代中印茶业比较研究》，《中国农史》1999 年第 1 期；林齐模：《近代中国茶叶国际贸易的衰减——以对英国出口为中心》，《历史研究》2003 年第 6 期；陶德臣：《英属锡兰茶业经济的崛起及其对中国茶产业的影响与打击》，《中国社会经济史研究》2008 年第 4 期。
③ 刁莉、金靖壹、胡娟：《全球化视野下的近代中俄贸易：以棉布和茶叶为中心》，《清华大学学报》（哲学社会科学版）2019 年第 2 期。
④ 陈慈玉：《近代中国茶业的发展与世界市场》，台北"中研院"1982 年版。
⑤ 陈椽编著：《茶业通史》，中国农业出版社 2008 年版，第 167 页。

绪 论

在《近世以来世界茶叶市场与中国茶业》一书中指出 19 世纪中叶英美茶税政策一定程度上引起国际市场茶叶销售格局的变化，进而加剧华茶衰落的速度。①

综上所述，学术界对于茶叶贸易研究多以中国视角进行考察，包括中英、中俄茶叶贸易著述丰富，包括部分中美茶叶贸易研究。鲜有从世界市场需求方英美国家、茶商视角的研究成果。相较站在中国利益角度上去看待世界、看待茶叶贸易，更客观地是站在英美国家立场上来看待茶叶贸易。

第三节　主要内容与结构

18 世纪至 19 世纪初，中国茶叶在世界市场上处于垄断地位已是不争的事实。国际市场上茶叶的巨额利润引起人们关注，欧洲人更是被指派到中国内地深入调查茶叶。从 1804 年到 1826 年，时任英国东印度公司驻华茶叶督察官的塞缪尔·贝尔先生（Samuel Ball，ESQ.）一直居住在中国开展茶叶调查活动，形成《中国茶叶生产加工报告》于 1848 年出版发行。同一时期还有英国茶商雷金纳德·汉森（Rrginald Hanson）于 1878 年所撰《茶及茶叶贸易简史与中国茶区》以及印度茶业协会科学官员哈罗德学士（Harold H. Mann）于 1901 年所撰《阿萨姆的茶土与茶肥》的整理与研究。

除翻译汇编这三本外文史料外，本书基于三本外文史料，从世界茶叶需求的由来，世界茶叶市场的规模、结构和国家利益，世界茶叶供给区的变动及原因三方面，展现英国人视角下 18—19 世纪世界茶叶市场，以期从第三方研究范式对当前茶叶贸易研究提供一些新史料、新视角和新方向。

一是世界茶叶需求的由来。西方人对茶叶认知的演变过程是研究世

---

① 参见石涛等《近世以来世界茶叶市场与中国茶业》，社会科学文献出版社 2020 年版。

绪 论

界茶叶市场如茶叶消费与偏好、茶叶进口与转口、国际间茶叶贸易等的起点与基础。西方人对茶叶这一东方商品经历了一个缓慢的接受过程，又或者说对茶叶功效的认知及产品定位有着一个明显的变化过程。史料汇编部分第二编"茶及茶叶贸易简史与中国茶区"对于茶叶传入英国的早期历史、茶叶作为奢侈品流行开来、茶叶大量输入三个阶段有着详细的记载。本书基于此分析18—19世纪欧洲视角下的世界茶叶需求演变，探讨英美等西方市场缘何从茶叶零需求发展成高需求，西方茶商的推动可能是其中重要原因。

二是世界茶叶市场的规模、结构与国家利益。19世纪中期以来，印度、日本、锡兰等新兴茶叶国兴起，低价质优的机器制茶一时间风靡世界。世界茶叶市场的供需关系和主体发生显著转变，推动茶叶市场的规模和结构变化。《茶及茶叶贸易简史》着重强调英方本身对于世界茶叶贸易的考虑，正是对中国、印度等供给视角的有益补充。本书基于此分析英国200余年茶叶消费情况的记载，试图从长时段探讨中英茶叶贸易规模、贸易结构以及贸易政策的三个问题，诱致性因素改变商品属性可能是关键。

三是世界茶叶供给区的变动及原因。随着19世纪茶叶贸易的繁荣，以英国为主的资本主义国家不满足于茶叶贸易中需求方身份，将目光转向茶叶种植与生产。西方实验科学的兴起为茶叶栽培与加工分析提供先进的技术支撑。《阿萨姆的茶土与茶肥》和《中国茶叶生产加工报告》对于欧洲在中国、印度、锡兰进行的茶叶栽培、生产、化学分析等方面有着丰富科学的记录。本书基于此研究中国茶叶生产、茶叶贸易的兴起与产地、世界茶叶供给地转移，近代科学支撑的茶叶移植同样暗含西方肆意的掠夺与侵占。

研究篇

第一章　世界茶叶需求的由来

茶叶原产于中国，在其成为大众化饮品之前，最初主要以药用和贡茶的方式出现在社会生活中。16世纪，饮茶文化风靡全球，饮茶风气以前所未有之势席卷欧洲各国。饮茶习惯在欧洲的传播展现了一种新经济产品的文化适应与融合的过程，① 这种具有较高经济价值的经济作物在16世纪传入英国及欧洲各国，逐渐成为国际贸易中的重要商品，茶叶贸易量由小到大扩张，茶叶贸易范围由地区发展到全国，进而发展到国际贸易，17—18世纪被称为欧亚贸易的"茶叶世纪"。② 在19世纪三四十年代印度、日本、锡兰等国进入茶叶生产领域之前，华茶垄断了世界茶叶供给，华茶外销也是被动传播中国茶叶文化（茶叶功效、泡茶之道）的过程，在推动外国民众特别是俄罗斯民众认知中国茶文化的过程中起到了重要作用。

关于西方人对茶叶认知的演变过程，当前学术界还未有专门论著进行系统研究，只在部分著述中零星提到。例如陈椽在其著作《茶业通史》中叙述道，欧洲最早述及茶叶的著作《茶之摘记》《中国茶摘记》《旅行札记》中提到茶叶可医治种种疾病，且可助消化。③ 在佩皮斯著

---

① Chaudhuri, K., *The Trading World of Asia and the English East India Company: 1660–1760*, Cambridge: Cambridge University Press, 1978.
② 参见石涛等《近世以来世界茶叶市场与中国茶业》，社会科学文献出版社2020年版。
③ 陈椽编著：《茶业通史》，中国农业出版社2008年版，第167页。

名的日记中记录道，佩林医生告诉他妻子，茶对缓解她的感冒和腹泻有好处。①《英使访华录》中载：茶叶"这商品在我国几乎成为日常生活的必需品了"②。

西方人对茶叶认知的演变过程是研究西方茶叶市场如茶叶消费与偏好、茶叶进口与转口、国际茶叶贸易等的起点与基础，它明晰了英美等西方市场对茶叶需求的历史演进，探析了从零需求到形成巨大消费规模的转变过程及其驱动因素，本书史料汇编弥补了现有研究的这一缺陷，为研究世界茶叶需求的由来提供了丰富的史料参考。除此之外，本书提供了从宏观层面看国际茶叶贸易这一新的视角，从世界市场、从西方人的视角研究茶叶及茶叶贸易。

第一节　茶之药用

茶叶原产于中国③，茶叶问世时，并不是为了买卖，在其成为一种流通的商品之前，主要是以药用④和贡茶⑤的方式出现在社会生活中，随着其饮用和保健价值被发掘，茶叶逐渐成为大众化商品。在中国，各个阶层的人都喝茶，他们将免患痛风、结石、心绞痛归因于茶的普遍使用，而且喝茶对防止肥胖和消除久坐带来的不良影响也特别有效。

---

① *Frank Leslie's Popular Monthly*, New York：Frank Leslie Publishing House，1883.
② ［英］爱尼斯·安德逊：《英使访华录》，费振东译，商务印书馆1963年版，第26—27页。
③ 丁援、马志亮、许颖：《文化线路在中国》，东方出版中心2020年版。世界上发现最早的茶树遗存，出土于中国长江流域下游的浙江余姚田螺山河姆渡文化遗址6000年前的地层中。
④ 陈椽编著：《茶业通史》，中国农业出版社1984年版。东汉名医华佗简要说明了饮茶的效用，之后茶逐渐普及为民间日用药物。
⑤ 丁援、马志亮、许颖：《文化线路在中国》，东方出版中心2020年版。政府主导的茶叶朝贡体系包括针对内地和对边疆地区两个方面。针对内地的茶叶朝贡体系建设较早。据《新唐书》卷四十志第三十记载：公元619年，也就是唐朝建立的第二年，"析夔州之秭归，巴东置。土贡，苎葛、茶、蜜、蜡"。中国的民间采茶人开始向唐朝政府进贡茶叶。唐初建立了较为完善的针对边疆的朝贡体系，边疆地区进贡的产品主要是马匹和羊，而中原王朝回赠的礼物在唐朝之前主要是丝绸，随着茶叶传入边疆地区，很快得到以牛羊肉为主食的游牧民族的追捧，故而茶叶逐渐进入了朝贡体系。

第一章　世界茶叶需求的由来

茶叶最初经葡萄牙人和荷兰人之手进入西方市场，虽然这种新的饮品开始为人所知，但并非所有人都对其偏爱有加，茶叶并未得到公众的一般认可和足够重视。"葡萄牙人，作为欧洲最大胆的航海者之一，于1517年开始与中国进行贸易，尽管从政府给予他们贸易许可的情况来看，他们显然知道茶叶在当地人中备受推崇，但似乎并未给予它太多的重视。"[①] 1517年，第一艘葡萄牙的船只到达中国之后，其海员最先将中国茶带回本国。[②] 1588年，葡萄牙的这一项活动，已经得到普遍的承认。[③] 17世纪初期，继葡萄牙人之后，侵入东方的荷兰人，也开始将中国茶叶带回本国。1602年"这一年有部分荷兰船首次由爪哇转到日本，1607年又从澳门运送许多茶叶到达爪哇，这是欧洲人在东方设立集散地开始运输茶叶的最早记录"。1609年，荷兰东印度公司的首只船舶抵达日本沿海的平户岛，荷兰在1610年由此岛运载茶叶到爪哇的万丹，再转运到欧洲。茶叶在英国的首次饮用由蒙哥马利·马丁记述："1662年，查尔斯二世迎娶了嗜茶的葡萄牙的凯瑟琳公主，据说公主未嫁之前就在葡萄牙习惯了喝茶。"这促使茶叶在英国流行起来。[④] 在此之前英国人对茶叶一无所知。17世纪中后期，"饮茶的风气已经逐渐在欧洲大陆扩散开"。荷兰最早的用茶记录是1637年1月2日"第17世长官"（此名称是荷兰东印度公司17位董事的常用名）给巴达维亚总督的信件中可以看到。信中写道："自从人们逐渐采用茶叶之后，我们迫切地希望各船能尽量地多装载中国和日本的茶叶运到欧洲。"可见，茶叶已经开始在欧洲拥有一定市场，茶叶消费渐起。在曼德尔斯罗描述日本泡

[①] Reginald Hanson, *A Short Account of Tea and the Tea Trade with a Map of the China Tea Districts*, p. 35.

[②] W. H. Ukers, "All About Tea", *New Times*, Vol. 1, 1935, p. 24; *New Times*, No. 38, 1983. 转引自汪敬虞《中国近代茶叶的对外贸易和茶业的现代化问题》，《近代史研究》1987年第6期。

[③] M. E. Wilbur, *The East Company and the British Empire in the Far East*, 1945, p. 303. 转引自汪敬虞《中国近代茶叶的对外贸易和茶业的现代化问题》，《近代史研究》1987年第6期。

[④] Gideon Nye, J. R., O. F. Canton, *Tea and the Tea Trade*, New York: Printed by GEO. W. WOOD, 15 Spruce-street, 1850.

茶的记载中也可证明这一现象，文中称茶为"Tsia"："Tsia 是 The 或 Tea 的一种，但是它的品质比 The 更好，所以它更受到人们的珍爱。在上流社会中，人们将茶叶小心地放入陶瓷壶中加以密封，以免香气丢失。只是日本人冲茶与欧洲人截然不同。"茶叶最早传入德国是在 1650 年，是通过荷兰借道入境的。"到了 1657 年，茶叶已经成为德国市场上的主要商品。"① 16 世纪西方茶业相关文献日益增多但仍有限，反映了饮茶虽在西方兴起，但接触茶叶的群体为极小部分。直到 17 世纪初期，茶叶还不适应西方人的胃口，被称为干草水而不受欢迎，② 因而被看作是一种"稀罕的东西"③。1639 年，当第一位莫斯科大使即将离开蒙古的宫廷时，他拒绝接受一些茶作为送给沙皇的礼物，因为他不愿意"用一些没有用的商品徒增累赘"④。

茶叶进入欧洲市场初期，被神化为一种可以医治身体疾病的药物。1559 年，意大利威尼斯著名作家拉摩晓著《茶之摘记》《中国茶摘记》《旅行札记》出版，这是欧洲最早述及茶叶的著作。书中记载波斯开兰自印度萨迦返威尼斯后说："大秦国有一种植物，其叶片供饮用，众人称之曰中国茶，视为贵重食品。此茶生长于中国四川嘉州府（今四川乐山市——引者）。其鲜叶或干叶，用水煎沸，空腹饮服，煎汁一二杯，可以去身热、头痛、胃痛、腰痛或关节痛。此外尚有种种疾病，以茶治疗亦很有效。如饮食过度，胃中感受不快，饮此汁少许，不久即可消化。故茶为一般人所珍视，为旅行家所必备之物品。"⑤

---

① [美]威廉·乌克斯：《茶叶全书》（上卷），侬佳、刘涛、姜海蒂译，东方出版社 2011 年版，第 29 页。

② M. E. Wilbur, *The East Company and the British Empire in the Far East*, 1945, p. 304. 转引自汪敬虞《中国近代茶叶的对外贸易和茶业的现代化问题》，《近代史研究》1987 年第 6 期。

③ *New Times*, No. 38, 1983. 转引自汪敬虞《中国近代茶叶的对外贸易和茶业的现代化问题》，《近代史研究》1987 年第 6 期。

④ Reginald Hanson, *A Short Account of Tea and the Tea Trade with a Map of the China Tea Districts*, pp. 35 – 36.

⑤ 陈椽编著：《茶业通史》，中国农业出版社 2008 年版，第 167 页。

第一章 世界茶叶需求的由来

最初销售茶叶地点以药房为主,后来逐渐出现在销售各殖民地土特产品的场所,再往后,随着茶叶在欧洲大陆的普及,一般杂货店里也开始销售茶叶。"1660—1680 年,茶在荷兰已经相当普及,流行于上流社会,后来逐渐不分贫富了,有追求的家庭往往另辟一室,专供饮茶。有些人家虽然贫穷,也必然专用一小间房来饮茶,或者是在餐室中饮茶。与咖啡相同,荷兰人对茶叶也从未加以限制。"① 1689 年,中俄签订《尼布楚条约》以后,"中国茶叶由满蒙商队走过风景美丽的高原源源不断地运往俄国"。斯堪的那维亚半岛上的国家认识茶叶,全是通过荷兰商人的商业活动,自 1616 年丹麦加入与印度贸易的行列后,它们的商业活动也起到了一定作用。

英国是欧洲输入、消费茶叶较早的国家,几年之内茶不仅被引进,而且在伦敦已经相当流行,否则就不存在刊登在 1658 年 9 月 23 日《政治快报》(*Mercurius Politicus*)和 9 月 2 日《宪报》(*Gazette*)上的广告:"中国人称之为茶汤,其他国家称之为茶(Tay 或 Tee),所有医生都认可的中国饮料,这种饮料在伦敦皇家交易所(Royal Exchange, London)旁边的苏丹王妃之头咖啡店(Sultaness Head)有售。"② 可见,茶叶不仅在中国最初作为药用,在其进入西方市场后,也被神化为一种可以医治身体疾病的药物,得到医学家的普遍认可。佩皮斯在 1660 年写道:"我确实派人去买了一杯茶(一种中国饮料),这是我以前从未喝过的。"然而,佩皮斯和大多数英国人一样,在后来的几年里对这种饮料非常熟悉。事实上,七年之后,我们发现佩皮斯在他著名的日记中写道:"回家,发现我妻子在那里沏茶——佩林医生告诉她,这种饮料对缓解她的感冒和腹泻有好处。"③ 因此,在查理二世统治时期,这种被当作"药物"的饮料开始慢慢地在人群中传播。1686 年,英国国会议

---

① [美]威廉·乌克斯:《茶叶全书》(上卷),侬佳、刘涛、姜海蒂译,东方出版社 2011年版,第 31—32 页。

② Reginald Hanson, *A Short Account of Tea and the Tea Trade with a Map of the China Tea Districts*, London: Whitehead, Morris and Lowe, 1878, p. 37.

③ *Frank Leslie's Popular Monthly*, New York: Frank Leslie Publishing House, 1883.

员 T. 波维（T. Povey）将一系列有关茶叶医疗效果的中文资料介绍到欧洲。19 世纪后期，西欧大量牧师和医生撰写很多论文和诗作颂扬茶叶的益处，特别是在治疗偏头痛、痛风和肾结石的显著效用，称之为"来自亚洲的天赐圣物"。由于价格昂贵，茶叶在英国传播很慢，因此对使用者而言它是一种药物。

中美茶叶贸易始于1784年，但茶叶传入北美却要比这早一百多年。华茶在北美地区的传播得益于荷兰人的引入和英国人的普及。17 世纪中叶，荷兰将中国茶叶传入了其当时在北美洲的殖民地新阿姆斯特丹（今美国纽约州）及马萨诸塞等地，① 但饮茶之风在美洲大陆的广泛传播是在17世纪70年代新阿姆斯特丹被英国人占领之后。到了18世纪初，中国茶开始风靡整个英国，在英国的殖民统治下，饮茶之风也在北美逐渐扩散。"兹有极佳的绿茶出售，地点在橘树附近本人的家中。"1714年5月24日，波士顿人爱德华·迈尔斯在当地报纸上刊登的一则广告，这也是北美地区最早出现的茶叶广告。② 在此之前，北美没有任何介绍中国茶叶的公开出版物，茶叶仅在一些药店零星有售，大部分地区对茶叶还知之甚少。可见，茶叶进入美国初期，大多作药用而在药店出售。

茶叶进入西方市场初期，并未得到足够的重视，大多在药店零星出售，被神化为可以医治感冒、头痛、腰痛、腹泻等身体疾病的一种草药，本书史料汇编部分第二编"茶及茶叶贸易简史与中国茶区"第一章"茶的早期历史和传入英国"提供了与此内容相关的详细的史料记载。

第二节 上层社会的"奢侈品"

茶叶进入欧洲前期，西方人将其视为一种珍贵稀罕的舶来品，随着

---

① ［美］威廉·乌克斯：《茶叶全书》（上卷），依佳、刘涛、姜海蒂译，东方出版社2011年版，第53页。

② ［美］威廉·乌克斯：《茶叶全书》（下卷），依佳、刘涛、姜海蒂译，东方出版社2011年版，第839页。

茶叶的普及和加深，茶叶作为一种奢侈品在上层社会流行开来，价格昂贵，消费大多仅限于贵族阶层，以饮茶为流行风尚，通常只在重大的沙龙聚会时才被用来招待宾客。中国茶叶在18世纪初期算是专供富人的奢侈品，华盛顿·欧文在其著作《卧乡传奇》中以生动的笔触描写了一个早期新阿姆斯特丹的奢华茶桌，在当时，茶桌上附属的精美茶盘、茶壶、银匙等茶具是北美贵妇们炫耀的资本。[1] 这引发了当时西方民众对这种外来的新型饮料的诸多争议，特别是饮茶对于嗜酒的冲击引发社会舆论激烈的抨击，甚至在欧洲各国引起了恐慌。"几乎难以置信的是，现在我们日常饮用的这种中国茶叶在首次引入时竟然在欧洲各国引起了恐慌，并受到一些学者错误和虚妄的谴责。"[2]

一部分人对饮茶之风持反对态度，认为茶叶无益于公众身心健康，反对茶对酒的替代。医生们的判断影响部分公众舆情，"在最初，医生们对饮茶持强烈反对态度，这是因为医生过于依赖经验主义的证据。在实际案例里可能有个别过量饮茶的案例，这会对医生的判断产生误导，因此医生倾向于归咎于饮茶产生的最可怕结果，并产生了许多关于茶叶对人体的潜在害处和有害影响的精密猜测。1722年的一篇《论茶的性质、用途和滥用》（引自《布列塔尼百科全书》）中写道，饮茶明显是抑郁症的原因，它对经济的危害不亚于鸦片，近年来茶已经在我们的饮食中大为渗透"[3]。此外，部分绅士、作家、医生乃至政府官员极力排斥饮茶对于饮酒的冲击和替代，抨击饮茶之风。瑞典哥德堡民众刚开始认为喝茶会让人懒散，帕廷曾写文激烈反对引进茶叶，他厌恶饮茶，把这种行为称为"本世纪最无礼的新事物"。英国西部乡绅习惯每天用麦芽酒和烈酒淋身，视茶为猫尿，他们认为茶叶只适合女人，不承认饮茶

---

[1] [美]威廉·乌克斯：《茶叶全书》（下卷），侬佳、刘涛、姜海蒂译，东方出版社2011年版，第933页。

[2] Reginald Hanson, *A Short Account of Tea and the Tea Trade with a Map of the China Tea Districts*, London: Whitehead, Moris and Lowe, 1878, p. 41.

[3] Reginald Hanson, *A Short Account of Tea and the Tea Trade with a Map of the China Tea Districts*, London: Whitehead, Moris and Lowe, 1878, p. 42.

对于醒酒的作用，在以喝醉为荣的人们看来以茶叶补救是一种耻辱。直到赛德利宣布喝茶是一种时尚的十年后，还有人谴责"晚饭后要茶而不是烟斗和酒瓶"是一种卑劣的印度做法，也认为是一种几乎所有国家都有的肮脏习俗。邓肯博士认为鼓吹茶叶的益处是为了鼓励茶叶进口。在德国，汉内曼认为茶商是不道德的社会成员，他们埋伏进男人的口袋。18世纪嗜茶如命的英国文坛泰斗塞缪尔·约翰逊也不得不承认，茶是一种不适合下层阶级的饮品，因为它既不能强身健体缓解疾病，也不够经济实用，只能满足口舌之欲，是一种无益的奢侈品，那些生活艰辛的人不能轻易对其上瘾。《爱丁堡评论》（Edinburgh Review，1823）与约翰逊意见一致，在评论科贝特的《农舍经济》（Cottage Economy）时说："关于饮茶这个话题，我们的作者进行了成功而有力的辩论，在这一点上，我们完全愿意支持他。饮茶能够使从事繁重体力劳动的人恢复精力，这种想法是荒谬的。我们非常怀疑它任何看似有理的强身健体的功效。如果人们认为饮茶是为了减轻劳动者的负担而生产的那就太可笑了，它没有营养，只有对神经系统的刺激——当一个劳动者幻想以茶叶混合粗糙的黑糖以及湛蓝色的牛奶来提振自己时，不过是因为饮茶而是因为水的温暖使他暂时感到舒适。"[①] 另有政府官员担心茶叶像鸦片一样侵蚀经济，分割酒业利润。1737年苏格兰法院院长邓肯·福布斯认为："现在茶叶变得如此普遍，以至于最卑微的家庭，甚至是劳动人民，尤其是在市镇中，都以它为早餐，并因此完全放弃了过去他们习惯饮用的麦酒。"[②] 此他们提倡禁茶，对茶征收高额关税以及惩罚喝茶的人们。

另一部分人持完全相反的意见，他们认为茶叶对于政府财政收入、国家经济及公众思想文化健康发展大有裨益。白厅的宫廷沉溺于各种放

---

① Reginald Hanson, *A Short Account of Tea and the Tea Trade with a Map of the China Tea Districts*, London: Whitehead, Moris and Lowe, 1878, p. 45.

② Reginald Hanson, *A Short Account of Tea and the Tea Trade with a Map of the China Tea Districts*, London: Whitehead, Moris and Lowe, 1878, p. 42.

荡行为，酗酒是最引人注目的罪恶之一，但中国船只带来的是一种叶子，酿造成一种舒缓的饮料，以赢得诗人和人们的赞美，称其为"干杯，但不醉的杯子"①。虽然在那个歌颂茶叶为之雄辩的人很少出现，但他们不少也不软弱。此外，著名的荷兰生理学家布尔哈夫（Boerhaave）宣称，没有哪种饮料能如此适合胃，如此能提神，如此能舒缓疲劳后的神经刺激，或形成一顿更为感恩的晚餐；它有助于一个民族的冷静，它赋予社会所有的魅力，而这些魅力来自谈话的乐趣。实验哲学代表人罗伯特·博伊尔（Robert Boyle）说，它值得人们给予它的那些伟大赞扬。

因此，当茶叶这样一种全新的饮品进入西方市场时，作为酒的"替代品"，公众对其争论不已，或被当时偏爱烈性酒的西部乡绅们视为不起眼的饮品，或被医生们将病因归咎于饮茶而传播茶对人体有潜在不良影响的舆情，等等。本书史料汇编部分第二编"茶及茶叶贸易简史与中国茶区"第二章"茶的互补品和替代品"提供了与此内容相关的详细的史料记载。

第三节 民众的"必需品"

茶叶成为西方民众的"必需品"与茶叶之功效和国际茶叶贸易量的扩大有着密切关联，茶叶贸易已成为现代贸易的重要特征，现在所有阶层的人都喝茶，价格相对适中，英国还形成了著名的"下午茶"习俗。

海上航线的开通和交通运输业的发展为国际茶叶贸易的开展提供了便利条件，使得西方民众对茶叶的大规模需求得以满足。18世纪30年代快速帆船用于远洋贸易运输以及19世纪太平洋航线的开通，西方国家铁路的修建，为大宗商品的大批量运输提供巨大便利性，蒸汽、电话开始应用于商务活动中，随着时间的推移，茶叶贸易量加大，供应量的

---

① *Frank Leslie's Popular Monthly*, New York: Frank Leslie Publishing House, 1883.

增加使得西方人认识到茶是一种健康的饮料，茶叶逐渐成为多国人民十分喜爱甚至是难以割舍的随餐饮料。

随着化学和医学研究的深入，民众也逐渐认识到茶叶的功效，不仅有利人体生理健康，而且对人的心理健康也有一定作用。索斯博士认为在浓密多云、潮湿多雾的天气，或在低洼、沼泽或多水的国家，大部分人体纤维由于血液和湿润空气混合弹性减弱而处于放松状态，不利于身体健康。茶叶的粗糙和刺激性可以收缩人体纤维、增加弹性，因此喝浓茶是有益的。[①] 乌尔（Ure）博士指出，茶的化学成分中含有的氮与动物性物质相似，因此，根据李比希（Liebig）的说法，茶汤似乎有能力改善人体的某些功能，比如胆汁的分泌。在巴黎科学院（Paris Academy of Sciences）的一次会议上，佩利格特（M. Peligot）发表了一篇名为《茶的化学组合》（The Chemical Combinations of Tea）的论文，他认为茶所含营养成分远远超过刺激性物质，并表明茶在各方面都是最理想的通用饮品之一。[②]

尽管从提供物质维持结构或通过自身分解产生热量的意义上说，茶不是一种营养物质，但所有的化学家都承认茶是一种非常有价值的食物。它有抑制人体系统浪费的作用，而且喝一定量的茶，吃少量的普通食物，身体就能保持同等程度的健康和力量。约翰逊（Johnston）教授在《普通生命化学》一书中评论道："难怪茶叶会成为这些人的最爱——一方面是穷人，他们缺乏大量的食物；另一方面是年老体弱者，特别是消化能力和身体素质下降的人群。同样不足为奇的是，老年妇女购买日常必需品，虽然要把她微薄收入中的一部分花在买一盎司茶上，但当她喝着她的茶会感到轻松、愉快，更加努力工作。"[③] 史密斯

---

① Thomas Short, *Dissertation upon Tea, Explaining Its Nature and Virtues*, London：W. Bowyer, 1730.

② Reginald Hanson, *A Short Account of Tea and the Tea Trade with a Map of the China Tea Districts*, London：Whitehead, Moris and Lowe, 1878, p. 124.

③ Reginald Hanson, *A Short Account of Tea and the Tea Trade with a Map of the China Tea Districts*, London：Whitehead, Moris and Lowe, 1878, p. 125.

（Edward Smith）博士在他关于食物的论文中指出，作为一种安慰，茶叶在健康中的作用令人耳目一新，对那些习惯喝茶的人来说茶总是受欢迎的。

如表1-1所示，茶叶的主要化学成分是单宁酸和咖啡碱，前者含量12%—30%不等，后者占比达2%—4%。史密斯博士通过一系列实验证明茶能刺激人体的重要活动，尤其是呼吸。喝茶能使头脑清晰、思维活跃、想象力丰富，还有增强肌肉收缩的倾向。

表1-1　　　　　　　　　茶叶化学成分　　　　　　　　单位：克/磅

成分名称	含量
水	350
茶碱	210
酪蛋白	231.70
芳香油	52
果胶	441.70
糖类	211
脂肪	280
单宁酸	200.40
水质纤维	172.05
矿物质	350

资料来源：Reginald Hanson, *A Short Account of Tea and the Tea Trade with a Map of the China Tea Districts*, p.125.

茶的主要作用首先取决于它的挥发性油（旧茶含量较新茶少），这种物质具有麻醉和致幻作用；其次，在于一种名为茶碱的特殊晶体生物碱。这些物质刺激大脑活跃，但延缓了人体系统中含氮物质的消耗，使饮用者减少对肉类的摄入。

茶叶在美国独立的过程中发挥了重要作用，18世纪茶叶在美国公众中得以普及。北美大陆在荷兰、英国移民的推动下，饮茶之风也大盛，18世纪中期，饮茶风俗已成为北美各阶层人民的普遍需求，消费的茶类也比较丰富，有武夷茶、红茶、绿茶等。一位到过北美的法国旅游者写道："在北美殖民地，人们饮用茶水，就像法国人喝酒一样，成为须臾不可离的饮料。"① 据不完全统计，18世纪60年代，北美殖民地平均每年销售茶叶120万磅，1774—1775年，宾夕法尼亚年均从英国输入茶叶达4万磅。② 可见，"美洲殖民地在18世纪已经成为茶叶的庞大的消费群体，就像以后几个世纪中的澳大利亚人一样，只不过后者从一开始就选择走私的低价茶，而不愿意购买由伦敦运到的纳税茶。"③ 随着美国的独立，进入北美市场的茶叶不断增加，茶叶售价开始下降，北美普通民众也有了品茶的机会。"回到我们自己的时代和我们自己的大都市，有趣的是注意到，茶叶现在的价格是多么低廉，甚至连非常有限的经济条件下的人们也很容易享受一种口味，在过去，这种口味需要花费大量的钱，就像现在从法国葡萄园获得稀有的陈年葡萄酒所需要的那样。"18世纪中期，在北美的费城地区，普通家庭已和英国本土一样，渐弃咖啡而饮茶。在纽约的街头，小贩沿街叫卖茶水，成为当时的一种风尚。④

在英国，公众对茶叶的态度有一个明显的转变过程，最后发展至公众对茶叶的无限热爱和喜欢，茶叶在英国消费量的持续增长便是最有力的证据，尽管茶叶的关税极其高昂，但人们更热爱茶叶带来的生活方式。⑤ 起初，人们对茶叶是持怀疑态度的，虽然对那些有勇气尝试的人来说茶叶是非常可口的，但是随着茶叶的涌入，人们是抵制茶叶的；之后，茶叶成为一股流行的热潮，人们又开始滥用它；最后，茶叶自身品质随着时间的沉淀缓慢地、步履坚定地发挥着影响，从名流到平民，茶叶终于被这片土地欢迎，确立了它在饮品中独一无二的地位。

---

① 曾丽雅、吴孟雪：《中国茶叶与早期中美贸易》，《农业考古》1991年第4期。
② [美]朱那逊：《费城与中国贸易》，费城1978年版，第21页。
③ [美]威廉·乌克斯：《茶叶全书》（上卷），侬佳、刘涛、姜海蒂译，东方出版社2011年版，第92页。
④ 梁碧莹：《龙与鹰：中美交往的历史考察》，广东人民出版社2004年版，第50页。
⑤ Gideon Nye, J. R., O. F. Canton, *Tea and the Tea Trade*, New York: Printed by GEO. W. WOOD, 15 Spruce-street, 1850.

第一章 世界茶叶需求的由来

1751年,查尔斯·迪林(Charles Deering)在一本介绍诺丁汉郡的书中写道:"这里的人们可不是消费不起茶、咖啡和巧克力,尤其是第一种东西,喝茶已经普及到这种程度:不仅绅士和富有的商人经常喝,就连所有缝纫工、给衣服上浆的女工、卷垛布料的女工都要喝茶,每天早上都要美美地喝上一番……甚至就连普通的洗衣女工都认为,要是早餐没有茶和涂有热黄油的白面包,那就没有吃好……"①

喝茶成为一个最主要的社交活动,它改变了英国社会的节奏和用餐的本质。在上层和中层社会,早餐先前是一个重头戏,要摄入肉和啤酒,改为早餐饮食变得清淡起来,只吃面包、蛋糕、果脯,以及喝热饮品,尤其是茶。有很多例子证明了茶对于西方人的重要性:"关于茶对这个国家民众的社会影响,好处几乎说不完。它教化了粗野暴躁的家庭,让酗酒者不至于发生不测,对于许多可能面临极为凄凉境遇的母亲来说,茶则给她们提供了继续活下去的乐观平和的心态。"② 对于普通大众来说,"这不是很多人认为的他们生性节俭或愚蠢,而是痛苦的亲身体验告诉他们,只有茶能帮助他们忍受生活的艰辛"③。而在第一次和第二次世界大战中,茶发挥了非常重要的作用,它为士兵补充体力,提振精神,安东尼·伯吉斯就断言:"没有茶水,英国不可能打赢那场战争。"总的来说,英人对于茶叶功效的认知历程是从生理功效到心理功效的转变,即以茶为药到以茶致和(以茶修身,致清导"和")的转变,与几千年来中国发现、利用茶的几个重要节点相吻合,如以茶为药物的利用,以茶致和的茶道理念。可见,人类与茶的联结,除去历史时间的先后,有共同的规律。

《英使访华录》也载:茶叶"这商品在我国几乎成为日常生活的必

---

① [英]艾伦·麦克法兰、[美]艾丽斯·麦克法兰:《绿色黄金:茶叶帝国》,扈喜林译,周重林校,社会科学文献出版社2016年版,第94页。
② [英]艾伦·麦克法兰、[美]艾丽斯·麦克法兰:《绿色黄金:茶叶帝国》,扈喜林译,周重林校,社会科学文献出版社2016年版,第116页。
③ [英]艾伦·麦克法兰、[美]艾丽斯·麦克法兰:《绿色黄金:茶叶帝国》,扈喜林译,周重林校,社会科学文献出版社2016年版,第120、121页。

needs品了，在欧洲其他部分的需要也正在日益增长之中"①。19世纪初期，"茶叶已经成了非常流行的全国性的饮料，以致国会的法令要限定公司必须保持一年供应量的存货"②。说明茶叶消费巨大。茶在英国社会中的重要性，可用一句话来概括："在维多利亚统治的时期，茶叶不仅仅是每个人的饮料，而是每个人每时每刻的饮料。""上杯茶，还有《泰晤士报》"，18岁的维多利亚女王1837年6月继位时如此命令道——反正有这么一说。"这个杜撰的故事出自19世纪，看上去似乎有点道理，也从侧面说明了茶叶在英国维多利亚时代的地位和意义。"③

西方人对茶叶的高接受度以及认为茶叶对国家而言是有益品的认知可以从公众对茶叶征税这一事件的态度中反映出来。英国国内民众对减免茶税的呼声很高。1849年11月22日，有位名叫布罗德里布（Brodribb）的人赶在英国财政改革协会之前，曾在利物浦做过关于税收的演讲，演讲的摘录如下："茶叶的推广和使用大有益处，它有助于人们戒酒、节欲，它使人们的习惯和思想都得到改良，有助于良好社会风化的形成。……为什么要对这样一种'精神和灵魂的解药'征税呢？""为什么要对茶和咖啡征税呢？茶和咖啡是烈酒的解毒剂，免费和廉价的茶和咖啡很可能会取代烈酒。""糖、茶和咖啡对于家庭和社会有很大的帮助。无论家是多么简陋，还是董事会是多么节俭，糖、茶和咖啡都是他们想要的。它们也为各个阶级的人们所垂涎。其中原因不难确定。用它们招待客人最容易也最省事，此外，它们是社交的伟大推动者，不会导致任何形式的放纵或过度。的确，也许没有什么比使用这些外国产品更能使未受过教育的阶层的粗鲁举止变得文雅和柔和了。无论在什么地方，只要能不断地使用它们，习惯和思想都变得优雅。"④

---

① ［英］爱尼斯·安德逊：《英使访华录》，费振东译，商务印书馆1963年版，第26—27页。
② ［英］格林堡：《鸦片战争前中英通商史》，康成译，商务印书馆1961年版，第3页。
③ ［英］马克曼·埃利斯、［英］理查德·库尔顿、［英］马修·莫格：《茶叶帝国：征服世界的亚洲树叶》，高领亚、徐波译，中国友谊出版公司2019年版，第279页。
④ Gideon Nye, *Tea and the Tea Trade*, New York: Geo. W. Wood, 1850, p.34.

总的来说，西方对茶叶认知的演变经历了大致三个阶段：最初茶叶只在药店少量出售，作为药用而非饮品出现在社会生活中；随着时间推移，茶叶成为一种奢侈品在上层社会流行开来，贵族以饮茶为流行风尚，但此时因茶叶进口量有限，公众对茶叶出现在西方市场上争议纷纷；但随着对茶叶理化性质的研究，其对人类身体健康大有裨益，使得需求推动下国际茶叶贸易繁荣发展，大量茶叶被从产茶地进口至西方市场，茶叶逐渐成为人们生活中习以为常、不可或缺的一种饮品。本书史料汇编部分为探寻世界市场对茶叶这一经济作物有庞大需求的由来、从世界视角观察西方人对茶叶认知的演变过程提供了丰富史料参考。

第二章　世界茶叶市场的规模、结构与国家利益

早期世界茶叶市场主要是英国、荷兰、法国、瑞典、丹麦等西欧国家，纷纷通过东印度公司与中国进行茶叶贸易。18世纪末，英国成为中国茶叶的主要贸易国和最大的茶叶消费国。同时，美国和俄国茶叶贸易逐渐发展，世界茶叶贸易格局由多国竞争逐渐转变为英、美、俄三国垄断。随着茶叶贸易的发展，茶叶市场出现更多的品种和产地选择。19世纪中期以后，印度、锡兰、日本等新兴茶叶生产国出现，印度茶叶、锡兰红茶、日本绿茶、非洲肯尼亚茶等开始进入国际市场，丰富了茶叶种类。世界茶叶市场的供需关系和主体发生显著转变，推动茶叶市场的规模和结构的变化。

18世纪末到20世纪初，英国茶叶贸易在世界茶叶市场快速增长和多元化的发展中扮演着重要的角色。作为茶叶的主要消费国之一，英国饮茶文化的形成大大促进中英茶叶贸易的迅速发展。17世纪，饮茶只是在该国富有的上层社会流行，需求量有限。进入18世纪以后，随着茶叶渗入人们的消费观念，越来越多的英国普通人饮茶，对其的依赖程度也越来越强，茶叶贸易量也逐步上升。东印度公司作为英国茶叶贸易的主要参与者，控制了印度和中国的茶叶贸易，并成为茶叶运输和销售的垄断者。与此同时，英人对茶叶种类的消费偏好，也从较为廉价的绿茶转变为价高质优的红茶。为分得茶叶贸易的一杯羹，英国政府也参与其中，不断改革茶税政策，但仍未阻挡茶叶贸易的大势。

第二章 世界茶叶市场的规模、结构与国家利益

目前关于中英茶叶贸易的研究，大都集中于茶叶贸易发展历程、贸易特点、社会影响以及华茶衰落原因的探讨，梳理茶叶进入英国并逐渐本土化的过程，分阶段介绍发展特点，认为印度茶叶的兴起是导致近代中国茶叶在英国市场上衰减的主要原因，并提出以白银交换茶叶这种传统贸易结构的失衡是鸦片战争爆发的经济原因。①

现有研究分析华茶衰落原因时，多侧重印度茶等供给方挤占华茶份额等外因，而忽略英国本土习俗这种内在因素对茶叶贸易的影响。笔者基于《茶及茶叶贸易简史》中对英国 200 余年茶叶消费情况的记载，就资料本身作一些重点的说明和分析。试图将这场贸易置于长时段下，从茶叶贸易规模、贸易结构以及贸易政策三方面内容来讨论诱致性因素如何改变商品属性，从而对中英茶叶贸易产生深远影响，以此作为窥探茶叶市场全球化的一个窗口。

第一节 贸易规模

新航路开辟后西方国家纷纷来华贸易。早在 1517 年，葡萄牙人就已接触到中国茶叶，但其并未成为贸易商们青睐的商品。直到 1589 年，中日饮用的茶叶被葡萄牙传教士马菲（Joannis Petri Maffeii）和意大利人博塔罗（Giovanni Botero）介绍到欧洲后，才引起更多关注。1600 年，英国东印度公司成立后，效仿荷兰，试图从香料贸易中分得一杯羹，而全然未意识到这是之后会成为其主要收益来源的商品。② 1610 年，荷兰人

---

① 贸易历程与阶段特点可参见萧致治、徐方平《中英早期茶叶贸易——写于马戛尔尼使华 200 周年之际》，《历史研究》1994 年第 3 期；庄国土《茶叶、白银和鸦片：1750—1840 年中西贸易结构》，《中国经济史研究》1995 年第 3 期；董晓汾《供求，偏好与政府干预——18 世纪以来世界茶叶市场的嬗变》，博士学位论文，山西大学，2021 年；社会影响可参见贾雯《英国茶文化及其影响》，硕士学位论文，南京师范大学，2008 年；刘章才《饮茶在近代英国的本土化论析》，《世界历史》2019 年第 1 期；陶德臣《英国茶叶消费的发展及其影响》，《茶业通报》2021 年第 4 期。

② Reginald Hanson, *A Short Account of Tea and the Tea Trade with a Map of the China Tea Districts*, London: Whitehead, Morris and Lowe, 1878, p. 47.

以1磅干鼠尾草换取3磅茶叶的交换比率将少量茶叶运输至英国。1615年,英国东印度公司驻日本平户的代理人维克汉姆(R. Wickham)在信件中恳请驻澳门代理人伊顿帮助其购上等茶("pot of the best chaw")。① 这是英国人首次提到茶叶的记载,之后的数十年再未发现关于中国茶叶的记录。尽管如此,这种神奇的东方树叶最终还是在伦敦流行起来。17世纪中叶,英国已经出现茶叶广告,② 茶成为英国市场最受欢迎的饮品之一。

受明末清初中国海禁政策的影响,直到1668年英国东印度公司才获得政府批准运茶入英境特权。③ 在此之前,英国的茶叶供应主要来自代理商的私人企业,④ 多属间接贸易,在中英贸易中无足轻重。1684年,清政府正式宣布取消海禁,茶叶成为东印度公司对华贸易的主要商品。由于从印度进口棉纺织品与其国内新兴纺织工业集团利益不相容,东印度公司被迫将整个生意转到中国茶叶的进口贸易上,⑤ 垄断华茶贸易。茶叶贸易因而增长益发迅速。从图2-1可见,1667—1875年英国东印度公司茶叶进口呈现总体增长的变化趋势,表明自英国可购茶入境后的200余年间,其茶叶的贸易规模在不断扩大。

具体来看,1667—1759年,东印度公司的茶叶进口量基本呈现动荡增长的态势,只是与后期的增长相比较为不明显。由于这一时期来华商船每年数量不定,茶叶进口量变化波动较大。1689年茶叶进口量增长率为1419%,1712年降为2%,且多年呈负增长,可见其不稳定之状。不过此阶段总体处于上升趋势,进口量从最初的几百磅增至1759年的2593449磅。对于英国来说,在18世纪中叶以前,蚕丝一直比茶

---

① Reginald Hanson, *A Short Account of Tea and the Tea Trade with a Map of the China Tea Districts*, London: Whitehead, Morris and Lowe, 1878, pp. 35 – 36.
② Reginald Hanson, *A Short Account of Tea and the Tea Trade with a Map of the China Tea Districts*, London: Whitehead, Morris and Lowe, 1878, p. 37.
③ 冯国福译:《中国茶与英国贸易沿革史》,《东方杂志》1913年第3期。
④ Reginald Hanson, *A Short Account of Tea and the Tea Trade with a Map of the China Tea Districts*, p. 39.
⑤ [英] 格林堡:《鸦片战争前中英通商史》,康成译,商务印书馆1961年版,第2页。

第二章　世界茶叶市场的规模、结构与国家利益

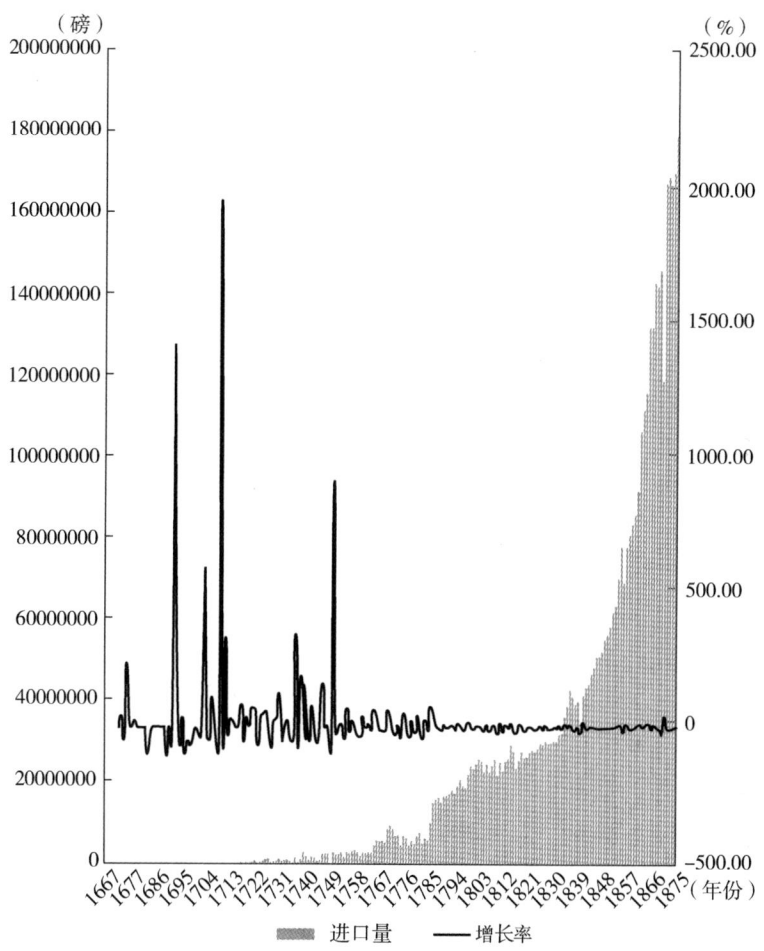

图 2-1　1667—1875 年英国东印度公司茶叶进口量与进口量增长率变动①

---

① 数据来源：Reginald Hanson, *A Short Account of Tea and the Tea Trade with a Map of the China Tea Districts*, pp. 51-54；数据说明：由于 1684—1834 年，英国东印度公司一直持有本国茶叶贸易垄断权，且该时段覆盖图 2-1 的大部分年份，故可将这组数据视为英国本国的消费情况来说明问题。原书中所列三组数据分别为 1667—1710 年英国东印度公司茶叶进口量、1711—1800 年英国茶叶消费量与东印度公司向其他国家和地区的出口量（后者主要销往爱尔兰）、1801—1875 年英国茶叶消费量（1800 年英爱合并，此时间段英国消费量包括爱尔兰）与东印度公司向其他国家和地区的出口量。为使数据更加连贯地呈现茶叶进口量的变化趋势，笔者将 1711—1875 年各年贸易数据相加（通过加权平均处理数据缺失年份）得到总进口量，与 1667—1710 年数据汇总绘制出图 2-1，其中增长率中剔除几个年份的异常值。

叶具有更大的重要性。① 1717年后，尽管生丝绢织物贸易在绝对量上继续增加，但茶叶已然取代丝织物成为中国对英出口的主要大宗产品。② 除了上述提到的贸易政策改变与饮茶习惯形成等因素，适应需求的本质是牟取利益。1711—1714年，东印度公司茶叶贸易盈利额为525201英镑，1755—1759年已达4025620英镑，40多年间增长近乎8倍的收益。③ 如此奇高的商业盈利和不断增长的市场需求，促使之后更为迅速的贸易发展。

1760—1875年，东印度公司的茶叶进口量震荡幅度较上一时期减少，进入快速增长阶段，茶叶进口总量从2626552磅飙升到179000000磅，年平均增长率约为5%。值得注意的是，该阶段后期虽面临茶叶高税政策，散商走私猖獗等一系列可能阻碍东印度公司茶叶贸易的因素，但其茶叶进口量仍爆发式增加，席卷整个英国的饮茶之风所带来的经济效益完全释放。

据统计1800年，英国人均年茶叶消费量为1.5磅，1850年增加到2磅左右。④ 英国也因此发展成为欧洲市场上最主要的茶叶进口国，其他欧洲国家茶叶贸易参与度逐渐降低。18世纪中后期，欧洲来华商船以英国、荷兰、法国、瑞典、丹麦五国为主，其中1776—1780年英国占到欧洲华茶进口总量的38%。随着英国茶叶贸易的发展，1780年后其占比量已达到50%左右。⑤

---

① ［美］李明珠：《中国近代蚕丝业及外销（1842—1937年）》，徐秀丽译，上海社会科学院出版社1996年版，第77页。
② 原文为"Each ship was to take in 'Tea as much as the Ship can conveniently stow' …Tea was beginning to displace silks as the main staple of the trade"（H. B. Morse, *Chronicles of the East India Company Trading to China, 1635 – 1834*, Vol. 1, London: Clarendon Press, 1926, p.158）。
③ 萧致治、徐方平：《中英早期茶叶贸易——写于马戛尔尼使华200周年之际》，《历史研究》1994年第3期。
④ ［英］罗伊·莫克塞姆：《茶：嗜好、开拓与帝国》，毕小青译，生活·读书·新知三联书店2009年版，第62页。
⑤ 董晓汾：《供求，偏好与政府干预——18世纪以来世界茶叶市场的嬗变》，博士学位论文，山西大学，2023年。

第二节　贸易结构

英国初饮茶以绿茶为主。① 一份来自英国东印度公司的收购订单显示，1721—1730 年英国进口茶中大约55%是绿茶，红茶约占45%。其中绿茶包括珠茶、熙春茶、眉茶三种，以眉茶为主；红茶有白毫、小种、工夫、武夷茶四种，以武夷茶为主。② 之后几年，红茶比重逐年升高。至18 世纪40 年代，绿茶和红茶的比例颠倒，红茶一度超过绿茶，成为英国进口茶叶之首的类别。

此后，英国人对于红茶有着近乎狂热的偏爱，茶叶进口中红茶数量急剧增加，与绿茶进口量差距逐渐加大，拥有压倒性的需求占比。图2－2 显示19 世纪英国东印度公司售卖的茶叶中红茶已稳居销冠之位仍渐增的趋势。1836—1875 年，公司茶叶总销售量从42807000 磅增至179000000磅，上涨约318%。其中红茶销量上涨约398%，绿茶仅上涨13%。红茶进口所占比例从79%上涨到94%，绿茶进口所占比例从21%降至6%。至此，英国近乎"全红"。

红茶消费在英国盛行大致有两方面的原因。一是消费群体基数与收入的增加。18 世纪上半叶，英国每年人口增加5%左右。同时，人均收入水平也显著提升。1700 年，英国人均收入水平为8—9 英镑，1750 年增加到12—13 英镑，1800 年增加到22 英镑。伴随着饮茶之风不断向普通民众延伸，更多消费者转向价高质优的红茶，红茶需求量稳步增加。

二是茶叶品种价格变动是英国市场茶叶消费偏好转变的主要原因。18 世纪初期东印度公司红茶进口价格高于绿茶，1721 年进口每担白毫茶、工夫茶需38 两，武夷茶27 两，瓜片茶35 两，松萝茶19 两。1730 年，武

---

① 英国将中国茶分为红茶和绿茶两大类，参见 Reginald Hanson, *A Short Account of Tea and the Tea Trade with a Map of the China Tea Districts*, London: Whitehead, Morris and Lowe, 1878, p. 75.

② 角山荣、玉美、云翔：《红茶西传英国始末》，《农业考古》1993 年第4 期。

（磅） （%）

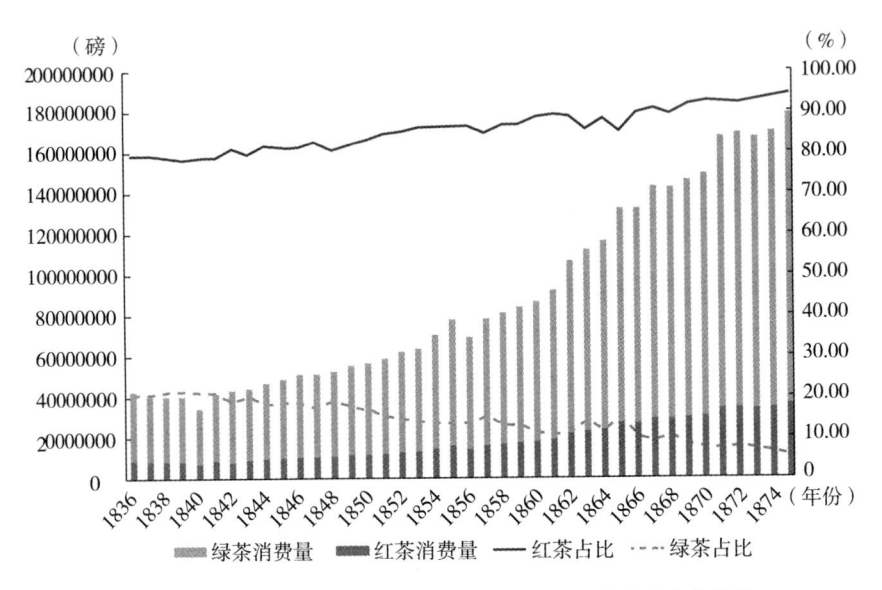

图中横轴：1836—1874（年份）
图例：绿茶消费量　红茶消费量　——红茶占比　----绿茶占比

图2-2　1836—1875年英国东印度公司出售茶叶种类变化①

夷茶价格降低到每担22两，松萝茶每担增加为24两。② 到18世纪末，红茶价格相比绿茶价格依旧有很大优势。另外，随着消费需求的不断增加，英国市场茶叶价格随销量增加而下降。根据上海出口茶叶价格显示，1845—1850年茶叶出口平均价格下降47.3%。综上，造就英国茶叶贸易结构由绿茶向红茶转移的特点。

第三节　贸易政策

随着茶叶贸易规模的不断扩大，英国政府渴望从中获取更多收入，从而进行压迫性的财政和政治安排。受殖民扩张等因素影响，英国财

---

①　数据来源：Reginald Hanson, *A Short Account of Tea and the Tea Trade with a Map of the China Tea Districts*, London: Whitehead, Morris and Lowe, 1878, pp. 53-54；数据说明：数据虽为1711—1875年英国东印度公司的茶叶销售种类与数量，但由于英国消费年均占到其销售数量的85%，故该数据可代表英国本土茶叶消费情况。

②　[美] 马士：《东印度公司对华贸易编年史1635—1834年》（第一、二卷），中国海关史研究中心组译，中山大学出版社1991年版，第197页。

政需求不断增加,开始征收巨额茶税,与商人瓜分利润,英国政府从茶叶中获得的利润几乎和东印度公司获得的一样多。① 除此之外,英方为疏通茶叶贸易堵点,提高茶叶贸易利润,与中方就福州开埠一事展开博弈。

一 茶税政策

1660 年,英国设置茶税,每加仑茶叶征收 8 便士附加税。② 此后 30 余年,政府对茶叶进口与销售环节的赋税更为严苛,不仅大幅增加税率,而且需要得到议会许可才可销售。1689 年,公布新法案规定取消对茶叶消费税的征收,改为对政府财政贡献率更高的关税。1692 年,由于关税过高,"只有很少的一部分从公共港口入境"③,政府首降茶税至每磅 1 先令。但除该政策实施当年东印度公司茶叶进口增长率上升为 34%,其后几年均负增长。1696 年英国政府开始允许从荷兰进口茶叶,进口量从 70 磅飙升至 1697 年的 22416 磅。其实行差别关税,区分常规进口与荷兰进口两种茶税类型,两者在 1698—1704 年间增加 15% 的从价税,关税分别涨至每磅 2 先令和 5 先令,税费总额占到茶叶均价的 30%。

图 2-3 描绘了 1704—1819 年维持宽松茶税政策的税率变化趋势。1711 年,茶税再次涨高,加之茶叶均价的降低,税费总额占到茶叶价格的比率升高至 82%。1717 年,一些"冒险家"为逃避英国的高税率,通过神圣罗马帝国奥斯坦德(Ostend)的贸易船只走私茶叶。1722 年,查理六世授予以奥斯坦德为中心成立的奥斯坦德贸易公司垄断该国东方贸易的特许状,助长英国走私茶商势力,一度成为英、荷等国的重

---

① 姚贤镐:《中国近代对外贸易史资料(1840—1895)》,中华书局 1962 年版,第 270 页。
② Reginald Hanson, *A Short Account of Tea and the Tea Trade with a Map of the China Tea Districts*, London: Whitehead, Morris and Lowe, 1878, p. 47.
③ 原文为 "…but little of it was brought to a public entry"(Reginald Hanson, *A Short Account of Tea and the Tea Trade with a Map of the China Tea Districts*, London: Whitehead, Morris and Lowe, 1878, p. 48)。

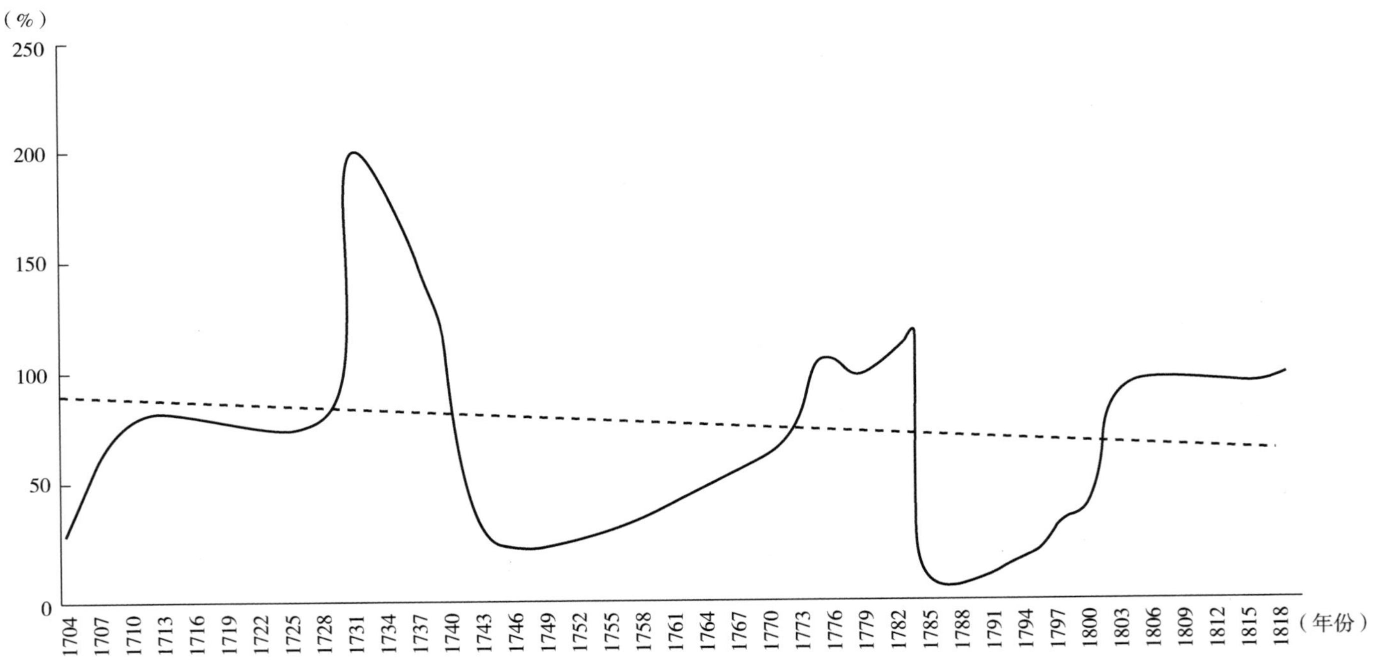

❖❖ 研究篇

图2-3　1704—1819年英国茶税税率变化

数据整理自：Reginald Hanson, *A Short Account of Tea and the Tea Trade with a Map of the China Tea Districts*, pp.8—50。

数据说明：由于原始数据部分年份不连续，已做平滑处理。

要竞争对手。两国面对新竞争者的威胁，联合出台贸易禁令与之抗衡，终在1731年，奥斯坦德公司解散。① 然而英国的过高关税仍在持续发酵，同年这一比率飙升至200%，伦敦市场上茶叶供给量不足英、荷、法和奥斯坦德总进口量的8%，其中绝大部分为走私货物。为避免茶叶走私情况猖獗，以及欧洲各国之间茶叶转口贸易泛滥，英国政府大幅减少关税，但并未达到预期效果。由于茶叶需求的不断加大，茶叶均价降低，定量税的征收显然与大幅降低的茶叶均价不匹配。1734—1744年，茶叶净价降至每磅4先令2便士，税率仍高达128%。

1745年，议会再次降税至每磅1先令，但由于茶叶均价持续降低，税率仍逐年增长。此后几十年，加之战争需要增加财政支持，高税率再度来袭，伴随的是连绵不绝的走私贸易，消失的巨额税收。为此，1784年内阁再度改革，力降税率至12%，达到此时段内最低点，茶叶贸易回暖，但很快被欧洲频发的战争拉回高税的政策。

整体来看，英国茶叶税率总体呈震荡下跌的态势。英国政府为促进茶叶贸易、打击走私活动，不断降低税收维持较为宽松的茶税政策，但又迫于战争带来的财政压力而几度增加税收。最终，不论是政府还是商人，都从这场声势浩大的茶叶贸易中获得巨额财富。

二 外交政策

关于福州开埠与近代福州茶市国内早有讨论，目前学术界就此达成的共识是1844年中英《南京条约》福州被迫开放，鲜有学者提到福州开埠之前的中英博弈，一定程度上英商节约茶叶运输费用是重要因素。

早在1811年，时任东印度公司特权委员会主席的益花臣（Elphinstone）发现最接近红茶产区、最适合装运红茶的转运港口——福

---

① 江滢河：《奥斯坦德公司对华贸易初探》，李向玉、刘泽生：《港澳研究〈澳门理工学报〉专栏文萃2011—2013》，社会科学文献出版社2018年版，第374—391页。

州府，故尝试从武夷山沿闽江经福州船运至广州，相较途经江西近800英里的陆运线路耗时节省40—60天。① 但激起广州十三行行商的反对，清廷颁布海运禁令，禁止茶叶从海上运到福建以南的部分地区。② 塞缪尔·鲍尔先生在《中国茶叶生产加工报告》中将清廷颁布禁令视为中国内部明显夸大"航行能力、港口实用性以及毫无根据报告的忧虑"，以及居住在广州的欧洲人正受到中国人攻击的实例。尽管英国人意识到中国政府不可能废除禁令，因为中国人担心福州港开放会引发茶叶走私泛滥，"用这种方式获得茶叶的傲慢的外国人，可能会冷漠地不再致力于寻求中国的青睐"。③

同一时期清政府召回已经退出商界但多年担任主要广州十三行行商的潘振承，以处理这件棘手的事件。但欧洲人对此嗤之以鼻，他们反复强调开放福州港对于节省茶叶贸易费用的优越性。武夷山到福州府的茶叶运输费用约9美分/公斤，仅为广州毛运费36美分/公斤的1/4，武夷山经福州到广州运输费用不多于4.3两/担。④ 而仅仅跨越武夷山系的运输费用就不低于12.5两/担，相较将近4倍的费用节省，闽江航运危险不值一提。另外福州府辖下京杭大运河流段增加交通便利，1万名浦城县籍搬运工往返穿梭在福建与浙江山区间，沿途遍布供游人住宿的客栈，⑤ 足见闽江人货流量之大。

囿于福州贸易资料阙如，英国人对照1813年到1816年广州茶叶贸易量、租船费率、河岸人口数量、港口现有贸易量、河上交通流量等指

---

① Reginald Hanson, *A Short Account of Tea and the Tea Trade with a Map of the China Tea Districts*, London: Whitehead, Morris and Lowe, 1878, p. 80.

② Samuel Ball, *An Account of the Cultivation and Manufacture of Tea in China*, London: Printed for London, Brown, Green and Longmans, Paternoster-row, 1848, p. 168.

③ Mr. Reeves's MSS. papers.

④ 《亚洲杂志》(*R. Asiatic Society's Journal*)，1840年5月，第36页。这是作者的一篇论文，下面的大部分内容就是从这里提出来的。

⑤ Jean-Baptiste Du Hald, *Description geographique, historigue, chronologique et, plysique de L'Empirede La Chine et de la Tartarie Chinoise*, Vol. 1, translated by Richard Brookes, London: J. Watts, 1741, p. 165.

标，反映英中贸易为广州繁荣的贡献度，进而印证英国对福州贸易同样能带来福州的活跃，以说服英国国内投资开发福州。"广州的繁荣主要依靠对外贸易。它既不是我国进口商品在中国的消费地，也不是我国出口商品的增长地，但是，无论我们的贸易在多大程度上培育和培养了广东的国内新产业，人们的习惯、品味和性情在各地都是一样的，在任何一个可以扩大我们贸易的港口也会产生同样的影响。"而且闽江沿岸是扩大茶叶种植、增加进口收益的适宜地区。"整条闽江及其支流，山川纵横，河水奔流，都是种植茶叶的好地方。"

因此他们宣示扩大商业特权的资格和扩张中国市场份额的野心，也是"西方中心说"下随意配置中国乃至世界资源优越性的真实例证。"该法令颁布时禁止从这个港口装运任何茶叶。从事北方贸易的商人请愿反对这项禁令，并获得了豁免权，但依然限制向南方运输茶叶。制定这项法律也触动了欧洲人的利益，而且，由于欧洲人商业特权的扩大、继续实施这项禁令的意义并不大。"① 甚至不惜冒着引发战争的风险坚持福州港开放，以获得这项茶叶贸易特权。

> 璞鼎查爵士立刻意识到这个港口的重要性，并且敢于冒着重新引发敌对行动的风险来确保这一特权，他的卓越才智值得赞扬。希望通过武力获得的优势，不会因为在广东的英国商人的懒散和缺乏进取心而付诸东流。变得毫无价值。②

假如在东印度公司特许期内获得这项与福州府进行贸易的特权，那么在不到四年的时间里，大部分红茶将从这个港口运出。和广东的茶农们签订合同，钱通常也是预付的，但在接触上有一个简单的区别，就是

---

① Samuel Ball, *An Account of the Cultivation and Manufacture of Tea in China*, London: Printed for London: Printed for London, Brown, Green and Longmans, Paternoster-row, 1848, p.168.
② Samuel Ball, *An Account of the Cultivation and Manufacture of Tea in China*, London: Printed for London: Printed for London, Brown, Green and Longmans, Paternoster-row, 1848, p.172.

他们会把茶送到福州，而不是广州。可以毫不怀疑的是，如果这些人不再忍受长途跋涉的折磨，再忍受与家庭和家人长期分离的痛苦，他们一定会高兴地欢呼这种改变。正如阿礼国先生所言，"仅凭时间就可以证明，这个港口的优势本质上是如何促使英国商业界从广东转移他们的资本，并在福州投入同样多的精力和才智。毕竟，这关系到这个港口作为茶叶和英国农产品市场的前景"[1]。

当我们俯瞰长时段下的中英茶叶贸易演变时，可以明显地感受到在需求、偏好和制度各因素之间互相影响的画面之下，源源不断的动力来自英国饮茶之风。这一习俗的形成，将茶叶从奢侈品变为必需品，当更多人需要茶叶的使用价值时，茶叶需求量增多，贸易规模扩大，茶叶价格也随之降低，使茶叶成为更多人的必备品。面对巨大的商业利润，不断增加的市场需求以及对本土饮品市场的冲击，英国政府持续收取高昂茶税，但税收制度的改革似乎并未决定茶业按照预期的方式演进。普遍认为的发展障碍，在能够长期获取足够多的利润面前，都容易克服。

然而，这并不是英国追求长期利润的终点。茶叶贸易的不断扩大导致英国白银持续外流，为扭转这一局面，英国积极寻求新的茶叶产地，并且主导了原棉与鸦片贸易等一系列行为。最终致使印茶占领茶叶市场高地，中国竟成为世界市场上勉强的参与者。对英茶叶贸易的发展象征着中国近代史的主要困境之一，即在高度竞争性的国际斗争中如何生存下去的问题。

---

[1] "Parliamentary Papers on the Returns of the China Trade", *January*, 1847, p. 10.

第三章　世界茶叶供给区的变动及原因

随着18世纪茶叶在全球流行开来，茶叶需求日益增长，英美等国对茶叶贸易重视程度不断加深，1784年茶叶占到"中国皇后号"来华进口商品总额的92.1%。华茶基本垄断全球茶叶市场，直至1890年占比仍然在50%左右。而近代以来，殖民主义扩张与全球市场逐渐形成，茶叶贸易随之繁荣，以英国为主的资本主义国家不满足于单纯的茶叶贸易，将目光转向了茶叶种植与生产。与此同时，西方自然科学悄然兴起，运用实验科学的方法对中国茶叶栽培与加工进行详尽分析，从而破解中国茶叶难以复刻的独特口味，成为一批英国化学、植物、农学家及在中国工作的政商人士关注的热点问题，其入华科考主要集中在茶叶种植技术、土壤、水质、茶叶成分等方面。在对中国传统经验式的茶叶栽培技术进行深入研究和复制之后，印度、锡兰、日本等国开始了茶叶栽培与加工的尝试，并逐渐规模生产。19世纪三四十年代前后，以印度、锡兰、日本为代表的各国开始进入茶叶生产领域，形成一种与华茶分庭抗礼的激烈竞争态势，华茶的海外市场受到大幅挤压。世界茶叶的主要产区由中国旁落到其他国家，这不仅仅是由于西方殖民国家对世界市场的挤占，其深层原因更是殖民主义对别国生产技术、知识产权的掠夺与挪用。

当今学界对世界茶叶供给区变动的解读多停留于市场贸易层面，而忽略了技术掠夺与近代科学对特色植物移植的作用。本书所译史料集中在国外考察者对中国茶叶生产、印锡栽培实验、茶叶水质分析等方面，对英国茶叶科考原始史料进行翻译、汇总，为研究中国茶叶生产、茶叶贸易的兴起与产地、世界茶叶供给地转移提供了19世纪西方自然科学研究的独特视角。其一，从英国人对茶叶生产的考察视角解释华茶生产经营的缺憾。其二，从茶叶改良实验角度说明世界茶叶供给区之变动。其三，从近代科学使用与规模化生产对茶叶供给区变动提供解释。

第一节　华茶经验式生产及经营模式

近代中国传统茶叶栽培手段主要依赖传统经验的积累，缺乏近代化学知识的引入，对技术的认知和记载也存在一定限制，相关史料记载同样较为模糊简略。这也导致了现代学者研究茶叶栽培技术的局限性，[①]无法全面探索其潜在植物化学成分和功能，也无法判断中国古代茶叶栽培方法的科学性与技术发展程度。[②] 本书所翻译的外文史料记载了18世纪西方旅中考察者用近代化学和自然科学眼光对中国传统模糊的、经验式的茶叶栽培方法的观察。这些史料为其将茶叶引种至其殖民地，实现高质量、低价格、规模化的茶叶生产提供了技术支撑，也弥补了当前学界有关中国古代茶叶栽培史料记载的缺陷。

一　中国经验式茶叶栽培方式及认知

中国自唐代陆羽撰成《茶经》正式创立了茶学，包括茶树栽培、制茶技术、茶叶经济与茶文化等研究方向。中国饮茶历史可追溯战国以前，[③]在唐代陆羽《茶经》中才有具体茶叶栽培方法的记载，当时茶叶生产已遍布今十三个省（自治区）。[④]我国古代茶树栽种水平随茶叶的

[①] 吴觉农主编：《茶经述评》，农业出版社2005年版，第28页。
[②] 虞文霞、江志伊：《〈种茶法〉考释——兼论清代茶叶种植技术的进步》，《农业考古》2016年第5期。
[③] 陶德臣：《战国至南北朝时期茶叶经济的发展》，《北方工业大学学报》2022年第1期。
[④] 吴觉农主编：《茶经述评》，农业出版社2005年版，第4—25页。

普及和茶农经验累积而缓慢进步，至清代已经发展出压条繁殖法，技术已较为成熟。但我国学者对茶学研究主要限于古籍记载，而古籍记载又局限于经验总结，并且多落后于现实技术发展情况。凭借古籍所载的茶叶栽培技术，仅能了解茶叶技术经验的应用水平，而不是研究过程，更枉论科学实验与定量分析。

中国唐代对茶叶的生物特性已经具有一定了解，从而提供其需要的自然条件。根据陆羽《茶经》和韩鄂《四时纂要》等文献的记载，唐代人们已经认识到茶树栽培的光热水土需要。记载中总结归纳出，茶树适宜温暖湿润的环境，北方寒冷干燥的地区不宜栽培。茶树不喜欢直接阳光照射，具有耐阴的特性，适宜种植在土质疏松、肥沃的地方，黏重的黄土对茶树生长不利。茶树的根系对土壤通透性有一定要求，定期耕治有助于促进生长。茶地需要良好的排水，地下水位不能过高，更不能积水。古代文献记载中，除了苏东坡的诗句"细雨足时茶户喜"，提到茶树在芽叶生长旺季对湿度要求较大外，其他内容都只是对唐代茶叶知识的一些补充。[①] 明代对茶树的认知进一步深化，对适宜茶树生长的土壤、地势、朝向、日照、排水和气候条件提出了明确而具体的要求。与唐宋时期相比，这些要求更为全面，具有较强的理论化倾向。

茶叶种植技术也从播种育苗的方式发展为插枝法。在明代中期之前，我国茶书和相关文献中对茶树的栽培方法，一般都沿用"种茶下子，不可移植，移植则不生"[②] 的理论。在明代中期以前，我国主要采用丛直播的方式种植茶树。然而，明代中期以后，一些地方开始采用育苗移栽的方法，而有性繁殖容易导致种性退化。因此，随着我国对良种和名优茶叶的出口需求增加，茶树的无性繁殖逐渐受到一些地方和特定品种的重视和推广。根据相关文献记载，在康熙后期，有人开始在广东的连山、阳山一带教导民众使用插枝法种植茶树。开始用插枝法繁殖

---

① 朱自振编著：《茶史初探》，中国农业出版社1996年版，第158—159页。
② 朱自振编著：《茶史初探》，中国农业出版社1996年版，第98页。

"水仙茶",所传甚难,后来改用压条法。

针对茶园管理,唐代《四时纂要》已经有了针对茶园土壤选择、除杂草、土壤耕作、施肥、间作、收获时间等种植方法的记载,但其说明较为模糊。例如肥料"以小便、稀粪、蚕沙浇拥(壅)之,又不可太多,恐根嫩故也",针对土壤仅说明"宜山中带坡峻","若于平地,即须于两畔开沟垄泄水。水浸根,必死"。① 书中关于茶叶种植的说明仅寥寥数百字,对于究竟该用多少肥料,施肥到什么程度会损害茶株,茶园选址的"坡峻"应达到什么斜度等问题,中国传统茶叶研究并没有给出解决这种精准的量化问题的答案。

西方关于中国茶叶的了解最初也是通过中国的历史典籍,他们认为茶的发现起源于神农,而茶最早记载于《诗经》,唐代陆羽对"茶"做出了明确区分。在英国,关于茶的著作有《茶经》及《群芳谱》中《茶谱》等史籍文章,将中国古文译为英文,对茶叶及其历史进行了解,为我们提供了另外一种茶叶用途和地位的认知。和中国古代茶叶研究相似,外国学者对茶树栽培研究也从自然条件出发,认为茶叶质量受地理环境、茶树树龄以及光照等自然条件的影响。

> 茶树能够在几乎所有类型的土壤和地形上生长,但最适合在中等海拔的丘陵地带种植,那里的土壤肥力、热量和湿度最适于其生长,良好的自然条件有利于茶树茁壮生长,尽管这个过程通常会因叶片凋落而中断。最好的土壤含有适量的有机质,其致密性和多孔性足以在风吹日晒中为茶树提供充足的水分,而且不会让过多水分滞留在根部。茶树的最佳种植方位是面向东南方,或者是被清晨阳光直射的方向。②

---

① (唐)韩鄂原编:《四时纂要选读》,缪启愉选译,农业出版社1984年版,第30页。
② Reginald Hanson, *A Short Account of Tea and the Tea Trade with a Map of the China Tea Districts*, London: Whitehead, Moris and Lowe, 1878, pp. 58–61.

第三章　世界茶叶供给区的变动及原因

国外学者对茶树的进一步了解通过科学的视角进行。从生物学角度对茶树叶片特征、生理形状、地域分布、种类差别等植物特征进行详尽描述。尤其对红茶和绿茶的不同种类进行细致区分，分析其产区、热量、光照、土壤和加工工艺的不同。例如英国人对茶树栽种方法的记录：

> 现在附上从传教士那里收到的记录："把四五颗种子放在一个地方。当叶子长出来，植物长到1腕尺（14英寸）的高度时，把它们绑在一起。一年四季都要给它们除草，把根部周围的土翻起来，再铺上新土。整理捆扎，去掉枯枝。没有必要修剪或浇水。"[1]

西方考察者对茶树栽培方式的研究相对表面，但这种"无知"也使得他们书稿的记录更为细致。他们深入探讨了茶树栽培时间、土壤选择、灌溉需求等实际操作中国茶农通过经验解决的问题。虽然西方考察者并不能理解茶叶栽培的一些专业术语、茶名和地名，但均设法解读。西方考察者也将茶叶进行品级分类，并转译至英国，这不仅反映了中国茶叶在全球茶叶产业中的巨大影响力，同时也表明西方学者近代科学视角与中国实用经验视角之间的差异。

> 欧洲人所知道的最好的茶被称为熙春茶……质量稍差的熙春茶被称为"山茶"，除了一年仅需要两次除草之外，与一般的松萝茶（Singlo）和屯溪茶（Twankay）没有明显差别。被除掉的草和杂草被堆置在茶树根部，腐烂后作为肥料。[2]

---

[1] Samuel Ball, *An Account of the Cultivation and Manufacture of Tea in China*, London: Prin-0ted for London: Printed for London, Brown, Green and Longmans, Patemoster-row, 1848, pp. 85 – 86.
[2] Samuel Ball, *An Account of the Cultivation and Manufacture of Tea in China*, London: Prin-0ted for London: Printed for London, Brown, Green and Longmans, Patemoster-row, 1848, pp. 85 – 86.

英国考察者对中国茶区和茶叶栽培技术的研究在殖民地引入茶叶的过程中扮演着关键角色，为这一行业的发展奠定了重要的理论基础。他们深入研究了中国著名的茶叶栽培区域，对当地栽培技术、土壤特性以及适宜茶树生长的气候条件进行了详尽的观察和记录。这些西方考察者探索了茶叶的栽培技术，并将这些知识带回自己的国家，试图在殖民地推广茶叶种植，为其在殖民地建立茶园提供了宝贵的指导，并且帮助他们逐步确立了在新环境中发展茶产业的方法和策略。

二　华茶加工与经营模式

中国茶业以小农经营为主，没有形成大规模企业经营模式。茶叶运输不贵迅速，而贵安稳。印度、日本多摈汽车而用牛车马车运输，我国多赖民船，凡通汽车之地，茶箱胥由陆运。①

早在清末，国内华茶经营模式就已实现产供销一体，即先以"包买"方式预购茶叶，"每隔岁，轻千里，挟资而来"②，票号、钱庄等金融机构借贷是资本的主要来源。其后要求茶叶作坊或自行设厂加工制作茶叶，"山西茶商每年（在羊楼洞）常设立临时办事处开设工厂，该地有数千农民及其家族从事制造砖茶"③。最后运输至广州、福州、恰克图等或出口国外或销往内地。这种经营方式有别于传统长途贩卖中贱买贵卖赚取差价的商品流通方式，通过产业链的运作使商业资本与产业资本合理相容，成为茶商经营中的一大创新。

但华茶生产长时间采用传统手工制茶方式。19世纪40年代，工厂式茶业得到发展，福建武夷山茶区的茶厂有所增加。湖北、安徽、浙江都有商人开办的茶栈、茶庄，加工精制外销茶叶，但都采用手工生产。直至1896年福州成立机器制茶公司，首先效仿西方采用滚茶

---

① 吴觉农、范和钧：《中国茶业问题》（上），上海：商务印书馆1937年版。
② （清）秦达章修，（清）何国佑纂：光绪《霍山县志》卷二《物产》，国家图书馆藏民国石印本，第17页。
③ ［美］威廉·乌克斯：《茶叶全书》（上卷），侬佳、刘涛、姜海蒂译，东方出版社2011年版，第165页。

小机器制茶。① 至20世纪30年代国民政府推行茶叶改良运动，全国范围才开始引入机械制茶法。尽管部分高档茶叶为保证茶叶娇嫩新鲜的特点，仍然沿用手工制茶，当然这也是一种宣传方式。

工业革命背景下，机器的使用在西方国家备受推崇。因此除茶叶成分、土壤等分析实验以外，西方研究者就机械制茶方式展开研究。《中国茶叶生产加工报告》的作者塞缪尔·鲍尔（Samuel Ball）先生写到他尝试通过实验确定多远的蒸汽能作用于茶叶，囿于仪器限制，只能用布提高温度至水的沸点以上。他发现水分蒸发速度与热量不可控，难以适配茶叶干燥要求。"在工艺的第一部分，使用的热开水不足以产生坎普费尔描述的叶子的噼啪声；水分蒸发也不够快，所以需要相当大的力量来处理剩余的汁被使叶子完美地卷起来。对于绿茶的最后一次干燥，它似乎可以解决这个问题，而且可能会有优势。然而随着树叶干燥，有必要降低水的热量，因为通过这个实验发现，沸水产生的热量对于绿茶的最终干燥来说太大了。"②

在机械对人力节省方面，他发现机器在筛选、干燥茶叶步骤中相较手工可能具有一定优势，比如筛选机已经代替筛子用于分离雨前茶和圆珠、芝珠茶。爪哇的雅各布森先生发明了一种用于雨天后烘烤茶叶的圆筒状机器。他预期发明一种能够模拟筛子中茶叶抛散和旋转运动的机器，以产生和调节热量，从而达到干燥叶片的新效用。

19世纪上半叶，为了摆脱对华茶的依赖，西方考察者入华科考，细致学习记录了中国茶叶的栽培、加工方式。其中最为著名的"盗窃者"为罗伯特·福琼，③ 他于1848受东印度公司委托，深入中国科考，

---

① 彭泽益：《中国近代手工业史资料1840—1949》第2卷，生活·读书·新知三联书店1957年版，第100—104、352—354页。

② Samuel Ball, *An Account of the Cultivation and Manufacture of Tea in China*, London: Prin-0ted for London: Printed for London, Brown, Green and Longmans, Patemoster-row, 1848, p. 122.

③ ［美］萨拉·罗斯：《茶叶大盗：改变世界史的中国茶》，孟驰译，社会科学文献出版社2015年版。

并将中国茶叶种子运往印度,① 开启了印度茶叶种移植。本书所译的英国文献《中国茶叶生产加工报告》为这一历史研究提供了全新史料支撑。《中国茶叶生产加工报告》由塞缪尔·鲍尔记录其1804年至1826年任英国驻华茶叶检查员期间对中国的个人观察,书中包含茶叶栽培、采摘、加工等信息,证明19世纪初期英国就开始深入中国研究茶叶生产技术。基于针对茶叶生产技术的深入研究,印度、锡兰等国茶叶种植业迅速兴起,印度和锡兰的茶叶生产不仅仅是中国传统茶业的复制,更在一定程度上进行了技术创新和管理改进。这包括引进新的茶树品种、改良采摘和加工技术,以及建立更高效的种植和加工体系。这些改进使得这些国家的茶叶生产更具竞争力,满足了西方国家对茶叶不断增长的需求。

第二节　世界茶叶供给区变动

18世纪开始,英国东印度公司进口中国茶叶在英国等欧洲各地销售,东印度公司在茶叶采购、运输、拍卖、分销和市场推广等方面已经积累了相当丰富的经验,而在茶叶品种、种植、制作工艺和管理技术等方面一无所知。对茶叶需求量极大但又不甘心受制于中国的英国人,为摆脱对中国的贸易依赖以及获得种茶的丰厚利润,始终希望能够在自己所控制的区域里种植茶叶。

1834年在英国东印度公司和英属印度政府双重体制下组建的茶叶委员会担负起发展帝国茶产业的重任。继在其殖民地印度阿萨姆地区发现野生茶树后,英国人经过几年艰难的开拓,在该地区开辟了许多新的专业茶叶种植园,种植土生的阿萨姆茶树品种和从中国盗取的中国茶树品种,加之阿萨姆极其适宜种茶的气候,茶业发展速度惊人。1887年开始,英国市场上中国茶叶进口量从巅峰时的98%下降到54.9%,而

---

① [英]罗伯特·福琼:《两访中国茶乡》,敖雪岗译,江苏人民出版社2016年版。

印度茶叶占比则上升到45.1%。①美国茶叶市场对中国茶叶的消费量从19世纪后期开始不断下降，20世纪初期开始已经低于印、锡和日本茶叶。②19世纪中叶后的几十年中，华茶逐渐失去了垄断地位，世界主要茶叶供给区从中国逐渐转向印度、锡兰、日本等地。

然而由于茶株易老化变种，茶叶产量与质量难以保证，为了解决印度等地引种茶叶后遇到的问题，国外植物学家依此展开研究。1901年，印度茶业协会科学官员哈罗德学士（Harold H. Mann，B. Sc）完成著作——《阿萨姆的茶土与茶肥》。《阿萨姆的茶土与茶肥》就阿萨姆地区出现的老茶园退化现象展开研究，从茶园土壤的物理性质对茶树生长繁茂程度和茶叶品质的影响、茶园土壤的化学成分组成、各种茶用肥料的介绍以及对阿萨姆邦各地区不同特征的土壤分别提出施肥方案共四方面内容深入分析该现象的原因并寻找恰当有效的改善措施。这一系列的科学举措为印度茶业的长期繁荣奠定了坚实基础。但是对于当时中国来说，茶业仅为一种副业，并没有大规模普遍生产。③

19世纪前后，英属印度超过中国，成为世界最大的茶叶出口地，华茶开始失去在世界茶叶市场的垄断地位。与英国学者在阿萨姆茶园进行研究试验同时期，为谋求"华茶复兴"，1901年中国在重要的茶叶产区开始兴起茶业改良实践研究。中方也派出了"印、锡茶叶考察团"前往印度、锡兰等地进行考察借鉴。④目前学界对于此时期的茶叶栽培方法和改良手段也多局限于中国19世纪的茶业改良运动所遗史料，却对英国在印度、爪哇、日本等地的茶叶栽培改良试验知之甚少，仅能从以郑世璜为首的"印、锡茶叶考察团"所考察的记录中窥见一二。郑

---

① 石涛等：《近世以来世界茶叶市场与中国茶业》，社会科学文献出版社2020年版，第39页。
② 石涛等：《近世以来世界茶叶市场与中国茶业》，社会科学文献出版社2020年版，第44页。
③ 胡浩川、吴觉农：《中国茶业复兴计划》，商务印书馆1935年版，第47页。
④ 彭南生：《中间经济：传统与现代之间的中国近代手工业1840—1936》，高等教育出版社2002年版，第144页。

世璜于考察报告中写道"查英人种茶先于印度,后于锡兰……迄今六十余年。英人锐意扩张,于化学中研究色泽、香味……转运便而商场日盛,成本低而售价愈廉,骎骎乎有压倒华茶之势"。郑世璜认为印度阿萨姆茶园条块分割的管理方式和对茶树护理的专业修建、施肥方法正是中国茶叶栽培所缺乏的。[①]

《阿萨姆的茶土与茶肥》一书,综述阿萨姆地区出现的老茶园退化现象与相应补救管理措施。根据作者针对印度阿萨姆邦各地考察总结出以下几点问题:

(1) 阿萨姆较早的茶园产量正在逐渐下降,同时质量也可能在下降。

(2) 试图通过种植新茶园来弥补这一产量损失是不合理的。

(3) 通过合理地使用就地取材的肥料,可以在很大程度上阻止这种退化。

(4) 除非旧茶园需要全部进行清除,或打算放弃相当于新茶园面积的土地,否则不应铲除茶树。

(5) 应该建立一项制度,以便将来修剪茶树和处理茶园中的土地,没有特殊原因不能违反。[②]

史料通过对阿萨姆茶园茶土和产量的研究,探讨土壤与茶叶品质的关系。中国近代的茶叶种植技术同样存在类似问题,以19世纪安徽茶叶栽培为例,其同样存在茶园老化、茶树枯死、栽种随意、不事修建等问题。[③] 此史料对于茶叶栽培研究具有一定价值,对中国学者研究本土茶叶种植园栽种方法、土壤选择、土壤肥力和耕种制度是否科学提供了

---

① 周重林、太俊林:《茶叶战争:茶叶与天朝的兴衰》,华中科技大学出版社2015年版,第204—205页。

② Harold H. Mann, *The Tea Soils of Assam, and the Tea Manuring*, Calcutta: W. Newman & Co., 1901, pp. 7–8.

③ 张小坡:《近代安徽茶叶栽培加工技术的改良及其成效》,《中国农史》2011年第2期。

参考样本。

本书阐述当地茶农由于成本过高和需长期使用反对施肥，针对茶树并不会造成土壤元素的过度损耗，目前阿萨姆茶树只需要氮肥和磷肥，并且只有后者才需要纯粹的人造肥料这一现状。总结出了施肥的五点一般原则。其一，不能在土壤肥力严重下降后才人工干预施肥；其二，要明确施肥核心问题就是实现茶用肥料的经济循环，尽可能用牛粪、草木灰、茶叶渣、茶叶加工过程中的各类损耗，降低成本；其三，尽可能降低人工肥料的进口；其四，如果必须使用人造化肥，应仅补充土壤中含量不足的成分；其五，选用效用持久的肥料。[1] 从书中总结的施肥原则可见，国外对茶树栽培的原则集中于高效力和低成本，其目的是茶叶低价销售而服务。

中国史料同样有关于茶叶施肥的记录。唐代农书《四时纂要》中说明，"以小便、稀粪、蚕沙浇拥（壅）之，又不可太多，恐根嫩故也"[2]。1933年出版的《种茶法》一书中记载了基本的施肥原因和方式，并介绍了常用的六种农家肥和三种化学肥料，并在施肥方式一节中记录了印度与日本的施肥方式，可见这些近代化学施肥方法是从他国习得的。[3] 与英国学者在阿萨姆邦的种植实验相比，中国农书对施肥的说明较为模糊，将两种史料进行对比，对于研究国内茶业发展提供了近代科学的新思路。

在充分的实验与理论分析基础上，书中对阿萨姆邦在雅鲁藏布江流域的曼噶代地区、德孜地区、北拉金普尔地区、迪布鲁格尔地区、西布萨噶地区、爵叻地区以及瑂贡等地区不同特征的土壤进行实践，提出因地制宜的科学改造方案，指出每个地区的茶树土壤的最佳耕作方法：

---

[1] Harold H. Mann, *The Tea Soils of Assam, and the Tea Manuring*, Calcutta: W. Newman & Co., 1901, pp. 61–62.
[2] （唐）韩鄂原编：《四时纂要选读》，缪启愉选译，农业出版社1984年版，第30页。
[3] 程天绶：《种茶法》，商务印书馆1931年版，第31—41页。

研究篇

> 推荐的施肥方法是基于几乎每个案例中都需要添加有机质和氮,经常性添加磷酸盐,偶尔需要钾肥。一般来说,在重壤土中,先施用磷肥再培植绿肥作物的效果最好;在轻壤土中,通常采用牛粪或饼肥(也用绿肥)形成最优添加物。虑到所有施肥方法的最终目的是用最小的成本实现作物的最大改良。①

史料中针对印度阿萨姆邦茶园肥料适用和栽种方法的对比实验,对于茶叶种植科学具有普遍应用性,为茶叶栽种技术的发展提供了宝贵的资料来源。另外,也为华茶成本较其他茶叶产区高,并最终退出世界茶叶市场的问题提供了生产源头的解释角度。

除却印度之外,爪哇和日本在19世纪同样引进了茶叶种植。当地对茶树栽培方式进行了试验改良,从而得到最适宜当地水土培育的茶叶品种和栽培方式,和印度一样,极力降低茶叶生产的成本并提高产量。例如茶叶的播种方式是为了尽可能减少劳动力的使用,茶树高度则控制在工人最宜劳动的高度。

> 在爪哇,最好的栽培方式是在茶树生长的土地上播种,而不是从苗圃里采集树苗,造成不必要的步骤。
>
> ……
>
> 为了便于采集树叶,茶树不能长到3英尺以上,否则普通身材的人和小孩就不能采集。当幼苗达到1英尺的高度并且很茂盛时,必须去掉茶树顶部,用拇指甲把幼苗的顶部掐掉。②

对于茶树栽培的方式,该书也进行了详细的记录。具体有种子播种

---

① Harold H. Mann, *7%e Tea Soils of Assam, and the Tea Manuring*, Calcutta: W. Newman & Co., 1901, p.137.

② Samuel Ball, *An Account of the Cultivation and Manufacture of Tea in China*, London: Printed for London: *Printed for London*, Brown, Green and Longmans, Patemoster-row, 1848, p.87.

第三章 世界茶叶供给区的变动及原因

时间、土地划分、枝条修剪、施肥时间等实际操作中可能遇到的具体问题，对于茶树种植具有重要参考价值。

> 在爪哇，种子是在 11 月播种的，那时雨后地面略微紧实。在茶园茶树被剪成圆形，枝条被修剪得很短，这种情况不利于果实生长，很少结出种子。因此，有必要为培育茶树划出一部分土地。在这种情况下，茶树之间相隔五六英尺，任其自然生长，先不采摘茶叶。第三年后开始施肥，之后每两年重复施肥一次。
>
> ……
>
> 除了打顶或培育种子外，多产的茶树需要定期修剪。这里的修剪包括修枝和剪枝，并清除茶树的污垢、灰尘、昆虫幼虫和枯叶。每棵茶树仅需 2 分钟即可完成修建。①

从上述史料中可以看出，英国学者对爪哇茶树栽培的种子、种植间距的记载精准入微，详细记载播种与育种的方法、茶树间距与管理、生长控制与修剪、生长控制与修剪等栽培技术，降低劳动成本，对于茶园的规划和管理提供了实用的建议，使得茶园管理更为经济高效。

日本茶树栽培从茶树繁殖、茶株间距、肥料选择等角度入手说明。经过反复栽培实验，得出了行之有效的茶树栽培方法：

> 茶树最好的繁殖方式是种子繁殖，每株种植间距 4 英尺。在日本，茶树的花期从 11 月到次年 2 月，在第 2 年秋天播种，当种子成熟时，植物在 5 月或 6 月发芽。第 1 年之后，对茶树浇水、锄草和施肥。②

---

① Samuel Ball, *An Account of the Cultivation and Manufacture of Tea in China*, London: Printed for London, Brown, Green and Longmans, Paternoster-row, 1848, pp. 87–90.

② Samuel Ball, *An Account of the Cultivation and Manufacture of Tea in China*, London: Prin-0ted for London: Printed for London, Brown, Green and Longmans, Paternoster-row, 1848, p. 90.

英国考察者在中国各茶产区对茶树栽培进行考察，学习借鉴了中国传统茶叶种植技术与经验，并利用近代科学对印度、爪哇、日本等英属殖民地进行土质分析，同时引种茶树进行实验，并对栽培实验进行了较为深入的研究，总结经验与弊端，并针对茶树繁殖、栽培方式、茶园管理等方法进行了反复试验，提出了有效的改良建议并付诸实践，最终成功地在中国之外的地区培育出成本更低、质量更为稳定的茶叶。目前学界对于华茶衰落一题的考察多集中于世界茶叶市场贸易角度，华茶被印度、锡兰等地茶叶取代，虽然涉及了他国对华茶的引种，但并没有深入研究其引种具体手段，也没有深入探讨为什么其他国家栽培茶叶的能力能胜过茶叶的母国，其中很大一个原因就是科学技术的应用与反复的试验。本书所译史料从这一层面大大弥补了过往研究的空白，对于茶叶栽培技术发展和茶叶引种历史具有极高的研究价值，并为世界茶叶供给区变动过程的研究提供了全新角度。

第三节　茶叶供给区变动原因分析

茶叶原产于中国，经过数千年的培育和研究，中国人总结出了完整的种植方法，使得茶叶成为中国独有的物产。这个过程也使得茶叶在地理上形成了明确的边界。茶叶生于丘陵地带，喜阴湿温暖的环境，平地排水不畅则根部坏死。茶叶有性繁殖极易导致种性退化，插枝法、压条法等无性繁殖方法具有一定难度。其特殊的植物习性导致茶叶产量存在生产边界。中国明代和清朝初年茶叶产量基本持平，鸦片战争后中国茶叶产量出口量出现猛增。[①] 19世纪中期，华茶出口量达到巅峰，中国一直都是世界茶叶市场最主要的供给区。19世纪开始，英国考察者将茶叶种子引入印度、锡兰、日本等国开始种植实验，打破了茶叶在地理上的边界。在种植过程中，利用近代化学知识对茶叶种植土壤成分、不同

---

① 王涛、王华玲：《清代茶叶贸易衰败的政策因素探析》，《农业考古》2010年第5期。

品种茶叶加工过程、茶液化学成分进行细致分析,实现了茶叶的大规模工业化生产,科学的生产方式、低廉的劳动力价格和工厂生产模式打破了华茶固有的生产可能性边界,提升了茶叶产量与质量。

一 近代科学对生产边界的突破

《阿萨姆的茶土与茶肥》一书利用近代化学科学对印度阿萨姆茶园土壤进行了分析,揭示了茶树土壤与茶叶产量与质量的关联,并提供了老化茶园和土壤的改良建议。除此之外,通过对土壤成分的研究,测算出茶树生长需要土壤提供的有效成分,并推算出土壤无法提供需要人工施肥补足的有机物和氮等化学成分,验证了施肥的必须性与肥料的最优选择。

中国传统茶叶种植对于茶土研究并没有针对成分进行,主要集中在地形选择、肥料需要和土质等级等方面。例如清代江志伊《种茶法》中"辨土"一节,认为种茶应选择山中朝南的坡段,地势不宜过高,低处多水者最佳。以我国台湾地区为例,认为雨水多者,种茶不许额外施加肥料,每年可采摘七次茶。最后认为茶地可分上、中、下三等,"土赤而中杂砂石者为上土;土紫墨无砂石者次之;土黄白杂真土者为下"[1]。除此之外,中国近代以前对茶业的栽培方法的研究视角是一种模糊的、经验的,甚至是本能的模式,没有数字的精确测量,也没有对照组的实验证明,这与西方视角存在较大差异。

《阿萨姆的茶土与茶肥》一书中同样认为茶园土壤的物理性质对茶树的繁茂程度与茶叶品质均有一定影响,并且这种认知有充分的实验数据进行证实。作者通过对不同的茶土成分的颗粒大小进行表层土实验分析,首先对茶叶进行分类,并针对不同茶叶的茶土种类、颗粒直径进行分析:

---

[1] 虞文霞:《江志伊〈种茶法〉考释——兼论清代茶叶种植技术的进步》,《农业考古》2016年第5期。

如表 2-1 所示，1 号茶土适宜种茶，生产的茶叶味道很好，品质中上等，不需要太多的栽培；2 号茶土也适宜种茶，但需要深耕；3 号茶土也能种茶，但产量不高，茶株也不茂盛，因为土壤颗粒低，下雨容易板结。

在分析之前，所有大于 1/16 英寸的石头都被挑除。

表 2-1　　　　　　不同茶土的颗粒组成占比（1）

	颗粒直径（英寸）	1 号（%）	2 号（%）	3 号（%）
1. 极粗砂	大于 1/30	1.51	1.71	0.02
2. 粗砂	1/30—1/60	17.08	6.25	0.10
3. 中粒砂	1/60—1/90	30.44	9.93	0.08
4. 细砂	1/90—1/2000	38.60	42.86	41.10
5. 泥砂	1/2000—1/5000	7.40	11.10	25.40
6. 细泥砂	1/5000—1/20000	2.30	9.00	20.40
7. 细泥和黏土	小于 1/20000	2.15	12.68	11.73
8. 水分		0.52	6.47	1.17
		100	100	100

不同土壤的土质差异明显，虽然我们不能完全解释其原因，但是有一点是确定的，直径大于 1/2000 英寸的颗粒使土壤变松，而直径小于 1/5000 英寸的颗粒使土壤变硬。①

观察土壤上茶树生长的茂盛程度得出土壤易碎的原因是"直径小于 1/2000 英寸的颗粒使土壤变松，而直径小于 1/5000 英寸的颗粒则使土壤变硬"②，即土壤中混合沙子使其易碎的结论，既然繁茂茶树偏爱"轻质、相当粗糙的沙质土壤"③，那茶农们就可以进行深锄使茶园土壤

---

① Harold H. Mann, *The Tea Soils of Assam, and the Tea Manuring*, Calcutta: W. Newman & Co., 1901, p. 12.

② Harold H. Mann, *The Tea Soils of Assam, and the Tea Manuring*, Calcutta: W. Newman & Co., 1901, p. 12.

③ Harold H. Mann, *The Tea Soils of Assam, and the Tea Manuring*, Calcutta: W. Newman & Co., 1901, p. 13.

松散。需要注意的是，当雨过天晴，待土壤半干时锄地才会使土壤不易变得瓷实。对于底土，由于该地区是多雨和干旱并存的气候，故要分季节考虑。雨季时期，由于大量降雨把细小的颗粒冲进了底土，底土往往比表土坚硬、不透气以及积水，形成土壤硬层易致使茶树得病，它们会遭受各种各样的枯萎病，"其中最严重的是赤锈病"①。文中给出五种防止硬层形成的方法：建设合理的地下排水系统、深耕、挖沟、种深根系的树、种一年生的乌头叶菜豆等根深的绿色作物。旱季来临，深锄使表层土变细变松，利于水分保存，防水分蒸发，应注意深耕后避免踩实，铺垫燕麦秸秆、增加茶树种植密度以给土壤遮阴、清除杂草以及修窄排水沟等方法存水。由此可知，优良茶土具有松散易碎的表层土、深且易渗透底土以及地下水位接近地表以保持底土湿润三个条件。至于茶土物理性质对茶叶品质的影响，作者认为"与茶叶最相似的栽培作物是烟草"②，以美国康涅狄格种植烟草为例推测土壤物理性质与茶叶品质有一定联系。

该书还测算了茶树对土壤成分的消耗情况，将不受重视的土壤分析法引入研究，测算茶树生长所需的成分以及肥料能够在多大程度上补全土壤养分的不足。作者选取了不同的土壤样本，对其成分进行化学分析：

> 之前认为较为贫瘠的土壤现在证明其所有重要成分（除了钾肥）都很丰富。这种情况在阿萨姆邦的土壤中非常普遍，人们将其作为一种普遍规律，即决定茶土是否能生长出茂盛茶叶的因素不是整体土壤成分的含量，而应该是沙土含量。沙土较少则土壤更加适宜，这是因为沙子在很大程度上起到了稀释其他物质的作用。③

---

① Harold H. Mann, *The Tea Soils of Assam, and the Tea Manuring*, Calcutta: W. Newman & Co., 1901, p. 136.
② Harold H. Mann, *The Tea Soils of Assam, and the Tea Manuring*, Calcutta: W. Newman & Co., 1901, p. 32.
③ Harold H. Mann, *The Tea Soils of Assam, and the Tea Manuring*, Calcutta: W. Newman & Co., 1901, p. 37.

该书通过采集不同的土壤样品,计算对有机物和氮、磷酸、碳酸钾、钙、氧化铁和锰等多种土壤中的化学成分的真实含量,依照茶树的生长状况以及茶叶的品质得出磷酸、有机物和氮的含量较高的土壤,利于茶树茂盛,可产高档茶叶的结论。此外,该书对阿萨姆各地区茶园土壤提取样本进行成分分析,研究不同茶园有机物和氮含量,得出不良的耕种方式会导致有机质和氮流失,从而导致茶园老化,并对防止有效成分流失提出了科学建议,用绿色作物进行固氮:

> 只要土壤没有被水浸透,并且通风良好,氮就不会流失……土地必须进行彻底耕作,规律的降雨会造成土壤中最宝贵和最昂贵的成分流失。虽然不能完全阻止氮的流失,但我们能在很大程度上减少其发生,这就要依靠绿色作物。①

此外,碳酸钾与磷酸相辅相成,对蛋白质的形成、新细胞的产生和茶树生长至关重要,阿萨姆土壤都含有过量碳酸钾,钙含量通常很低,但足够茶树生长所需,故不需施钾肥,钙肥可以用于其他原因,例如为了改善土地的疏松度、用来根治枯萎病以及调节土壤的酸碱度。而通过对氧化铁和锰测量分析发现其与茶叶质量相关性不大。该书在土壤分析的基础上,也提出了如何为土壤补充流失的有效成分,肥料补充就是最重要的人工方法,作者又对粪肥、绿肥、豆科植物、骨肥、饼肥、氮肥、碱渣、草木灰、钾肥、石灰肥和其他有机肥进行了细致介绍,并总结出最适宜阿萨姆茶园土壤使用的几种肥料与耕作方式:

> 1. 我强烈认为,在进行大规模修剪的前一年,应该一直进行施肥……并且肥料应该与土壤充分结合,这样在没有过度刺激的情

---

① Harold H. Mann, *The Tea Soils of Assam, and the Tea Manuring*, Calcutta: W. Newman & Co., 1901, pp. 43 – 44.

况下，茶树就能从严重的砍伐中恢复过来。

2. 1898 年，瓦特博士在几个地方暗示，茶园迫切需要某种形式的轮作。①

在讲述轮作方法时，该书举例讲解了一块茶土七年中每一年份应如何进行耕作与施肥。相比中国的茶园管理更加科学详细。清代江志伊《种茶法》一书中也运用到了化学知识，提到了例如"易散油质""替以尼质""树皮酸质""哥路登质"等茶叶中的化学成分，描述其对茶叶风味与养生的作用。② 1933 年出版的程天绶著《种茶法》中才引入了近代化学知识对茶土、肥料的分析，与成书更早的《阿萨姆的茶土与茶肥》相比，显示出我国茶业对化学技术的忽视。

1901 年英国学者对茶园土壤和肥料成分的化学成分分析史料为茶叶栽培提供了关于肥料种类、施肥时机、轮作施肥方案以及对茶园管理的实际指导，史料可以证明英属殖民地印度的茶叶栽培已经具备相当经验和质量，突破了中国传统茶叶生产的边界。而在民国时期，中国茶叶产地发起了茶业改良运动，设立了茶业改良实验场等机构，虽然引入了"产学研"的综合模式，倡导科技与实业的重要性，对茶树栽培技术有了一定发展，但限于技术约束，很少引入近代化学分析方法。虽然中方也认识到了茶叶价格昂贵不利于外贸的事实，受"台湾地区、爪哇等茶之排斥，几无立足之地"③。但其主要目的局限于茶叶等级评定与假茶鉴定，没有真正从生产端提高产量与质量。英国对印度阿萨姆邦茶园分析的史料为近代中国茶业研究提供了科学技术的新视角，为华茶衰落提供了新的分析思路。

---

① Harold H. Mann, *The Tea Soils of Assam, and the Tea Manuring*, Calcutta: W. Newman & Co., 1901, pp. 102 – 103.
② 虞文霞：《江志伊〈种茶法〉考释——兼论清代茶叶种植技术的进步》，《农业考古》2016 年第 5 期。
③ 福建省政府建设厅：《福建建设报告》（第 9 册），福建省政府建设厅 1936 年版，第 1 页。

二 茶叶贸易成本之比较

英国国内关于是否在殖民地印度引种茶叶的讨论分为两方面：一是茶叶种植适宜性评价，以自然科学为主；二是中、印制茶成本比较，以经济调查为主。根据上文可知，虽然茶叶风味存在差距，但在茶叶产量和成本方面印度等地茶业生产已经超越了中国。所以英国对于印度茶叶的定位是廉价，极为看重其成本优势，力求在各方面节约成本，成为世界茶叶供给市场上华茶被印、锡等地茶叶取代的重要原因。

（一）中英茶叶贸易成本

运输费用在茶叶贸易成本中占比巨大。尤其是中国福建省，四面环山。也许是由于当时陆地沟通的困难加剧了该地区土地的贫瘠，但在某种程度上造就了当地居民比其他沿海地区居民更多的一种不怕艰难困苦的冒险精神，这使他们成为邻近省份货物的重要海上运输者，以及作为日本、马尼拉（Manilla）和东部岛屿的主要贸易商。

穿越这些山脉的交通费用每担不低于1.25两，这是整个运输费用的1/3以上，尽管还不到整个路程的1/7，也没有占到运往广州所需时间的1/5。将茶通过陆地运输运出该省的费用是将其从福州港运输所需的5倍。这就是该港口的重要性，无论其他港口有什么样的优势，仍然不能取代福州港，仅在租船上每年就可以节省下银30万两。将红茶运往广州一般要通过江西省。搬运工沿着福建省的闽江运输到崇安县，然后历时8天，翻过高山，到达河口（Ho-keu），再经过江西省内流向南昌府（Nanchang-foo）和赣州府（Kan-chew foo）的河流，然后经途中多次转运，直到将江西与广东（Quon-tong）分开的大梅岭山口，由此搬运工再运一天，然后用大型船只将茶重新装运，运到广州。从武夷山到广州的整个运输过程需要6周到2个月的时间，每担花费3.92两，相当于每磅2便士，是工夫茶成本的1/3

以上。①

对于优质或一般品质的工夫茶，其生产和加工的成本估计为每担12两，相当于每常衡磅7便士，以1两等于6先令8便士以及1盎司银子等于5先令6便士换算。大约50年前庇古先生估计了同种茶的成本为11两。在东印度公司经营时期，行商的茶叶贸易成本如下：

表3-2　　　　　　　　　　行商的茶叶贸易成本

	两	钱	分	厘
种植与加工成本	12	0	0	0
箱罐等包装成本	1	3	1	6
红茶产区到广州的运费	3	9	2	0
在广州的花费包括政府关税、行商会费以及租船费用	3	0	0	0
合计	20	2	3	6

东印度公司购买这种茶叶的费用大概在每担27两，故行商每担赚6.8两，正如前所述，约占其价格的30%。这种茶通常在英国的售价为每磅3先令，即每担60两，因此东印度公司获得巨额利润。但是要清楚，在此期间该公司的船舶用于防御和贸易，其装机与驾驶花费昂贵，而该公司与中国贸易的各部门都规模宏大，其管理费用不足交易的2%。此外，在印度政府的支持下，通过对海陆两面进行广泛调查，超过10%的股份分红返还给英国，以帮助蒙受巨额亏损的英国制造商，及支持与他们东方财产有关的学科建设。因此，每担茶叶成本不超过12两，但它在东印度公司的售价不低于每担60两，约为其成本的500%。在最有利的情况下，中国人似乎无法以低于每磅10—11便士的成本提供适合大众消费的优质茶。从我们与中国商业关系的现状来看，每磅成本可能是1先令2便士到1先令4便士，居高不下。

---

① 上述运输费用几乎全部取自 Samuel Ball 于1840年5月在皇家亚洲学会期刊上发表的一篇名为《对第二次中国港口开放的研究》（*Observations on the Expediency of Opening a Second Port in China*），最初于1816年在澳门印刷。

(二) 英属印度制茶成本

从劳动工资而言，印度在种植茶叶方面比中国拥有不小的优势。茶业作为一种典型的劳动密集型产业，劳动力价格也就是雇工工资是英国特别看重的一项内容。《中国茶叶生产加工报告》对于中国、印度茶农工资水平（必要生活资料费用）以及必要生活开销有一组较为简单的比较。在印度马德拉斯（Madras），茶农月工资在 4—6 先令，衣食住行年开销不到 27 先令，更下层阶级不超 18 先令。科伯恩先生（Cockburn）则说花费在 32 先令。泰恩默斯勋爵（Lord Teignmouth）也指出孟加拉月工资是 3 先令，足够维持一个人的生活。福尔科纳博士告诉我，在卡芒一个农民的月工资是 8 先令，能购买从头到脚的所有服饰。在中国南方，农民和工人的工资待遇千差万别。能犁地的农民一般是长工，自己解决晚饭，雇主家包早午饭，一个月给 10 先令。武夷红茶的包装工一天三顿饭，还有 5 便士的工资。行商雇的苦力或搬运工包吃包住，一个月发 15 先令。而东印度公司的工人包住不包吃，当月得 20 先令。印度茶叶加工工人的月工资是 5 卢比，助手是 3 卢比，其他劳动者是 3—4 卢比。

印度爪哇岛种植加工茶的总成本，包括工厂租金、种植、薪酬和船运成本，共计 4000 弗罗林（florins）①。1 弗罗林等于 1 先令 8 便士。1 万磅的茶叶售价每磅低于 8 便士。但若采茶者熟练，每天很容易摘到 10 斤茶叶，那么成本将是 3500 弗罗林或者说每磅低于 7 便士。如果种植者能激励工人勤奋工作，5 棵树而不是 10 棵树就可以生产 1 磅茶叶，从而将成本降低 30%—40%。库马翁的茶叶生产成本是每磅 6 便士，到加尔各答去的运费大约相当于 1 英镑 3 法新。如果在中国加工和包装茶叶每磅需要 7—8 便士。相同质量的茶叶从印度运来每磅只需花费

---

① 一种货币。1252 年"弗罗林"币首先在佛罗伦萨铸造，后为英、法、荷等国仿造。这种金币重 3.5 克左右，足金。

4—5便士。1846年，阿萨姆邦的茶叶实际产量为17万磅，在印度的所有费用为7600英镑。因此，茶叶价格约为每磅10.5便士，在英国平均售价为2先令。

除此之外，"严格或者宽松的公司特权影响着英国茶叶供应的波动和税收的变化，因此在此详述并无不妥"①，英属印度政府在政策上对茶业给予了大力扶持。起初，"1671年6月开始对所有酒类、巧克力、果子露和茶普遍征收附加税，其中消费量最大的茶加增税率最高，达到每加仑8便士"②，在提供"新补贴"期间，"英国茶叶进口关税平均每磅为16先令2便士，达到茶叶净价的30%。1711年，茶叶进口关税变为每磅4先令，从荷兰进口茶叶关税为每磅10先令，相当于平均每磅茶叶12先令11便士售价的82%，足见英国东印度公司茶叶价格和当时关税之高"③。由此滋生大量"海外走私"④贸易以及"欧洲各国之间的不正当转卖导致的关税退回"⑤，雷金纳德·汉森在《茶及茶叶贸易简史与中国茶区》中写道："从1709年到1718年，英国的平均出口量在50000磅以下，而在1719年到1722年上升到300000磅以上，在1723年到608000磅，显然这种增长并非出于欧洲大陆的消费量的上升。"⑥ "据估计，1784年英国市场上只有不到三分之一的茶叶是合法进口的。"⑦ 可见"促进茶叶消费、打击走私贸易商的唯一方法，就是

---

① Reginald Hanson, *A Short Account of Tea and the Tea Trade with a Map of the China Tea Districts*, London: Whitehead, Morris and Lowe, 1878, p. 47.
② Reginald Hanson, *A Short Account of Tea and the Tea Trade with a Map of the China Tea Districts*, London: Whitehead, Morris and Lowe, 1878, p. 47.
③ Reginald Hanson, *A Short Account of Tea and the Tea Trade with a Map of the China Tea Districts*, London: Whitehead, Morris and Lowe, 1878, p. 48.
④ Reginald Hanson, *A Short Account of Tea and the Tea Trade with a Map of the China Tea Districts*, London: Whitehead, Morris and Lowe, 1878, p. 49.
⑤ Reginald Hanson, *A Short Account of Tea and the Tea Trade with a Map of the China Tea Districts*, London: Whitehead, Morris and Lowe, 1878, p. 49.
⑥ Reginald Hanson, *A Short Account of Tea and the Tea Trade with a Map of the China Tea Districts*, London: Whitehead, Morris and Lowe, 1878, p. 49.
⑦ Reginald Hanson, *A Short Account of Tea and the Tea Trade with a Map of the China Tea District*, p. 49.

继续维持适度宽松的茶税政策"①,故"威廉姆斯·皮特（Mr. Pitt）及其内阁大胆改革,将茶叶进口的从价税降至12%,并且为补足减少的60万英镑关税收入决定向消费者征收一种抵代税"②。在采取保护扶持的政策下,印茶蒸蒸日上,华茶衰落。"当年英国东印度公司用于家庭消费的茶叶销售量从300万磅增加到860万磅,1785年增加到1300万磅以上,根据中英贸易差额的变化可以看出这一数量在随后的几年中继续增加。1774—1784年英国东印度公司从广州进口茶叶5400万磅,而荷兰、丹麦、瑞典和法国进口13500万磅。1790—1800年英国东印度公司的进口量变为22900万磅,而其他欧洲国家为3800万磅,美国为2700万磅"③。据东印度公司记录,大概在1771年2月,该公司"终于成功地通过贿赂两广总督以达到废除'公行'的目的"④,以获公平的商业报酬。英商掌握着市场,控制着外销大权,一方面肆意压低华茶价格;另一方面在英国对华茶实行歧视性关税,打击华茶。

总的来说,英国觊觎繁荣的世界茶叶市场,为打破华茶垄断供给地位,从19世纪初期开始访华学习茶叶生产技术,并在印度等地进行茶叶种植实验,成功出口销售,19世纪中后期开始挤压中国茶叶市场。在中国考察与印度引种的过程中,大量引入了近代实验科学和化学知识,将中国传统经验式的茶叶生产方式用精准的科学计量,通过反复试验,形成了成本低廉、产量极高、质量稳定的茶叶生产模式,并在20世纪前后取代中国,成为世界最大的茶叶供给区。过往研究囿于史料缺乏,往往忽视了近代科学和生产技术进步在其中起到的作用,或仅仅将印度、锡兰、日本等国的茶叶竞争作为研究中国茶业的客观背景,缺乏全局视角。

---

① Reginald Hanson, *A Short Account of Tea and the Tea Trade with a Map of the China Tea Districts*, London: Whitehead, Morris and Lowe, 1878, p. 50.

② Reginald Hanson, *A Short Account of Tea and the Tea Trade with a Map of the China Tea Districts*, p. 50.

③ Reginald Hanson, *A Short Account of Tea and the Tea Trade with a Map of the China Tea Districts*, London: Whitehead, Morris and Lowe, 1878, p. 50.

④ Samuel Ball, *An Account of the Cultivation and Manufacture of Tea in China*, London: Printed for London, Brown, Green and Longmans, Paternoster-row, 1848, p. 348.

第三章　世界茶叶供给区的变动及原因

本书所译史料涉及19世纪对中国、印度、锡兰、英国等地茶叶栽培、加工、制作、品种和冲泡的科学分析，展现了世界茶叶市场供给变动之际，生产源头的激变，为这一历史阶段的研究增加了实证。近代世界各国势力变化不仅体现在经济、政治格局，西方殖民入侵更体现在对中国知识产权与资源禀赋的掠夺。英国将其殖民地印度作为廉价茶叶生产的试验地，剥夺了当地独立的经济发展模式，将其纳为自己庞大帝国主义经济的一环。这种殖民扩张造成了华茶出口的衰落，使中国丧失了对外贸易经济优势，又为印度带来了全新的茶产业链条，但所得利润均被东印度公司攫取。本书所译史料的价值不仅体现在茶叶贸易变革上，更为当时殖民主义扩张与世界格局更替提供了研究视角。

结　语

尽管贸易尤其是海外贸易的发达，很大程度上能够促进贸易链条上的茶农、加工厂等环节的共同进步。但清代时期中国茶叶贸易的价值链并不完善，压缩了技术创新资金。一是由于清代国家政策层面上对"出口"的限制，导致中国商人经营茶叶贸易到口岸后即形成闭环，无法参与到世界市场的利润分配。而中国茶叶一旦被外国商人运出中国，在新加坡等地进行重新包装，成为国外品牌，再销往欧美等地。这部分包括品牌附加值、长途贩运等方面的利润与中国茶商无关。世界市场上的茶叶是中国的，但品牌却是英、俄等国家的。更大的利润无法进入中国茶商创造价值的动态过程中，制约了茶叶利润分配的总量。

二是从生产、加工到销售，茶叶贸易的产业链由商人主导。福建、安徽、浙江、云南等产茶省份，茶商通过预买的形式，控制茶叶生产。福建武夷山茶商"到地将款及所购茶单，点交行东，恣所不问"[①]，而

[①] 彭泽益：《中国近代手工业史资料 1840—1949》第1卷，生活·读书·新知三联书店1957年版，第304页。

茶农则"于采摘之先，预取定银"①。安徽六安茶商"每隔岁经千里挟资而来，投行顶质，牙侩负诸贾子母，每刻削茶户以偿之"②。浙江茶农"多由入山办茶之经纪付给资本，足以敷其茶造收成之用"③。云南普洱茶也通常采用"商贩先价后茶"④的形式进行预买。导致茶业利润在"茶农—茶贩—客商—茶行—茶栈—茶商"⑤间的流动存在阻碍。洋行进入中国后，这一利润分配方式进一步加剧了茶农的贫困。吴觉农等人曾经做过这样的分析，"洋商为什么能这样横行霸道呢？原来是中间掮买掮卖的茶栈：一方面为便于私图；一方面对于各主顾洋行，唯恐失了欢心。这样洋商的买办，以及茶栈主便成了三位一体了"⑥。茶农的贫困直接导致了茶叶生产水平和产量长期停滞，以至到了"欧战时代，我国安徽产茶一带之农民……竟有不鲜烧伐茶丛而另植棉业等农作物"⑦。

另一个问题是生产性服务业在茶叶贸易中的作用，按现代服务业的观念，金融工具指为了促进贸易活动而提供的金融服务和工具。票号号称传统金融业发展的巅峰，实际上并未起到现代银行的作用。中国传统信用体系以个人信用为主，缺少国家信用背书，一定程度上信用范围有限，不足以适应近代工业大规模发展需求。就近代茶叶贸易而言，晋商既是华茶贸易的经营者，也是票号的经营者，经营主体一致，意味着商业资本转化为金融资本再转化为商业资本，而晋商并不是早期近代工业

---

① 上海通商海关总税务司署编：《光绪三十二年三都澳港口华洋贸易情形论略》，《通商各关华洋贸易总册（下）》，通商海关总税务司署1984年版，第59页。
② （清）秦达章修，（清）何国佑纂：光绪《霍山县志》卷二《物产》，国家图书馆藏民国石印本，第17页。
③ 上海通商海关总税务司署编：《光绪三十二年三都澳港口华洋贸易情形论略》，《通商各关华洋贸易总册（下）》，第70页。
④ 倪蜕：《云南事略》，载（清）王崧编纂，李春龙点校《云南备征志》（下），云南人民出版社2010年版，第1009页。
⑤ 石涛等：《近世以来世界茶叶市场与中国茶业》，社会科学文献出版社2020年版，第189页。
⑥ 胡浩川、吴觉农：《中国茶业复兴计划》，商务印书馆1935年版，第62页。
⑦ 毕卓君：《爪哇茶业之勃兴与华茶海外贸易之影响》，《上海总商会月报》1927年第7卷第12号，第2页。

企业的经营者。很大一部分原因在于票号代表的金融资本直接由政府接管，缺乏金融资本到商业资本的自然过渡，导致供给与需求错位。保晋公司衰落就是典型案例。

因此传统农业的技术状况长期不变，正如舒尔茨在《改造传统农业》一书中提出，要素及其配置方案相对稳定。以此为前提，清代中国茶叶生产总量是基本固定的。无论是北路恰克图对俄贸易，还是广州对欧美的贸易，都会受生产总量影响。在印度茶叶生产出现之前，世界茶叶市场的供给方主要是中国，南北两个贸易口岸茶叶出口量呈现出相互制约的关系。随着世界茶叶市场的不断扩大，茶叶需求不断增加，导致以英国、美国为首的西方国家在与中国贸易中长期处于逆差状态。除倾销鸦片、毛纺织品等廉价工业制品外，他们同样致力于扭转茶叶贸易逆差势态，试图转变销售者身份，占据生产供给环节，与中国茶叶竞争世界市场份额，攫取茶叶贸易巨额利润。一方面于19世纪80年代掀起大规模入华调查活动，探求中国茶叶生产加工经营模式；另一方面围绕是否在殖民地印度种植、生产茶叶展开一系列调查与讨论，寻求与中国茶叶竞争的可能性，特别是中、印制茶成本悬殊。

英、美攫取茶叶贸易利润模式，建立在西方享有世界资源配置权的基础上，实质是"西方中心说"的另一种现实演绎。先是窃取优质茶种，选择试验引种地方；习得原始种茶、制茶技术，再加以机器大生产，降低制造成本；低价倾销占领市场份额获利；后逐渐由实业转向金融（投机）。华茶的优势逐渐被取代，走向衰落成为必然趋势。中国也失去在世界贸易中的垄断地位，政治地位一定程度也受到影响，世界格局面临重新划分。

史料篇

第一编　中国茶叶生产加工报告[*]

塞缪尔·鲍尔著

权　彤　石　涛等译

序　言

编写这本中国茶叶种植和制作的著作，主要是出于向种植者提供他们长久以来所需的知识和经验，以帮助目前正在英属印度和世界其他地区进行大规模茶树种植的人们。

因此，这本书基于实用性而非娱乐性。不过，普通读者在翻阅时，可能会意外被一些平常并不在意的有趣的事情所吸引。当这些人出于好奇想了解"餐桌上冒着热气的茶叶"如何加工，可能会找到一些既有指导意义又有娱乐意义的东西。但不管怎样，对于茶桌上的一个常见问题，即"红茶和绿茶的区别是什么"，他们都会得到一个合理答案。对于批发商和零售商来说，每一页都有价值。而商人在参考章节的开头时，会发现价格和贸易内容比标题页所展现的要多。对于化学家来说，

---

* 报告翻译自 Samuel Ball, ESQ. *An Account of the Cultivation and Manufacture of Tea in China*, London: Brown, Green and Longmans, Paternoster-row, 1848。作者塞缪尔·鲍尔（Samuel Ball, ESQ），生卒年不详，1804年至1826年曾任清朝的英国驻华茶叶检查员。本报告为其在官邸期间的个人观察。从18世纪开始，茶叶成为英国东印度公司与中国的主要贸易商品。塞缪尔·鲍尔在中国参与了全球茶叶贸易，且在中国居住期间考察不同区域，积累了丰富的中国茶叶知识。本报告包括了关于茶叶的丰富信息，包括茶叶的历史、中国传统的茶叶种植和制造方式，以及茶叶种植的环境因素等。

◆◆◆ 史料篇

图 1　茶农劳作

一些实验是详细的,并提出了一个新的理论。茶叶烘烤前的加工过程引发红茶成分变化,进而决定茶汤的颜色与风味。

　　在东印度公司(the East India Company)① 任职期间责任重大,工作繁忙,这使我在广州工作时几乎没有时间从事文学活动;在澳门(Macao)休假期间,我突然意识到,炎热的气候对北方体质造成诸多不适。必须承认的是,我以前在中国的生活极度散漫,缺乏与文学和科学界人士的交流,并且,图书供应不完善,这对任何准备以作家身份出现在公众面前都是一个巨大的缺陷。

---

　　① 译者注:英国东印度公司是一个股份公司。1600 年 12 月 31 日由英皇伊丽莎白一世授予该公司皇家许可状,给予它在印度贸易的特权而组成。

尽管如此，通过劳动、毅力和针对问题的目的性，收集到一些较有用的资料。这本著作是当时较为有效和能够较好地展示出来的方式。

从偶然提及的日期可以看出，这部作品的事实和大部分材料都是在30年前确定和收集的。我对中国茶叶制作过程的各个阶段都做了记录。这些事实以及其他材料，都来源于与茶区的种植者和管理者的谈话；来自中国人提供的书面文件；来自努力寻找的中文出版物；以及与长期居住在福建省的一位西班牙传教士的通信。这些内容在20年前被编写成现在的格式，并且在华居住期间，我还曾经把它读给一两个朋友听过。此后，无论是在编排上还是在表达上，它们几乎没有什么变化。

然而，这样的安排并不是为了立即出版，相反，即使在现在，我也深知书稿存在的巨大缺陷；但这不是因为我缺乏毅力，而是囿于外国人以前被安置在广州的特殊条件。因此，可以认为这种安排是最好的方式，以及以一种可理解的形式来记录和保存我收集的事实和材料。我希望在其他品种的茶叶做一些实验，并将其付诸实践，以帮助发展我当时实现并形成呈现给读者的这个理论。

我回到英国的情况使我暂时搁置了与这个问题有关的调查。直到1839年，关于阿萨姆邦的议会文件《茶叶种植》（*Tea Cultivation*）的出版引起了我的注意，并再次将我的思想引导到这个方向。

这段时间以来，我一直系统性、有规律地进行调查，但很长一段时间并没有取得多少成效。印度新闻界很少出版有关茶叶种植的报刊书籍。布鲁斯先生（Mr. Bruce）[①] 关于红茶制造的报告描述得很详细，但对我来说没有什么新颖之处。我从爪哇（Java）[②] 获取信息的努力同样

[①] 译者注：英国东印度公司零售商，印度茶叶工业创始人，1823年被印度政府机关任命为阿萨姆茶栽培的监督官。

[②] 译者注：爪哇国，又作爪洼国、叶调、诃陵、阇婆、呵罗单、耶婆提，古代东南亚古国，其境主要在今印度尼西亚爪哇岛一带。16世纪荷兰在此地建立东印度公司的贸易和行政管理总部，并于不久侵占全境。

没有结果；我参考了吉尔曼先生（M. Guillemin）关于在巴西种植茶叶的叙述，以及冯·西博尔德①关于日本的研究，但他们的研究在操作过程上也没有多大的优势。

穆德（Mulder）对茶的精辟分析虽然没有为我论证自己的观点提供依据，但引导我走向正确的方向。感谢穆德的这篇论文以及李比希②的《农业化学》（Chemistry of Agriculture）所提出的有关红茶的理论，使我有勇气把成果展示在读者面前。

1844年，我从一位老朋友，广州驻荷兰前首领，布莱特曼先生（Mr. Bletterman）那里收到了雅各布森先生③的《爪哇茶叶种植手册》（Handbook on the Cultivation of Tea at Java）一书，才印证了我的观点，我所拥有的信息也足以让我结束这项图书编纂与出版工作。

在这里没有必要具体说明我的作品中的哪些部分是在中国写的，以及从那以后发生了什么。这些主题条理清晰，而且对于读者来说在很大程度上是可以理解的。

除了从原始资料中引用外，我没有计划从其他任何地方进行引用；但我必须提及莱特索姆博士④写的优秀作品，和罗伊尔博士⑤关于《喜马拉雅山脉植物学》（Botany of the Himalayan Mountains）的著作中关于这一主题的精辟章节，以及他在《印度的生产资源》（Productive Resources of India）一书中的内容。如果说我没有从这些有价值的著作中

---

① 译者注：菲利普·弗兰兹·冯·西博尔德（Philipp Franz von Siebold，1796—1866），德国内科医生、植物学家、旅行家、日本学家和日本器物收藏家。

② 译者注：尤斯图斯·冯·李比希男爵（Justus von Liebig，1803—1873），德国化学家，他最重要的贡献在于农业和生物化学，他创立了有机化学。他发现了氮对于植物营养的重要性，因此也被称为"肥料工业之父"。

③ 译者注：荷兰茶商兼品茶师，爪哇茶叶工业创始人，于1843年出版了《茶种植与制作手册》，这是欧洲人撰写的第一本有关茶叶生产与制作技术的专著。

④ 译者注：约翰·科克利·莱特索姆（John Coakley Lettsom，1744—1815）是一位英国医生和慈善家。

⑤ 译者注：约翰·福布斯·罗伊尔（John Forbes Royle），苏格兰人，伦敦国王学院的医药学教授，曾任东印度公司农业顾问，其著作《喜马拉雅山脉植物学图解》与《一篇有关印度生产资源的随笔》促使东印度公司成立了一个完整的、致力于研究与植物学相关问题的部门，是当时植物学界最令人尊敬的人物。

得到任何帮助，这对这些有能力和科学的作者来说是不公平的。

我要感谢伦敦的霍非南和申克先生（Messrs. Hofman and Schenk），他们翻译了雅各布森先生用荷兰语写的《爪哇茶叶种植》。这部作品于 1843 年在巴达维亚出版了三卷。第一卷是其他两卷的缩影。现在由印度孟加拉邦①的弗里思先生翻译。② 但是，除非这位先生能把另外两卷翻译出来，否则他对作品本身的价值和内容所传达的信息将是非常不完整的，第二卷和第三卷共 587 页。我已通过口头翻译将它们作了一个摘要，并将它们压缩成大约 80 页，我相信，已经把握了所有的要点。给出的注释将使读者能够判断这项任务是如何完成的。

感谢朋友们在翻译冯·西博尔德《日本》中关于茶的那一章，以及穆德的分析的过程给予的帮助。

这本书的插图是由 J. W. 阿彻先生（J. W. Archer）③根据中国素描绘制的图纸完成。武夷山（Bohea Mountains）"内山"（Inner Range）（又叫岩山）的两个景观是由皇家艺术院准会员詹姆斯·蒂比茨·威尔莫尔（James Tibbits Willmore, A. R. A.）④先生完成的，梅森·杰克逊先生（Mason Jackson）⑤绘制了制茶的人物。这些艺术家在作品上集聚了温柔和巧思。我用这种方式来表达我对这两位先生的尊敬，他们干练而巧妙地保留了原作的精神和品格，同时又将它们简化为艺术规则。

最后，我想说，如果这项工作在某种程度上实现了它所追求的目

---

① 孟加拉，孟加拉既能指代孟加拉国也能指代印度孟加拉邦，作者所处年代 18 世纪末期，此时孟加拉是英国对印度进行殖民统治的中心。到 19 世纪后半叶，成为英属印度的一个省。而且弗里思先生的文章发表于《印度农业和园艺学会杂志》，所以应修改为"印度孟加拉邦"。
② 参见《印度农业和园艺学会杂志》第五卷第 3 部分和第 4 部分。
③ 译者注：约翰·威克汉·阿彻（J. W. Archer, 1808—1864）是英国画家、雕刻家和作家。
④ 译者注：詹姆斯·蒂比茨·威尔莫尔（James Tibbits Willmore A. R. A.，1800—1863）是一位英国雕刻师；"A. R. A."全称为"Associate of the Royal Academy"，意为皇家艺术院准会员。
⑤ 梅森·杰克逊（Mason Jackson, 1819—1903）是一位英国木雕师。

标，我将对完成它所付出的时间和劳动深感慰藉。

伦敦，1847 年 12 月 30 日

第一章　茶叶的起源

　　茶树在中国的发现和早期历史——引进和逐步改进制作与加工工艺——茶树在中国的地理分布——茶叶在中国的流行情况——茶叶在日本的情况——西博尔德认为茶树最初是由朝鲜半岛引入中国，经证明为中国本土所产——阿萨姆树（Assam Tree）的身份可疑——分布广泛的中国茶树

　　关于茶的最早的真实记载，就是中国人最古老、最受尊敬的经典著作之一《诗经》。这部著作由著名的哲学家和伟大的道德家孔子（Confucius）①编纂。其中提到"谁谓荼苦，其甘如荠"。现在从权威文献《康熙字典》中了解到，"荼"是古代"茶"的说法，而且这两个字从汉代（Han）到唐代陆羽（Loyu）②时期都没有明确地区分使用，陆羽生活在唐代，这一时期"荼"字被弃用，"茶"字取而代之。陆羽作了一篇关于茶的简短而有趣的著作，将再次提及。

　　在自然史著作《群芳谱》（*Kuen Fang Pu*）③中，有一篇专著叫《茶谱》（*Cha Pu*），这是所见过的对茶的记载最为详尽的著作。《群芳谱》的"广陵耆老传（Ancient History of Tea）"一文记载了一则晋朝的

---

① 生于公元前 550 年。
② 公元 780 年。
③ 译者注：《群芳谱》，明王象晋撰。共三十卷，分天谱、岁谱、谷谱、蔬谱、果谱、茶竹谱、桑麻葛苎谱、药谱、木谱、花谱、卉谱及鹤鱼谱等十二种。清圣祖康熙四十七年（1708）依《群芳谱》增改成《广群芳谱》，共 100 卷，11 谱，分别为天时谱（6 卷）、谷谱（4 卷）、茶谱（4 卷）、卉谱（4 卷）、竹谱（5 卷）等，其中单是花谱就有 32 卷，所收集的栽培植物多达 1600 种。

茶叶传说。① 其他同一时期和之后时期则是一些类似的记录。直到隋文帝（the Emperor Wen Ty）② 在佛教僧人的推荐下将茶作为药物使用，茶饮料流行开来。同一部作品中也有一个关于茶的寓言，将茶的发现和引入追溯到三国时期（Heu Han dynasty）③。《群芳谱》作者王象晋先生也不太重视这样的寓言，甚至对茶起源于三国时期的说法存疑。因为他在这部著作的一个简短的序言中清楚地指出："虽然茶叶早在《神农食经》④ 中就有记载，但真正作为有益健康的饮品普及始于隋文帝时期，当时喜爱饮茶的人不多。后饮茶之风兴盛于唐朝（Tang dynasty）⑤，鼎盛于宋朝（Sung dynasty）⑥。"

在这里提到的序言后面是唐代学者陆羽所著的《茶经》（Cha Kin），这也许是中国史书中对茶的最古老、最真实的描写了；此外，书中还谈到了这种植物的性质和作用，读者可能想要知道这位作家在这个问题上说了些什么，这个问题在欧洲，甚至在中国引起了如此多的意见分歧。在赞美了它的香味之后，他观察到——"调神和内，倦解慵，除益思，少卧轻身明目"。同样，在一则寓言中也有提到这一点，汉朝的一位皇帝说："对它的使用感到惊讶，不知道它是怎么回事，我的活力被唤醒了，我的精神像喝了酒一样兴奋。"茶学专家陆羽接着说："其日有雨不采，晴有云不采。晴采之、蒸之、捣之、拍之、焙之、穿之、封之，茶斯干矣，茶有千万状。"从前面的叙述中可以明显看出，

---

① 晋元帝时期（公元217年。译者注：晋元帝时期为317—322年，此处时间疑为作者笔误），有一位老妇人，每天清晨一到市场，就在手掌上捧一杯茶，人们竞相购买。然而，从黎明到黄昏，她杯中之茶从未耗尽。她把卖茶钱分给经常在路上游荡的孤儿和贫穷的乞丐。但人们将她抓进监狱。夜里，她拿着茶器，从监狱的窗户飞走了。（译者注：此处原文名为《广陵耆老传》，原文为：晋元帝时，有老姥，每旦独提一器茗，往市鬻之，市人竞买，自旦至夕，其器不减。所得钱散路旁孤贫乞人，人或异之，州法曹执之狱中。至夜，老姥执所鬻茗器，从狱牖中飞出。）

② 公元584年。

③ 公元221年至279年。（译者注：Heu Han dynasty 应指东汉以后三国时期。）

④ 本草著作。成书年代不详。今佚。《神农经》记载茶叶"味甘，苦，微寒，无毒"。"令人有力，悦志"，"主瘘疮，利小便，少睡，去痰渴，消宿食。"

⑤ 公元618年至906年。

⑥ 公元960年。

这个时期的中国人对茶很熟悉；还从其他一些官方著作那里发现，在唐德宗（Te Tsong）统治时期，茶的消费已经相当可观，以至于吸引了政府的注意，把它作为一种有利的征税对象，Kaung-moo（一部中国简史）中记载了第一次征收茶叶税是在唐德宗建中四年①。到了宋朝，茶叶征税又增加了，茶首次作为贡品每年献给皇帝的。还必须注意的是，在9世纪②进入中国的阿拉伯旅行者说，茶是当时中国人的普遍的饮品。

从建立隋朝的文帝统治时期到唐德宗时期，已经过去了两个世纪。这段时间足以让茶普及开来。这将茶作为饮料的起源时间定在公元6世纪。进一步探究偏离著作主题，这里不再赘述。因此，可以得出这样的结论：虽然茶叶早在公元3世纪和公元4世纪就为中国人所知，偶尔也被当作一种药物来使用，但据王象晋所说，茶叶作为饮料的用途在公元6世纪之前是不为人所知的；它在公元7世纪和公元8世纪大量出现，并在公元9世纪在全国范围普及。

中国早期制茶工艺同样不甚明了。茶最初是做成茶饼的。在陆羽时代之前和之后，关于茶的早期使用中都提到了这种形式；也提到了这些茶饼被磨成粉末，煮水使用，有时用作药物，有时用于宴会；虽然在早期用于这些娱乐活动时，也许有一些提及它的药用特性，如促进消化或刺激食欲。在今天讲究、精致的餐桌上，也供应甘菊茶和普洱茶（Po-ul tea）。我参加过这样一场宴席，在一道道菜肴之后，人们端上了一杯甘菊茶，这就是第一道菜，持续了一个多小时。除了其他奢侈品之外，还向愿意享用的客人提供鸦片烟管。那时，鸦片作为一种让人上瘾又有害的药物，价格昂贵，只有富人能使用。

早期提到的唯一制作方式是通过蒸汽的作用。有些人说，把叶子蒸

---

① 公元783年。
② 译者注：公元850年。

一蒸，从中提取苦水，然后用手或布卷起来，有时在太阳下晒干，有时在炭火上烘干。然后磨成粉末制成饼状。或者是完整地保存起来，然后卷成饼状或砖块状。一位作家在谈"蜡茶"（La Cha）① 时说："茶叶被磨成粉末，做成茶饼，在阳光下晒干，但最好放在火上蒸干。"另一种说法是："叶子被蒸过后用木炭火烘干，再制成粉末。"要知道，用第一种方法，叶子是完好的，虽然做成了茶饼；第二种方法是，先把叶子磨成粉末，然后再做成饼状。但可以推测出这两种方法都是普遍存在的，因为所有这些方法、形式，甚至名称今天仍存在；这一点将有机会进一步说明。

目前的制作方式是每片茶叶都保持其独立状态，这种方式在很久以前也存在，似乎没有理由怀疑这一点。据传，这种制茶方式始于陆羽时代。陆羽并不像其他早期作家那样谈论蒸茶叶，也没有把茶变成饼，这是一个重要的区别。他也没有提到揉捻茶叶，这无疑是一种疏忽，或是文字出现了错误。他也没有注意到"炒"（chao）的过程（用铁器烤叶子）；只是简单地提到焙（在炭火上烘干茶叶）。很多其他的早期作者也没有使用过"炒"这个词。因此，陆羽在《茶经》中所写的方法仅是拍打茶叶，然后在炭火上烘干。除非茶叶实际上是在干燥之前或干燥期间被揉捻。这两种方式中的任何一种都足以使叶子形成目前所使用的扭曲的形态，这种形态在古代也很普遍。

毫无疑问，白毫茶（Pekoe tea）很早就为中国人所知，并且为他们所重视。事实上，他们似乎很快就发现，鲜嫩多汁的叶子是最好的。或者，正如他们所说的那样，"卷曲的嫩叶是最好的，余下部分质量视发育程度依次降低。"很明显，叶芽因其自然的紧凑的形状，将不需要滚动或形成茶饼，很可能一直保持着自然状态，雀舌（bird's tongue）、玉米穗（ear of corn）、寿眉（grey eye-brows）、鹰爪茶（falcon's talons）等不同称谓都可以充分说明，所有这些名字既有古代的也有现代的。任

---

① 蜡茶是用茶做的还是其他替代品，这一点值得怀疑。

◆◆ 史料篇

何为了欺诈或商业利益而模仿这种茶的行为,一旦发现一种公认的更好的方法,很快就普及开来。

也没有任何理由认为这些茶不是像其他茶一样蒸的,因为这种方法在今天也很盛行。浙江(Che-kiang)的龙井茶(Long-csin tea),江南(Kiang-nan)苏州(Su-chao)的莲子心茶(Lien-czu-sin)①,日本的新潟(Udsi)②茶,就是这种制作方式的例子。这些茶都是绿茶,但是当叶子的芽按照武夷茶产地的方法经过烘烤和干燥后,它就是一种红茶,并被称为白毫茶。

"炒"(chao)和"焙"(poey)的工艺,即茶叶的烘烤和干燥,就像目前泡茶的方法一样,将在其他著作中有更为详细的解释。目前,尚不清楚这些方法是在什么时期被引进,《茶谱》中只记录了这种方法的优越性,《茶谱》成书时间不可考。作者观察到,在制作茶叶时,"采茶,以谷雨(Ko-yu)前者佳。制茶,择净微蒸,候变色摊开,扇去气,揉做毕,火气焙干,以箬叶包之。语曰:'善蒸不若善炒,善晒不如善焙。'同茶以炒而焙者佳耳。"焙是现在红茶区为制作最好的茶所采用的方法。

据《茶谱》记载,早期茶树遍布中国各处名山。但最早被发现或引起人们注意的是福建省(Fo-kien)的武夷山地区(欧洲人的译名与其原名有出入)③。而这位作者选择了小说创作的形式,一方面是出于对某些流行的观点和传统的尊重。另一方面,也许是为了给他的历史叙述增添更多色彩。他将茶叶发现置于三国时期,把它与中国历史上最著名和最激动人心的时代联系在一起。

同一作者和其他权威还指出,在唐德宗④统治时期,在四川省

---

① 译者注:莲子心香气清幽,味醇鲜爽,茶汤色泽黄绿,芽叶柔嫩多毫,外形细紧而纤秀。
② 新潟县(Udsi)位于日本海沿岸的中央部位,是日本海沿岸的一个县,包括日本海中的粟岛和佐渡岛。
③ 译者注:作者对武夷山的音译英文为"Vǔ-ye"。
④ 公元780—804年都是德宗统治。来自《本草纲目》与《群芳谱》。

（Szu-chuen）蒙山（Mong-shan）地区发现了这种茶树：之后是松萝山（Singlo Hill），在宋朝（Sung）江南（Kiang-nan）绿茶产区。① 在很早的时候，虽然确切的年代还不能确定，但在福建（Fo-kien）、浙江（Che-kiang）、江南（Kiang-nan）、江西（Kiang-sy）、湖广（Hooquong）的南北局部地区，以及在四川省（Szu-chuen）山丘之间的每一个地方都能找到茶树痕迹。② 某些著作③和草本植物志还列举了中国产茶省份的几个茶区，北至山东（Shan-tong）东昌府（Tang-chao-foo），北纬36°30′；南至广州（Canton）和广西（Guong-sy），东至云南省（Yun Nan）。耶稣会的传教士还说，茶生长在北直隶省（今河北省）（Pe-chy-ly），虽然不毗邻北京。对这个问题的所有询问都倾向于证实这个观点，特别是从那位钱德明牧师（Père Amiot）那里印证了其真实性。事实上，北方各省，如北直隶（Pe-chy-ly）、山西（Shan-sy）、陕西（Shen-sy）、山东甚至河南（Honan），都不适合茶叶的生长。贝尔（Bell)④说，他在北京（Peking）的一个花园里看到了这种茶树，看上去像是一棵醋栗灌木。但是他补充道："北京的气候对这种茶株来说太冷了，在充满新奇物种的花园里只发现了几株茶树。"[《贝尔游记》（*Bell's Travels*），第235页]

毫无疑问，茶树在中国的种植非常广泛；很可能每一个省份由于交通闭塞的山地，内需消费可能是其主要出路。然而，分配给茶树生长的土地通常只是不毛之地、丘陵或其他无利可图的地方，如耕地的路堤；由于帝国的每一个部分都不利于它的发展，它经常被质疑，这种提神的饮料有多大程度在最低阶层人的日常生活中使用。毫无疑问，在这个幅员辽阔的国家里，社会的所有阶层，甚至是最低阶层普遍都饮茶。但同样可以肯定的是，许多穷人使用其他叶子作为茶叶替代品。我检查了许

---

① 来自《婺源志》（*Woo Yuen Chy*）的一份统计资料。
② 来自《本草纲目》。
③ 包括《本草纲目》《群芳谱》《秘传花镜》等等。
④ 译者注：约翰·贝尔（John Bell, 1691—1780），生于斯特灵郡，苏格兰物理学家和旅行家。他的游记使得西方人了解俄国和东方，特别是中国人的生活方式。

多由阿默斯特勋爵大使馆（Lord Amherst's embassy）和蔼可亲的成员带到广州茶样。此外，在许多中国本草志还发现了一长串的植物名录，它们与"茶"一词是相同的；虽然中国人很好地将真正的茶和它的替代物区分开来，通过观察，替代品"虽然有茶的名字，但不是茶"。事实上，他们用"茶"这个词泛指所有用叶子泡制成的如油膏（止痛药膏）、甘菊茶等物品。

贝尔在《在中国的旅行》（Travels in China，第297页和309页）中指出，他曾去过北京的一家公共茶馆，看到许多人在喝茶和抽烟斗。他补充说，只需一文钱（约为英国一便士的十分之一），一个人就能买到一杯热茶。已故的乔治·斯当顿爵士[①]也告诉我们，"茶在中国就像啤酒在英国一样，在每个城镇的公共场所以及公共道路、河流和运河沿岸都有售卖；对于负重和疲惫的旅人来说，放下负担喝上一杯热茶，再继续旅程，这是很常见的。"[②] 正如上文所述，公元9世纪甚至更早，茶是中国常见的饮料。而且所有最近的旅行者都提供了充分的证据证明茶在今天是普遍使用的。中国人只需将茶叶倒入一个精美的盛热水的瓷杯里，杯盖是同样的材料；叶子会沉到杯子的底部，偶尔会有一些茶叶浮起来造成饮用不便。为了避免这种不便，有时会立即在上面放上一块薄薄的镂空的银片。经济较为发达的地区就用茶壶。日本人延续了将叶子磨成粉末的传统制茶模式；在杯子里注入液体后，"用一根劈裂的竹子或有牙齿的器具搅拌，直到它变成糊状[③]，当他们喝这种液体和粉末时，就像亚洲许多地方饮用咖啡一样"。

曾居住在日本的植物学家西博尔德博士对茶树是否起源于中国本土

---

① 译者注：乔治·伦纳德·斯汤顿爵士（George Leonard Staunton，1737—1801）是一位爱尔兰植物学家，是英国东印度公司的雇员，曾被任命为马戛尔尼访华团（Macartney Embassy）驻中国朝廷的使团秘书，著有《英使谒见乾隆纪实》（An Historical Account of the Embassy to the Emperor of China）。

② 《马戛尔尼勋爵驻北京大使馆》（Lord Macartney's Embassy to Peking），第二卷，第96页。

③ 《坎普弗尔的日本》（Kaempfer's Japan），附录第15页。另外，《19世纪日本人的风俗习惯》（Manners and Customs of the Japanese in the Nineteenth Century），第187页。

提出了疑问。所有人都认同坎普费尔（Kaempfer）①的结论，即茶树是在6世纪时从中国传入日本的，这是日本天皇陛下所承认的，或根据西博尔德②博士所说的是9世纪传入的。这两种观点都是基于日本当局权威人士。后一位作者根据在日本展出的茶树的实际情况，运用了一个非常巧妙的论点，进一步肯定茶树是外国引进的历史记载的真实性。

西博尔德博士观察到，"这种茶树生长在日本南部省份，在北纬30°到35°之间，沿着田间小路、路旁和山脊大量生长，好像是自发生长的，而且也种植在贫瘠的土地上。但靠近山就消失了"。因此，他推测茶树源于日本。但这位博学的作者似乎过于迷信那些声称中国人从朝鲜移植茶树的日本权威。事实已经证明，早在假定茶被朝鲜人首次引入中国（公元828年）的30多年前，中国政府已经对茶叶征税。如果对中国采取同样巧妙的论据，正如这位博学的作者在日本问题上所用的那样，会得到截然相反的结论：因为中国人都认同茶树最初是在现今生长的地方被发现，它遍布中国中部各省的群山之中，因此是本土生长的。

最近在阿萨姆（Assam）③的发现似乎也证明了这样一个假设，即

---

① 坎普弗尔指出（《日本》，附录第2页），茶树是在公元519年，被一个叫达尔玛（Darma）的王子从中国传入日本，值得注意的是，中国的编年史里有提到这个名字，并把他描述为一个在梁朝（Leang）（公元543年）时拜访过中国武夷地区的印度人。他很有可能是一个托钵僧，并且来到了日本。笔者在广州的居住期间，曾有认同这一记载的学者坐船来过。〔译者注：恩格尔贝特·坎普费尔（Engelbert Kaempfer，1651—1716），是德国医生和博物学家。从1690年到1692年，一直在日本作为医生在长崎工作，获取了许多关于日本的重要信息〕

② 僧人麦科威（Mco-we）游历中国，并带回了中国的茶叶种子，它们被种植在Jamasiro的To-ga-no-wo山上，大约在距离Mijako的西北部6英里的地方。它们也被种植在该省一个叫作新潟县（Udsi）的地区〔《日本大百科全书》（*Hak-buts-sin*）〕。另一本著作里也有介绍，"它是由公元810年被引入"（冯·西博尔德：《日本》第六卷）。

③ 福尔科纳（Falconer）博士认为阿萨姆邦茶树是一个独特的物种，而克莱兰德（M'Cleland）先生则认为是本土物种。本报告作者将这篇关于阿萨姆邦茶树的有趣论文归纳为以下几句话："通过这种方式，笔者从动物学领域额外获得了一些得以支持同期刊所持观点的证据，他们认为阿萨姆邦的茶树应当与东亚的自然产物联系起来，而不是把它看作与当地气候疏远的外来物种，但是作为一种本土植物，它确实被人们忽视了，但是在充分享受大自然的所有那些特殊的条件下，它的特性将在适当的管理下被发现。"

阿萨姆茶是自发地沿着连续的、几乎不间断的山脉生长的。由于其适中的海拔，阿萨姆茶的生长范围几乎从扬子江（Yang-cse-kiang）一直延伸到中国西南边境的邻国，在那里与喜马拉雅山脉相连。如果这个范围与另一位科学家罗伊尔博士的观点一致，则形成了喜马拉雅山脉的延续。但是在那些国家中，如在中国的每个地区一样，如果在平原、居住区和耕地附近发现茶树，则可以合理地假设它是有人带到那里并传播的。由此看来，中国茶树不仅是原生的，而且从北部直隶省到南部广东省都有种植。每个省生产的茶可能大多是普通的家庭用途。茶树生长在中国北直隶（Pe-chy-ly）、山西（Shan-sy）、陕西（Shen-sy）三省。它也生长在日本、韩国、乐基欧（Le-kieu）群岛、舟山岛（Chu-san），以及东京（Tonkin）和交趾支那（Cochin-China）①。它的分布范围跨越了纬度28°、经度30°的空间；因此，它受到冷热变化和其他气候差异的影响。

第二章　茶叶的种植条件

中国的气候受季风影响——没有印度那样的雨季和旱季——广州的降雨量——北京——3月至5月温度和湿度均有显著上升——北京的温度——在广州——绿茶和红茶产区的温度——吃喝玩乐——厦门（AMOY）——霜冻严重但不连续——夏季保存下来冰块——上海的温度——舟山——温度变化很大，主要在冬季——日温差小——气候普遍宜人——茶树暴露在气候变化很大的环境中——最适宜茶树生长的气候

中国的气候深受季风影响，通常一年中有6个月从北往东北方向吹，其余时间从南往西吹，从而使广大的中国形成类似的气候特征。一

---

① 译者注：交趾支那是中南半岛的一个历史地名，位于今越南南部。

种是寒冷、霜冻和干燥，对植被起到了抑制作用；另一种是通过高温和潮湿，极大地激发了植物的生命力。然而，这种气候划分很难被看作像印度那样的旱季和雨季。因为在中国，一年四季都下雨。据说上海冬季会有大量的雨雪。广州和澳门经常会有小雨，西南季风期间也会有热带雨。虽然东北季风期间的降雨量远少于西南季风期间的降雨量，但平均而言，仍相当于同期伦敦周边地区从11月到次年4月（含）的降雨量。在广州降雨量是11.11英寸；在澳门是13.58英寸；在伦敦是10.28英寸；而在加尔各答（Calcutta），这个数字很少达到3英寸。① 不过，像广州这样的热带地区，由于蒸发活跃，加上北风强烈干燥，处于比较干燥的状态。

西南季风期间，广州和澳门的降雨量为67.85英寸，而在东北季风期间，当风吹过陆地时，降雨量为11.11英寸，因此总降雨量为78.96英寸。② 但是，北京的年降雨量只有27.98英寸③，比英国少，尽管北京位置更向南16°。因此，看来南风在向北穿越这个广袤帝国的过程中，逐渐减少释放出其所携带的水分，直到最终在到达北京时，湿气和风力都消耗殆尽。

在澳门，从3月到5月，温度和湿度的变化相当显著。而且根据比勒（Mr. Beale）先生④的日记，这几个月的降雨量呈几何级数增加。到了3月底4月初，大气变得停滞、温暖、封闭，早晨薄雾笼罩着海面，有时白天也有；湿度计达到最高湿度范围，因此空气中充满了水蒸气，在房屋粉刷过的墙面上和其他周围物体可以看到大量的湿气沉积。

随着4月春天的来临，热量增加、蒸发增强以及晴雨交替出现，产生了一种温暖潮湿的大气状态，效果体现在刺激植物上。最后伴随着可怕的雷电，热带降雨开始了，这预示着5月初西南季风的到来，并在整

---

① 参见《孟加拉亚洲期刊》（*Bengal Asiatic Journal*），1836—1838年。
② 《克尔杂志》（*Kerr's Journal*）。
③ 《1842年俄罗斯帝国的磁性和气象年鉴》（*Annuaire Magnétique et Météorologique de l'Empire de Russie, anné 1842*）。
④ 戴维斯（Davis）的《中文》（*Chinese*）第二版，第339页。

个季风期间每隔一段时间持续。

中国的中部省份也处于这种大气状态之中,也出现降雨,但数量较少,而且时间稍晚。从洪若翰(Fontaney)①获悉,5月6日,他到达位于北纬35°18′的沂州(I-cheu)时,没有肉可买,因为该市的官员禁止出售这些肉,希望能从这种斋戒中获得雨水。②也在斯坦尼斯拉斯·儒莲(Stanislas Julien)先生③的《中国桑蚕业主要论文摘要》发现,其中写到预计4月和5月浙江多雨,在第15页再次提到"害怕三个月的雨会毁坏树皮",以及第47页写到"为了防止4月的雨侵蚀森林"等。此外,德金(De Guignes)④说,当范百兰(Van Braam)⑤领导下的荷兰大使馆在4月份横穿浙江省时,风向转向南方,带来降雨。⑥绿茶工人还说,4月和5月的风会变化无常,4月20日至5月5日开始采茶。福琼先生说,"4月中旬的宁坡,落叶乔木和灌木长满了叶子,大麦穗饱满,油菜(Brassica sinensis)在山坡和平原上形成了一团金黄,空气中弥漫着花香。"⑦但在河南(Honan)⑧以北,或北纬34°以北,降雨和气候特征似乎更接近极北地区。小麦、大麦、荞麦、玉米

---

① 译者注:洪若翰(Fontaney),清初来华的天主教传教士,字时登,法国人。
② 杜赫德(Du Halde)译本:《中华帝国全志》,1738年译,第一卷,第50页。(译者注:杜赫德为郭弼恩的继承人。郭弼恩是皇帝的忏悔神甫勒特利(P. Le Tellier)的秘书,专门负责收集整理各国耶稣会士们信函入华耶稣会士寄回了大量书籍和信件,从而促成了欧洲18世纪的"中国热",在这些书中最有影响的是《耶稣会士中国书简集》《中华帝国全志》《中国杂纂》,它们被称为西方汉学的三大名著及"法国古汉学的不朽著作"。其中杜赫德的《中华帝国全志》影响尤为广大,该书全名是《中华帝国及其所属鞑靼地区的地理、历史、编年纪、政治及博物》(*Description geographique, historique, chronologique et, plysique de L'Empire de La Chine et de la Tartarie Chinoise*),该书在1738年被翻译为英文。
③ 译者注:斯坦尼斯拉斯·儒莲(Stanislas Julien, 1797—1873),汉名儒莲,法国汉学家。
④ 译者注:德金(Joseph De Guignes, 1721—1800),法国东方学家、汉学家。
⑤ 译者注:范百兰(Van Braam, 1739—1801),荷兰人,代表作为《北京之行:1794年和1795年荷兰东印度公司驻中华帝国朝廷使节纪实》。
⑥ 《穿过蒙古旅行北京记》(*Voyage à Peking*),第三卷,第147页。(译者注:此书全名为 "*Voyage a Peking: a travers la Mongolie*"。
⑦ [英]罗伯特·福琼:《中国北方的三年之旅》(*Wanderings in China*),第346页。
⑧ 这里的"Honan"指河南省,下文"广州河南"指珠江以南。

和小米成为代替大米的主要食物，而像糖和棉花这样的热带产品的种植却收效甚微。

关于中国的温度，洪堡男爵（Baron Humboldt）① 在他关于等温线的论文中再次指出，"中国北部和美国的大西洋地区一样，极端气候过多，季节对比强烈。以北京为例，虽然年均温度与布列塔尼（Brittany）海岸相当，酷暑时节比开罗（Cairo）还要热，冬天和乌普萨拉（Upsal）一样寒冷。"[《爱丁堡杂志》（*Edinburgh Journal*）②，布鲁斯特（Brewster）]。

北京位于那不勒斯（Naples）偏南近1纬度的地方，从11月中旬到次年3月底，河流都结冰了。③ 冬季，夜间温度计的平均温度低于20℉，甚至白天也在冰点以下。④ 夏季一般在80℉以上，有时在90℉以上。应洪堡的要求，最后一个住在首都的传教士之一钱德明（Père Amiot）⑤ 牧师汇报五年气温观测结果，如表2-1所示：

表2-1　　　　　　　　北京四季平均温度

冬季——26.42℉	最温暖的月份——84.38℉
春季——56.30℉	最冷月份——24.52℉
夏季——82.58℉	最大变化——59.76℉
秋季——54.32℉	年气温幅度——54.9℉
10月，13℃，45℉	
4月，13.9℃，47℉	

---

① 译者注：亚历山大·冯·洪堡（Humboldt），1769年9月14日出生于普鲁士柏林，1859年5月6日卒于柏林，德国博物学家和探险家，是自然地理学和生物地理学古典时期的重要人物，这些学科现已包括在地球科学和生态学中。

② 译者注：《爱丁堡植物学杂志》（*Edinburgh Journal of Botany*）是一本国际植物系统学杂志，内容涉及植物和真菌的生物多样性、保护科学和植物地理学等相关方面。

③ 根据杜赫德（Du Halde）叙述为11月末至次年3月中旬，翻译，第一卷，第50页。

④ 斯汤顿《异域录》（*Staunton's Embassy*），第二卷，第338页。（译者注：该书全名为 Staunton：*Narrative of the Chinese Embassy to the Khan of the Tourgouth Kartars*）

⑤ 译者注：钱德明（Père Amiot, 1718—1793），原名Joseph-Marie Amiot，法国耶稣会士，清代来华，深受乾隆信任，居住北京24年。

因此，最暖和最冷月份的最大变化为 59.86℉，年气温幅度为 54.9℉。冬天的严寒程度也可以通过冰的厚度和融化的困难程度来判断。海基斯神父（Father Hyakinth）①说："这些河流上覆盖着 57.5—86.25 厘米厚的冰"②。大街上大块的实心冰砖在出售，这些实心冰砖用在炎热的夏天里给小贩的水果降温。夏天阴凉处的温度很少低于 80℉，在那里，每一个农民和工人都可以尽情享受他那片奢侈的花费三分之一便士的冰镇西瓜。另一个同名的神父钱德明说："从滦河（Leau-toung）里运来的鱼，已经在没有盐的情况下冷冻了两三个月。每天早晨太阳升起的时候，这个国家的一些地区就会受到氮的影响，地面就像被一层小雪覆盖一样白。地球被冻结了 3—4 英尺深；而且一旦冰冻，直到 3 月底才会再次解冻。"他说："这足以解释为什么北京附近的霜冻会冻死林奈（Linnaeus）③在瑞典培育的植物，而瑞典比北京北 20 度。"（《北京传教士关于中国历史、科学、艺术、风俗、习惯及其他之论考》，第六卷第 339 页）。（*Mémoires concernant les Chinois*, tome vi. p. 339.）

广州，这个中国最南端的大都会城市，位于北纬 23°8′，几乎接近热带。冬季早晨平均温度为 53℉，夏季中午为 82℉④，年平均气温为 71℉，平均温度范围为 57℉至 84℉，极端温度范围为 29℉至 94℉。⑤

根据布莱特曼先生（Bletterman）、比勒先生（Beale）和克尔先生（Kerr）［一位由约瑟夫·班克斯爵士（Sir Joseph Banks）⑥介绍的可敬

---

① 译者注：海基斯神父（Father Hyakinth）是一位年轻英俊的斯巴达王子，是克莱因（Kleio）和皮厄鲁斯（Pierus）的儿子，受到阿波罗神（Apollo）和西风神（Anemoi）的喜爱，在一些神话中还受到诗人塔米里斯（Thamyris）的喜爱。
② 德国浪漫研究所较近期的历史遗迹（Denkwürdigkeiten über die Mongolie），第 26 页。
③ 译者注：卡尔·林奈（Carl Linnaeus, 1707—1778），瑞典植物学家、动物学家和医生，瑞典科学院创始人之一，被称为"现代生物分类学之父"。
④ 乔治·罗纳德·斯汤顿爵士的手稿日记。
⑤ 《克尔日记》和戴维斯的《中国人》第二版，第 339 页。（*Kerr's Journal*, and Davis's "*Chinese*" second edition, p. 339.）
⑥ 译者注：约瑟夫·班克斯爵士（Sir Joseph Banks），第一男爵，1743 年 2 月 13 日出生于英国伦敦——1820 年 6 月 19 日卒于伦敦艾尔沃斯（Isleworth），英国探险家、自然学家，长期担任英国皇家学会主席，以推动科学发展而闻名。

而聪明的园艺家］多年来保存的 4 份广州气温日志，以及《广州纪录报》上公布的郭雷枢（Colledge）先生[①]1838 年气温日志，整理出广州四季平均温度如下表 2 - 2 所示：

表 2 - 2　　　　　　　　　　广州四季平均温度

冬天，58 ℉	春天，71 ℉	夏天，83 ℉	秋天，75 ℉
年平均值，71.7 ℉			

可以毫不夸张地说，每年附近的稻田都会被冻上几天，偶尔会看到如一枚皇冠硬币厚度的冰块在街上出售。从 12 月中旬到来年 3 月底，欧洲人都穿着冬衣，他们的房子里铺上了地毯，挂上了窗帘，生起了火。由于冬季风力强劲且干燥，温度计也无法反映人体感觉到的寒冷程度。

如果这种寒冷程度在一个近似热带的国家显得异常，必须要说的一点是，北风从内蒙古地区冰冻的干旱的草原上席卷而来，一直蔓延至距离赤道仅 5 度的中国海，持续时间达 6 个月之久。中国的中部省份多山，山脉走向与季风平行，且被众多河流和湖泊分割，其中一些在冬季会结冰。这些地理特征维持并加强北方地区的寒冷程度。因此，我们发现虽然广东和江西两省之间的山脉仅位于距离热带 3 度的位置，且海拔高度适中，但在冬季偶尔也会被积雪覆盖。事实上，在一些罕见的情况下，广州市区也会出现降雪。《广州纪事报》曾记载："1836 年 2 月 8 日清晨，该市房屋屋顶被夜间降落的雪覆盖。"积雪深度达 2 英寸。据百姓回忆，约 46 年前，即乾隆五十五年（1750）也曾发生过类似的降雪。

早在远古时期，茶树于中国极北的北京（北纬 23°）与极南的广州（33°）之间被发现。这个区域包括中国中部以及人口最稠密、最繁荣的省份，也涵盖最适合茶树生长且茶业蓬勃发展的地区。其中，主要的茶叶外贸区与内销区坐落在北纬 27°至 31°之间。然而，这些地区地理

[①] 郭雷枢（Colledge，1796—1879）东印度公司外科医师。1827 年在澳门设眼科医院；次年又在广州建医院，并聘白拉福（J. A. Bradford）和柯克斯（Cox）任医职。1838 年与伯驾、裨治文合作在广州成立教士医学会，自任会长达四十年。卒于英国。

位置偏僻，远离大城市和主要交通要道，可能除了早期那些绘制了我们现今所拥有的极其宝贵地图的伟大能人之外，鲜有欧洲人涉足。因此，我们无法提供这部分地区气象状况的详细科学数据，只能给出一些模糊和笼统的概念。但在缺乏科学细节的情况下，一些一般性的观察和事实可能对那些有意在世界其他地方引进茶树的人们有所帮助。

在江南省徽州府（现今安徽省黄山市），每年9月份开始刮北风。10月，家境宽裕的人开始穿上毛皮衣服；在11月，冬天（或者更确切地说，东北季风）如期而至。人们用稻草捆绑幼小的茶树，以防止它们在风雪天被折断或损坏。然而，严冬要到12月才能感觉到。从这个时候到明年3月天气一直很冷。霜冻时常发生，偶尔下雪。室内的水会结冰。但是中国的房子组装得很差。门窗安装很简陋。事实上，房屋是为炎热天气而建的，而非寒冷。中国人通过多穿厚衣服来抵御寒冷，偶尔在第二天早上发现昨夜的茶水结冰。如果相信中国人的说法（最近的报道似乎证实了这一点），平原上的积雪有时会达到两三英尺深，屋顶上的雪有几英寸厚。在阴天，积雪持续10天不融化，直到太阳出来。他们进一步指出，过度寒冷对茶树有害。一些偶尔会被冻死，另一些则会因霜雪而生长受阻。然而，他们补充说，与广州相比，徽州府的温度较稳定，不易出现突变。4月和5月，开始刮南风，并有零星阵雨。但是，西南季风在5月底或6月初之前才会稳定下来。6月，雨季开始。7月，夏天正式来临。热度相当于广州。

福建武夷山地区的温度与熙春（Hyson）① 茶区差别不大。茶农们说武夷山地区的气候相对温和，降雪量较少，冰层也不太厚。事实上，这是一个多山地区，茶园所在的山谷被群山围绕，免受东北和西北寒风侵袭。这些山脉构成福建省与浙江省（Chekiang）、江西省（Kiangsee）之间的天然屏障。12月和1月被认为是最寒冷的月份。据说，一条蜿

---

① 译者注：熙春，又叫熙春茶，英名Hyson，唐茶一种，产于中国安徽，亦带出另外两种茶，皮茶（Hyson Skin）和雨前（Young Hyson）。这里的"熙春茶区"指的是安徽省屯溪区。

蜓于武夷山间的浅溪九曲溪（Kieu-kio-kee），每年都会结冰。在武夷山地区，经常看到流浪者聚集在人流密集处乞讨。他们会在冰面上撒稻壳以防滑倒，以引起路人的同情。夏季的炎热程度与广州相当，但早晨和傍晚会冷到需要穿上马褂（一种短上衣）才能穿越山丘。

现在，要补充一封信的节选，这封信是尊敬的卡皮纳（Carpina）神父写的，他是福建省代理主教，长期居住在该省东部。感谢他介绍了温度的范围，以及许多有关茶树的宝贵信息。卡皮纳说："尽管1815年2月福安（Fo-gan，北纬27°4′48″）的降雪厚度约33英寸，宁德（Ning-te）更是达到约49英寸厚，茶树既未受损，也未延缓采摘。积雪重量甚至压垮了为保护茶叶免受霜冻、阳光和风吹而搭建的坚固遮蔽物。1815年12月中旬，严寒和霜冻持续几天时间。在一个阳光明媚的下午，大约三点钟，我看见两个男孩的手里都拿着一块冰。这些冰块大小如马车窗户，厚度约1英寸，是他们从附近的田野里取来的。我还注意到，今年（1816年）1月24日，闽江（Mo-yang）水面结冰，在桨击之下如玻璃般破碎飞溅。闽江水量堪比科尔多瓦（Cordova）通道处的瓜达尔基维尔河（Guadalquivir）。福建省地区经常结冰，雪却不那么常见。今年冬天，除了高山顶端，我们几乎没有见到雪。不过，在华居住的24年间，我曾两次在春分这天看到平原上飘雪的景象。12月至4月间常有白霜，同时不止一次遇到5月份刚种下的水稻被霜冻损害的情况。"我查阅官方信件也发现，1809年中国人称第一茬茶叶因4月份普遍出现的霜冻而受损。

进一步观察到，1667年2月10日至22日，范霍恩（Van Horn）[1]带领的荷兰使团因雨雪滞留于浦城县（北纬28°0′30″，东经自北京起2°9′10″）。之后他们翻越这些山脉，3月5日抵达浙江省衢州府（Kiu-cheu-fu），发现周围的山脉都被积雪覆盖。[2]

---

[1] 奥格尔比：《中国》（*Ogilby's China*），第277页。
[2] 奥格尔比：《中国》（*Ogilby's China*），第277页。

福建省东部北纬 27°4′48″的福安气温记录显示,平均气温高达 70℉。然而,当房门大开,房中温度降至 37℉时,田野里就会结冰。表 2-3 是浙江省的月平均气温:

表 2-3　　　　　　　　浙江每月平均气温

5 月—77.5℉	6 月—77.5℉	11 月—64℉	12 月—57℉
7 月—86.5℉	8 月—84℉	1 月—66.56℉	2 月—58.5℉
9 月—81℉	10 月—72℉	3 月—57.5℉	4 月—64.5℉
平均值—70℉			
另一处,位于该省较西北的部分地区			
1 月—52℉	2 月—50℉	3 月—53℉	4 月—54℉

根据莱先生(Mr. lay)的日志,福州府(Foo-chew-foo,北纬 26°2′)8 月最高温度为 96℉,1 月最低温度为 44℉,平均气温为 70℉①。但是在乔治·史密斯(George Smith)② 牧师访问福州港的时候,有好几天都能收集到冰。③

厦门(北纬 24°27′36″)是一个著名的茶叶产区,以生产适合国际市场的茶叶而闻名,而且茶叶风味极佳。厦门的气温与广州相差不大。根据 1844 年在鼓浪屿(Ngo tsoo)的"穆罕默德号"船上保存的一份详细记录,年平均温度为 69℉,最低温为 49.5℉,最高温为 90℉。

上述记录足以说明,在茶叶产区普遍存在严重的霜冻和偶尔的降雪,有时甚至罕见地持续到春分。然而,整体来看霜冻并不十分严重或持续较长时间。1 英寸厚的冰并不表示严寒或长期霜冻。在北纬 27°到 31°之间,冬季太阳的影响威力仍然很大,这不仅是因为阳光直射,也因为天空常常晴朗无云。因此,在中国中部省份,尽管偶尔会出现强烈霜冻,但在如此强烈的阳光照射下,形成厚重冰层的可能性并不大。此外,内陆和沿海地区

---

　　①　[英]罗伯特·福琼:《中国北方的三年之旅》(Fortune's Wanderings in China),第 382 页。
　　②　译者注:一名英国亚述研究者,1840 年 3 月 26 日出生于英国伦敦,1876 年 8 月 19 日卒于叙利亚阿勒颇。
　　③　《中国考察访问》(Exploratory Visits in China),第 328 页。

的季风也不那么稳定,频繁的南风带来相对温暖潮湿的天气和降雨。

在舟山和其他地方建造了结构简单而高效的冰屋。南京(Nanking)市(北纬32°4′30″)每年也会收集足够数量的冰块以包装鱼类。每年4月和5月每周分2次将冻鱼运往北京。(杜赫德①译,第一卷第74页。)同样,在1841年12月,宁波(Ning Po,北纬29°56′)附近,积雪深入膝盖,夜间温度低到零下10℉到12℉。不过,这场霜冻只持续了几天。[1842年1月24日,璞鼎查爵士(H. Pottinger)②的报道。]

接下来再看上海(北纬31°24′,东经121°32′),在1845—1846年的冬季,结冰的吴淞(Woosung)江给英国人提供了一个享受滑冰乐趣的机会。但据巴富尔(George Balfour)上尉描述,有关他们能够从工厂步行到船上的报道毫无根据。此外,乔治·史密斯对中国的研究表明,上海的温度范围为24℉到100℉,年平均温度低至61.5℉。在同一本书中不同季节的温度如表2-4所示:

表2-4　　　　　　　上海年平均气温

春季,57℉	夏季,79.4℉	秋季,66.4℉	冬季,41.3℉
最热的两个月,7月和8月的平均温度为83.5℉			
最冷的月份,1月和2月为-40.6℉			
年平均值为62℉			

前任驻上海领事巴富尔(George Balfour)③上尉说,在上海地区广

---

① 译者注:杜赫德(Jean Baptiste Du Halde,1674—1743)的四卷本《中华帝国全志》是根据其他从17世纪来华的传教士的报道编辑而成,此书在欧洲直到19世纪末都被看作关于中国问题的知识手册。下文所说杜赫德译本皆指此书。

② 译者注:璞鼎查爵士(H. Pottinger), Bt, GCB(Sir Henry Pottinger,1789年10月3日—1856年3月18日)亦称砵甸查、波廷杰。英国军人及殖民地官员。早年入海军。他于1803年起,在印度从事殖民侵略近40年。他在英国对阿富汗战争中,被封为男爵。

③ 译者注:巴富尔(George Balfour,1809—1894)第一任英国驻上海领事,在上海开辟租界。原为马德拉斯炮兵部队上尉。1843年,受命担任首任英国驻沪领事。11月8日,巴富尔抵达上海,先在县城内姚家巷租屋办公。11月17日,正式宣布上海开埠。巴富尔经过同上海道台宫慕久多次谈判,大致划定了英租界的界址。1845年11月,中英订立《上海租地章程》,1846年9月回国。

阔的冲积平原上，积雪有时会持续 10 天，深度超过 1 英尺。像广州一样一年四季都在下雨，但主要集中在 4 月和 5 月。

舟山港和上海港的温度相差很大，但船上记录的温度通常比岸上的高。船长查德（Chad）记录的舟山港气温如表 2-5：

表 2-5　　　　　　　　　　舟山港平均气温

春季，64.2℉	夏季，77.6℉	秋季，69.5℉	冬季，53.3℉
最热的月份，8 月，81.5℉			
最冷的两个月，1 月和 2 月，51℉			
平均值 66.2℉			

附录中还可以看出，上海与日本长崎港（Nangasacki）的温度存在着显著的一致性。

利洛上尉（Loch, R. N.）① 是一位聪明而准确的观测者，他指出季风的每一次正常风向变化都会引起相当大的温度下降或升高。西南季风期间，南部没有经历过利洛船长所描述的巨大温度变化。

如果检查附录中给出的最高和最低温度范围的变化，我们会惊讶于实际发生的变化很小，至少在南方是这样。英国一天的温差往往比广州和澳门一个月的更大。东北季风期间的温差最大，月平均值为 25℉，而西南季风的月平均值约为一半或 13℉。三个最冷月份的平均温差是 30℉，而最热的三个月 6 月、7 月和 8 月只有 11℉。在广东的某些地方，甚至在整个中国范围内存在气温骤降 30℉ 或更多的情况。但这种剧烈的温度变化是罕见的，主要发生在东北季风盛行时期。那时寒冷干燥，植物处于休眠状态。实际上，从春天到秋天，中国大部分地区的植被在温度、充足阳光和适宜湿度的共同作用下，经历的温差相对较小。到了冬季，除了一些沿海地区外，大气普遍干燥。这或许能很好地解释为什么在这个幅员辽阔的国家里，热带和亚热带的农作物能如此丰富多

---

① 利洛：《英军在华作战末期记事：扬子江战役及南京条约》（Campaign in China）（译者注：该书全称为 The Closing Events of the Campaign in China）。

样，分布广泛且相互交融。虽然中国的气候确实存在明显的反差，夏季炎热与冬季寒冷形成鲜明对比，但值得注意的是，除了最北部的省份外，温度的变化通常是缓慢而渐进的。日温差也相对较小，一般不超过 $8°F$，平均为 $5°F$ 左右。因此，我们可以说，中国中部省份的气候整体上是温和的。事实上，著名的德国地理学家亚历山大·冯·洪堡（Alexander von Humboldt）在描述北京的气候时引用了但丁的话"忍受寒暑煎熬的人（A sofferir tormenti caldi e geli.）"。实际上表明北京的气候宜人，并非像但丁描述的地狱那样极端。

相反，随着我们对中国气候的认识不断深入，我越发相信：在地球上，很难找到另一个与中国同等面积的区域能在气候方面更加优越。中国的气候不仅非常适宜动植物生长，对人类的生存和发展也极为有利。

在树液休眠状态下，植被会有一个较长的休憩期。这是由持续的干燥、低温和偶尔的霜冻状态造成的，其强度和持续时间因纬度位置而不同。随着气温逐渐升高，空气中的湿度也在增加，继而带来充沛的降雨。这一系列变化激发了茶树的生长活力。

茶树展现出了惊人的适应能力。它能在短暂霜冻和烈日炎炎的环境中生存；既可以生长在沿海地区，也能在舟山、日本等岛屿上茁壮成长；更能在远离海洋的内陆和西部地区繁衍生息，如四川。多样的生长气候与环境有力地证明了茶树的强适应性。正如克莱兰德先生所观察到的，至少从植物学角度来看是这样。从人工培育和传播的角度来看，茶树对气候的适应能力和易于传播的特性更是令人惊叹。虽然茶叶的味道、涩感和其他品质可能因环境而略有变化，但变化程度需要通过实验来确定。有趣的是，茶树似乎比较耐寒，受冷的影响小于受热。中国最适合茶树生长的地区位于北纬 $27°$ 至 $33°$ 之间，那里的年平均温度在 $62°F$ 至 $68°F$ 之间。在这些地区的春分到夏至期间（即春季），随着暴雨的到来，平均温度会从 $64°F$ 升至 $77°F$，茶树生长达到最旺盛的阶段。降雨过后往往是晴朗温暖的天气。温和湿润的天气有利于茶叶快速生长，随后的温暖阳光则有助于提升茶叶的香气和品质。①

第三章　茶叶的种植土壤

红茶——最好的品种被发现和种植的地区——什么条件才是最有利的——土壤的性质——在中国作品中的描述——欧洲传教士的论述——关于最适合的土壤的意见——试着调和其中一些差异——最适合的土壤——中国和日本茶树土壤分析

土壤分析

外国人所熟知的茶可以分为红茶和绿茶两大类，由于这两种茶的制作方法有本质上的不同，因此最好分别讨论。产于福建省建宁府（Kien-ning-fu）红茶占英国进口茶叶的8/10。根据耶稣会传教士在1710年至1718年②间的现场观察，武夷山距离崇安县（Tsong-gan-hien）约2英里，位于北纬27°47′38″。

一份中国古籍这样描述了这个地区的茶叶：在福建所有的（Fo-kien）山脉中，武夷山最为秀美，水质最佳。山势高耸险峻，四面环水，宛如神工鬼斧，令人叹为观止。自秦汉以来，道教隐士和佛教僧侣如云如草，不可胜数。茶叶是武夷最著名的特产。崇安（Csong Ngan）以北的那座城镇叫星村（Sing-csun）。这里有很多房子，还有集市，是商人或代理商聚集的地方。在星村的北面，坐落着中国最著名的崇陵寺（Chung Ling Chy Ky）。它周围有许多岩石和山脉，形状最奇特，高度不

---

① 爪哇最适合种植茶叶的气候是海拔3500—4000英尺的山区，那里的空气非常凉爽，日出时的温度为58 ℉，下午2点为74 ℉。在海拔更高的地方，甚至5000英尺以上的地方，茶叶风味较佳。但茶叶的风味会随着海拔降低而下降。作者和冯·西博尔德都同意茶树需要有大量的雾和露水的环境，而这种环境通常出现在海拔较高的地方。雅各布森先生（Mr Jacobson）进一步指出，茶树需要新鲜凉爽的空气，并暴露在微风中。参见《文化与文化手册》，巴达维亚，1843年。

② 杜赫德（Du Halde）译，第一卷，第10页。

规则，绵延50里。①

武夷（Wu-ye）山脉的中间有一条小溪蜿蜒而过［也称九曲溪（Kieu Kio Kee）］，并将山脉分为两个区。北边的叫北岭，南边的叫南岭。佛教与道教选择在这里建造他们的庙宇和道观。房屋周围遍种茶树以每年采集茶叶。北岭山脉出产的茶叶品质最佳。

只有这些山脉才被认为是武夷山。这里出产茗岩茶（Ming Yen）和上等小种茶（Souchongs），这些茶很少被送到欧洲，可能会有少量作为礼物被送去。欧洲人通常把这种茶命名为僧侣小种（Padre Souchung），因为它是由僧侣种植的。或称为包种茶，因为是包在小纸包里的；而中国人又称"岩茶"（Yen）②或称"崖茶"（Gam），因为它生长在岩石上，或者说是山脊和梯田上。也叫内山茶。

在这里建起了御围供朝廷使用，据说用铁链来收集生长在无法攀登的岩石顶部和岩壁上的茶叶。但人们可能会毫不犹豫地怀疑，这是牧师们为增加他们隐居住所的神秘性而采用的众多技巧和装置之一，以吸引陌生人和虔诚的香客，同时提高茶叶价格。

杜赫德谈到这些山："为了更好地使这座山口成为不朽之人的住所，牧师把船只、马车和其他同类的东西运送到贯穿其间的小溪两边陡峭的岩石裂缝中。普通人把奇异的装饰品看作真正的奇观，认为它们不可能被运送到如此难以接近的地方，而是由一种比人类更强大的力量。"③

中国古籍又谈道："武夷周围延伸二三十里的村庄，由一系列的山脉包围和庇护着。这些地方的名字是：曹墩（Csao Tuon）、黄柏（Hoamg Pe）、Chy Yang、公馆（Kung Kuon）、星村、Tu Pa、赤石（Chy She）等。在这些地方，都立着茶棚或考屋，种植着茶树。这些山和武夷山的性质是一样的，茶也是用最好的方法制作的。它闻起来很香，味道很

---

① 里大约是英国英里的近三分之一。
② 译者注：岩茶属半发酵茶，以"岩骨花香"的独特岩韵著称。主产区为中国福建武夷山茶区。
③ 杜赫德译，第一卷，第10页。

甜。这种茶被称为半山茶（Puon Shan tea）或中山茶（Mid-hill tea），采摘后制成小种。"东印度公司大多数优质小种茶（Souchong）都是这里生产，比如立胜牌茶（Chop Lap Sing）。现在要描述的是工夫茶（Congou）的产地。古籍中是这样写的："从武夷山延伸约 70 里的城镇，分别称为皮坑（Py Kung）、Tien Czu Ty、桐木关（Tong Moo Kuon）、Nan-Ngan、长坪（Chang Ping）、Shu-Fang，等等。这里的叶子又细又小，质感较差；无论是绿色的①还是紫红色的，即使精心制作，都没有香味。②这种茶用于制作工夫茶，占到四分之一的箱子，称为外山茶（Way Shan），即山外茶。延平（Yen Ping）、邵武（Shau-U）、建瓯（Keu-U）、建宁（Geu Ning）、建阳（Kien Yang）、Heu Shan 等地也生产茶叶，但都不适合饮用。"③ 然而，有理由相信，这些地方的茶经常与低等工夫茶混合在一起，而且许多被称为"淡"的工夫茶无论叶子是绿的还是紫红色的，都来自这些地方。以下来自另一个中国人的叙述可以看出，上面列举的一些地方是制作工夫茶的原料。

"毗邻慈恩（Csong Ngan）的建阳区（Kien Yang），出产大量茶叶。有些叶子肉质大，有些又薄又小。这是下等茶。在靠近建阳（Kien Yang）的建宁（Geu Ning），叶子又薄又小。这是下等茶。在大平路（Ta Ping Lu）和其他邻近的地方，叶子又薄又大，没有人能把它做好。泡开的叶子中很少会发现红色，干叶松散、发黄、色彩暗淡。但这些茶都是粗茶，也就是普通茶。"

《武夷山志》（*Wu-ye Shan Chy*）是对红茶产区的统计，它列举了附近几个出产好茶的地方，但发现武夷山是最好的。在这部著作中写道："茶之产不一，崇建延泉随地皆产，惟武夷为最，地产性寒，此独性温也。其品分岩茶，洲茶。附山为岩，沿溪为洲，岩为上品，洲次之。又

---

① 所谓的绿色是指在红茶中发现的绿叶，英国商人称之为黄叶。
② 另一个中国观察者则认为："茶的味道是苦的，叶子是黄的，而且这种茶不会保存很长时间。"
③ 译者注：文中提及为古地名，应为崇安县周边地区的乡镇，中文为笔者推测相应地名，有些村落名称已经无法与今日地名对应，故用原文表示。

分山北山南,山北尤佳,山南次之,岩山之外,名为外山,清浊不同矣。又说。头春味浓厚,二春无香味荡,三春颇香而味荡。采摘宜晴不宜雨,雨则香味减。"

因此,如上文所述,对茶叶生长有利的生长环境是在岩丘或山脉的梯田上,但这并不是因为土壤是石质的,而更有可能是因为下雨时形成的冲积物使这些岩架的土壤更加肥沃。出口欧洲的大部分华茶来自坡度平缓、高度较低的山丘,它们也不具备武夷山山脉的岩石性质或独特的形状。

现在,将摘录一些从住在福建的罗马天主教传教士那里得到的资料,以回答土壤、地理位置和茶叶方法问题。

1. 有人观察道:"土壤应该由腐殖质构成,混有砂砾,质地疏松,相当潮湿,暴露在风里,面向东方。"

2. 另一个是:"茶叶可以种植在肥沃或贫瘠的土壤,沙土或茶园土壤;但是潮湿的土壤是最适宜的,东边朝向最佳。它不需要暴露,也不需要避风,高山或平地都可以,但茶园的土壤以及茶园或田野的堤坝最为有利。"

3. 在这里,将用一位西班牙传教士的观点来结束这些摘录,这位传教士对茶树的描述是非常有价值的。他观察到:"在福建有许多茶园,茶树的护理和沏茶的方法几乎是一样的,然而,无论从茶叶、味道还是效果来看,茶都是非常不同的;因此,土壤的性质不可能是相同的。中国人自己也充分证明了这一点,他们经常宣称茶叶的品质主要是由土壤造成的。"①

4. 那么哪一种土壤最适宜茶树生长,以建宁府为例说明。在福建省的南部有许多茶园地势较低,其中一些是沙质和石质,位于河流附近;但由于每年的洪水泛滥,它们已经变得足够湿润。另一些则在稍高但平坦的地方。就像在山脚下看到的那样;土壤是红色或苍白色,相当寒冷和潮湿的。大部分茶园坐落在山体的斜坡中,许多表面是石头和沙

---

① 笔者自己的调查证实了这一观察。问一个中国人是什么造成了茶的质量差异?他的回答总是"土",即土壤。

子，但是土壤深厚、潮湿，而且由于有风吹过而略显寒冷。那些在山脚下的平地上的茶叶比较浓密，但茶叶的质量几乎是一样的。

5. 因此，茶树种植对光照要求非常高，土壤坚实肥沃，喜寒冷潮湿，最有利的方向是朝东。

6. 中国人这样评价建宁府诸多茶园的土壤："平原上茶园土壤很薄，有点泥泞，黑色，既不冷也不热，相当潮湿。这个地方的茶叶比福建其他地方的茶叶价值高出三分之二，但最好的是从高山上、陡峭的地方、有时像悬崖一样的植物那里获得的；因此，人们用铁链爬上去，采摘茶叶。这些是著名的武夷山，在福宁府一带。正是在前面的条件之下，才有了东方第一流的茶叶。就在那里，帝国的围墙被发现，茶的最好的部分通常被称为白毫茶。虽然气温是一样的，但是由于附近山上出产的茶都是完全不同的一种，因此土壤必然是不同的。"

前面的说法似乎是一致的，坚实肥沃的土壤是最适合茶树生长的土壤。就其紧凑程度而言，陈述可能存在一些差异，这也可能取决于不同情况。然而，这些说法都认为土壤应该是湿润的或保持湿润的，东面是最好的。

现在这个结论，即肥沃而坚实的土壤有利于种植茶叶，似乎与目前所接受的关于这个问题的意见有所不同；因为人们普遍认为，茶叶在多石质、砾石质、砂质或贫瘠的土壤中最容易生长，因为那里很少有植物发霉的堆积。这也是阿裨尔博士（Dr. Abel）[①] 在阿美士德（Amherst）[②]

[①] 译者注：克拉克·阿裨尔（Clarke Abel），1816—1817 年阿默赫斯特勋爵访华使团中的官方植物学家。编著的《中国旅行记（1816—1817 年：阿美士德使团医官笔下的清代中国）》（*Narrative of a Journey in the Interior of China and of a Voyage to and from that Country in the Years 1816 and 1817*）讲述了：1816 年，英国政府为解决中英贸易争端，派遣阿美士德使团前往北京，面见中国皇帝。使团离京后，从运河乘船南下广州，途经直隶、山东、江苏、安徽、江西和广东数省，历时 4 个月，于 1817 年 1 月 1 日抵达广州。

[②] 威廉·皮特·阿美士德，第一代阿美士德伯爵，GCH，（William Pitt Amherst, 1st Earl Amherst，1773 年 1 月 14 日—1857 年 3 月 13 日），通称阿美士德勋爵（Lord Amherst），英国外交官，曾于 1816 年代表英国率团访华，然而清廷与英国双方因为在礼节上出现分歧，结果使团未能谒见嘉庆帝。访华使团结束后，阿美士德曾于 1823 年至 1828 年出任印度总督。阿美士德伯爵晚年退居自己在肯特郡的庄园宅第诺尔楼（Knole House），并在 1857 年 3 月 13 日逝世，享年 84 岁。

勋爵的陪同下，同英国大使馆从北京来的路上观察到的土地的描述。但他承认，他看到茶树的机会很少。杜赫德说，武夷山脉的土壤是浅色、白色和砂质的。有一次从那个国家收到了一个茶树的好标本，它的土壤与上面描述的非常吻合，经过简单的洗涤就得到了64%的浅色细砂。①

勒孔德（Le Compte）说，茶叶在砂土中生长得最好，其次是轻砂土，在黄土中最差。

《本草纲目》（*Pen Csao Kiang Moo*）观察到最好的茶叶生长在石质土壤中；茶园其次，是可耕种的土壤，最差的是黄色的土壤。②

两个英国大使馆官员能看到茶树的机会太少了，无法帮助进行这次调查。而且，他们甚至都无法进入连接国内外供应的特定地区。尤其是阿美士德（Amherst）勋爵的大使馆，离红茶之乡只有3个经度，而马戛尔尼（Macartney）③勋爵的大使馆所在区域则是多1个纬度。两条路线都在广阔的山脉的北面和西面，这些山脉把福建与其他地区隔开了；单靠一乘轻便的竹制轿子，上山就需要3天的路程。大使馆也不在离绿茶产地最近的40英里之内。他们所看到的标本，也许只有一个例外，例如它们是为家庭用途而种植的，可能既不能提供茶株的良好样本，也不能提供土壤的良好样本。除了熙春茶产地以外，中国人一般只使用不适合种植其他作物的土地来种植茶树；这也解释了为什么人们经常发现茶树生长在耕地的堤岸两侧和顶部、山坡上，以及一般生长木材的地方。

古老的耶稣会士所发表的意见必须被认为是真实的，并且具有很高

---

① 杜赫德译，第一卷，第10页。
② 这一段在杜赫德的翻译中（第二卷，第221页）被描述为："最好的生长在岩石地区，最差的则生长在黄土地上。"
③ 乔治·马戛尔尼（George Macartney，1737—1806），出生在北爱尔兰安特合郡的大地主家庭，1759年毕业于都柏林三一学院，之后进入伦敦坦普尔大学进修，师从荷兰伯爵亨利·福克斯。他还是英国近代著名政治家，曾率领使团以给乾隆皇帝祝寿为名，于1793年抵达中国，欲通过谈判打开中国市场，却无功而返。这是中西交往史上的一件大事。

的权威性。他们不仅以天资聪颖和才华横溢著称,而且是唯一有机会在茶树繁茂、为外销海外而种植的特定地点考察茶树的欧洲人。但并不清楚他们的信息是来自个人观察,还是来自中文作品的翻译,还是来自中国人的口头描述,这涉及一个非常重要的区别。

另一方面,冯·西博尔德说:"在日本,最适合种植茶树的土壤是黏土质重的土壤①,富含铁,含有瓦克岩、玄武岩、玄武岩角闪锌矿的碎片,以及圈闭形成所特有的化石。它有些沙质和白垩质,洗过以后,很少看到腐殖质。"②

从那以后,两位化学家,冯·埃森贝克博士(Dr. Von Essenbech)和马奎特(L. C. Marquart),对西博尔德博士带回家的土壤标本进行了非常详尽的分析。这些科学家把这种土壤描述为一种"肉眼看不出里面有沙子混合的强铁质黏土"。经过分析,他们将其归类为"硅质土和黏土的亲密混合物,含有铁和锰的氧化物"。这种土壤看起来像"球状溶解的板岩","由于缺乏碳酸、腐殖质、石灰和镁质,不能被认为是多产的",他们的意见是"需要更强的肥料和添加碱性物质"。"由于大部分是黏土,它的保水性能相当可观,但由于没有粗砂,土壤的光照不足。"③

通过不同渠道从福建和武夷山地区获得了一些土壤样本。它们是由一些有名望的人弄来的;但是,不能确定它们是否真实或具有代表性。法拉第(Faraday)先生详细地分析了这些足以用于农业的土壤,结果附在本章后面。有一位资深的化学家指出,"这些土壤的一般特征似乎是一种含铁的黏土,但容易破碎,在水中很快分解。这些岩石中没有含有磨损的卵石或磨损的砂粒,但有些含有破碎的岩石,如分解的斑岩、花岗岩和长石、细分化状态的云母、小硅质岩石和一两个重的绿黑色颗粒标本。砂的比例差异很大,铁的含氧量也很显著。没有人能证明石灰中含有碳酸盐,除了一颗,在那颗里面只观察到一块,这可能是偶然的。"

---

① 腐殖土(Dammerde)。
② 《日本》,第6部分。(*Nippon*, part 6.)
③ 见本章附录。

巴黎自然历史博物馆的吉尔曼（Guillemin）博士被派往巴西，以期获得有关茶树栽培和制备的信息，并将这种灌木引入法国。在他回国后向农业和商业部长所作的报告中指出："巴西耕地的一般特征是一种铁质黏土，由花岗岩片麻岩分解而成，或多或少地混合了腐殖质。这种土壤类似于古代布列塔尼各部的坚固土壤，非常适合茶叶。"他看到"茶叶种植在不同的地方，受到这些国家的微风吹拂，但阳光明媚的山坡似乎最适合它。"① 这种暴露是否对茶株的质量有任何影响，他的询问使他无法确定。然而，这个问题已经得到了肯定的回答。他进一步补充说，"人们总是小心地把地锄好，有时还施肥"②。

然而，这位植物学家在报告过程中还提到，他参观了位于派尼亚圣母神殿（Nossa Senhora da Penha）的达·卢茨（da Luz）少校种植园，这些种植园保存得非常好。他进一步指出，"这片几乎是水平的地面，以前一直在水下，而达·卢茨少校（Major da Luz）牺牲了大量劳力，把水抽干。"他补充说："这里的土壤比其他地方的粘土含量少，留在未耕种的部分大量的蔬菜碎屑使它看起来是肥沃的土壤。除此之外，这里的植物长得很有活力，这是在别处所没有看到的。几乎所有的树都达到了两三米的高度。"③ 但是，在同一作者看来，该地区茶株的一般高度通常不会超过这个高度的一半，即1.5米。达·卢茨少校住的地方植物非常茂盛，这无疑是由于这里土壤肥沃，土壤中含有大量腐烂的植物物质。

有鉴于此，可以得出以下结论：古布列塔尼（ancient Brittany）④和巴西（Brazil）肥沃土壤之间存在相似之处，均适合种植茶树。吉尔

---

① 《农业新闻报》，费弗里尔（*La Revue Agricole*, Février），1840年，第268页。

② 在他的总结或结语中，他认为："山坡上的含铁质土比轻质土和平原更适合种植茶叶。"——《农业新闻报》，费弗里尔，1840年，第272页。

③ Ib. Janv. p. 218.

④ 译者注：位于法国西北部。直到15世纪，布列塔尼是完全独立的公国，处于法国和英国两个大国的影响下。1499年，布列塔尼安娜女公爵嫁给法国国王路易十二世，从此以后布列塔尼失去了自治权。1532年，布列塔尼公国正式成为法国的一部分。

曼博士引导读者得出关于达·卢茨少校茶园优越性的结论，尽管这些结论与调查对象没有直接关系。①

读者肯定还记得，我们之前提到过一种福建的茶叶，其价值比该省其他地区高出三分之二，仅次于生长在武夷山脉内部的岩茶。据说这里提到的茶园"位于海拔较低的平原""土质紧实""略微泥泞""土壤呈黑色"等。

专家们对于最适合种植茶树土壤的意见存在着相当大的意见分歧。但是，正如已经证明的那样，茶树具有很强的气候适应能力。沃利克（Dr. Wallich）② 观察到，"茶树对土壤要求相当灵活"③。

坎普费尔④指出，日本到处都种植茶树，不论土壤如何。中国也是如此，特别是当农民为了满足家庭消费而种植的时候。

葡萄在地理分布范围和气候适应方面似乎与茶树有些相似，对土壤的要求也不高。德·堪多（De Candolle）观察到，"任何土壤中都能种植葡萄，只要符合葡萄藤的本性。波尔多（Bourdeaux）⑤ 的葡萄园土壤为砾质土，并因此而得名格拉夫餐酒（Vin de Grave）⑥，勃艮第（Burgundy）⑦ 的葡萄园土壤为钙质黏土，埃米塔日（Hermitage）⑧ 的葡萄园土壤为花岗岩，拉克里麦克利斯蒂（Lachryma Christi）⑨ 葡萄园土壤为维苏威火

---

① 他认为圣保罗（St. Paul）和奥尔冈斯山脉（Serra dos Orgaos）的凉爽气候是最有利的。他说："那里植物的生长力很奇妙。"虽然笔者在仲夏时节来到了圣保罗教堂，但笔者并没有被炎热困扰，笔者觉得自己好像住在欧洲南部。他认为这一现象与其说是因为圣保罗和里约热内卢之间的纬度差异，不如说是因为地势海拔高度不同。——《农业评论》1840 年 2 月，第 268 页。
② 译者注：加尔各答植物园总监、东印度公司的植物学家。
③ 议会文件《茶叶种植》，1839 年 2 月 27 日。
④ 《日本》，附录，第 4 页。
⑤ 译者注：法国西南部城市，被称为世界葡萄酒中心。
⑥ 地区餐酒名，产自格拉夫的葡萄酒。格拉夫是波尔多同时生产红、白葡萄酒的产区。
⑦ 译者注：勃艮第地区位于法国中部，处于巴黎南部，第戎和里昂之间，绵延 360 千米。主要出产酒体从中等至丰满不等的红葡萄酒，以及干白葡萄酒。
⑧ 译者注：位于法国罗讷河谷北部，能同时出产顶级的红白葡萄酒的产区，葡萄园分布在最好的南向斜坡上。
⑨ 一种著名葡萄酒的产地，该酒产自意大利南部坎帕尼亚地区维苏威火山山麓，常被诗人们提及。

山（Mount Vesuvius）①土，瑞士葡萄园的土壤为坚硬紧凑的石灰土。"②

克莱兰德还考察了阿萨姆③茶树生长的各种条件，得出的结论是："至少就其生长特性而言，茶树能够适应任何土壤。"④ 他进一步指出，"茶树土壤中的有机物主要作为水分吸收剂，而铝含量则与土壤的排水能力相关"⑤。因此，克莱兰德称："至少可以认为，同样的土壤不可能在任何情况下都适合茶树生长。"⑥

现在这个问题出现了两种观点，其中从福建传教士那里得到的几份声明与中国人的意见一致，即茶树喜欢潮湿的气候，东向是最佳种植朝向。

爪哇的雅各布森称，茶树需要湿润但排水良好的土壤。⑦

布鲁斯也支持这一观点，他注意到所有阿萨姆的茶树都生长在水边，无论是小溪或沼泽。⑧

如果雷蒙根（Mr. Wretgen）和林黎（Lindley）⑨的观点是一个重要的发现，即土壤对茶树生长的影响主要取决于其温度和湿度，而非矿物质成分。

研究表明，茶树在经历漫长的冬季休眠后，随着春季升高的温度和充沛的雨水而萌发新芽。所有这些条件都有利于茶树和茶叶的迅速生长，使其具备适当大小和多汁程度。

---

① 译者注：位于意大利南部那不勒斯湾东海岸。
② 马尔塞：《植物生理学》（Marcet's Vegetable Physiology），第406页。
③ 印度东北部邦国，位于印度东北部山区，毗邻中国西藏，以及缅甸和孟加拉国。
④ 《印度农业园艺学会学报》（Transactions of the Agricultural and Horticultural Society of India），第四卷，第28页。
⑤ 《印度农业园艺学会学报》，第四卷，第33页。
⑥ 《印度农业园艺学会学报》，第四卷，第34页。
⑦ 《茶叶培养和制造手册》，第33页（Handboek v. d. Kult. en Fabrik. v. Thee，MYM 33.）。
⑧ 吉尔曼指出："里约热内卢植物园中专门种植茶树的地区看起来惨不忍睹，这可能是因为它们离海太近，或者是出于土壤的性质，因为在园区靠近溪流的那一部分，可以看到生机勃勃的植物。"——《农业评论》，1840年2月，第268页。
⑨ 《园艺学》（Theory of Horticulture），第112页。译者注：林黎（John Lindley，FRS，1799—1865）英国植物学家，是当时著名的兰科植物权威专家，擅长植物绘画，也精通古植物学。

包种茶①（Pouchong）、小种茶和熙春茶的叶片大而多汁，品质和风味都备受推崇。这说明，高品质与这些生长条件相辅相成。同时，这些条件对提高产量和经济效益至关重要。事实上，欧洲人既不愿意支付中国优质茶叶的价格，也不愿意学习中国茶道的精致风味，通常把茶叶与糖和牛奶混合在一起。欧洲人偏好浓茶，浓茶的味道可能更多地取决于涩味而不是香味，而且与人们普遍认为的风味所依赖的挥发性原理相比，这种性质极有可能不会被过量的水分所削弱。

理想的茶土应该能自由地吸收和释放水分。它的适宜性取决于这两个极端之间的均衡，而这又必须依靠地理位置来调节。②

以中国沿海地区常见的花岗岩土壤为例，我们可以看到不同地形和气候条件下茶树生长的差异。在山地高处和陡坡上，如果当地多雨且阳光充足，土壤会呈现破碎状态，表面由细小的石英、长石、粗砂和砾石组成，几乎没有积累的植物腐殖质。在这种环境下，茶树虽然受到充足的光照和热量刺激，但由于根部缺乏足够的水分，往往会变成矮小、扭曲的灌木，叶子小而厚。就像大英博物馆中被错认为"野生植物"的标本。

在干旱的土壤中，甚至在平原上，也可以观察到同样的茶树退化现象，在广州珠江南岸茶园（Honan plantations）也可以获得类似的标本，大英博物馆的标本就是从那里采集的。

因此，戈登（Mr. Gordon）③ 在去安溪（Ankoy）④ 茶区的旅行中发

---

① 译者注：盛产于台湾北部，与冻顶乌龙茶并称为台湾两大名茶。由福建泉州府安溪县人王义程氏所创制，仿武夷岩茶的制法制造安溪茶，茶叶四两包成长方形之四方包，以防茶香外溢，包外盖上茶名及行号印章，称之为"包种"。

② 戈登似乎是一个机敏的调查者，他对他在厦门看到的茶园的描述极其有价值，他得出的结论是："茶树需要绝对自由的土壤，不是湿润的也不是干燥的，而是需要一种能够保持水分的土壤，最好的地点是不要过低到山坡上的容易涌出来，也不要高到接受风吹雨打的程度。试图在东部的裸土中种植这种植物是没有用的，尽管它足够耐干耐寒。"——《孟加拉亚洲协会杂志》（*Journal of the Asiatic Society of Bengal*），1832年第四卷。

③ 译者注：印度茶叶委员会秘书，1834年来中国调查栽茶制茶方法。

④ 译者注：安溪县，位于福建省东南，厦、漳、泉闽南金三角西北部，隶属泉州市。全县总面积3057.28平方千米，以茶业闻名全中国，号称中国茶都。安溪县整个区域都产茶，相对集中于祥华、感德、西坪、长坑、龙涓等乡镇。

现，一些茶园位于非常贫瘠的土地上。"有一处位置十分荒凉，土壤仅有粗糙的红砂，似乎被废弃了。另一处茶园，一部分茶树的高度几乎不到1英尺（最高），浓密得连手都插不进去，树叶只有三四英寸长。然而在同一个茶园里的其他茶树则高4英尺，直径大约2英尺，叶子长1英寸半到2英寸。"①

但这是在11月份，那时的叶子大多比较老，应该已经生长到成熟的大小，然而这些叶子中最大的只有包种茶嫩叶那么大，完全成熟的包种茶叶展开能达到5英寸。

由此，我们可以看出干旱土壤对茶树的不利影响。事实上，戈登观察到，"这里最好的土壤不过是含沙量少一点"。

如果转向阿萨姆，会发现另一个极端——过量的水分。克莱兰德称那里的茶树"生长在茂密的森林中，空气阴暗潮湿，土壤贫瘠，处于河流、湖泊以及沼泽的边缘"②，虽然没有完全被淹没，但也几乎如此。

因此，"为生存而苦苦挣扎"的茶树，其根部由于吸收过多的水分而十分粗壮，叶子则由于缺少光和热，不能通过光合作用和蒸发排出相应数量的水分，导致它纤细的茎干艰难地穿过浓密的茶树丛，远看像"一棵高而细长的树，高度从10英尺到20英尺不等，大部分直径在1英寸以下，树枝高高耸起"③，长着4—9英寸长的纤细的大叶子。因此，正如布鲁斯所说，这些细长的树木一旦失去了周围丛林的支撑——有时甚至丛林被砍伐了——看起来几乎无法承受自身的重量。

在这里看到了极度干旱和极度湿润两个极端的例子，但是必须承认，茶树似乎更适应水分过量的环境。毕竟人们已经注意到，在干旱的地方从来没有发现过茶树的存在。

继续这项调查，并牢记茶树喜欢肥沃保水但排水良好的土壤这一原

---

① 《孟加拉亚洲协会杂志》（第四卷）。
② 议会文件《茶叶种植》，1839年2月27日，第112页。
③ 议会文件《茶叶种植》，1839年2月27日，第113页。布鲁斯发现的最大的一棵树，周长两腕尺，足足有四十腕尺高，但他认为很少有人能达到这样的规模。

则，也许能够调和这个问题上的一些明显的分歧。

首先，在水分流失过快的平原上，或在水分流失缓慢的缓坡和丘陵地区，"混合了沙子的疏松轻质植物腐殖土"可能是一种非常适合的土壤。除营养价值外，这种土壤显然便于水分和热量进入根部和自由蒸发。在《绿茶》（Green Tea）一文中也可以看到，通过将茶树从山地移植到平原，在适合种植蔬菜的园地土壤中种植，以及肥料的使用，使茶树的生长条件得到了巨大的改善。并且，对红茶甚至没有施用肥料。

同样，在"河岸地带，地势平坦且易遭水淹"的地方，土壤表面可能是"砂质与石质的"。而下层土壤则由富含养分的冲击物过滤形成，植物因此获得了取之不尽的养料。而且，多石和多砂的上层在保护根部免受太阳灼热影响的同时，也能吸收热量，并维持通风、蒸发和过滤的能力。

因此，在武夷山"内山"的台地和梯田上，杜赫德所描述的轻质砂土对平地生长的茶树大有裨益。有岩质底土的疏松土壤显然有利于过滤水分，这对平地或坡地的重要性不言而喻。如果不考虑岩石底层可能因茶树根部分泌的酸性物质而持续风化，以及疏松沙土造成的水土流失，这些暗礁或平原富含来自火成岩或原始岩石的冲积沉积物、氧化铝以及从周围悬崖处掉落的植物根须。那么在这些地方的高处，茶树能够享受清晨的阳光，尤其是在有流水的山区，足以驱散夜间聚集的薄雾和水汽，似乎集合了福建省人所认为的有利于茶树茁壮生长的大部分优势。

遗憾的是，没有关于这种土壤的更加可靠详细的说明，也没有确切的岩石样本来判断其性质。拿到的两三个据说来自这个特定的地区标本，包括磨损的鹅卵石板岩，显然是从河床取出来的，以及一块砾岩或者叫杂砂岩（graywacké），上面写着一个中文名字，据称是采集地茶山或岩石的名称。

在缺乏正面信息的情况下，根据中国人绘制的图纸来推测这些岩石的性质。或者更确切地说，根据这个地区的地图来推测这些岩石和山丘。在某些情况下，可以从它们的叠层边缘来推测。它们奇形怪状的形式似乎由片岩（Schistose）和石灰岩（limestone）构成。那些较圆和尖的形式可能是砂岩（sandstone）和花岗岩（granite）。

但是，无论这些山的结构有什么特别之处——它们有中国人的普遍见证，这一点毋庸置疑——然而，可以肯定的是，选择这个浪漫的地方作为他们隐居和奉献的场所的隐士们，对树立这个特别地方的名声起了很大推动作用，从而使这个地方因茶叶的味道和质量的优越性而闻名全国。经过1000年或1200年的精心栽培，毫无疑问对这种土壤的原始成分进行了改良，或许还促进了茶树的改良。

在这一带的其他地方，也许是在所谓的"中间地带"，据说"在海拔相当低的平原上有一些茶园，土壤非常紧实，略微泥泞，呈黑色，而且相当潮湿。这里的茶叶价值比福建其他地区高出2/3，仅次于武夷山的'内山'"。吉尔曼注意到圣保罗一种从沼泽中演化而来的土壤也有类似的性质，那里的茶树生长势头强劲。

这些例子证明了茶树的生长速度与土壤中腐殖质的数量表现出高度的相关性，这与只有贫瘠的沙质或砾石土壤才适合茶树种植的观点相矛盾。①

当茶树种植在菜园或农田田埂时，土质显然会受这些田地性质的影响，有时是一种松散的花园土，有时具有一种更紧实的泥土特征。

这里提到的田埂通常顶部宽约6—8英寸，它们的倾斜度和结构有利于水分的过滤。它们有时用作田地分界，有时用作防止河水侵蚀的堤坝。大多种植果树或其他经济作物，如茶树、桑树、柑橘和芭蕉（plantain）。

关于武夷山的外部范围，除了那些已经提到的土壤标本，没有任何

---

① 福琼说，他在福建和浙江看到的种植园土壤由肥沃的沙壤土组成。他还指出，茶树需要肥沃的土壤。（《中国北方的三年之旅》，第200、201页）爪哇的雅各布森认为，"温和"和适度肥沃的土壤能够培育出最好的茶叶。这可能包括一个一半或2/3的含量的植物质［他也声称紧实的棕色黏底土，这是有时被称为山，植物质的含量不会过多也不会过少，当用食指和拇指捻动时没有明显的黏性（节22）］。

数据可以推论，这些标本的特征是一种混合了沙子的铁质黏土。如果它们包含"碎石子"，连同它们的铁质特征和铁的氧化物含量，可以被认为是形成它们的岩石的特征。也许可以得出这样的结论：这个特定地区的山脉和丘陵是由花岗岩、斑岩和砂岩构成的。但事实上，无论是在广州、厦门、舟山，还是在内地，凡是欧洲人观察到的茶山，都是由玄武岩、石灰岩和片岩构成。①

因此，在这里提到的标本和冯·西博尔德从日本带来的标本之间似乎有很多相似之处，在这两个国家的岩石和山脉的结构中也有相似之处，并且这些标本和圣保罗的岩石之间也有相似之处，正如吉尔曼所描述的那样，它们都是火成岩。

即使这些岩石的组成成分是相同的，众所周知它们的组成比例可能大不相同，而且，由于山坡的坡度和起伏程度有所不同，可能土壤的性质和紧密程度也会有所不同，从而构成不同肥力的土壤。也许正因如此，标本的含沙量差距才会如此之大。显然，土壤中富溶性的部分将首先沉淀，并向平坦地区和平原流动。在水土流失过程中，失去了土壤支撑的大块岩石断裂脱落，一头冲下山底，在那里大量聚集起来，这在澳门的海滨随处可见。而石头和粗糙的砾石则被留下来，等待风吹雨淋和其他大气影响以进一步解体。

因此，很容易得出这样的结论：茶树应该在花岗岩山丘的"底部生长得更茂盛"，并且"在夏季高温时会比在山顶上生长得更旺盛"，或者说"这里的土壤更紧密肥沃"。

戈登还注意到，厦门附近的安溪茶园一般都在山脚下，两侧有良好的遮蔽，坡度比较平缓。他估计最高的茶园距平原上方大约 700 英尺（注：这里的平原几乎和海平面一样高），但是在那些海拔较低的地方，

---

① 阿裨尔说："从笔者经过茶叶产地江西时所收集的标本来看，这里的岩石主要由砂岩、片岩和花岗岩组成。""种植园总是在平原上的某个高地上，在一种砾石土上，有些地方是由破碎的砂岩形成的，有些地方是由原始岩石的碎片形成的。"（《中国旅行记》，第224 页）

茶树似乎更加茂盛，可能是因为土壤质量好一些。①

此外，我们发现茶树根部由无数的小根须组成，肉质根尖呈环状分布在茎干周围不远处。这一特征表明，茶树生长方式与葡萄藤不同。茶树不会将根伸到远方和土壤内部。相反，它需要在有限范围内的土壤表层区域获取养分。②

如果进一步考虑叶子在茶树生长中所起的重要作用，即它们实际上是植物的肺和胃，承担呼吸和消化的重要功能。然后反思茶树在连续10—15天的时间里所受到的严重危害，即一旦它们长到适当的大小，它们的幼嫩多汁的叶子就被摘除，而且这种处理会在春秋之间的某个时间段重复三次，我们不得不承认，很难理解茶树如何在没有土壤肥力、合适温度和水分等条件保持生命力。

福琼指出，这种频繁地"采集树叶对茶树是非常有害的，事实上，最终会杀死它们"。因此，茶农的一个主要目标就是尽可能保持茶树的健康，而这在贫瘠的土地上无法实现。③

此外，如果果真如李比希所说，茶树树叶会每年更新，它们的叶子比冷杉树或松树多6—10倍的碱性。那么茶树由于人工处理，尽管是常青树，却处于落叶树的状态下。因此，它应该比自然状态下需要更多的碱性养分，但是在茶树赖以生长的砂质和石灰质土壤中这种成分的含量不会太高。④

"两侧有遮蔽"如果指的是开阔的山谷或向阳的群山，这确实有利于茶树种植。然而，如果认为"潮湿山谷中阴凉的山坡"或通风不畅、阳光照射不足的狭窄山谷更有利，我对此持怀疑态度。这些地方可能仅

---

① 福琼称他在浙江、舟山和福建看到的茶园都建在山海拔的较低的一侧，而从来没有建在平原的土地上。(《中国北方的三年之旅》，第201页)
② 感谢乔治·伦纳德·斯汤顿爵士的首席园丁斯科特先生（Mr. Scott）为笔者指出了这一特殊之处。斯科特在艺术方面是一位聪明而杰出的人，他也向笔者提供了其他许多有用而明智的建议。
③ 《中国北方的三年之旅》，第201页。
④ 《农业化学》（第2版），第132页。

仅因为潮湿而被误认为适合，而非因为它们阴凉或受到遮蔽。关于厦门等沿海地区是否需要防护东风，我无法确定。但据调查，这种遮蔽在内陆地区似乎是不必要的。值得注意的是，中国人确实认为东风大作是非常可怕的。但这种大风较少，且仅出现在7月到9月的盛夏时节，主要的茶叶采摘季已经结束。"

西博尔德（《日本》，第6部分）观察到，日本茶农认为海拔约700—800英尺、由溪流交叉而成的丘陵地带最适合种植茶树，就像在嬉野（Uresino）① 附近一样。还有，在新潟地区肥沃的净土川（River Jodo）河谷，茶农选择了开阔的平地，而不是陡峭的山脊，以便茶树在清晨能接受阳光照射。②

关于东向朝向最佳的说法，中国人可能并非指正东方，而是指南方和东方之间的任何一点，比如东南方。所有中日文献一致认为，让茶树充分暴露在阳光下是可取的，这一点在本研究过程中得到验证。早晨的阳光也被认为对植物有益，露水还在叶子上，特别是花上，刺激它们分泌芳香，如果是这样，它对茶叶不会有同样的作用吗？晨光驱散大气中的薄雾和树叶中的水分，就像烘焙茶叶一样，有益于采茶人上山前的准备工作。在烘焙红茶之前，尽可能多地蒸发茶叶中的水分是很有必要的。

因此，我们得出的结论几乎与卡皮纳神父的结论相同，即中国的红茶喜欢生长在海拔适中的山地。但是在有利的条件下，即使在平原上成功地种植。例如沿着河岸浅石质土壤，有时会被洪水淹没；在充足的阳光、有点炎热的气候以及间歇的雨水和夜晚的湿气中；在朝东南方向的一面，或者受到早晨阳光照射的一面；在略紧实，或者保持着水分，但易于过滤的肥沃土壤；因此，理想的茶树种植土壤应既疏松到足以让茶树纤细的根系穿透并受大气影响，又紧实到能提供适度水分，从而在春

---

① 译者注：位于日本佐贺县西部的城市，以嬉野温泉而闻名。
② 茶树特别喜欢在山谷里、山坡上和河岸上，在那里它可以享受南方的阳光。雷特松《茶树》（Lettsom：*on the Tea Tree*）。

分到秋分间频繁的晴雨交替中既不干涸也不结块。

在这里附上法拉第关于上一章主题的一篇文章:

来自中国的茶土标本

皇家学会,1827年5月11日

1号标本来自澳门附近的湾仔(Lapa)①。

2号标本来自福建东北部。

3号标本同上。

4号标本来自一个装有武夷茶树的花盆。

5号标本是武夷山优质茶土。

6号标本是武夷山中等茶土。

7号标本是武夷山劣质茶土。

除2号标本外,这些茶土都是类似的铁色调,即淡黄色或红棕色,正如以前分析的那样,除2号标本是灰色或棕灰色的色调。它们都是黏性土质,但很容易在水中溶解。它们中没有鹅卵石粒或者砂砾,尽管有些锋利的、粗糙的碎石子。除了2号标本之外,其他标本不含有碳酸盐,因此碳酸盐可能是偶然的。因为这几种标本的湿度状态几乎相同。

1号标本没有碎石子或鹅卵石粒,不过,聚集的部分是不规则的,有不同的颜色,好像是几种土壤的混合物,或者是因为耕种和施肥。它还含有一些松散的植物质和微量的硫酸盐以及石灰。②

2号标本含有明显的斑状岩石碎屑,石灰岩碎片也包含在内。它还包括几块木炭和一些腐烂的植物根须。

3号标本包括一些长的植物根须和一些不规则的碎片,如2号的标

---

① 译者注:葡萄牙人二战时曾将湾仔命名为Lapa。
② 这些土壤是用山羊的粪便施肥的,来自阿拉帕的一个小茶园,就像阿裨尔描述的那样。

本中的那些。

4号标本含有极少量的植物根须,一些花岗岩和长石的锋利碎片,以及分散的云母颗粒。

5号标本含有极少的植物根须,没有鹅卵石或云母,但是通过冲洗发现了一些以前没有出现过的巨大的、黑绿色矿物颗粒。

6号标本包含一些植物根须,没有石子,有很多云母碎片,但没有绿色颗粒。

7号标本含有一些长而疏松的植物根须、一些硅质石头和云母的小碎片,以及与5号标本相同的绿色颗粒。

如表3-1所示,这些土壤中沙子含量变化很大。黏土不仅包括泥质颗粒,还包括可分解物质和水分。

表3-1　　　　　　　　土壤成分表

	湾仔	福建东北部		花盆	武夷山		
	1号	2号	3号	4号	5号	6号	7号
					优质	中等	劣质
沙子含量（格令）	46.1	17.70	10.00	51.54	33.08	44.61	36.15
黏土等（含铁量）（格令）	53.9	56.53	90.00	48.46	66.92	55.39	63.85
碳酸盐（格令）	—	25.77	—	—	—	—	—
	100.00	100.00	100.00	100.00	100.00	100.00	100.00

资料来源：Dr. Th. Fe. L. Nees Von Essenbeck and L. Cl. Marquart, *Chemical Analysis of the Earth of a Japanese Tea Plantation.* [1]

我们收到用物分析的土壤样本呈现出非常均匀的粗粒结构,颜色为黄灰色,整体看起来像一种坚硬的铁质黏土,其中没有任何肉眼可见的沙子混合物。在拿掉两块小石头,一块斑岩和一块杂砂岩之后,土壤的

---

[1] 参见冯·西博尔德《日本》,第6部分,第17页。

重量为462格令（grains）①，具体比重是2.325，200格令的干燥泥土吸收了165格令水。在15°—18°的列氏温度（Reaumur）②下，最初的5个小时里，土壤内水分减少了31格令；24小时后，有100格令的水分流失；48小时后，剩余水分为24格令；直到72小时后，所有的水才消失。

在200格令干燥泥土中，可溶于冷水的部分只有不到八分之一，它们由腐殖质和石灰组成，还有盐酸和硫酸、黏土和铁的痕迹。

把土壤的各个组成部分放在一起，可以得到以下结果，每100格令土壤内包含：

表3-2　　　　　　　每100格令土壤各成分含量

硅土	53格令
铁的氧化物	9格令
黏土	22格令
锰和镁的氧化物	0.5格令
石膏	0.5格令
腐殖质	1格令
磷酸	—
湿度	14格令

［他补充了一点］在另一部分土壤样本中，成功地证明了磷酸的存在痕迹。然而，它看起来不像是土壤中一种新鲜的可溶盐的结合物，而是与黏土和硅土结合在一起。

在用这些方法分析了茶土的组成部分之后，似乎应该把它看作硅土和黏土的均质混合物，还有铝硅酸亚铁（eisenhaltiges aluminiumsiliat）。微量的氧化镁是显著的，甚至在土壤中与硅酸盐结合紧密。

因此，土壤看起来就像自然风化的板岩。磷酸与其他成分结合得很

---

① 译者注：旧的重量单位，一格令相当于0.065克。
② 译者注：列氏温度，又称列氏温标，符号为Re，单位为°Re。规定在水（标准大气压下）的冰点与沸点之间划分为80个单位，1°Re = 1.25℃。

紧密，可能和石膏一样来自土壤中的肥料。根据泰伊尔（Thaer）① 对土壤的分类，这种土壤属于第三类，是一种强砂质黏土。

此外，由于缺乏碳酸、腐殖质、石灰和氧化镁，这种土壤不能用于量产，必须添加更强的肥料和碱性物质。由于黏性土占很大比例，其保水性能较好，但由于缺少粗砂，土质疏松度不足。

第四章　茶叶的栽培

中国古籍中的记录——欧洲传教士的说法——厦门茶园——附：日本和爪哇的茶树栽培

中国作品中所提及的茶树的唯一繁殖方式，就是种子繁殖。与就这个问题交谈过的中国人似乎也普遍承认这是最好的方法，尽管他们肯定这种做法在武夷山地区少有。广州附近的河南植物园是用种子繁殖的。土壤由粗红砂和砾石组成，地势低平，但气温不利于茶树生长。这里的茶树的外观参差不齐，叶子又细又小，生产出的茶叶完全不适合欧洲人饮用。

在《群芳谱》的《茶谱》中，可以找到以下种植说明：

> 播种——茶子于寒露②（10月）候收晒干，以湿沙土拌匀，盛筐笼内，穰草盖之，不尔即冻不生。
>
> 种植——至2月中取出，用糠与焦土种之。于树下或背阴之地开坎，圆3尺，深1尺，熟剧，著粪和土，每坑下子六七十颗，覆土厚1寸许，相离2尺，种1丛。性恶湿，又畏日，大概宜山中斜

---

① 译者注：泰伊尔（Albrecht Daniel Thaer, 1752—1828），德国农学家，在1809年提出腐殖质营养学说。

② 译者注：寒露是二十四节气中的第17个节气，是干支历酉月的结束以及戌月的起始，时间点在公历每年10月8日或9日视太阳到达黄经195°时。

坡、峻坂、走水处。若平地，须深开沟垄以泄水，3年后方可收茶。

上述的种植知识似乎更符合绿茶而不是红茶，因为中国人普遍认为后者不需要施肥。《花镜》（*Hoa-king*）在《茶》（*Tea*）一项中写道："（红）茶性畏水与日，不浇肥者，茶更香美。"

现在附上从传教士那里收到的记录："把四五颗种子放在一个地方。当叶子长出来，植物长到1腕尺（14英寸）的高度时，把它们绑在一起。一年四季都要给它们除草，把根部周围的土翻起来，再铺上新土。整理捆扎，去掉枯枝。没有必要修剪或浇水。"另一个人对播种方式作了同样的叙述，但没有提到捆绑植物。他补充说："当老化的植物干枯、萎凋时，把它们沿根部砍掉，就会再次发芽。叶子可以在第二年或第三年采集。在种植过程中，不需要带上树枝，只要把野生的树砍掉，移植老根就行了。在第二年或第三年春天，茶叶会长到足以让人采集的程度。这种茶树既不需要修剪，也不需要浇水，树根周围也不需要翻土。但需要除草，而且老根在移栽时必须浇几天水。"

最后，是卡皮纳神父①的叙述，这可以被认为是卡皮纳神父所居住的地区——位于武夷山东南约240英里的佛冈——所采用的模式。

茶株的寿命，在适合它们生长且无法被动物摧毁的地方，可以存活50年甚至更久。当它们过老时，如果土壤肥沃，就会在靠近根部的地方被砍倒，比如冬至时砍去，第二年春天它们就会茁壮地长出来。但是，如果土壤贫瘠，就要把老根挖出来，种在别处，很容易再次扎根。茶树是通过这种方法保存和繁殖的，而不是通过扦插树枝。它们也可以通过种子繁殖，但成功率较低，且速度较慢。茶农不遗余力地阻止茶树生长，因为虽然茶树越大越有利可图，但是，在种植或砍伐后的第二年或第三年，叶子每年只能收集一次，之后每年却可以收集三次，所以需要控制它们生长。然而在平原和地势良好的山区，其高度可以超过13英尺。

---

① 本文中经常提到的西班牙传教士。

❖❖ 史料篇

"茶树的栽培包括以下内容：每年的 2 月和 8 月要除草，甚至要把草耙起来。在 2 月除草后，当土地丘陵起伏，看起来枯竭贫瘠时，通常会去附近的山上挖土，把土壤铺到茶树根周围。如果这种新的土壤之前就暴露在阳光下，甚至被燃烧过，就会改善土壤。不需要其他肥料或浇水，因为茶园较低平，很容易灌溉。正是由于这个原因，在干旱的地方找不到茶树。不止一次看到茶园歉收，因为在冬至和春天之间没有降雨。"作者这里所指是该省的东部，靠近大海。

从前面的叙述可以明显看出，在一般情况下，很少有人注意到福建的茶叶栽培。事实上，价格不高的外销工夫茶或小种茶不允许造价过高的栽培技术。因此，所有的说法都一致认为，中国人没有大规模采用通过插条、层次或嫁接作为选择和繁殖优良品种的一般方法，尽管他们在茶园中已经掌握并实践了所有这些方法。因此，这些方法都没有被采用，并非出于无知。最快也是最成功的做法，是把生长在山上的野生茶树连根砍掉，然后移植到其他地方。毫无疑问，这一定是一种比从种子或任何其他方法培育野生茶树更快捷、更可取的方式，因为野生茶树的数量足够多，而且品质完全能够满足一般消费。因此，可以得出这样的结论：在福建的许多地方，茶树自然且大量地生长在群山之中，但环境偏远，不利大规模培植，被移植到其他地方的经验证明存在更适宜茶树生长的地点，而这些地方现在基本位于城镇和乡村附近，因为茶树种植有助于城镇的兴起。

在适合茶树生长的地区，显然每个茶农都会努力经营自己的小茶园。因此，冯·西博尔德称，日本茶农种植茶叶是为了家庭消费，在茶园树篱之外的部分，不太适合耕作。他补充说，这些茶园主要出产低等茶叶，在旅行者看来就像零散的树篱。① 福琼在福建看到的茶园"都很小，每个只有一到四五英亩的大小"②。

---

① 《日本》，第 6 部分。
② 《中国北方的三年之旅》，第 201 页。

戈登在厦门观察到每个茶园都有一个小苗圃，那里的植物"长到四五英寸高，尽可能接近它们所能达到的高度"。他还可以注意到，中国人采取了同样的做法来提前种植第二季水稻。因此，在收获季节，准备移植、收割、脱粒、灌溉、耕作和移植的幼苗，可以在同一片稻田里同时看到，而且距离不远。

在武夷"内山"，存在规律的、保养良好的茶园，平原和部分山地地势平坦的地方，但为了控制成本，茶农无法承担把山变成梯田的费用。戈登指出，厦门的土地不是梯田，而是形成了部分平整的地床。所有的茶园都修整得很好，就像在花园里栽培一样，每个园区都被一道矮矮的石篱笆和一条沟渠环绕。

绿茶的种植不同于红茶，因为据说品质最好的熙春茶需种植在肥沃的土壤上，并且需要施肥。外国人为这种品质的茶所付出的高价，足以鼓励种植者将更肥沃的土壤用于种植茶树。但为什么小种茶的种植范围没有扩大，目前还没有能够令人满意的解释，可能因为有利于小种茶生长的土壤有限，而熙春茶则可以大量生产。东印度公司为最好的小种茶或包种茶支付了比绿茶更高的价格，并尽一切努力支持它的生产。在自由贸易中，这些味道浓郁的茶叶不太可能适应进口商的要求，因为进口商的目标必然是获利。它们很可能会逐渐从市场上消失，但东印度公司的原则是维持其茶叶的特性和质量，同时满足富人的鉴赏力以及满足穷人的需求，而不严格考虑利润。所以他们进口优质茶叶，就像他们出口毛织品和其他英国产品一样，都是亏损的。但总利润使他们仍然能够以慷慨的原则进行交易。

欧洲人所知道的最好的茶被称为熙春茶，通常的栽培模式是从适合它们生长的特定山丘上采取茶树根，然后移植到田野、茶园和篱笆内，疏松的花园壤土被认为是最适宜的。当三年后茶叶适合被采集时，还可以利用种子维持种植，以更新腐烂或枯死的茶树。茶树一年施肥两次，一次在春天，一次在秋天，土地一年要除草四次，根部也要翻土。在大约七年后，茶树被砍到几乎接近地面，重新生长出丰富多汁的嫩芽和叶子。大约三十年后,茶株会重新生根,失去生产价值。质量稍差的熙春茶被称为"山茶",除了一年仅需要两次除草之外,与一般的松萝茶(Singlo)① 和屯溪茶(Twankay)② 没有明显差别。被除掉的草和杂草被堆置在茶树根部,腐烂后作为肥料。③

补充几点意见:从冯·西博尔德关于日本茶树栽培的记述中可以看出,日本所采用的种植模式更符合中国的绿茶,而不是红茶。事实上,在日本使用的茶叶,除了叶芽之外,是一种屯溪类的绿茶。后文在讨论泡茶方法时进一步研究这个话题。

附: 日本和爪哇的茶树栽培

茶树很容易通过种子获得,种子一成熟就应该使用,或者在采集后尽快使用,否则会很快失去发芽的能力。茶树会产生大量的花朵和种子,许多种子会在秋天掉落在茶树下并发芽,这有助于茶树的更新。——德·吉尔曼的报告,1840 年《农业杂志》2 月刊,第 268、269 页。④

冯·西博尔德指出,茶树最好的繁殖方式是种子繁殖,每株种植间距 4 英尺。在日本,茶树的花期从 11 月到次年 2 月,在第 2 年秋天播种,当种子成熟时,植物在 5 月或 6 月发芽。第 1 年之后,对茶树浇水、锄草和施肥。肥料可以是液体的也可以是固体的。它由芥菜籽和脱水沙丁鱼(sardels,一种鲱鱼)、东方芥属植物(Brassica Orientalis)的

---

① 译者注:松萝茶属绿茶类,为历史名茶,创于明初,产于黄山市休宁县休歙边界黄山余脉的松萝山。松萝茶的显著特点是"三重":色重、香重、味重,茶叶具有罕见的橄榄风味。
② 译者注:屯溪绿茶简称"屯绿",又称"眉茶"。屯溪绿茶的集中产区在黄山脚下休宁、歙县、宁国、绩溪四县,以及祁门里的东乡等地。黄山茶乡所产的各种绿茶由"屯溪"集散、输出、因此,统称"屯溪绿茶"。
③ 茶农经常购买树苗,这些树苗经过移植,适合在两年内采收。价格是 100 文,或大约 8 便士 100 棵,一半的钱在种植的时候支付,剩下的仅仅为那些在三个月活下来的树苗买单。他补充说,茶树被种植成行,每行大约 2 腕尺(29 英寸),其间种植蔬菜,但这个空间似乎不够。通常的间隙似乎是 4 英尺左右。这些植物在八九月施肥一次,在根部周围形成一个空腔,将肥料以液体状态倒入其中。
④ 译者注:原文为法语 "Rapport de M. Guillemin, D. M. & c. La Revue Agricole. Février, 1840, pp. 268, 269"。

油饼和其他海甘蓝属植物（coleworts）、人类粪便和尿液混合而成。经验发现，这些肥料有利于改善紧实茶树生长的土壤，并对茶树的改良有明显影响（《日本》，第6部分）。

爪哇的雅各布森说，一般来讲，种植茶树的原则和种植咖啡树是一样的。由于收获的产物是叶子，而不是果实或花朵，因此，任何适合于它的栽培方式都应当采用。在平原地区，它必须像水稻那样灌溉，并且留出更大的坡度来排水，但坡度不能过大，以免引起土壤流失。

在爪哇，最好的栽培方式是在茶树生长的土地上播种，而不是从苗圃里采集树苗，造成不必要的步骤。种子播种时在其蒴果里更好，但是没有也行。每株茶树可以生产大约250个蒴果，平均含有476颗种子，其中103个可能只含有1颗种子，80个含有2颗种子，55株含有3颗种子，以及124颗单独的种子。每个茶树丛由5棵幼苗、10颗新鲜或干燥的种子，或8—9个含有14—17颗种子的蒴果组成。

茶树的间距为4英尺，直径约为3英尺，因此，几排茶树之间留下1英尺的空隙即可。用于安置幼苗的洞深约14英尺，直径约1英尺。用于播种的洞深约为4英寸或5英寸。从河床中挖出黏土，埋在4英寸或5英寸深的地方，再盖上1英寸厚的土，这样可以防止白蚁入侵。在这种情况下，所需的空间直径为7英寸，深4英寸。另外，将种子浸泡在花生油（katjang oil）中也能防止白蚁。

如果茶树停止生长并逐渐腐烂，可以在其根部附近重新播种。如果幼苗茁壮生长，则可以砍倒或连根拔起老茶树。

为了便于采集树叶，茶树不能长到3英尺以上，否则普通身材的人和小孩就不能采集。当幼苗达到1英尺的高度并且很茂盛时，必须去掉茶树顶部，用拇指甲把幼苗的顶部掐掉。根据茶树生长的速度，在第1年中可能需要这样重复3到4次。在第1次打顶时，茶树不得低于0.75英尺，第2次不得低于1.5英尺，以此类推，直到达到3英尺。"打顶"（topping）这个术语也适用于枝干。侧枝的去顶针对木材的棕色部分，大约0.5英寸或1英寸以下的绿色部分的枝条。以这种方式，茶树会横向生长到直径 3 英尺，并且生长出茂盛的嫩叶。

如果徒手不能将枝干的褐色部分掐掉，可以使用小刀或剪刀。

在爪哇，种子是在 11 月播种的，那时雨后地面略微紧实。在茶园里，茶树被剪成圆形，枝条被修剪得很短，这种情况不利于果实生长，很少结出种子。因此，有必要为培育茶树划出一部分土地。在这种情况下，茶树之间相隔五六英尺，任其自然生长，先不采摘茶叶。第三年后开始施肥，之后每两年重复施肥一次。

如果用种子培育的茶树出现衰竭（有时在第三年之后就会出现），那么就必须把它们砍至离地约 1.5 英尺的高度。大约五到六个星期后，茶树就会长出叶子，这些叶子可以采集。另一方面，同样数量的茶树则保持自然生长的状态，不能采摘叶子。大约 12—15 个月后，它们就会结出种子。这样就可以在需要的时候更新种子园。

除了打顶或培育种子外，多产的茶树需要定期修剪。这里的修剪包括修枝和剪枝，并清除茶树上的污垢、灰尘、昆虫幼虫和枯叶。每棵茶树仅需 2 分钟即可完成修剪。

修剪的方法是，用左手尽可能多地抓住树枝（百根左右），然后用刀向上砍，把茶树砍到膝盖的高度，或者离地面 2 英尺。地上的枝丫必须拔掉，生长在茶树内部的多节扭曲的树枝必须剪掉，直到离地面不到 1 英尺。侧枝应从其与树干连接处起 2 英尺内剪断，所有短枝都应修剪，直到每个上只剩下 1 个或 2 个芽。

几年之后，茶树丛长成粗壮的低矮枝条，并逐渐衰败。在这种情况下，必须将茶树之间的土地犁过，然后把修剪过的树枝埋起来用作肥料。如果茶树无法恢复，那么就必须进一步修剪，将茶树砍到离地面 1.5 英尺的地方，它们看起来就像单根茎。

在中国，据说通过每年定期的清理、疏剪和不断修整，茶树可以存活 60 余年之久。

（摘自《茶叶培养和制造手册》）

第五章　茶叶的采摘

三季茶——品质差异——优质茶叶——附：爪哇模式

据《本草纲目》记载，采集花朵、水果、叶子和植物的茎（药用），需要遵循一个通用的规则：在它们完全成熟的时候采集。采茶的最佳时间是植物处于最完美状态的时候，一般认为是植物开花前后。

现在南方的茶树一般在 10 月左右开始开花，似乎持续整个冬天，因为有人曾经观察过一些茶树在 3 月初仍处于花期①，而白毫茶的第一次采集开始于春分后的第 15 天。

然而，采茶的时间似乎并不受任何规则影响。采集在春季进行，那时雨水充沛，茶树大量长出叶子。春茶的时间间隔为 10 天或更长时间，从春分后 15 天到夏至后 15 天左右。这里也有秋茶，但是这种茶叶很脆弱，质量不好。大多数中国人都认为，白毫茶的采茶时间最早，从 4 月 5 日持续到 20 日。这种茶叶由盘旋的叶芽组成。展叶的第 1 次采摘于 4 月 20 日至 5 月初，第 2 次于 6 月 6 日，第 3 次于 6 月 21 日之后，即分别在 5 月初、6 月初和 7 月初进行。而秋茶的采摘则在 8 月和 9 月，这些粗糙的叶子通常来自武夷山的普通地区，采摘时间也会延续到 9 月和 10 月。

王草堂的《茶说》曾引用了这样一句话："自谷雨（Ko Yu，4 月 20 日）采至立夏，谓之头春（Teu Chun）。约隔二旬复采，谓之二春（Ul Chun）。又隔又采，谓之三春（San Chun）。头春叶粗味浓，二春、

---

① 詹姆斯·坎宁安（Cunningham）说，茶树在舟山岛从 10 月到 1 月开花，种子在 9 月或 10 月成熟。丁兴（Ting Hing），一位值得尊敬的绿茶代理商，声称它们从 9 月到 11 月开花。另一个绿茶代理商则声称直到 2 月才结束。根据坎普费尔的观察，在日本，茶树的花期从 8 月一直持续到冬末，从 11 月到次年 2 月。

三春叶渐细、味渐薄，且带苦矣。夏末秋初又采一次，名为秋露。香更浓，味亦佳，但为来年计，惜之不能多采耳。"

《武夷山志》（*The Vû Ye Shan Chy*）[①]（曾在红茶国家的统计工作中提及）表明："头春香浓味厚，二春无香味薄，三春颇香味薄。"

一本中国古籍（A Chinese manuscript）描述了英国进口的红茶大部分来自于不同季的工夫茶（the Congou tea），其品质如下："第一季茶可分为上等、中等和下等，上等茶在风味和色泽上与小种茶相似。第二季茶也包括白毫和小种，有烟熏味，叶子粗糙、暗淡。第三季茶也属于白毫和小种，数量不多，味道也很淡，呈淡绿色。秋茶或第四季茶在8月和9月（Csieu Loo）——味道很差，并且叶子的颜色也普通，含有淡黄色。在农历八月和九月（公历9月和10月），茶树会被砍掉整条树枝，叶子粗硬，味道也很差。"这种茶以前是装在篮子里送到广州制成武夷茶的，现在直接在乡下被装在箱子里运出来。

这样看来，在所有采茶时节中，只有鲜嫩多汁的叶子才为上等。如果允许叶子完全生长，它们就会变得粗糙、纤维化、易碎，无法像制作茶叶那样扭曲成形，而是保持扁平、粗糙，呈黄色，不适合饮用。在茶叶中发现的粗糙叶子大多是由于这种情况造成的。紫红色的大肉质叶片是最好的选择。然而，人工处理的茶叶呈红色或紫色并不是因为它们处于新鲜或自然的状态而产生的，而是由于烘烤的特定工艺造就。

很明显，造成茶叶质量差异的一个重要原因是采茶的时间。因此，中国人普遍认为，初春生长和采集的嫩叶最好，而其他季节的叶子越接近秋天质量越差，秋茶的量通常是最差的。

在经过漫长而寒冷干燥的冬季之后，春天来临时，所有的植物都积攒了高度的生命力，春茶比一年中任何时期都更鲜活。植物的汁液经过

[①] 本研究还观察到，清明（Tsing Ming）与谷雨之间采集的树叶被称为头春，立夏（Ly Hia）之后，是二春，夏至之后，是三春。头春、二春和三春，分别表示第1季，第2季，第3季采茶。清明、立夏和夏至是一年中的几个时间段，即：4月5日、5月5日和6月21日。

冬季积累后也处于更浓缩的状态。

中国人发现春天的茶叶更鲜嫩多汁。特别是在这个季节，具有这些品质的茶树，对于精心培育出花果、木材和树叶是必要的，除了具有所有这些优点所依赖的特征之外，还应该提供最大和最香的茶叶。在随后的季节里，当汁液处于更加流动和稀释的状态时，这个季节的茶叶往往淡而无味，制成的茶叶也如枯叶般呈黄色。因此，爪哇的雅各布森指出，接连采摘后的叶子在数量、大小和重量上都减少了："第三次采集的叶子不如第二次采集的叶子丰富，但降低的质量没有第二茬茶叶降低的明显。"①

所有植物的品质与气候状况密切相关，茶叶自然也不例外。光照作为果实和花朵风味产生的必要条件，也被中国人视为高质量红茶不可或缺的因素。中国人认为，采摘岩茶或小种茶不仅要在晴朗明亮的天气下进行，而且最好是连续的晴朗天气。中年以后，当白天最为炎热时采摘的茶叶品质最为上乘。另一方面，一本中国古籍（a Chinese manuscript）写道："雨天采的茶贫乏无味，不适合制作包种茶和小种茶，但可以用于制作小红袍（Siao Poey）和大红袍（Ta Poey），或正山小种茶（fine Souchong）。"中国人普遍认为，这种茶叶是在不良的土壤、茶状或天气状况下制成的，无法通过工艺提高质量。因此，在坏天气下收集的叶子在制作过程中就不那么小心了，在大雨之后或大雨期间收集的叶子在制作工艺上也有所不同。

进一步的差别会出现在特定茶树的选择，最鲜嫩的茶叶往往在采集时选出。据说，那些经常光顾道观或佛寺的商人，常常会订购某些特定的茶树。每年的清明时节，他们就会前往这些茶园亲自采摘茶叶。据说每片叶子都是从茶树上单独摘下来的，被混合在一起的茶叶在制作过程中又被分开放置。茶叶被装在小纸包里，每个重8—12盎司，有的纸包上面印着用飘逸字体写的花名，茶叶会发出与花朵相似的气味；有的则

---

① 《茶叶培养和制造手册》，第300页。

是它们生长的小山的名字，字体写得整整齐齐。这些记号会引起经销商和消费者的注意。然而，这种包装方式仅限于少量优质茶叶。但东印度公司投资的最优质茶叶都没有采用这种方式。就销往欧洲市场的茶叶而言，人们也没有特别关注采摘时的天气状况对茶叶可能产生的影响。中国人普遍承认，工夫茶的采摘是粗糙的，有时甚至是整枝整枝的，采摘也不拘时间、天气。显然无论天气状况多么不利，采摘的茶叶都会被加工销售。因此，和所有其他植物产品一样，由季节造成了茶叶品质的巨大差异。

附： 爪哇模式

至于采茶的方式，很难把中国人在这个问题上的描述与眼下观察到的情况相统一。据说最好的红茶的叶子都是单独采摘的，我在观察中发现，茶的质量越上乘，它细嫩的梗混合得越多。事实上，茶树的茂盛和茶叶质量，可以通过茶叶中梗的质量来区分。同样的情况也可以通过冲泡后的茶叶来观测。如果茶叶品质优良，在前齿之间咀嚼，辅以舌头，会发现其柔软多汁，如果感觉茶叶粗糙，那么则产自劣质茶树。因此，嫩茶在采摘过程中也会带有一部分嫩枝。这似乎可以解释在泡茶中发现的梗的原因。但真正的原因正如阿萨姆的布鲁斯和爪哇的雅各布森所描述的那样，长有两片或两片以上叶子的嫩芽被掐掉了。雅各布森认为，红茶的梗像叶子一样多汁柔软，不应该被摘掉，它们更有利于萎凋过程，并不会妨碍揉制。雅各布森还说，采茶是两只手的运动，就像钟摆的摆动一样，1分钟可重复上百次。我已经观察到河南茶园的茶叶是单独采摘的，所有在实验过程中采集的茶叶都没有茎，稍后会详加说明。

不过我认为采集茶叶的方式因茶树的鲜嫩程度和地区的差异而有所不同。对于会长出大量长嫩叶的地区，采摘时会将叶子连同部分嫩枝一并掐下，在采集的时候分类，或者整个嫩芽和叶子可以一次采集，然后送至烤棚，并由女工分拣。许多中国的图画和文字都证实后一种采摘模式。据说熙春茶的叶子是这样采集的，而且茎和嫩枝被小心地分开，因为在操作过程中这些茎和梗会影响茶叶质量。

在茶树生长不太茂盛、叶子和嫩枝较短且肉质较少的地方，但是对于红茶来说，就没有那么小心地分开了，因为这样做对茶叶的质量并没有明显的损害。叶子可以被单独采摘，因为这样做可以大大减少茎的撕裂，或者损伤残留的新芽，新芽可以在叶柄或茎干的根部继续生长。然而，这些粗糙的参差不齐的叶柄，是从一种叫屯溪茶的绿茶中筛出来的，这表明这种茶的叶子很难单独采集。而且，从其粗糙的木质特征来看，这种茶叶是劣等茶树的产物，甚至在采集茶叶时可能使用了刀具而非人的手指。据说许多这类茶叶是一次性收集整枝的，用手粗暴地剥掉叶片。一些工夫茶也是如此。但我不愿轻信这种说法，除非是极为劣质茶叶，比如小农和农民自己消费的茶叶，或者卖给同等低水平消费者的茶叶，或者用于掺假的茶叶。福琼先生在福建和浙江看到的茶叶似乎都是这样收集的。"他们迅速而杂乱地剥去树叶，然后把它们扔进圆篮子里……"（《中国游记》，第 203 页）

雅各布森观察到，当幼芽看起来嫩绿多汁，枝条也处于淡褐色时，采茶最好推迟几天。他的相关描述摘录如下：

第 290 页：当叶子适于采集时，如果从第三、四片叶子向上采摘，会在叶柄或叶柄上面稍微折断，因此，叶柄及剩余的叶子留下来发育新芽，并在下雨时充当水分通道。当叶子粗糙且多纤维，太老而不能采集时，通常会从中间破开，留下一半的叶子。这是一个可以借鉴的做法，需根据叶片状态相应地调整采茶工作。

第 291 页：虽然茶农根据经验，也能很快知道什么时候适合采茶，不过最好还是遵守上述规则。茶树先抽出两片叶子，再次抽芽后再长出两片叶子，以同样的方式生长，直到长出九片或更多的叶子。在这个时期，嫩枝的下半部分变成褐色并木质化，之后，三四个芽从两侧伸出分支，呈扇形展开。在这种生长状态到来之前，叶子应该被采摘掉。采摘嫩枝上的叶子需要一定的技巧，通常由妇女和儿童完成。

第 296 页：所采茶叶分为三类，每个等级的茶叶由不同的人采集。首先是顶芽，由卷曲的叶芽和它周围的嫩叶组成。其次是侧芽，由第 2 和第 3 片叶子组成。最后是第 4 和第 5 片叶子，为中芽。粗叶是采摘剩余下的其他叶子。中芽采集者作为最后一拨，也要同时去采集之前遗漏的嫩叶。采集的方式是拇指从顶叶向下，用指甲和食指掐断嫩绿多汁的嫩枝。然后是下面的第 2、第 3 和第 4、第 5 片叶子。如果第 6 和第 7 片叶子也适合制作茶叶，也可以一并采下。

第 300—301 页：当采到最后一片叶子时，不能将其掐掉，而是要向上拨，这样才不会伤害到嫩芽，不然枝条会失去繁殖能力。最好在每个嫩枝上留下 2 个芽，但不要太多，与最近的孔或芽保持 1/4 英寸的距离，以便于嫩枝繁殖。红茶的叶梗非常嫩，不能与叶分离，在萎凋的过程中可以改善茶叶的风味，且不会妨碍叶子的翻动。

第 302 页：绿茶采摘的叶子不能包含叶梗，会损害茶叶质量。因此，采摘时不掐下梗，只是把叶子拔了下来。

第 305—308 页：采集茶叶的人在身前背着一个小篮子，捆在身上，这样他们就可以用双手采集茶叶，然后迅速地把茶叶扔进篮子里。不可长时间把茶叶放在手里或是包装袋里，以免受热变酸。除了绑在身上的小篮子外，还有 4 个大篮子，每个篮子可以装大约 3 磅的叶子，根据需求在茶园四处摆放，其中 2 个篮子可以留下来收集茶叶，2 个篮子被送到烤棚里，其中 1 个篮子装小芽（fine-leaf），1 个篮子装中芽（middle-leaf）。白毫和珠茶的叶子被放在"竹簸箕"（scoop-baskets）里，数量很少。装红茶叶子的篮子可以放在太阳底下曝晒以加速水分蒸发，但是绿茶的叶子不能暴露在太阳底下，也不能长时间放在茶园里。当然，也不能让红茶过于迅速地萎凋，以免受热变酸。

第 314 页：在 4 次采集完成之后，茶树将再次长出大量叶子，但这些叶子必须留下来以恢复茶树被损耗的营养。（摘自雅各布森《茶叶培养和制造手册》，巴拉维亚，1843 年）

第六章　茶叶制作

前期干燥——中国茶法——阳光照射——雨季特殊处理

前期干燥

下面是罗兰（Loo Lan）制作描述的制茶方法。该方法包含了中国人制作茶叶的大部分专业术语。"采集完毕，把叶子铺在平板上，暴露在空气中，这就是所谓的'晾青（Leang Ching）'。用两只手把它们翻过来，筛一筛，然后依靠光线仔细检查它们是否有红色斑点，这叫作'退青（To Ching）'。小心地把它们放进小竹簸箕里，用布把它们盖紧，直到它们散发出一种香味，这就是所谓的'渥青（Oc Ching）'。烘焙师（炒茶师傅）将茶叶放在锅里翻炒。把大约5盎司（4盘）的叶子扔进锅，然后用竹刷把它们扫出来。等茶叶完全卷曲后，送到火炉或干燥室里完全干燥。这种茶被称为小种茶和包种茶，在中国以每磅15—30先令（每斤4—8美元）的价格出售。"

中国茶法

在先前引用的中国古籍中，另一位中国人这样描述了制作岩茶和正山小种茶（Puon Shan Souchong）[①] 的过程：

> 把叶子铺在竹簸箕（Po Ky）[②] 上，置于适当位置，让空气吹拂。雇佣一名工人或师傅照看，从正午至下午六点，树叶开始散发出一种香味。然后将茶叶倒入笸箩（Po luo），[③] 用手抛三四百次，这叫做退青。正是这道工序使叶子有了红色的边缘和斑点。

---

① 译者注：又称拉普山小种，是中国生产的一种红茶，茶叶是用松针或松柴熏制而成，有着非常浓烈的香味。

② 译者注：用藤条或去皮的柳条，竹篾编成的大撮子形器具。

③ 译者注：圆形篾制品，又叫大筛锣，直径约80厘米。

然后把它们搬到锅里翻炒,然后倒在扁平的托盘上以便叶片卷曲。

炒茶是用双手沿圆弧方向揉三四百次,再把叶子送到盆里,这样烤制 3 次,使其卷曲 3 次。如果由熟练工匠炒制,叶子就会卷曲紧实,若由技艺不佳的工匠翻炒,叶子就会松散、张开,外观难看。然后将茶叶送到火势凶猛的焙笼(Poey Long),① 叶子不间断地转动,烘干至八成。然后把茶叶放在平板托盘上晾干。直到下午 5 点,将老叶、黄叶和茎挑出来。下午 8 点的时候,它们再次被慢火"焙"制。中午的时候翻面,在这种状态下晾干,直到下午 3 点打包成箱,用于出售。

根据上文描述,茶叶在烘烤之前没有暴露在日光下。许多权威人士认可这一点,理由是最轻微的发酵都会对茶叶造成伤害。然而,皮古(Pigou)和许多中国人都表示,如果日照不太强烈,茶叶可以放在太阳下。有人说,"在每个盘子里放 5 层叶子,然后把其放在阳光下"。另一种说法是关于最优质茶的:"如果需要,就必须把茶放在太阳下晒干。为此,茶叶被稀疏地铺在筛子里旋转。如果不够干燥松软,必须再次在阳光下晾晒。"

我所看到的茶叶制作工艺,以及自己按照小种茶方式制作的茶叶,总是在阳光下晾晒的,有些茶叶甚至是完全在阳光下制作的,尽管有些人认为这并不是一种好方法。②

可以肯定的是,工夫茶在制作过程中需在阳光下晾晒,为此茶厂露天竖立了大型茶架。有些是水平方向的,但更多的是倾斜的,通常包含

---

① 译者注:为便于碾成碎末,令茶叶有更香美的口感,煮茶之前会有一道烘焙茶叶的工序。茶焙笼就是置放茶饼,放到火上烘焙的用具,其特殊的编丝结构,以及底座的足,能使茶叶均匀受热,避免外焦里生。在等待茶叶自然冷却的过程中,茶焙笼也有助于散发茶叶中多余的水分,构成浓郁的香气。平时作为贮存的用具,也可避免茶饼发霉变质。

② 笔者所说的"看到的茶叶制作工艺",是指之前笔者解释的过程。笔者特别希望读者明白,笔者从来没有见过制作出售的茶叶,或适合出售的茶叶。茶区距离广州有 800 多英里。

大约 3 排托盘，每一排直径大约 2.5 英尺。布鲁斯说，这些架子的倾斜角度达到 25°。它们离地面 2 英尺高，向外倾斜，朝向太阳，如图 6-1 所示。

在这些叙述中存在明显的差异，关于茶叶的其他方法记载的矛盾之处也不少，在大多数情况下都是由于制作工艺的差异，而这种差异取决于茶叶的状态，或者取决于所需制作的茶叶的种类或品质。

中国人也认为，南方最好的小种茶，如岩茶、僧侣小种或包种茶，如果是在有利的条件下制作，最好不要让叶子在阳光下暴晒。但这些茶叶必须来自最好的茶树，其嫩叶大而多汁，极其芳香。它们也是在连日晴天之后收集起来的，而且最好的是在一天中最炎热的时候收集的。因此，在晾青工序前，将茶叶在日光下面晾晒的步骤是必要的，在这个过程中，茶叶"干枯卷曲"[①]，变得柔软和松弛，这种变化可能发生在采茶前后，和空气接触就可以了。事实上，这种阴干可能是必要的，以防止发酵或茶叶变质。

另外，从下等茶树上采集的叶子质地有些粗糙、纤维含量高，但经过阳光照射可以显著改善，尤其是需要发生化学变化时。这种方法必然会使茶叶大大接近理想的柔嫩度，无论是出于效用或经济考虑，中国人的传统观念认为最好的茶叶应避免直接暴露在阳光下，然而，许多品质上乘的小种茶和工夫茶却通常需要日晒。

雨后采集的叶子更需要暴露在阳光下。河南茶园在这种情况下收集的叶子先在阴凉处放置 24 小时，再接受阳光照射。在下雨时或者在雨后阴天收集的叶子，必须在烘烤晾干。"把带有水分的茶叶放到锅里去"，一名熟练工人说，"是煮茶而不是炒茶"。

为这一目的而建造的房屋和炉灶与之前使用的房屋和炉灶相似，根据这一条件，可以找到对这些房屋的描述。

[①] 皮古：《东方宝库》（*Oriental Repertory*），第 2 卷，第 288 页。译者注：《东方宝库》（Oriental Repertory）系 1791—1797 年，英国人道尔林普（Alexander Dalrymple）出版的两卷本著作，其内关于茶的介绍为皮古所作。

❖❖ 史料篇

图 6-1　工夫茶架

在这个过程中，不同的人对茶叶的干燥方式有不同的描述，可能存在多种干燥方式。一些中国人说火炉是建在中间的，并且把茶叶放在两边的架子上，就像武夷山上的工人操作的一样。另一些人则说，架子需要放在火上，不能远离火源。还有一些人说根本不用火炉，而是在一个固定于建筑物墙壁上的架子或框架下转动。也许这些方法在实践中都被采用过，因为烘烤的主要目的是蒸发掉雨水，茶叶的含水量越高，制茶的难度和风险就越大，成本也相应提高。

图 6-2 所示是一个为茶叶干燥间，有一个框架来放置筛子，下面放置装有木炭的火炉。

制茶工艺现在可以分为两部分：一是前期干燥；二是焙茶。前期干燥工作包括"晾青"（Leang Ching）、"退青"（To Ching）和"渥青"（Oc Ching）。

晾青的过程实际上就是冷却叶子，或者保持叶子凉爽以防止发酵。晾青过程中，要么将茶叶放置在露天的阴凉处，暴露在空气中，要么将

第一编　中国茶叶生产加工报告

图 6-2　烘干茶叶

其晾置在有穿堂风的开放性建筑中。但据说东风不利于这一过程。干燥过程中使用大约有 6 英尺的高架子，由许多托盘组成，用来摆放不同的竹簸箕，在这些竹簸箕中，质量越好的茶数量越少，照料越精细。优质岩茶或僧侣小种茶都是薄薄地撒在托盘上，而劣质岩茶和普山茶则堆放有 5—6 英寸厚。它们在这种状态下被保存，直到散发出轻微的香味，在筛选过程中，为了去除附着在茶叶上的沙土或泥垢，需要进行退青工序。

退青，即用手翻搅茶叶。① 这一过程是这样的：一个人用手和胳膊捧起尽可能多的茶叶，然后将叶子反复翻动，抬高一段距离，在手上摇晃，接着再次将茶叶收集在一起，像之前一样抛撒和翻动。在已引用的手稿中提到，这个操作会重复大约三四百次，而正是这个过程产生了干燥叶子上的红边和斑点。

---

① 在写作中，中国人经常在"To"这个词后面加上另一个词，这似乎是对退青这一过程某环节的一些修改。有的用"To Pa"，表示翻动和轻拍茶叶；有的用"To Tuon"，即翻动茶叶并将其收集成一个堆状或包裹状；有的用"To Nao"，即翻动和揉搓茶叶；还有的用"To Lung"，即简单地将翻动茶叶，或字面意思上的抛起并使其翻滚。现在，将叶子一堆一堆地抛撒、拍打、揉搓、收集起来并遮盖好，就像渥青的制作过程一样，无疑是根据茶叶的需要，用来抑制或加速发酵而使用的不同方法。最好的岩茶或包种茶根本不需要处理，只需要简单地在筛子里翻转即可。

·129·

史料篇

另一个制茶人的做法是，在完成了"退青"操作后，他轻柔地将每一捆叶子压在一起，形成一个堆或球状，这似乎和一些中国人所说的"退青"（Tuon Ching）是一致的。在这两种操作后再次放置茶叶，直到工人们认为茶叶散发出了足够的香气，才会再进行烘焙。就一次抛撒的数量而言，中国人观点不一。有人认为，"小焙茶"（Siao Poey）、"大焙茶"（Ta Poey），还有其他的小种茶、工夫茶，都是一次大量抛撒。据称，他们将六七个小盘子的叶子混合在一起，放在大盘子里（簸篮），然后雇 2 至 4 个或更多的人来进行抛撒。有人说即使是细苏州茶，也要将 6 磅、7 磅（5 斤）的茶叶或者 11 磅、13 磅（8 斤、10 斤）的茶叶撂在一起。

图 6-3 退青

最好的岩茶或包种茶（Yen or Pao Chong teas）据说是放在一个狭长的密闭房间里的筛子中，墙边有着由竹子制成的开放式货架，高度约 18—20 层，上面放置着筛子或者小盘。这种茶叶被薄薄地撒在筛子里，就像在晾青过程中所描述的那样，不需要抛撒，只需简单地旋转和来回摇晃，就像筛选和扬谷的动作一样，也会产生相同的效果。工人从房间的一端开始，按照上述方式进行操作，直到经手每个筛子。然后回到第一个筛子重复此过程，直到叶子发出香味。①

按照一些中国人的说法，这些茶在烘焙前还需要经过另一个过程，称为"渥青"。这个过程将每个筛子的茶叶收集在一堆中，并用布覆盖。然后过夜。其间，工人会小心看护，他们手持灯具，在筛子间来回走动，轻轻地、小心翼翼地抬起每个筛子的一部分布料，以便他们能够辨别出茶叶是否出现斑点和微红。一旦它们开始呈现这种外观，香气增加，必须立即进行烘焙，否则茶叶会受损。②

未经加工的茶叶没有香味，口味和气味上只有一种普通植物的味道。在我看来，烘焙过程中形成的香气与干燥后的茶叶的味道没有任何对应关系。

因此，在烘焙之前的操作似乎是为了在不减少气味成分的前提下尽可能蒸发掉多余的水分，或者更确切地说，可能是为了引起一定程度的初期发酵或类似的变化，类似于干草的发酵，激发了一定程度的香气。无论这一变化是什么，都造就了红茶的香味和叶片特有的红棕色外观，也是岩茶或僧侣小种品质的关键因素。这一过程需要慢工出细活，什么时候延缓，什么时候加速，加工到什么程度，都需要一定的经验。中国人普遍认为，在烘焙之前对这种上等茶叶叶片进行的处理，是最重要和

---

① 雅各布森先生非常准确地描述了这个过程。在爪哇，所有类型的红茶，都会采用上文中的两道工序。他提到，叶子被均匀地撒在直径约30英寸的圆形托盘上，每层大约2英寸厚，通过轻微的动作，使托盘从右到左波动运动，茶叶绕中心不断地运动和旋转，并呈锥形状约8英寸高，占托盘一半多一点的空间。他还观察到，一个人可以在1个小时内用这种方式处理80个托盘，大约60磅茶叶。茶叶首先旋转30到40次，然后抛撒35到40次，根据需要重复此步骤，但最后的动作必须是旋转。然后给茶叶盖上托盘，放置大约1个小时，时间长短取决于茶叶状态。（《茶叶培养和制造手册》，第333页）

② 立昇（Lap Sing）说："一种普通的茶经过了渥青的加工过程，主要在江南苏州地区消费。"事实上，有一种特殊的普通茶叫作红茶，我见过，并听说是通过更长时间的渥青过程制成的，是他所提到的茶叶。但是很多中国人声称，包种茶用布料覆盖，就像上文所描述的那样，还有一些用托盘覆盖。立昇本人的说法也没有什么实质上的不同，因为他承认，在退青的过程中，叶子被聚集在一起，并被拢成一堆，他称之为堆青，在这期间，叶子变得芳香，并带有红色斑点，差别只是程度上的不同。

最困难的工序。

此外还发现，这些茶叶非常细嫩多汁，其在连续晴朗的天气中被采摘堆集，保存在小包装里，无论天气如何都会被采摘，或被暴露在阳光下，或利用火烤来加速水分的蒸发。为防止茶叶变质，在整个加工过程中，需高度关注和茶叶的颜色和气味等状态。

另外，较劣质茶树所制成的茶叶，其叶片纤维质地更加粗糙，不太容易发生化学变化或受热，对其处理不需那么小心。尤其是工夫茶（进口到英国的主要茶叶），在较高温度下，茶叶会发生一种称为"退青"的化学反应，从而激发出最大程度的香气。在整个操作过程中，它们也被保存在大包裹中，不需关注其颜色和气味的变化。不过，劣等茶叶也必须经历退青和晾青的过程，在这个过程中，它们会萎凋并释放水分，部分会变得有斑点并带有红色，对于工夫茶来说，萎凋与小种茶一样重要，所有红茶的品质都取决于这一操作。

我们已经介绍了从中国人那里了解到的茶叶在烘焙之前的处理过程。接下来，我将根据个人观察到的情况进行说明，描述我两次目睹武夷和安溪地区人们操作的方式。这些茶叶产自广州南郊的河南茶厂和城北的宝源山（Pack Yuen Shan），但工人处理的方式并不会因茶叶的产地而有所不同。

首先，新采摘的茶叶在小筛子上被铺成约 1 英寸厚，然后在阳光下曝晒大约 20 分钟。接着，逐个筛子中的茶叶被取出，用手翻动和抛掷相当长一段时间，正如前文有关"退青"所描述的那样，然后再次摊开茶叶，在日光下晒干。当茶叶开始"干枯卷曲"，变得柔软松弛时，将两三个筛子的茶叶混合在一起，再次进行抛掷和阳光曝晒，直到散发出轻微的茶香。然后，这些茶叶被转移到阴凉处，堆成一大份，像之前一样再次翻动和抛掷，最后放在一个通风良好的房间的架子上，就像在晾青的过程中一样。很快，茶叶就散发出工人们认为所需的香味，之后每份茶叶再次在阴凉处被抛掷，并依次烘焙。

在烘焙工序前，我并没有特别关注茶叶的颜色变为红棕。不过一些茶叶在烘焙之后呈现出略带红紫色的外观。当完全干燥后，茶叶看起来像是一片红叶工夫，河南茶味道宜人，冲泡出红色的汤液，但宝源山茶不宜饮用，冲泡出的汤液几乎无色。这种差异的原因无法解释，我更倾向于认为这是由于烘焙后者的温度过高。后续的实验似乎支持了这个观点。

在烘焙之前，茶叶红紫色的外观并不是茶叶后来呈现红色的必要条件。我曾经在烘焙之前将一小包茶叶按照烘焙后的方式进行滚揉，然后将其放置在光线下观察，许多茶叶部分区域呈半透明状态，并不呈红色。当完全烘焙后，它们呈现出浓郁的红紫色，并比以常规方式烘焙的茶叶更具香气。这种半透明状态并非由于茶叶在滚揉过程中受损，因为将茶叶放在暴露于阳光下的酒杯底下也会产生同样的外观，经过进一步的暴晒，茶叶会出现红色斑点，尤其是在边缘周围。

该实验引出了一系列其他的实验，这些实验将更充分地揭示茶叶颜色变化的原因，以及伴随这种变化的特有效应。目前仅能证明，这种萎凋状态对红茶来说是必不可少的，但是对于红叶工夫是否有必要等到叶子开始出现红色斑点再进行处理，可能还需要进一步的研究。雅各布森先生认为所有的红茶都需要经历这一过程，对于小种茶也是如此，也就是说，一旦茶叶开始表现出这种特性，就标志着可以进行烘焙了，对这一过程的把控是一门匠人艺术。

第七章　茶叶的烘焙和干燥

茶叶的烘焙和最后的干燥——两个过程——烘烤容器和炉灶——烘烤模式——焙茶模式——揉捻过程——最终干燥——使用的烘干炉和工具——干燥模式——市场的建立——在星村茶叶的包装——对操作过程的评论——操作模式的变化——对福琼先生所描述模式的观察——一些完全在日光下加工的茶叶——关于这种模式的实验，并由此得出结论茶叶的烘焙和干燥可分为"炒"（Chao or Tsao）、"焙"（Poey）两个过程。前者使用一种叫作"锅"（Kuo）的浅铁器皿，而后者则在搁置于炭火的筛子上进行——在有关炭火的章节可以找到相应描述。锅是一种非常薄的圆形铸铁器皿，与中国用于烹饪的器皿几乎没有区别，只是这种锅没有把手。

图7-1 锅

炒茶用锅的常规尺寸是直径约2英尺4英寸，深7.75英寸，具体尺寸会根据一次烘烤的茶叶数量进行调整。通常使用的炉灶据说是由长方形的砖砌而成，类似于广州十三行行商（Hong merchants）[①] 在河南烧制房中的熙春茶炉。锅水平安装，其边缘与炉子表面平齐，做工精细的炉灶在后面有一个小的壁龛，用来放一盏灯，这是因为烘焙通常持续到深夜，有时甚至要通宵达旦。火源在炉子的后面，这样的结构可以在炉子下面留一个开口用于放木头或木炭。由于许多茶叶都是由穷人和小农户制作的，所以有时火炉和锅就是农户烹饪的器具。如某个器皿早上用来煮米饭做早餐，晚上用来烘焙茶叶。但是，有条件的话一般会采用单独的容器专门用来制茶，因为必须保持锅的清洁，使其不受任何杂质污染。由于茶叶在烘焙和滚揉的过程中会渗出黄色黏稠汁液，干燥时会形成一层白色的沉积物附着在锅内壁上，因此在整个加工过程中，需要经常清洗使用的器皿、工具和双手。我在实验中没有观察到任何这样的沉淀，但是当茶叶厚实、水分大时，这种现象

---

① 译者注：广州行商是清政府指定对外贸易的封建商业组织，享有专营权，在鸦片战争前一直主导着对外贸易。

肯定会存在。

在所有红茶的第一次烘焙中，用干木头烧火，并且保持火势旺盛。锅被加热到远高于沸点的温度，产生坎普费尔所描述的使茶叶噼啪作响的声音。

现在来解释一下河南的茶叶是如何被武夷和安溪地区的人们用小种茶和工夫茶的方式烘焙的，以下通过具体例子来说明这一过程。

烤炉工面对火源站在壁炉对面，两手拿着大约半磅的叶子扔进锅里，然后他把手放在茶叶上轻轻将茶叶从锅的一侧穿过底部拨弄到最接近自己的位置，之后将茶叶翻转过来，再次扔回去，重复这个动作，直到茶叶充分烘焙。

当茶叶温度高到令人手无法承受时，烘焙师会把茶叶举到离锅稍高的地方，在手上摇晃，让叶子慢慢地落下来，以散发蒸汽并冷却叶子。烘焙师要留心不要让叶子掉落在锅底的中间部位，这部分是温度最高的，如果不慎叶片很快会焦糊冒烟。前期阶段，不太容易将茶叶炒焦，因为从燃烧的茶叶中冒出的烟与蒸发非常不同。用手拨动叶片时，烘焙者就能够拨开滞留在锅底的叶片，如果同时加快动作，烟味和烧焦的味道就会很快散去。

烘焙过程要持续到叶子散发出芳香的气味，变得非常松软，茶叶就可以进行揉捻了。

在这里，无论是从理论还是实践上都必须注意到，尽管叶子被送进烘焙容器中时是芳香的，一旦蒸汽迅速起作用，香味就会散去，茶叶又会恢复植物的味道。然而，在失去一定量的水分之后，香气又会激发出来，香味和叶片的柔软度代表茶叶处于适合揉捻状态，在轧制过程中观察结果也同样如此。水分会再次排出，但这次是通过压力而非热量。植物的气味会再次出现，因此，在整个烘焙和揉捻过程中，气味会发生波动变化，直到茶叶在干燥管中脱去所有水分，茶香才最终固定下来。

在我自己的实验中，当感觉热得受不了时，会把茶叶从锅里拿出来，

图7-2 焙茶

图7-3 滚动茶叶

让它们冷却一下，或者把锅从火源上移开。在第一次烘焙过程中，我这样重复了两三次，但并没有发现因此损害了茶质。令人惊讶的是，那些习惯性从事这项工作的人能承受如此高的热量，在与这些人进行的几次试验中，我总是发现，即使我戴着一副厚厚的棉手套，蒸汽的高温还是迫使我中断了好几次烘烤过程，但他们仍能继续烘烤相当长的时间。在第一次烘烤（炒）后，茶叶立即卷起，每个滚茶工都配备一个竹制的圆形托盘，他们将两只手拢成凹形，抓取尽可能多的叶子放在托盘上。然后大家立即合力用轻微的压力将茶叶从左向右滚动，将茶叶滚成球形，这需要一定的技巧。检验一个工人的标准是他能否将茶叶很好地拢在手中，不让其散落，这主要取决于茶叶是否卷曲得适当。在多次滚动后，球状的茶叶会被摇散成碎片，此时茶叶呈现扭曲状，滚动过程中产生的黏稠汁液足以使叶片保持这种扭曲状态。之后，茶叶被摊在干净的托盘上，并被放在几层高的架子上，直到所有的新鲜叶子都被烤好，然后再进行一次炒制。① 在第二次烘烤所有茶叶时，火势与温度都大大降低，改用木炭代替木材。然而，容器仍然非常热，无法用手直接触摸，此次烘焙不需要特别加以照看。

茶叶已经蒸干相当量的水分，体积大大缩小。因此，可以一次性将第一次烘焙时三到四倍数量的茶叶放入锅中。烘烤的方式与第一次完全相似，只是叶子需要经常被晃动，并撒在容器温度较低的一侧，通过空气的进入加速蒸汽的蒸发冷却茶叶。当充分烘烤后，茶叶会像以前一样卷起，在这之后还需进行第三次烘烤和滚压，这种方法适用于所有高质量的茶②。我无法给出烘焙所需的确切时间，也无法确定晾晒时长，两

---

① 在此，我们可以注意到，中国人并不重视"球"的形状，这也解释了为什么他们对其不经常提及。他们所追求的是将叶子的汁液渗透出来，以节省烘烤过程中的花费和劳动力，球只是意外而出现的形状，叶子的扭曲也是如此。这两种情况都是由于中国人在揉捻叶子的过程中采用了特殊的方式。尽管这种方式是自然的，且在粗放的社会状态下很可能会被采用，但它可能并非最佳方案。然而，如果用手来榨汁，那么很显然，最好的方法莫过于把叶子收集起来，堆成手能盖住的小堆或小包，然后压紧、揉搓，使它们在手掌下保持尽可能紧凑的形状。

这些论述还可以证明一个存在已久的谬论，即使是今天也是如此，即每一片独立的叶子都要在女性的手指和拇指之间经过揉捻的过程：与已知的制茶成本相比，这种操作方法的劳动力成本再低也无法解释其原因。

然而，必须承认的是，茶叶的揉捻形态现在被认为是品质的检验标准，因为经验表明，揉捻紧密的叶片通常能制成最好的茶叶，原因在于，好茶是由嫩叶制成的，而只有鲜嫩多汁的嫩叶才能呈现出这种形态。

② 雅各布森先生说，在爪哇岛两磅重的茶叶是一次性烤好的，然后这个数量被分给两人进行卷绕。他还观察到，卷曲后，叶子被一个托盘盖住，这样可以促进它们的加热，这种加热可以改善叶子的颜色和浸泡；并且让茶的味道更浓郁。在这里可以注意到，中国茶叶单次烘焙的数量差异很大。上等茶的数量从三四盎司到两三磅，甚至五磅不等。即使是工夫茶，笔者也应该算满了两磅。

史料篇

者都取决于茶叶的状态和质量。叶大汁多的岩茶要烤三到四次,质量最好的工夫茶只需烤两遍,而劣质的只烤一次,因为中国人说:"这些茶叶很薄,如果炒制时间过长,叶片就会烤焦并碎掉。"可以用以下简单规则来解释:当在揉捻过程中不再有任何汁液流淌,茶叶就会处于一种合适最后干燥的状态,这一工序被命名为"焙"。

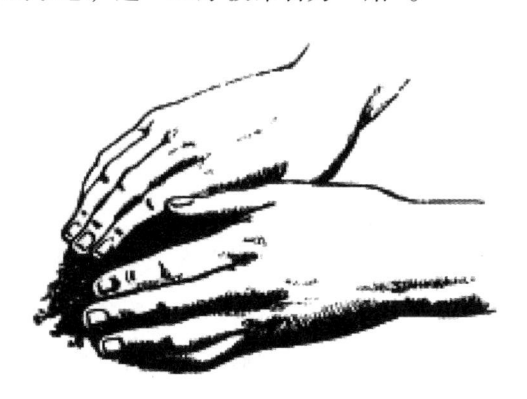

图 7-4 将茶叶集于手下

在最好的岩茶或僧侣小种的首次烘焙过程中,会经历一道改良的炒青工艺,在中国被称为打青或泡青,在这个特殊的过程中,烤炉被加热到红热状态。

在打青的操作中,一个人站在烤炉的右边,把大约 2 盎司的叶子投入锅中,然后烤制师傅用手将茶叶在锅里轻快地转一圈,并将其扫入另一个人拿着的托盘。在抛青(Pao Ching)的操作中,烤制要持续三四秒,(据说)一次大约要烤三四盎司的叶子。在这个过程中,当树叶落在砖砌体上的那一刻,烘焙师会迅速用手接过,并将它们抛回到容器较热的部位,重复该操作若干秒钟。之后将茶叶收集起来,在锅中不是很热的部分迅速转动两三圈,像之前一样将茶叶扫出,放在一边冷却,将茶叶反复炒和滚动三次,如前所述。

有些中国人说,现在打青(Ta Ching)的过程已经被抛青(Pao Ching)所代替。也有人说,这些茶先经过打青,然后按照"抛青"而不是"炒茶"(Chao)的方式,烘烤、滚揉三次。这些模式与简单的炒

图7-5 打青

法似乎没有本质上的区别，主要取决于一次烘焙茶叶数量和容器的温度。很明显，茶叶数量越少，温度越高，烧焦的风险就越大，这也是人们选择使用锅这种器具的原因，因为它有助于更快地蒸发液体。

这种制茶方式需要匠人额外的专注、技巧和辛劳，因此除了最好的茶，这种方式很少应用在外贸茶叶中。

红茶的最后干燥

中国人认为焙烤是红茶加工中非常重要的一部分。这并不是因为在这一过程工艺特殊或具有难度，而是由于茶叶在敞开的筛子里用明亮的炭火烘烤时，必须保持警惕，以确保没有茶叶从筛子的缝隙中掉落，否则茶叶被点燃会产生烟雾，从而损坏茶叶质量。

焙烤所用工具是一种篮子，称为焙笼，大约2.5英尺高，直径约1.5英寸，两端敞开，更准确地说，它是一个带纸覆盖的筒状篮子，被称为"干燥管"（Drying Tube），从两端到中心有轻微倾斜，使中

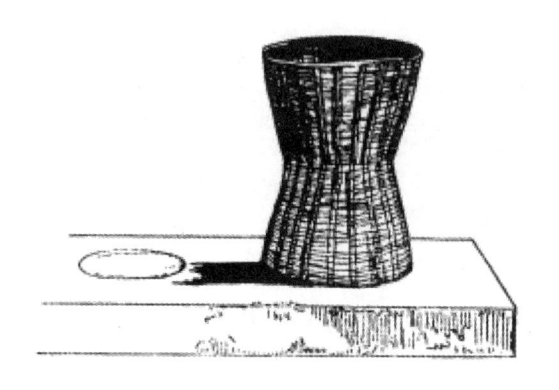

图 7-6　焙笼

心尺寸最小。在里面，稍微高于中心的地方，放置了两根交叉的金属丝，用来放置装茶叶的筛子，筛子被放置在离火大约 14 英寸的地方。当茶叶经过适当的处理准备好进行这道工序时，干燥管被放置在一个建造在地面的低矮的炉子上，内置少量木炭。炉灶是由用灰泥涂覆的砖体砌成，形状为圆形容器，沿着一个狭长房间的三面延伸。砖砌体高约 5.5 英寸，深约 2—3 英尺。木炭容器必须与干燥管的直径成比例。雅各布森先生给出了爪哇国使用的干燥管尺寸（如下）：高度 2 英尺 10.5 英寸；直径 2 英尺 4.875 英寸；中心直径 1 英尺 11.75 英寸。

红茶均需经过烘焙工序，无论是包种茶、小种茶、松溪（Sonchy）、白毫还是工夫茶，都要精心地制作。现根据所见及个人经验对这个过程进行描述。

在一般的火盆（Fu-Gong）或烤炉中，备制明亮的木炭火，约 3—4 磅的木炭，将干燥管放在火上，一端放在地上。然后，烘焙师会取一定数量的茶叶进行筛滤，以防止灰尘或小叶子落入火中。经过适当的筛分后，他首先将茶叶均匀地铺在筛子上，然后用手指在茶叶堆的中心开一个直径约 1.5 英寸的小孔，以便排放可能产生的烟雾。然后将筛子放在焙笼中（前面描述的交叉的金属丝上），在其口部放置一个圆形的扁平竹簸箕，大约三分之一的部分是敞开的，以便茶叶残留水分产生的蒸汽蒸发，此时，叶子仍保留着绿色和植物的外观。

图 7-7　揉捻茶叶

茶叶就这样约放置半个小时，然后将干燥管从火上取下，拿出筛子，并翻转茶叶。翻转茶叶可以采用以下简单有效的方法：将另一个大小相同的筛子放在装有茶叶的筛子上，两个筛子都水平地夹在两手之间，然后猛然翻动，两个筛子上下位置颠倒，底部的筛子在翻转过程中被移到顶部，然后将其取下，在底部筛子中的茶叶则被完全翻转，最后把茶叶再次放在火上，像以前一样保持原样。①

---

① 雅各布森先生嘲笑这种翻茶叶的方式；但在笔者看来，这似乎是一种简单而有效的方法。即使筛子中含有大量茶叶，也不会增加翻转的难度。事实上，当时听闻其描述后，笔者认为似乎有一种比他准确描述的方法更好的方式，曾目睹一个来自安科伊地区的人在使用这种方式。但笔者必须尊重他的意见，因为他有丰富的实践经验。雅各布森先生对这里提到的方法进行了如下描述：

第二次烘焙完成后，茶叶不需要再摊开，而是要紧紧地压成小堆，顶部稍微压平。把它们放在干燥的筛子上，双手捧起茶叶，让它们松松散散地落在筛子上。每个包裹的中心都要开一个直径为 1 英寸的孔，这样成堆的或半球状的茶叶就被放置在筛子的边缘，大约有 14 个这样的包裹可以将筛子边缘围起来。然后在内部放置第二排，大约有 10 个茶堆，还可以容纳四五个茶堆形成第三个圈，最后，在中心留下一个直径约 4 英寸的开放空间。当干燥管从火中取下时，必须将其放在托盘上。在翻转包裹时，烘培师傅转动干燥管，把每一个包裹依次放在他的面前，以便按顺序翻转它们，但筛子不从干燥管中拿出来。当叶子干燥时，最好将两个干燥管的叶子混合在一起，这种方法是通过将一个干燥管的茶叶倒入另一个干燥管中，而不是用手取出茶叶。在整个干燥过程中，木炭都被灰覆盖着。

史料篇

一段时间后，茶叶被再次从干燥管中取出，用手揉捻①。这时叶子的颜色发生明显改变，开始呈现黑色，同时，大量的水分也通过这种干燥方式被蒸发掉。接着，火上覆盖着木炭的灰烬或烧焦的稻壳，这样做既可以降低火源的热量，又能防止茶叶从筛子孔中掉落而产生烟雾。

茶叶经过筛选，再次经历之前的干燥、揉捻和翻转过程，这个过程会重复一次或两次，直到茶叶颜色相当深且扭曲得当，干燥而脆硬。随着茶叶的干燥，体积减少，因此，茶叶的数量会逐渐增加，以便让每个筛子都装满。这一环节，由于茶叶释放的水分较少，干燥管的口几乎处于封闭的状态。

茶具需要翻面时，要先把干燥管从火上移开，放在地上的托盘上。在把它放在火上的过程中，有必要在侧面轻轻拍一下，以清除任何可能会掉下来的灰尘或树叶。

当茶叶足够干燥时（通常以其脆度为标准进行判断），从火上取下茶叶，进行筛选处理。对于其中的老叶、黄叶和带杂质的部分，则会使用一种大型圆形竹托盘进行风选。

如有必要，还会对筛选后的叶子进行手工挑选。不过在外国投资生产的红茶中，这种情况很少见。这从红茶中含有的茎秆数量就可以明显看出，它们并不会像绿茶那样细致地经过手工挑选；而像屯溪茶（Twankay）或熙春茶（Hyson）这类绿茶中，则几乎不含茎秆。筛选后待销售的茶叶，会再次放置在余烬上，或是使用极小的火候加热，时间大约需要 2 小时。有时，茶叶甚至会这样放置一整夜，让余烬自然熄灭。在这一阶段，干燥管会被托盘完全封闭。

之后根据茶叶的品质和茶农的习惯，茶叶被打包进木箱或篮子中，

---

① 用手揉捻茶叶的方式很难解释清楚。一次应该拿起一大把茶叶，在手掌之间侧向放置，拇指朝上，左手保持不动，右手向后移动，同时将茶叶拉回，直到手指触碰到左手的手掌。然后右手向前移动，稍微将茶叶压在左手上，直到左手的手指与手掌在同一水平线上，然后释放压力，再次将茶叶拉回。这个动作要快速进行，直到手中没有茶叶为止，因为这个动作会将茶叶向前推出。由于压力都是向一个方向施加的，叶子的扭转也会按照相同的方向进行。

随后会被运往市场进行销售，每次的销量从 2 箱到 100 箱不等，具体取决于茶园的规模。这些市场各自设有固定的开市日。比如，在梨园（Ly Yuen），每季的第 10 天会有一次茶叶集市；而在每个月的第 2 天、第 12 天、第 22 天，以及下个月的第 7 天、第 17 天、第 27 天也会有定期市。同时，其他地方也有类似的模式。

当这些乡村市场上的茶叶被打包并集中起来后，它们便会运送到星村（Sing-csun）。在这里，茶叶会被拥有大型包装设施的广州商贾和茶叶中介所包装，以适应外国市场的需求。同时，山西（Shan-see）的商人或中介也会在这里采购并包装他们销往俄罗斯市场的茶叶。我个人认为，有一种错误的观点是：其他中国地区能够提供工夫茶和上等茶叶，或者除了婺源（Moo-yuen）和豫宁（Yu-ning）的熙春茶产区之外的地方能供应熙春茶，其邻近地区提供屯溪茶。近期关于这些茶叶（曾）从中国其他地方采购的传闻，我认为不能采信。有些工夫茶也会在收集茶叶的村庄进行打包，如杜坝村（To-pa）等地。这些茶叶通常可以通过箱子的深绿色辨识；而星村的茶叶箱子则颜色较浅，带有些许黄色。白毫茶（Pekoe），原产于杜坝村，曾作为工夫茶（Congou）出口至英国。

工夫茶的打包方式多样，通常每批约 600 箱，每箱装有大约 80 磅茶叶。每批茶叶一般分成两次包装，每次约 300 箱，有时可达 500 箱或 600 箱，具体取决于包装房的容量。为了确保 600 箱甚至 1000 箱茶叶的品质统一，需要从不同农场和地区的茶叶中，按比例挑选三次采摘的茶叶。这些茶叶会先经过分类和品质评定后记录于册，然后按层堆叠，以便在用木耙包装时，不同品质的茶叶能够混合，形成符合固定价格的统一品质。每箱茶叶的装载量会事先进行精确称重，包装工作则由赤脚工人负责完成。我并不清楚红茶是否在热态下进行包装，或者在包装房是否经历了额外的加热或干燥处理。但茶叶必须完全干燥，若茶叶有损伤或未完全干燥，它们就会在焙笼（Poey Longs）的筛子上，或广州干燥房里的架子上，经历类似的干燥过程，以恢复运输途中轻微受损的茶叶。

史料篇

  在详细阐述了精心制作包种茶（Paochong）、小种茶（Souchong）和工夫茶（Congou）的生产方法后，我担心可能会给读者留下一种印象，即认为为欧洲市场制作茶叶是一项极其艰难且精细的工作。然而，我也认为这种情况难以避免。但我也认为，这种情况似乎难以避免。充分了解和详尽描述更高级别的制茶方法是非常必要的，特别是考虑到较低级别的制作方式也是基于相同的原则，它们之间的主要区别在于制作过程各阶段所投入的技巧和关注度不同。我如此详尽地描述这门对我们而言新奇且引人入胜的生产技艺，以便对实验者和种植者有所帮助，哪怕这可能会让普通读者觉得有些枯燥。不过，我必须承认，对制茶方法的细节描述和对高级操作方式的深入讨论，可能会令实验者感到有些气馁。但在我看来，对生产细节进行描述本身就不是一件易事，哪怕是制作啤酒或苹果酒也不例外。虽然简单勾勒出制酒艺术的轮廓很容易，但沙普达勒①（Chaptal）的发酵理论说明却足足占据了不少于90页8开纸。

  根据沙普达勒所述，若我们追求高品质的陈年葡萄酒，首先必须迎来一个丰收季节，同时还需妥善调控发酵过程，确保糖分和发酵剂充分反应，避免发生二次发酵。但这就是生产技艺的精妙之处：这需要一定的实际操作知识，而这并非每位操作者都具备，有些人甚至永远不会掌握。但学习这门艺术并不困难，熟练的工人既常见又不需要高昂工资。同样对于品级最高、香气最浓的茶叶亦是如此。但若我们只是简单讨论制酒的艺术，它究竟包含什么呢？在酒桶中用脚或其他方法压榨葡萄，将果汁过滤到桶中，让其发酵，便能酿制出非常不错的地区餐酒（Vin de Pays）。茶叶的制作同理：将茶叶放在筛子中，置于阳光和空气下，像翻晒干草那样翻动和搅拌它们，接着放在阴凉处直至散发出特定程度的香气。然后在铁质器具中烘烤，用手或脚揉捻，最后在木炭火上干

---

① 译者注：让-安东尼·沙普达勒（1756—1832），化学家和政治家，《葡萄病学》一书的作者，是第一个把科学理论引入葡萄酒酿造的人。加糖发酵工艺外语叫作"沙普达勒法"，把糖加入葡萄汁中发酵，以便提高酒精度数。

燥，这样就能制作出合格的工夫茶。从工夫茶在其原产地的成本可以看出，在种植和加工过程中并未投入太多技巧、劳力或费用。但同时，这门技艺不是通过文字描述便能学会的：我们唯一的老师是中国人，尤其是那些来自武夷山区或安溪区的人。我们应当谨慎，不轻易相信那些声称这门技艺易于传授的说法。尽管它可能看起来简单，但像其他艺术一样也需要经过一段学徒期。

在生产较低品质的茶叶时，人们也降低制作过程的成本。其中一种较好的方法是，在炒锅中进行最后的干燥工序，这与绿茶最后干燥步骤类似，而不是采用生产红茶时所用的干燥管。值得一提的是，我询问过的所有中国茶商都否认了这种方法，然而这种方法确实存在。下面我将描述我亲眼见到一位来自武夷山区的人是如何进行这一过程的。

这一过程所用的器具和其他条件与烘烤红茶的最后阶段相同，只是减小了火力。茶叶被撒在锅的边缘和较少受热的部分，偶尔把它们聚集在一起，然后用手搅拌。这个过程不断重复，直到茶叶完全扭曲且颜色变深；随着茶叶变干，火力也进一步减弱。之后，茶叶就像之前那样进行风选和包装。

有些工夫茶在烘烤之后，会用手或赤脚随意翻动茶叶。据称，这些茶叶之后会在阳光下晾干，而不再接受火上烘烤。但这通常只适用于次等茶树的第二茬和第三茬采摘的茶叶。还有传言称，有些茶叶是完全在阳光下晾干的，有的是以粗糙的方式进行，显然是为了农民和其他低端消费者的需求；而有的则是通过费时且成本高的方式进行。

在制作红茶的过程中，还存在一种使用布料进行操作的方法，正如布鲁斯先生在描述绿茶制作时所提到的。但据所有中国茶商所说，这种方法仅在使用极其粗糙和低劣的茶叶时才会被采用，目的是在优质茶中掺杂劣质茶，以次充好从而攫取利润。

读者可能期待我对福琼先生在福建和浙江所见识到的制茶方法进行一些评述。总而言之，烘烤和干燥红茶与绿茶的方法存在一些差异，主要原因是红茶最终是在筛子上使用炭火进行干燥的，而绿茶则在铁制器具中干燥，这是根本的不同。福琼先生在浙江观察到的干燥方法与这一原则基本一致，不同之处是使用了一种平底篮子代替筛子。但这两种不同的方法都被用在烘烤绿茶上；而在福建，他们采用了同样方法却生产出了红茶。因此，似乎采用何种生产方法都不重要，但在我看来，这种说法显然不合逻辑。

对于红茶来讲，这种说法在某种程度上是正确的，但对于绿茶来说则完全不成立。当采用相同的方法却生产出红茶、绿茶截然不同的成品时，这很难解释。唯一的解释可能是，这样处理茶叶并不是我们通常理解的红茶和绿茶，而是如莲子心（Lin-czu-sin）这样的特殊品种，专为中国市场生产。实际上，福琼先生只提到了每个省份中的一种茶，这似乎与欧洲市场上的茶相匹配。尽管我们已经知道，红茶可以在铁锅中制作，但所有中国人都认为这是一种较低级的方法，武夷山区的茶农甚至拒绝采用这种方法。福琼先生可能误认为这是制造"常见的红茶"①时所采用的常规模式。可以证实，武夷山区红茶的最后干燥过程是在筛子上用木炭火完成的。

至于绿茶，用筛子或篮子把茶叶烘干，是没法产生绿茶特有的颜色的。当福琼先生嘲笑他在浙江看到的绿茶并非我们商店中那些被染成鲜艳颜色的花朵状茶叶时，读者不应该认为这种颜色都是非自然的。福琼先生的描述是"叶子上几乎看不到我们所谓的'美丽的花朵'"②。但实际上，即便较为罕见，这种情况也是在制造过程中自然形成的，正如我将在绿茶这一部分中所展示的。显然，如果在中国茶叶的自然加工过程中没有这种基础，欧洲人就不可能提出让中国人将他们的茶叶染成蓝色的建议。

我同样认为，当福琼先生被告知他所在的地区曾经为外国市场提供了一部分茶叶时，他可能被误导了。这并不会减损福琼先生的成就，他

---

① 《中国北方的三年之旅》，第 210 页（*Wanderings in China*，p. 210）。
② 《中国北方的三年之旅》，第 2 版，第 200 页（*Wanderings in China*，2d edit，p. 200）。

的游记陈述的是他所见所得的信息。在一篇于1816年撰写，1840年发表的关于开放中国第二个港口的必要性的论文中，我估算出红茶产区距离福州大约240英里，距离海岸大约270英里。① 福琼先生表示，他向内陆深入了大约30英里或40英里，北离该城市；因此，他至少距离供应外国市场的红茶产区有150英里或200英里远。

关于"茶叶在烘烤和揉捻后，放置在隔板上两到三天，此时仍然处于湿润状态"②的做法，显然并不是一个值得推广的方法。事实上，武夷山地区的茶农们认为在采摘当天就完成茶叶的烘烤和干燥工序非常重要，因此他们经常持续工作到深夜，甚至通宵达旦。正如福琼先生所观察到的那样，茶叶长时间暴露在空气中，很可能会变酸。但不管怎样，如"红茶"（hong-cha）这个名字所示，这类茶叶通常会变红，这种茶一般是为苏州（Su-chao）市场生产的。

我认为，对武夷山区红茶加工方法的描述已经足以证明，红茶叶片和茶汤的深色并不一定依赖于茶叶长时间在湿润状态时暴露于空气中的过程。在合适的加工方式下，这种方法可能会用于某些茶叶，使茶叶和茶汤颜色加深，同样，红茶的颜色并不依赖于"茶叶受到更大的火候"。③

我曾见到福琼先生亲自向我展示的一份红茶和绿茶样品。遗憾的是，这些茶叶并未标明它们具体来自哪个省份。但通过与之前的描述进行比较，我推测这份绿茶可能产自浙江省，而红茶则来自福建省。这份绿茶因受潮而略显发霉，但从其叶片的蓝灰色或灰色中，依然可以辨认出这些茶叶的种类。这是一种制作较为粗糙的茶，并不太适合我们的市场。然而，那份红茶看起来制作得相当精良。因此，有充分的理由相信福琼先生看到的红茶和绿茶是由同一种或同一品种的茶树制成的，那就

---

① 《皇家亚洲学会杂志》，1840年5月，第38页（Journal of the Royal Asiatic Society, May, 1840, p.38）。
② 《中国北方的三年之旅》，第2版，第213页（Wanderings in China, 2d edit, p.213）。
③ 《亚洲杂志》，1840年1月，第26页（Asiatic Journal, January, 1840, p.26）。

是他所提到的绿茶树（Thea viridis）。

但红茶和绿茶由同一种茶叶制成的事实，并非一个新发现。布鲁斯先生在他关于阿萨姆茶叶种植的报告中指出，"我现在从同一片区域和同一株植物上采摘叶子，用以制作红茶和绿茶；两者的差异仅在于制作工艺，没有其他区别"。关于这一点，还有更早的权威资料，早在阿裨尔博士（Dr. Abel）1818年在中国的旅行中就有相关记载。

总结起来，在最后干燥阶段，从更换铁锅和使用炉子以及炭桶的做法可以看出，虽然这些方法与红茶产区干燥红茶的方式在原理上相同，但显然这是临时应急的粗制方法，仅适用于小农户和小型种植园。在我们深入研究绿茶的加工方式时，还会发现，用于制作熙春茶的炉子和器具的形式，与福琼先生在他访问的中国地区所见到的有本质上的不同。

我现在要解释的是，我亲眼见过一位来自广东西樵山（Sy-Chu-Shan）地区一个村子的茶农如何在阳光下加工红茶。

1. 我让他把茶叶分成三批，以进行一些实验。第一批茶叶被放在阳光下的筛子上，时间大约45分钟。接着，按照之前在"揉"（"Rolling"）部分所描述的方式进行揉捻；当揉成的球被摇散后，茶叶有了很好的扭曲程度，就像它们之前经过了烘烤一样。在当地，通常会使用一块有规则刻槽的方形石板来进行这个过程。我所看到的那块石板是一块花岗岩，长18英寸，宽14英寸，厚2英寸。石板表面被刻出槽口并做成粗糙的质地，同时在两边有凹槽以方便手抬起。

然后，茶叶会被重新放置在阳光下，经历了两次揉捻和日晒过程。接着，茶叶被分成小份，每一份在筛子里被用力滚成鸭蛋大小的小球。然后，将这些茶球再次置于阳光下，并在晒制过程中翻转一次。之后，用手将茶球掰碎，再次放在阳光下晒干，在这个过程中，茶叶颜色逐渐变黑。随后，取回晒好的茶叶，滚成橘子大小的球体，并再次置于在阳光下约15分钟。然后，摇散茶球，在筛子里松散地铺开，继续晾干。当茶叶完全干燥并得到适当处理后，就会进行包装。这种茶气香浓郁，外观呈现丰富的红色，颜色与香茅白毫（Hong-Moey pekoe）相仿：泡出的茶汤颜色深红，口感芬芳，但略带甜味，似乎有糖的混合，我认为这样制作的茶可能不耐储藏。我看过这位村民所描述的茶样，据他所说，这些茶正是按照此处所述的方式制作的，这些茶在东印度公司的拍卖会上售价可达每磅 3 英镑 10 便士。但这次实验没有成功，他认为是因为河南的茶叶不适合制茶。

图 7-8 晾晒茶叶

2. 第二批茶叶在阳光下曝晒后，以常规的方法进行了一次烘烤，并按照前述的方式进行了揉捻和日晒。这批茶叶中掺杂的红叶较少，更符合欧洲人的口味；我认为它比第一批茶叶更有可能保持新鲜。

3. 第三批茶叶在阳光下曝晒后，进行了两次烘烤并焙干。但是，这些茶叶颜色较淡，混有大量绿色和黄色的叶子，完全没有香气。泡出的茶水颜色也像绿茶一样淡，几乎无味。茶农认为这种茶质量较差是因为茶叶经历了两次炒制，而非一次。

4. 随后，这个人将茶叶晒了半小时后，就像之前描述的那样，进行了两次揉捻和日晒，制成球状等工序。当茶叶在阳光下完全干燥后，他将一个锅（kuo）稍微加热至温热，因为此时的目的并非烘烤茶叶，而是进一步去除残留的水分。由于茶叶已经失去了大量水分，此时的加热实际上相当于干燥过程中的最后一步，使用的是非常适中的温度。茶叶被放入炒锅中，并不断搅拌，直到锅变热，尽管这时温度仍然比较温和。然后将锅从火上取下，但仍继续轻轻搅拌茶叶，直到其足够干燥。

这些茶叶在烘烤前带有一种本草气味，似乎尚未干透，但烘烤过程彻底消除了这种气味，使其散发出令人愉悦的茶香。接着，将这些仍然温热的茶叶打包装罐，并在罐中放入了一块用纸包裹的木炭，用以吸收茶叶中的剩余水分或可能渗透进来的湿气。

这种茶，与第一批茶相似，类似于香茅白毫，并且口感极佳。茶农告诉我，这种茶品质更高，可以以大约每担 18 两白银的价格销售，按照每两 6 先令 8 便士或每盎司银 5 先令 6 便士的汇率，这种茶的成本大约是每磅 10 先令。

5. 尽管这些实验并未提供最佳的制茶示范，但我认为它们仍具有一定的趣味性和实用性。这些实验为我们寻找造成红茶独特特性和品质的真正原因指明了正确的方向。

6. 第一个实验表明，通过阳光曝晒和对茶叶的揉捻，能够制造或保持某种甜味成分。同时，茶叶的红紫色外观和红色茶汤可能与这种成分共存，甚至可能依赖于它。这个实验支持我之前的观点，即烘烤前的处理可能是为了引发类似于在制麦芽过程中干草或麦芽发芽时的轻微化学变化，这种变化可能是茶叶甜味和细腻口感、红色茶汤以及茶叶丰富的红紫色外观的来源。此外，它还证明了红茶叶片和茶汤的颜色不必然由热量作用造成，更不一定由高温造成。

7. 第二个实验表明，通过加热处理，茶叶中的糖分减少，叶子变得不那么红；但是茶的品质因此而提高，更易于保存。这表明完全的阳光干燥方法是较为次等的；同时也表明，红茶的优质主要取决于烘烤前和烘烤过程中对茶叶的综合且熟练的操作。而绿茶的品质则完全依赖于最后干燥过程中对茶叶的特别处理。

8. 第三个实验显示，尽管温度适中，但由于温度对当时茶叶状态的影响过大，糖分被完全破坏，保证茶叶品质的元素也随之消失。干燥后的茶叶变得苍白、发黄，茶汤颜色像绿茶一样淡，几乎无味。这进一步证明了之前已解释过的观点，即烘烤和干燥茶叶的时间长短或温度高低不能一概而论，更多地取决于茶叶的状态，例如茶叶的质地和水分条件、揉捏方式和需要制作的茶的种类。

9. 此外，这个例子还表明，由于温度过高（尽管是相对低的温度）对茶叶湿度状态的影响，造成的效果与自然界中常见的衰变过程相似。例如，在秋季，落叶乔木在开花、结果、生长之后，树叶开始从空气中吸收氧气，导致衰败和干燥，叶子变色并落下，最终只剩下红色、棕色或黄色的细胞组织和木质纤维。目前，我们先暂停讨论这些实验，但当我们专门讨论制茶过程中所用温度，以及茶叶干燥后的化学成分时，将再次继续讨论这些实验。

第八章　茶叶种类与运输

白毫茶、珠兰茶（Caper）、脑子茶（Nao-csee）和龙井茶（Long-csin teas）的工艺流程——茶香——武夷茶——最初从茶区未经加工带来的茶叶——尝试获取经过加工的茶叶——发现箱子尺寸过大，不适合内陆运输——海运——还有大量的工夫茶——中国政府对这种方式的不满——禁止从福州港通过海路运输的皇帝法令——福州港的重要性——对港口的疑问进行了调查和回答——广州的武夷茶烘焙和干燥方式——砖茶——砖茶的形状和加工方法——在蒙古的广泛使用——描述了库伦（Ouroa）的一个盛典——经常遇见贩茶的商队——作为流通媒介使用——在赛马、力量竞赛和射箭比赛中作为货币使用——横跨戈壁沙漠的茶馆——在西藏广泛使用——在整个中亚的使用方式——与黄油和面粉混合——特纳上尉（Capt. Turner）的看法——曼宁先生（Mr. Manning）的意见——装饰精美的茶壶——比沙哈茶（Bisahar）

白毫茶由未完全展开的顶端叶芽制成，这些叶芽的卷曲部分覆盖着白色绒毛，因此得名"白毫"（Pe-hao，意为"白色绒毛"）。在英国，这种茶叶中的白色绒毛外观被商人称作"花"，这个术语及"茶花"（Fleur de Thé）似乎都源自一种假设，即这些白色绒毛叶子是茶的花朵。在欧洲大陆，特别是在俄罗斯，深受欢迎且香味独特的茶花，实际上就是优质的白毫茶。茶花本身香味并不浓郁，干燥后香味更淡，因此，它不可能散发出人们所认为的茶花那种令人愉悦且强烈的香气。不过，茶花确实略带芳香，中国人有时会用于泡茶。通常会在一杯茶中放入两三朵干燥的茶花，不是为了其香味，而是由于它们起到的装饰作用，当这些花朵在清澈明亮的茶汤表面展开时，显得非常优雅，与西方人不同，中国人不会加入糖和牛奶来改变茶的原味。

　　一位经验丰富且备受尊敬的中国茶商这样描述白毫茶的加工过程："采摘后，茶叶被摊开放在宽大的竹托盘上，置于空气中以蒸发水分，这个过程称为'晾青'。接着，茶叶会在文火上炒（chao）制一次，然后再次摊开放在托盘上冷却，最后在焙笼中烘干即可，无须经过揉捻处理。"

　　在白毫茶的加工过程中，通常不需要揉捻，因为这样会损害叶子上的细毛。对于高品质的白毫茶来说，揉捻是不必要的，因为茶芽在自然状态下已经比任何工艺处理都更有韧性。但是我观察到，在白毫茶的炒制阶段，当叶子在锅中炒制时，确实会施加非常轻微的揉压。这种处理方式可能适用于花朵较少、茶芽已经部分展开的白毫茶。之前已经提到，揉捻的主要目的是从叶子中挤出汁液，叶子的扭曲只是一个附带的结果。这种茶不需长时间的烘焙，且火力非常温和。其主要的干燥过程在焙笼中进行。在英国和中国，人们可能都注意到，某些白毫茶，尤其是花朵较多的，有时会带有霉味，我认为这是由于在烘烤过程中汁液未能充分蒸发，且几乎未施加任何揉压导致的。

　　白毫茶的采摘一般在4月5日至20日间进行（从清明到谷雨期间），但实际上，只要发现茶叶处于发芽状态，就可以随时进行采摘。大多数中国人认为，新采的茶叶会先被放在阳光下晾晒，随后进行晾青。香茅白毫，主要面向俄罗斯市场，采摘时间通常较晚，叶片较为舒展。这种茶的特殊红色外观，来源于加长的"退青"（To-Ching）工序，即在托盘上摇晃茶叶或在筛子里转动，并用另一个托盘盖上，以促进叶子萎凋。亦兴（Eck Hing），一位推广白毫茶的茶商，向我透露，香茅白毫在第一次炒制后，需要在阳光下进行一定程度的干燥。我认为，这种茶独特的风味、叶色和茶汤的红色可能源自这样的处理。加长的退青过程，包括在每次炒制前后将叶子堆叠并用托盘覆盖，以及在干燥管中缓慢干燥，可能产生了所需的效果。雅各布森先生（Mr. Jacobson）指出，白毫茶在炒制前需要充分的阳光曝晒。此外，茶叶应放置在封闭的房间里，避免暴露在空气中，并保持温度，因为这有助于加快和促进叶子的萎凋过程。

松溪或珠兰茶

高品质松溪茶（Sonchy）的每片叶子都是单独从茶树上采摘的，由女性用手指夹取，不留下任何茎部。据说，在烘烤前，叶子的顶端也会被捏去，只有最大的嫩叶才适合制作这种茶。在烘烤前的准备过程与小种茶类似，都会经历"晾青"过程。如果叶子含水量较大，则到第二天才进行烘烤，并在必要时进行日晒。同时，在雨中采摘的叶子不适合制作珠兰茶（Caper tea），它们会按通常的方式进行三次烘烤和揉捻。

松溪茶在加工工序上的特别之处在于"烘焙"过程。我将解释我所见过的这个过程。首先，在焙笼中进行的第一次干燥，这一过程需要双面翻转和干燥叶子。接下来，揉捻工人将干燥的茶叶分成两批制成球状，工人用尽全力在双手间压榨和挤压。之后，叶子被分开，重新铺展在筛子中，进行与之前相同的干燥过程。如此重复干燥和滚压达 8 次。但与其他茶相比，这些茶叶在多次干燥过程中暴露于火焰下的时间较短，原因在于：现在残留的汁液性质黏稠，有助于叶子相互黏附。在松溪茶的制作过程中，需要叶子有一定黏度，因为最终是要将叶子制成块状。

在叶子干燥过程中，将其滚成球的方法似乎使得茶叶叶片变得更为紧实、不松散。因此，在最后两三次滚压后，当需要分离叶子以准备接下来的烘烤时,这些球体就会被打碎成块状,然后摇晃成更小的碎片。这些过大且不太美观的块状物接着会被手指压成小圆片,这些小圆片是松溪茶的主要组成部分。据称,由于与珠兰(caper)有某种相似性,这种茶因此得名为珠兰茶。完成揉捻后,再次烘烤、翻转叶子,然后以通常的方式晾干。用这种方法制作的珠兰茶是一种昂贵的茶,尽管质量上乘,但它很少能在欧洲找到销路。

所有这些松溪或珠兰茶,以前都是通过东印度公司(E. I. Company)或该公司的官员从安溪地区引入到英国的。这些茶的最佳品种大都用珠兰(Chu-lan)调香,但大部分会以非常粗糙的方式制作,故意焦烤以补充风味的不足,这些茶主要是由第三次和第四次采摘的叶子制成。据说,在揉捻过程中,这些茶叶是在太阳下晒干的,而不是通过焙笼。另外,当茶叶变老且较为粗糙时,据称会使用由大米制成的液体淀粉,帮助茶叶相互黏合。有关给这些茶叶调香的具体方法,请参阅"茶香"一节。

龙团茶和脑子茶[①]

龙团茶(Long-tuon tea)有时也叫龙眼(Long-yen),是一种做成肉豆蔻大小的小球状的茶。它的制作方式与上述方法类似,还有一种是制成类似小捆柴火状的脑子茶(Nao-csee)。在最后一次炒制过程之后,茶农会用手指将叶子揉成所需大小的球状,并在薄纸中紧密包裹。脑子茶的叶子则被拉长并在两端捆绑成一束。这两种茶都放在焙笼中进行干燥,并偶尔翻动,最后在叶子干燥到足够程度时,从茶球上取下薄纸。

龙井茶

这是一种需要特别介绍的茶类型。龙井是绿茶的一种,由芽叶制

---

① 译者注:见"脑子茶制法"。中国古代熏香茶制法。其制法始于唐、宋。宋代蔡襄《茶录》:"茶有真香,而入贡者微以龙脑和膏。欲助其香。"明代也有此茶。但制法已由掺和转为窨制。明代朱权《臞仙神隐》:"脑子茶,先将好茶碾细,薄纸包梅花片脑(龙脑的一种)一钱许,茶末内埋之,经宿汤点,则有脑子气味,极妙。"

成，与白毫茶类似。龙井茶产于江南和浙江地区，有时被朝廷高级官员在正式场合用于接待，有时作为礼物送给东印度公司在中国的代表，这些茶叶通常装在小罐里，每罐大约含有一磅或半磅的茶叶，罐子上还刻有茶叶的名字。阿裨尔先生在从北京出发的旅行中研究过这种茶，他说这种茶叶质量上乘，但在欧洲并不受欢迎。这种茶的制备方式遵循传统的使用蒸汽处理叶子的方法，之后在铁锅中进行干燥。冯·西博尔德（Von Siebold）对日本制备龙井茶的方法做了相当准确的描述，与中国采用的方式有些细微差别。他误认为绿茶的特性可能归因于这种蒸汽处理叶子的方法，并且认为红茶是通过他所谓的"干燥方法"加工的。但是，蒸汽处理叶片的方法是很独特的，在中国或日本都很少使用，这更像是早期制茶的技艺，而不是现今普及的方法。至于他描述的两种干燥方法，则更接近于当前制作红茶和绿茶的两种方式。一种方法是，整个干燥过程都是在铁锅中完成的，另一种方法是，干燥首先在铁锅中进行，最后则是在配有方形隔间或抽屉、底部放置薄纸的置于木炭火上的干燥箱里完成，这个箱子通常要置于炭火上。坎普费尔所描述的方法被认为是最常用的一种，类似制作屯溪茶的方式。

茶香

自古以来，中国人普遍认为任何人工香料都无法与茶叶的天然香气相媲美。换句话说，他们认为"只有普通茶叶才需要加香料"。那些曾有机会品尝过一些最优质小种茶的人可能会赞同这一观点。然而，市面上也有许多经过调香的茶叶，这些茶叶品质并不差，在中国和欧洲都颇为昂贵且备受推崇。其中，珠兰茶或黄花九轮草茶（Cowslip Hyson）被认为是其中最好的茶叶之一。我在下文介绍我所观察的这一加工过程，与九百年前中国古籍《群芳谱》（*Keun-fang-pu*）中描述的工艺大致相同。虽然花朵的采集不像茶叶一样讲究时辰，但通常认为叶子上还带有晨露时采集的花朵最佳、最香。

要进行调香的茶叶必须在最后一次烘烤（即包装前的烘烤）后趁

热取出，并倒入熙春茶箱中，形成底部高约 2 英寸的茶叶层。然后，撒上一把从茎部分离的新鲜花朵。按照 3 斤花朵配 100 斤茶叶的配比，交替放置茶叶和花朵，直至箱子装满。盖上盖子，让茶叶这样放置 24 小时。第二天，打开箱子，将茶叶和花朵混合。然后进行烘焙过程，每个筛子大约放 3 斤。完全封闭焙笼，将茶叶和花朵烘烤大约 1 至 2 小时，直至花瓣变脆。之后，筛出花朵并打包茶叶。如果茶叶需要进一步加香，就必须继续使用新鲜花朵来重复之前的过程。烘焙方法与制作红茶的方式相同，只是筛子底部铺有薄纸。然后，按照 1 份香茶和 20 份普通茶的比例，与其他茶混合。随后将混合茶在炒锅中轻微加热，包装后便成为英国所称的黄花九轮草茶。这种茶随时可以进行调香，但在此之前必须先烘烤或加热约 2 小时。

对红茶进行调香的方法与绿茶有所不同。据我了解，这一过程有两三种不同的方法。例如，松溪或珠兰茶和铁观音（Tet Siong），以及其他带有黄花九轮草（Cowslip）香气的茶，都会使用珠兰进行调香。

采摘后，人们会像以前一样将花朵从茎部分离。有些人选择在阳光下晒干花朵，但最佳方式是在焙笼上用文火烘干，同时注意保持花瓣的黄色不变。烘干后，将花朵放置一边冷却，然后磨成粉末。在制作茶的过程中，把这种气味非常强烈的粉末撒在叶子上，直到最后一两次的烘烤和揉捻，使茶叶香气浓郁。但因为这需要额外的花朵，所以这是一种成本较高的方法，因此并不常用。一般的做法是在烘焙的最后阶段，即包装前，将少量这种粉末撒在茶叶上。英国的茶叶商经常能在红茶中观察到一种白色粉末，这种粉末就是珠兰的粉末，其颜色在烘焙过程中变成白色。

此外，还有一种口味极佳的香茶，只少量制作，偶尔作为礼物送给外国人。这是一种小种茶，散发着栀子（Pac Sheem, Gardenia florida）的香味。

另外还有两种香味优良的小种茶：一种用桂花调制［e Quy-fa or Kuey-hoa（Olea fragrans）］，另一种用茉莉花［Moo-Ly-Hoa（Jasminum

Sambac）］。有人说，这三种茶是因为与鲜花混合才具有了同样的香气，如熙春茶是混合了珠兰。但也有说法称，在焙笼中放置两个筛子，下层筛子放置花朵，上层筛子放置茶叶。这是之前提到的栀子①茶的调香方式。据我所知，用于茶叶调香的所有花朵就是这些；但在《群芳谱》（*Keun-fang-pu*）和《广东志》（*Quang Tong Chy*）［或者说《广州地理志》（*Canton Geographical History*）］中，还列举了许多其他用于调香的花朵。这些文献还指出，用于调香的花朵应该是盛开的。

武夷茶

在18世纪早期，"武夷"一词在社会上被用于代指所有的红茶，与"松萝"或"绿茶"相对。

这一用法可以从那个时代的诗人和剧作家的作品中看出。在商人和茶叶经销商中，它早就被认为是进口到欧洲的最低端茶叶。对中国人来说，它被称为"大叶茶"（Ta Cha, large leaf tea），因为它由在常规茶叶收获后仍留在茶树上的成熟大叶制成。它以前是装在篮子里从武夷山区运来的，在未经加工的状态下，到广州进行烘焙和包装。到达这里之后，有些茶有一股酸味，有些是霉味，还有一些是皂质的味道。我猜想，这些茶叶有一部分发酵了。然而，在随后的烘烤过程中可以祛除发酵的酸味，但茶叶的质量仍然很差。

海运路线调整

近年来，这种茶的质量以及与之相关产业链都有了很大的改进。有人试图直接在茶产地进行制茶和包装，以保证质量。原来惯常使用的装300磅茶叶的笨重箱子，现在换成了更方便的尺寸，无论在船上存放还是国内运输都更为便捷。

时任东印度公司特权委员会主席（the Select Committee for the Man-

---

① 译者注：栀子（学名：Gardenia Jasminoides Ellis）别名：黄栀子、山栀、白蟾。

agement of the British Affairs in China）的益花臣（Elphinstone）见解广泛，性格坚定，举止温和，之所以专门提及，是因为他独具慧眼，发现了最接近红茶产区、最适合装运红茶的转运港口——福州府。

根据我的记忆，第一次尝试改进相关安排发生在1811年或1812年。虽然茶叶箱子大大缩小了尺寸，但是仍然笨重不便，因为这些茶叶在内陆运输到广州的过程中经常要经过水路转运，还要经过山区。这一时期的海岸不再有海盗出没，因此在随后的几年里，人们发现可以通过海路将改良后的武夷茶带到广州。这种茶叶被命名为"内地武夷茶"（up-country Bohea），是在建宁府北部的枫岭（Fong Lock）附近收集和制作的。三四天之内，它就被从武夷山直接沿闽江（River Min）运到福州府，福州府是该府的省会。接着，3000箱到5000箱茶叶被转运到帆船上，大约13天后到达广州。

途经江西的旧路线长约800英里，冗长且运费昂贵，耗时约40天或2个月。通过新路线运送武夷茶，大大节省了时间和费用，立刻引起了茶商的注意。在随后的4年中，大量的工夫茶也通过这条渠道运到广州。

海运禁令

然而，广州十三行行商繁茂的海外贸易引起了当地政府的忌惮。后来清政府禁止茶叶从海上运到福建以南的部分地区。如果没有这种政策干预，毫无疑问，绝大多数红茶可以很快由海路运到广州。如果这项禁令被废除，红茶必然会再次通过这条路线运达广州。这个事件是一个实际例证，证明中国内陆航运的能力、港口的可行性以及居住在广州的欧洲人的待遇被夸大其词了。

在清政府当时的情况下，废除敕令是无望的，尽管政府可能也在考虑废除这项限制。政府担心这个港口的开放会带来祸害，既不愿意采取任何直接的措施来阻碍贸易的发展，也不积极促进贸易在这个港口的扩张。

该法令颁布时禁止从这个港口装运任何茶叶。从事北方贸易的商人请愿反对这项禁令，并获得了豁免权，但依然限制向南方运输茶叶。制定这项法律也触动了欧洲人的利益，而且，由于欧洲人商业特权的扩大，继续实施这项禁令的意义并不大。

广东省总督转交给朝廷的一份声明显示，1813 年海运茶叶的数量达到了 1019720 磅，1816 年逐渐增加到 8965200 磅。数量在 3 年内增长了将近 9 倍。总督接着指出："如果允许茶叶沿海过境，那么就没有安全保障，土著可能不会与狡猾的外国人勾结，并在岛上形成一个茶叶集散地。当他们这样做之后，傲慢的外国人因轻易得到茶叶而漠视或不再寻求中国的恩惠。"①

福州府的重要性

大约在这个时期，曾经多年担任主要广州十三行行商的潘振承，已经获得清政府的许可退休，现在又被召回。我认为，这可能是现在这种过境方式遇到了障碍。这个富有的商人非常能干，具有许多优秀的品质。他为人友善，对待外国人慷慨大方。然而，他很快意识到，如果这些茶叶是从福州港船运来的，那么欧洲人不可能不受到打击。因为对他们来说，肯定会被这样一段不必要且不利的航程所震惊，再加上在长期以来一直服从于限制性和无理取闹的政策，他们会变得更加不耐烦。因此他决定把他们的希望扼杀在摇篮里。我认为他完成这项任务的方式是贿赂潮州府（Sheu-chew-fu）的海关官员，向广东、江西两省政府报告，因以新的海运方式运输茶叶，过境税收中会出现大量亏空。广州政府的官员也同样关注，如果将这些贸易转移到北方港口，他们的薪酬可能会减少。后来的谈判也证明了清政府是多么不情愿地同意开放福州港，然而，这并不是因为预期的损失会对帝国或省财政造成影响，这些

---

① 里夫斯的文章。译者注：约翰·里夫斯（John Reeves，1774—1856），英国植物学家和博物学家。

税收是微不足道的。通过江西省和广东省的全部茶叶过境税每担不超过2两4钱，或者1磅半法郎，但是有充分的理由担心，单是这个港口的开放，就可能完成其他所有港口都无法完成的任务，即将大部分红茶贸易从广州的港口分流。从而造成大量人员和船只在这些长期以来用于运输茶叶的省份失业，以及除此之外的财产贬值和其他不易列举的不利因素。简而言之，所有其他要求都得到了满足，而对福州港开放的抵制表明其在政府预期中的重要性，因为它严重威胁着广州港的红茶贸易。璞鼎查爵士立刻意识到这个港口的重要性，并且敢于冒着重新引发敌对行动的风险来确保这一特权，他的卓越才智值得赞扬。希望通过武力获得的优势，不会因为在广东的英国商人的懒散和缺乏进取心而付诸东流，变得毫无价值。

福州府调查结果

然而，必须承认，无论是闽江上的桥上还是桥下，航行确实存在一定的困难，尤其是港口的进入不如厦门或上海那样容易。但是，要冷静地审视这些不利因素，并采取措施来消除它们，或许会发现，在严格公正地调查之后，许多毫无根据的恐惧可能会消失，而那些真正存在的问题，也可以通过航海者在世界上最有利的港口所采用的普通手段和措施来克服。

但是，在这次调查中，必须记住，福州港从未被考虑作为运销我国产品的港口（上海是中国的天然港口），而只是作为红茶的最佳装运港，因为要把这么庞大的货物运输到把这个省和帝国其他地区隔离开来的山区，需要很大的费用。

首先，关于福州府闽江上的桥，奥格尔比观察到，"从浦城县城到九秋（Kiu-keu）①，河水迅速流过山谷、岩石和悬崖，但从那里流出的水则速度缓慢。3天之内，他们就从上游的城市到了河边的福州府，而

---

① 译者注：建宁府闽江支流上的一个地名。

他们要用 15 天的时间才能沿着河流逆流而上"①。

据我所知,这里是浦城县的一条支流与建宁府的另一条支流交汇前的位置。因此,如果这样考虑的话,这些困难与从武夷山运送茶叶到福州府并无关系。

> 福建的商人们说,在春天,水流湍急,4 天之内茶叶就会被运到福州府,但在秋天,需要 8 天。

1647 年,范霍恩率领的荷兰使团在 2 月去北京时途经这条河,从福州府到浦城县大约有 17 天的路程(不包括某些城镇的中途停留),9 月和 11 月回程大约需要 7 天。他们遇到了岩石和瀑布,并且有一条船失事了。

在这里,只是一股急流,以及一段需要谨慎行驶的陡坡,可能还有瀑布和急流。茶叶运输已经暴露在危险之中,因此引航是必要的。引航员在江西省十八滩(She-pa-tan)雇用,主要的损坏发生在他们转运到广州的时候。但是,无论这些危险是什么,阿礼国(Alcock)② 观察到,"见多识广的人通常对他们不屑一顾。很少发生的船失事通常归咎于船长的粗心大意或船只的不可靠"③。此外,茶商们愿意承担所有的风险和运输费用,在河流的任何地方以固定的价格运送茶叶,并以固定的价格将茶叶运到河中任何一处最适合装载货物的地方,这比在广州能

---

① 奥格尔比:《中国》,第 267 页。
② 译者注:阿礼国(Rutherford Alcock,1809—1897),英外交官。道光二十四年(1844)来华,先后任厦门、福州、上海领事。道光二十八年(1848)青浦教案发生后,阿礼国借机逼迫上海道台麟桂允诺扩充租借地。咸丰三年(1853)借上海小刀会发动起义之际,怂恿各国驻沪领事驱逐清朝上海海关道台吴建彰设立的临时税关,迫使其与英、美、法三国驻沪领事签订条约,由三国驻沪领事派员组成关税管理委员会,控制上海海关。此后,阿礼国协助清廷镇压小刀会起义,策划成立租借地工部局,割裂中国方面的司法裁判权。咸丰四年(1854)其转任广州领事,挑起第二次鸦片战争。同治五年(1866)阿礼国再次来中国任驻华公使。
③ 1847 年 1 月《关于中国贸易利润的议会文件》,第 8 页(*Parliamentary papers on the returns of the China trade*, January, 1847, p. 8)。

买到的价格要低得多。

但是,无论是在海运还是陆运,所有风险和危险事件最可靠的检验标准是保险费率或运输费用。这是衡量危险和困难的可靠标准,商人没理由对此提出质疑。

至于从武夷山到福州府的茶叶运输费用,阿礼国先生说大约为每千克 9 美分。这个费用绝不过分,只是到广州毛运费的四分之一,即每千克 36 美分。但是有理由相信,根据可靠来源,这项费用每担不超过 4 两 3 钱。① 而仅仅跨越把武夷山与其他省份隔开的山脉的运输费用就不低于 12 两 5 钱。这些茶叶(如前所述)要运出本省,所产生的费用是从福州港运输所需费用的五倍。如果这些不同来源、不同时期的数据是正确的,那么闽江航运中的危险程度就显得微不足道,相对成本又是如此之低。即使承认这些缺点比表面上看起来要严重,但是,假如贸易一旦开始并取得进展,对于翻山越岭走过长城,勇闯千山万水的中华民族来说,这些缺点不太可能造成严重和永久的障碍;这个民族建造了伟大的工程——大运河,它不规则地延伸了 500 英里,拥有宽敞的码头和坚固的花岗岩和大理石船闸;他们使湍急的河流改道②;根据天才的构想,一条溪流流向北方,另一条流向南方;他们穿越高山的宽阔通道,如江西的大梅岭(Ta-moey-ling)③,福建的浦城县④,以及其他通道,只是为了增加交通和货物运输的便利。

在人类居住的地球上,很难找到任何一个地方:在那里,由于艺术和企业的发展,为了达到经济目的,山川和河流变成了灌溉和航运的有利部分;更不用说找到一个因国家的良好布局而完全不受山脉和陆地交

---

① 《亚洲杂志》(*R. Asiatic Society's Journal*),1840 年 5 月,第 36 页。这是作者的一篇论文,下面的大部分内容就是从这里提出来的。
② 在大运河的最高处的鲁运河(The River Luen)。参见斯汤顿《异域录》(*Staunton's Embassy to China*),第 2 卷,第 387 页。
③ 在大运河的最高处的鲁运河(The River Luen)。参见斯汤顿《异域录》(*Staunton's Embassy to China*),第 2 卷,第 507 页。
④ 杜赫德译本《中华帝国全志》,第一卷,第 87 页。

通的干扰、拥有完整水路交通系统的地方,且由于艺术、技能和智力的提高,这个国家的人口增长了十分之七,最保守地估计也达到两亿人。在其他地方也很难找到这种形状和构造各异的船,其中一些船头高大,设计精巧,以通过瀑布和急流;另一些船为了追求速度,设计地又长、又低、又窄;还有一些为了用于货运,设计地又宽又高;另一些则为了旅行的舒适性和便利性,装饰华丽,以供消遣和娱乐。

同样,如果用闽河两岸的人口来测试它的通航条件,就会发现,福州府人口可能有 50 万人。据牧师史密斯估计,它的人口可高达 60 万人,是巴黎人口的三分之二,几乎是维也纳(Vienna)人口的 2 倍,与那不勒斯人口差不多。据 1790 年的人口普查估计,建宁府的人口有 25 万人,比曼彻斯特(Manchester)的人口还要多,几乎等同于利物浦(Liverpool)人口。福建省重点镇延平府(Yen-ping-foo)的人口也一定相当多,建阳(Kien-Yang-foo)、福清等城镇的人口也是如此;因此,仅在闽河岸边的人口可能不会被夸大到 150 万人。但如果看看杜赫德的地图,或者更好的,卫匡国(Martini)① 的《中国新地图志》(*Geography of China*),将看到,闽河及其支流覆盖了全省三分之二;如果按照钱德明的说法,② 把人口总数估计为 800 万人,而不是现代最高当局给出的 1500 万人(尽管这个数字可能很低),即便如此,闽江及其支流的人口也将达到 550 万人。

与如此庞大的人口进行自由和便捷地交流,是否会对我们向中国的进口产生影响?或者,一个商业人口是英国第二大商业城市两倍的城市是否能在没有具备像利物浦那些扩展商业所需特质的情况下崛起?

杜赫德说道,浦城县经常雇用不少于 1 万名的搬运工,穿越在福

---

① 译者注:卫匡国,原名马尔蒂尼(Martino Martini,1614 年 9 月 20 日—1661 年 6 月 6 日),天主教耶稣会意大利籍传教士,汉学家,被称为"西方研究中国地理之父"。
② 《北京传教士关于中国历史、科学、艺术、风俗、习惯及其他之论考》,第一卷,第 275 页。(*Mémoires des Chinois*, tome. vi., p. 275)

建和浙江之间的山区运输货物,这是从福州到杭州和大运河的直接路线。这条山口绵延30里,沿途许多城镇,有许多供游人住宿的客栈①,从城镇、客栈和搬运工的数量来看,这条小路一定是常用的路线,因此,在闽江上来往于浙江省的交通量很大。

福州的贸易量也相当可观。根据1847年1月发布的《关于中国贸易利润的议会文件》,1678艘舢板的实际进口货物价值达到3177145美元;而1281艘舢板的出口价值则高达11654653美元。据史料记载,该港口装运的茶叶数量相对较少,我认为中国方面对这一记载是不准确的。令人困惑的是,北方的商人似乎并未提出抗议,反对那些对他们无利可图的禁令。因此,通过综合考量该河流的实用性,包括1813年至1816年间运往广州的茶叶数量、租船费率、河岸人口数量,以及港口现有的贸易量和河上交通状况,均揭示了其内部的活力与繁荣,展现了规模可观的贸易现实状况,以及未来增长的巨大潜力。目前,唯一欠缺的是英国商人的开拓精神与进取心。

广州的繁荣主要依靠对外贸易。它既不是我们向中国出口的消费地,也不是从中国进口的增长地,但是,无论贸易在多大程度上培育和培养了广东的国内新产业,人们的习惯、品位和性情在各地都是一样的,在任何一个可以扩大贸易的港口,都会产生同样的影响。

此外,如果希望扩大茶叶种植,将其作为一种进口商品的支付方式,同时也当作向中国扩大进口的主要获益手段,那么在哪里实现这一目标并取得同样的成功呢?答案显然是选择那些几乎全部产红茶的地区附近,而且这些茶叶目前都是通过一条迂回、冗长、昂贵的途径获得的。整条闽江及其支流,山川纵横,河水奔流,都是种植茶叶的好地方。事实上,在这里,人们可以看到野生茶树。也有很多理由认为,在武夷山地区,具备更优越的加工方法,其他地区必须也采用这些方法才能生产出供欧的茶叶。

---

① 杜赫德译本,第一卷,第87页。

关于闽江上游的桥下通航以及海上入港的问题，阿礼国先生说："根据获得的所有信息，必须相信，对一个有经验的领航员来说，进入这条河以及航行到罗星岛（Pagoda Island）①并没有不可克服的困难。世界各地许多繁荣港口也都伴随着类似的危险。"

"糟糕的航道与困难的航行无疑是缺点，再加上长期盛行的东北季风，在西南方向缺少一个良好的港口，这些无疑都是严重的问题和缺点，但仅此而已。"（《关于中国贸易利润的议会文件》，第10页）

我从曾在中国东海岸进行广泛调查的柯林森爵士（Capt. Collinson, R. N.）②那里得知，在低水位时，在一些看得见的岩石上固定一个"篮子"，那在一块从未覆盖过的地方（条约所赋予的特权）建起一座塔，在没有领航员的情况下，船只也可以在大风中驶入这个港口；而且，在适当的潮汐时刻，沿着这条河逆流而上，离城市不到10英里的位置，到达罗星岛的高度，比起泰晤士河（Thames）和默西河（Mersey），航行不那么复杂，也不那么困难。这条河有漩涡和水流，但在适当的潮汐时刻，它们不会造成障碍。

很久以前就有人提出，入海口的一些岛屿，特别是现在叫作"马尾"（Wo-ga）的岛屿，具备成为一个贸易港的一切条件。这里有充足的水源，而且锚泊地和河中的任何地方一样安全可靠，距离同从广州到莲花山水道（the second bar）的距离差不多。如果认为在这个时候建立茶叶贸易是明智的，那么劝说茶商把茶叶运到这个港口也是不难的。在这里，和在广东一样，建造一艘合适的船不会造成什么障碍。这艘船被称为有执照的船，小艇是专门为对外贸易而建造和使用的。如果将来与中国发生冲突，这个岛屿是否会成为手中重要的商业据点，这可能是一个需要慎重考虑的问题。

---

① 译者注：外国人汉译为"宝塔岛"，为福州闽江口马尾港附近的罗星山的罗星塔，又称"塔锚地"。
② 译者注：海军上将理查德·柯林森爵士（Richard Collinson，1811年11月7日—1883年9月13日）是一位英国海军军官和西北航道探险家。

虽然不是要提倡任何形式的垄断,但我必须说明,与福州府进行贸易的特权在东印度公司的特许期内被获得,由于企业团体在统一追求利益方面较于个体商人具有优势,在不到4年的时间里,大部分红茶将从这个港口运出。和广东的茶农们签订合同,钱通常也是预付的,但在协议上有一个简单的区别,就是他们把茶送到福州,而不是广州。我相信,茶商们乐于接受这一改变,因为这样可以不再忍受长途跋涉的折磨以及长期离家的痛苦。

正如阿礼国先生所言:"仅凭时间就可以证明,这个港口的优势在本质上是如何促使英国商业界从广东转移他们的资本,并在福州投入同样多的精力和才智;毕竟,这个港口与茶叶和英国农产品市场的前景息息相关。"(引自1847年1月《关于中国贸易利润的议会文件》,第10页)

在发现好望角航线后的近半个世纪里,威尼斯仍然保持了与印度的大部分贸易。因此,对广州的明显偏爱和对福州港的不信任,可以为历史提供另一个例证:"当任何一个商业分支进入一个特定的渠道时,尽管它可能不是最合适或最方便的,但要从这个渠道转变到一个不同的方向,却需要时间和大量的努力。"

虽然相信这不是无关紧要的话题,但在一段长时间的题外话之后,还是回到的话题上来。由于禁止海运茶叶,有关武夷茶的运输需要其他安排。这些大箱子虽然已经减小了尺寸和重量,但对于内陆运输来说,体积还是太大、太重。最后,经过几次试验,宜采用普通工夫茶箱子的形式被发现了。于是这样一个结实的箱子得以做成,上面有粗印的市场名字或题字。汉字字体很大,十分醒目,以区别于普通的工夫茶。因此,打算用于制作船只地板的大箱子又不得不在广州准备和包装。但是,现在的包装工作是冒着被广州十三行行商发现的危险进行的。而且价格取决于对包装的样品进行检验,而不是像其他情况一样对未包装的茶叶进行检验。

这种茶的叶子,无论采自武夷山或和平县地区(Wo Ping districts),

如前面所观察到的,都是由通常收获后留在茶树上的老而粗糙的叶子组成的。苏兰(Suey Lan)说,这些叶子是在7月和8月采摘的,但不会在9月或10月之前被购买。人们把茶树的枝干弯下来,用最粗鲁的方式把它们剥下来,就如福琼所说的那样,用手沿着树枝移动,有时用食指和拇指夹一把竹刀进行采摘。然后,它们被包装在篮子里,暴露在阳光下或空气中一小段时间。

图 8-1　烤房

在武夷地区,商人通常会将自己承包的茶叶或购买的未加工的茶叶送到自己的包装公司进行烘烤,这一过程通常持续两天。在和平县地区,茶叶有时装在篮子里,但通常装在小桶里,然后送到广州,在那里它们会经历类似的烘烤过程。当被拿进烤房的时候,茶叶被筛分,并堆成一堆,然后松松地装进"竹筐",轻轻放在一起,稍微有些松散以便加热空气的进入和循环;同时,筐内还会用软纸做衬里以防止茶叶漏出。

为达到这个目的,在广州建造的房屋由砖砌而成,按要求分成尽可能多的房间,全部都在一楼。每个房间前面都有一扇门,底部有一个小开口,安装了一个滑动装置,可以随意打开和关闭。这个小孔用来放一个长耙,当木炭处于完美的点火状态时,用这个长耙将木炭搅动和分散开。在每个房间的尽头,对着折叠门,有一个方形的开口或窗口，用百叶窗遮挡，向外打开，当需要时，将百叶窗打开以彻底通风、点燃木炭，或将充分烘烤的茶叶冷却。为了完全冷却茶叶，门也会被打开，以产生穿堂风。在地面或瓷砖地板上，会建造一个通道，或一个大约 16 英寸宽的容器，几乎相当于每个房间的长度，在这个容器或打开的炉子中，木炭被堆在便捷的距离，直到被分散开并正确点燃。一个用小木柱粗犷地搭建起来的开放式框架，被分成 6 层，以便用来放篮子，这样每个房间的两边就都被占据了，木炭被放在两个框架之间的中心。这些框架用 2 英尺高的方形砖墙柱撑起来，并以必要的间隔来支撑这一过重的重量。篮子被放在架子上，两侧一边一排，篮口对着炭火。每个茶叶篮的口部都用一层薄片封住，这层薄片主要是旧茶叶罐的一部分，以保护茶叶不受高温影响。篮子的背面离墙有几英寸的距离，这样热量就可以在整个支架和筐的每一部分自由流通。每层可以容纳 20 筐，房间一边能放置 120 筐。通常几个房间一次性足以容纳 400 箱武夷茶，每箱重 132 斤。所有房间足以放置 528 担即 70400 磅茶。

行商鳌官（Goqua）① 说，他的储藏室里每个房间放有 300 筐茶叶，每筐茶叶重 50 斤；干燥持续 3 天，每 6 小时换一次炭火，以每次 2.5 担或日夜 10 担木炭的速率，从而使木炭的消耗量足以干燥 30 担到 150 担的茶。1 担茶重 $133\frac{1}{3}$ 磅。

下面是行商昆水官（Conseequa）②，章官（Chunqua）③ 和鳌官（Goqua）的三组行商茶叶干燥室的尺寸。

---

① 译者注：广州十三行行商之名某官，是外商的尊称。嘉庆十六年（1811）承充东裕行商人的谢鳌［原名谢嘉梧，原籍福建漳州府诏安县，西名 Goqua，早年为通事，乾隆五十七年（1792）被粤海关派往澳门，催各大班上省料理买卖］。

② 译者注：昆水官或称潘昆水官、潘昆官、坤水官，为丽泉行洋商潘长耀使用的商名。嘉庆元年（1796）创设丽泉行，道光三年（1823）病故。因生意亏折，家产被查抄。

③ 译者注：东生行刘德章（商名章官，英文称 Chunqua）祖籍安徽，于乾隆五十九年（1794）开始当行商，道光五年（1825）病故，之后行务主要由长子 Irw Chingshoo 接充。

表 8-1　　　　　　　　三组行商茶叶干燥室尺寸对比

	昆水官		章官	鳌官
	腕尺（Cubits）	英尺	英尺	英尺
纵深	28.5	34.9	32.5	41.5
宽度	9.5	11.7	11	14.7
高度	10	12.2	11.8	15.2

章官茶叶干燥室的窗户长 2.6 英尺，宽 1.1 英尺。与昆水官的说法一致，章官的厂房一次只能干燥 240 筐，即 140 担茶；因此，正如鳌官所提到的，每筐茶的重量是 58 磅，而非 50 磅。

这样烤好的茶与在和平县①烤好的优质和平茶混合后装在木桶里走水路运输，有时候也掺杂陈年低级工夫茶或绿茶。这种混合物是根据要求的质量来混合的。确定比例后，茶叶会被堆成一堆，以便形成质量统一的混合物。

每一个行商都有一个专门混合茶叶的货栈。隔间的木制地板略高于一般水平的地板或仓库地面。同时这个隔间装有滑动面板，用来固定茶叶，随着茶在包装过程中体积减小，这些面板会逐渐被移走。它的尺寸大约是 50 英尺长，12 英尺宽，8 英尺高。隔间大约长 50 英尺，宽 12 英尺，高 8 英尺。在货栈内，会用篮子给茶叶称重，以确保每一筐的重量一致，每一大筐茶叶的平均重量约为 172 磅。

砖茶

砖茶（brick or tile tea）的名字显然源于它的形状，也许有助于推测它的体积。然而，它的形状和重量差异很大。帕拉斯（Pallas）、穆尔克罗夫特（Moorcroft）②和认识的一个中国人［后来不幸被流放伊犁（Ili）好几年］提供了一种砖茶，平均长 16 英寸，宽 5.5 英寸，高

---

① 北纬 24°30′，东经 114°45′。
② 译者注：威廉·穆尔克罗夫特（William Moorcroft）出生于英国兰开夏郡，东印度公司的马匹事务督理，自行在喜马拉雅地区、中国西藏和中亚进行广泛游历。

1.5英寸，重7.5磅。但是福尔科纳博士看到的砖茶是边长9英寸的立方体。

这些砖茶不仅大小不同，而且外观也不一样。有些似乎由潮湿叶片组成，并且呈压扁状态；① 有些叶子好像在水里浸泡过，几乎变成纸浆。或者在干燥时粉碎，然后再湿润。这些叶片的棱角形状、形状和坚固程度清楚地表明，在砖茶形成过程中使用了模具和巨大压力。据说，砖茶粘合力来自将叶子浸泡在动物血清中的过程，或者说是撒了米浆的结果。当发现叶片由于老化或其他缺陷而缺乏粘性时，可能同时使用这两种方法。尽管不知道这种茶的确切制作方法，但确信，当叶子处于幼嫩或适当成熟的生长状态时，其含有的黏稠汁液足够使它们以任何形式保存下来。因此，制造茶叶必须时刻注意，以免茶叶凝结成块。诸如珠兰、龙团和珠茶等小部分茶叶品类具备这种自然凝聚力。事实上，所有的茶都有同样的特点，因为茶叶中所含麸质经过加热和加工使叶片的卷曲度固定不变。

然而，我们认为这种茶大部分质量低劣，可能与常见的武夷茶属于同一类，因此叶片缺乏天然的黏稠胶质。因此，很有可能采用了上述两种方法来凝结叶子。所以，是否使用凝胶状液体可能完全取决于茶叶的质量。

这种茶叶大部分产自四川省——毗邻西藏的边境省份之一。茶叶用编篮（basket-work of grass）打包，在西番（Sifan）②（穆尔克罗夫特说拉萨）进一步用生牦牛皮包装，有毛发的那一面向里，接缝用皮条缝齐整。③ 运往蒙古（Mongolia）的砖茶像其他茶叶一样装在盒子和罐子里，茶叶也可能产自中国其他地方。

位于蒙古最西端的伊犁是中国最主要的流放地，砖茶在那里被称为湖茶（Hu Cha）。因此，西方猜测它来自与四川毗邻的湖广（Hu

---

① 《穆尔克罗夫特之旅》（*Moorcroft's Travels*），第1卷，第350、351页。
② 译者注：亦作"西藩""西番"。笔者指古代对西域一带及西部边境地区的泛称。
③ 《穆尔克罗夫特之旅》（*Moorcroft's Travels*），第1卷，第350页。

Guong)。

帕拉斯在泛黄且粗糙的砖茶包装上发现一段蒙文，经过翻译和字法分析，这张纸所包裹的茶叶实际上产自江南地区。

中国人说，上等砖茶产自武夷山。我收到一些武夷山红茶样品，其中一种叶片完全卷曲并被强力压成长方形，另一种几乎看不出叶片形状。这两种茶叶见于亚洲文会博物院（the Museum of the Royal Asiatic Society）①的一种药用茶，即普洱和砖茶标本。最初提到的两个标本性质不同：第一个茶叶品质优于许多英国进口的工夫茶，一直是家用的。另一种质量较差。正如所猜测的那样，这表明茶叶质量与形状可能没什么关系。此外，压缩形式的砖茶在许多情况下具有优势。再说，这里提到的茶可能是穆尔克罗夫特所说的从莎车（Yarkand）运到布哈拉（Bokhara）的优质茶，那些茶是装在箱子里的，而不是包裹在皮里。

这种砖茶广泛流行于中亚的每一个地方，从东部的韩国湾（the Gulph of Corea）②、中国长城（the Great Wall of China）到西部的里海（the Caspian Sea）；北起阿尔泰山脉（Altai），南至喜马拉雅山脉。该茶风靡西伯利亚（Siberia），高加索（Caucasus）部分地区也在饮用。简而言之，是卡尔梅克（Calmuc）和蒙古人（Mongolian races）存在的地方，砖茶都被广泛使用。贝尔佳（Berga）说："卡尔梅克人是这种茶的主要消费者。"正如爱丁堡的评论家所言，"就像博尼费斯（Boniface）的麦芽酒一样，它是卡尔梅克人的食物和饮料。它与牛奶、盐和黄油混合在一起，形成一种更丰富的饮食。这种准备工作需要时间和细心，而'沏茶'（tea-cook）是每一个卡尔梅克人的重要家庭工作"③。

---

① 译者注：1874年（清同治十三年）亚洲文会博物院（又名上海博物院）创立。隶属亚洲文会北中国支会，馆址设于圆明园路（1886年改名博物院路，即今虎丘路）5号。
② 译者注：现黄海北部，鸭绿江口海域。
③ 《爱丁堡评论》1817年8月，第306页。

这种茶遍布中亚各地。曼宁①是唯一一个进入拉萨的英国旅行者,他遇到过几支满载这种茶的牛篷车队。穆尔克罗夫特在拉达克(Ladakh)逗留期间,遇到一队来自拉萨的商人,有许多牦牛满载砖茶;还有另一支来自莎车(Yarkand)的商队,由25匹马组成,带着羊毛披肩、毛毡、茶叶和丝绸。

1828年,季姆科夫斯基(Timkovskii)②随俄罗斯大使馆前往北京时,也经常遇到运载这种茶的大篷车。据他描述,这条路虽然并非驿道,但仍有很多商人和旅人来往。

"在接近库伦(Ourga)的时候,遇到了一支庞大队伍,由一个扎萨克(dzassak,蒙古语'执政官'的意思)、他的家人(包括母亲、妻子、弟弟、妹妹)以及众多骑着好马,手持弓箭的侍从组成。尤其是那些女人,她们那红润的面容和华丽的服饰格外引人注目。他们穿着漂亮蓝色缎子的长袍,戴着貂皮帽子。他们的缎带是用银织成的,上面还装饰着大的红玉髓(cornelians),甚至连他们的马鞍也用玉髓装饰。"季姆科夫斯基补充说:"集市上的女人们(他称之为'亚马逊人')毫不胆怯地走近他们,表示友好。"③

大使馆一行人在库伦逗留期间的一次短途旅行中,遇到了一群布哈尔人(Bucharian),他们用140头骆驼载着砖茶从库伦到乌里雅苏台(Ouliassoutai)(第121卷)。另一次旅行中,看到一支有200辆车的商队。他又在草原上看到400头牛。后者是为俄罗斯市场运送上等茶叶的山西商人。他说在冬天用骆驼运送下等茶叶。当他们从大约340英里远的绥化府(Sue-hoa-foo)来到北京时,经常遇到驮着砖茶的骆驼商队。

---

① 译者注:最早到达拉萨的英国人是谍报人员托马斯·曼宁(Thomas Manning,1772—1840),他于1811年底乔装打扮潜入拉萨生活了4个月。此人的旅藏日记后来由克莱门茨·马尔科姆(Clements R. Markham)整理编撰并于1876年在伦敦出版,题为《乔治·波格尔西藏见闻及托马斯·曼宁拉萨之行纪实》(*Narratives of the Mission of George Bogle to Tibet and of the Journey of Thomas Manning to Lhasa*)。

② 译者注:季姆科夫斯基(Тимковский Е. Ф.,1790—1875),于1820—1821年作为商务专员护送俄罗斯东正教第十传教团赴北京。

③ 《阿美士德勋爵使华记》(*Embassy to Peking*),第1卷,第75页。

季姆科夫斯基描述了1729年发生在库伦附近的鄂尔浑河（orchon）岸边的一场盛典，在此援引这段描述，不仅因为事件本身有趣，而且它展示了这种砖茶在蒙古和西藏经济生活中的重要性。事实上，砖茶的普遍使用使其具备流通媒介或货币用途。这里提到的这一事件发生在一位新的呼图克图（Koutouktou）① 大喇嘛册封仪式上。在收到皇帝赠礼后，呼图克图将双手放在安班（一名中国官员）头上先后为皇帝、喇嘛和民众祈福。② 出席此次盛典的库伦商人献上350件绸缎和400箱砖茶。③

盛典上还包括了摔跤、射箭和赛马等活动。赛马场长18俄里（约12英里）。第一场1110匹马同时奔跑，第二场1627匹6岁的马跑了16俄里，第三场985匹4岁的马跑了12俄里，每一场最后都会选出100匹马作为胜利者。

在两天比赛结束后（7月8日），所有蒙古人回到库伦。人们搭起一座装饰华丽的帐篷，摆放着几尊神像，并用银器焚香。呼图克图进了帐篷坐上宝座，众贵胄按事先分好的位置落座。银杯里的砖茶被端了进来，献给呼图克图和他妹妹。呼图克图尝过以后又放回去，吩咐给每只茶壶里倒一点。当这一切完成后，这种茶被送上来，先呈给呼毕勒罕（Koubilgon）④ 和大喇嘛（Dalama），然后给所有尊贵的人。至于没有杯子的人，以手代杯喝茶。继而分发奖品。第一名摔跤手可得1柄鸟枪、1件铁甲、15头牛、15匹马、100只羊、1头骆驼、1000块茶砖、一些绸缎，还有几张狐狸皮和水獭皮。其他摔跤手则根据他们的力量和敏捷度得到相应的礼物。蒙古人每年都会聚集在一个部落领主附近庆祝类似节日。⑤

通往伊犁的路要经过哈密（Hami）。长城以内道路通常以百里划

---

① 译者注：清朝授予蒙、藏地区喇嘛教上层大活佛的封号。
② 《阿美士德勋爵使华记》，第1卷，第100页。
③ 《阿美士德勋爵使华记》，第1卷，第101页。
④ 译者注：蒙藏佛教将修行有成就、能够根据自己的意愿而转世的人称为"朱古"（藏语）或"呼毕勒罕"（蒙语）。
⑤ 《阿美士德勋爵使华记》，第1卷，第101—105页。

分；长城以外特别是在穿越坚硬的戈壁沙漠时，由于缺水，道路划分是不规则的，跨度达120里和140里。沿途的驿站都设有小客栈，旅人可以在那里当场购买或者到几公里以外的地方买到水。而且，晚上任何时候都可以买到茶。因为在夏天，由于沙漠炎热的气候条件，中国人选择在夜间旅行以避开高温，白天则休息。①

穆尔克罗夫特描述西藏的藏民一天吃三餐：第一餐是茶；第二餐是茶或粥（如果不喝茶）；第三餐，上层阶级吃肉、米饭、蔬菜和饼，下层阶级吃汤、粥和饼。早餐时，每个人大约喝5—10杯茶，每杯大约含有1/3品脱茶叶；当最后一杯茶吃了一半，藏民就把剩下的大麦粉与茶混合在一起吃下去。② 午饭时，能买得起茶的人会继续喝热茶，吃面饼，配加了黄油和糖的小麦糊。穷人不喝茶，而是用2份大麦花加水或盐的肉汤一起煮，直到它变成粥那样浓稠。上层阶级的晚餐由绵羊、山羊或牦牛的肉组成，并搭配米饭、蔬菜和小麦面饼一起吃。穷人在晚上吃和中午一样的大麦粥，或者用新鲜蔬菜，或者用干萝卜、水萝卜、卷心菜（如果有的话）连同硬面团和小麦粉一起煮成汤，加盐和胡椒调味。几个世纪以来，饮茶在富裕的藏人（Tibetan）中间很普遍，但直到最近60年才普及。同一时期，茶叶扩张到布哈拉（Bokhara）和克什米尔（Kashmir）地区，简单冲泡茶在旁遮普（Punjab）和喀布尔（Kabul）也越来越普遍。③ 此外，米格农上尉（Capt. Mignon）在穿越波斯（Persia）、高加索山脉（the Caucasian Alps）和格鲁吉亚（Georgia）的旅途中记述，在整个波斯北部地区茶作为饮料正变得非常普遍，尽管价格很高。他在大不里士（Tebriz）④ 见过它，它在阿塞拜疆（Aserbi-

---

① 我收藏的一份葡萄牙语撰写的手稿（Portuguese M. S. in my possession.）。
② 原因是，"浮在水面上的油渣太珍贵了，不能丢掉它。饮用时，把它吹到一边，与麦芽粉混合，再用手指好好揉捏，作为盛宴的结束"［Tumer Samuel,《觐见大昭寺喇嘛纪实》(Embassy to the Teshoo Lama)，第176页］。
③ 《穆尔克罗夫特的喜马拉雅山之旅》(Moorcrofts Travels in the Himalayan Mountains)，第一卷，第328—331页。
④ 译者注：大不里士是伊朗第四大城市，东阿塞拜疆省省会。

joum）被广泛使用。伯恩斯（Burns）说，他相信布哈拉人（Bokharians）对茶的喜爱是无与伦比的，因为他们随时随地都在喝茶，用六种方式喝——加糖和不加糖，加牛奶和不加牛奶，加油脂，加盐等。①

穆尔克罗夫特说在西藏准备 10 人份早餐需要约 1 盎司砖茶和等量苏打水，在 1 夸脱水中煮 1 个小时，或直到茶叶充分浸泡。然后将它过滤，混合 10 夸脱沸水，沸水中已溶解 1.5 盎司化学盐。然后，整个奶油和黄油一起放进一个狭窄的圆柱形搅拌器里，用搅拌棒充分搅拌，直到它变成光滑的、油性的、棕色的液体，颜色和稠度像巧克力，继而将其转移到茶壶里立即使用。②

可以看出，这里描述的混合物不含面粉，穆尔克罗夫特明确表示藏民喝茶不使用牛奶，而蒙古人喝茶是加牛奶的。用牛奶而不是水来稀释浓烈的茶汤是一种饮用方法上的改进，人们不是作为饮料而追捧茶点，而是汤或饭。不过这可能取决于口味和环境，比如巧克力的使用等。

曼宁先生描述了西藏地区的泡茶方式：在铁制容器中放入少量面粉，用慢火加热至稍焦。再加入一小部分黄油搅拌为糊状。每隔一段时间加入一部分浓茶汤，不断搅拌使其充分混合。然后用牛奶或水稀释，并像前面描述的那样搅拌。它是从一个容器倒进另一个容器里，前后反复好几次。因此它显然不只是一种清爽的饮料，而是一顿富有营养的饭。

当特纳先生在西藏访问大昭寺喇嘛（Teshoo Lama）时第一次见到这种茶，他一开始并喝不惯这种茶汤。但必须引用这位作者对此的评论：

> 不久，一个仆人来了，手里拿着一个上面有压花并且镶着黄色金属的白色大茶壶。他走近老爷（Raja）③，然后把茶壶转了一圈，

---

① 《走进布哈拉》（*Travels into Bokhara*），第一卷，第 277 页。
② 《穆尔克罗夫特的喜马拉雅山之旅》，第一卷，第 329 页。
③ 译者注：Raja 旧时印度的邦主、王公的尊称。

以搅动里面的东西使其混合后倒一些到老爷手掌里。老爷尽可能把手掌收缩成一个深凹形,然后匆匆喝了下去。这是一种既不优雅也不精致的习俗,但出于对古代频繁使用毒药的防范,加之小心谨慎的民族特性使得这种习俗被广泛推崇,并保存至今。无论向客人介绍茶点的人地位卑微或高贵,都是食物安全的第一责任人,因此绝不会在没喝过自己端的茶之前擅自给其他人喝。

老爷伸出右手手指举起浅漆的盛满茶的小杯子。3个杯子送来放在面前,老爷命令仆人将杯子装满。他仍右手持杯,用低沉而空洞的声音重复了一遍长长的祈求。然后,他用手指在杯子里蘸了3次,把同样多的茶滴在地板上,作为一种奉献,然后开始啜饮他的茶。发现这种茶和以前喝过的同名茶大不相同,它是由水、面粉、黄油、盐、武夷茶,以及其他一些有涩味的成分,经煮沸、搅拌、充分混合而成。这种混合饮料根本不合的口味,一直尽可能不喝这种难以下咽的茶,但现在必须入乡随俗,最后还是优雅地吞下了茶。但在仪式结束时,发现自己还是有所欠缺。老爷出人意料地灵巧地把杯子转过来,用手紧紧握住,并立刻用舌头将杯子舐净,再用一块鲜红色丝绸将杯子包裹起来,丝绸十分干净,没有被用过。和一起进来的军官不被允许参加这次宴会,不过要不是为了这次宴会的荣誉,也不愿意参加这场宴会。①

作者在另一部分说:"藏民朋友偏爱酥油茶(the buttered tea),则选择围坐在草地喝着一大锅汤。马夫和侍者模仿围成几个小圈,轮流用着杯子和烟斗,气氛十分欢快。"②

然而,对酥油茶的厌恶很快就转变了。特纳上尉在这句话中承认了这一点:"不仅生活习惯使这种成分符合的口味,经验也充分证明温热

---

① 特纳:《觐见大昭寺喇嘛纪实》(*Turner's Embassy to the Teshoo Lama*),第69页。
② 特纳:《觐见大昭寺喇嘛纪实》,第180页。

液体在任何时候都有助于减轻疲劳。从来没有像现在这样热衷于赞扬乡村的舒适生活,因为一直认为,每个人在长途旅行结束后首先要给自己弄一碗热茶。"①

可以说,特纳先生对酥油茶的厌恶只是源于一种失望和不习惯,虽然这种事物本身是好的,但被错误期待时就会使人心生厌恶。热巧克力可能也会产生类似效果。这也表明旅者由于过分相信第一印象而可能造成误解。同样奇怪的是,当特纳上尉发现酥油茶在漫长而疲惫的旅途中并不是那么可鄙的东西后,他仍对其抱有偏见。他并没有将缓解疲劳归因于茶叶中的某些活性成分,而认为这完全是热水的效果。

曼宁先生发现酥油茶非常合他的口味,所以他回到英国后,常常将其当作早餐。如果不是因为制作这种茶太过麻烦,这种茶可能会为英国劳动阶级提供一种令人耳目一新的、广泛接受的、经济实惠的餐饮。印度人的饮食相当单调,所以茶对他们来说是神的恩赐。

富裕阶级使用银或镀银的铜及黄铜制成的茶壶,或以花卉和树叶命名,装饰以豹子、鳄鱼、龙或大象头等浮雕或金银制品,穷人用纯铜或镀锡的铜茶壶。每个人都随身携带着自己的杯子,少数是中国瓷器,比较常见的是七叶树结(knot of the horse-chestnut)制造,镶着银边或完全素色。每年约有5000件中国成品茶壶从比沙哈(Bisahar)出口到加尔多克(Gardokh),每件价格达6卢比。②

穆尔克罗夫特在对拉达克(Ladakh)茶叶贸易的调查中发现从英国的比沙哈属地进口的大量茶叶分为红茶和绿茶。然而两个聪明的当地人告诉他红茶产自落叶树,所以比沙哈红茶可能不是真正的茶树。绿茶是一种常青灌木的产物,但高度很少超过4.5英尺。3—5英尺的高度是茶树人工栽培的高度,而不是自然生长的高度。

---

① 特纳:《觐见大昭寺喇嘛纪实》,第195页。
② 《穆尔克罗夫特的喜马拉雅山之旅》,第1卷,第329页。

穆说，茶树的生长范围可能比所想象的要广泛。据说从尼泊尔（Nepaul）回来的清军在日加奇（Zigachi）附近采集一些灌木叶子饮用，而用他们的茶叶换取当地烟草。这些信息于1821年传达到孟加拉政府，不管怎样，这个问题事关国家利益，理应充分调查。①

第九章　绿茶的制作过程

绿茶——熙春茶树（the hyson shrub）是松萝茶树（the singlo shrub）的改良品种——收集和处理——烘烤器具——熙春茶的处理方法——颜色并非人为的——后续操作——将茶叶过筛分为珠茶、熙春茶、皮茶和雨前熙春茶——屯溪茶——中国人描述的操作方式——绿茶的人工着色——实验确定是什么决定了绿茶的颜色——绿茶的人工着色（续）——沃灵顿先生（Mr. Warington）对这个问题的研究——通过蒸汽实验观察机械对人力的节省

与国外市场有往来的绿茶种植在江南南部的徽州府（Whey-chew-fu），熙春茶（the hyson tea）主要产自休宁县和相邻的婺源县。休宁县位于北纬29°56′，东经118°15′；婺源县位于北纬29°12′，东经118°。一种粗制松萝茶从位于北纬30°15′的太平县运来，据说这是生产出口茶叶的最北端。

外国人所知道的绿茶可以分为熙春茶和松萝茶两类，所有其他种类茶叶都源自这些灌木，而且有很多理由认为熙春茶也是产自改良土质和耕作后的松萝茶树。

中国人普遍认同江南各地都产有松萝茶，但有人断言，在休宁县和婺源县附近山丘上生产的茶叶不是松萝茶。虽然这种说法不能涵盖这个地区的所有茶叶，但在中国作家看来，休宁县的松萝山是最早发现绿

---

① 《穆尔克罗夫特的喜马拉雅山之旅》，第1卷，第351页。

茶的地方，因此得名"松萝"。① 然而，似乎很早的时候，这些城镇附近出现了一种新文化模式，即将山上的野生灌木移植在平原上，一般是围绕田地边缘种植、施肥，这种栽培方式给灌木带来了巨大改进。因此，在山上种的茶叫作山茶（Camellia），而在平原上种的茶叫作园茶（Garden tea）。因此，在这些地区，古老的"松萝"一词似乎已经被较新的山茶和园茶分类所取代，以至于今天的一些中国人不愿意承认这些茶原本一样。

普遍存在的证据不足以证明茶叶同一性的事实，将在下文简单地陈述在这个问题上收集到的资料。首先，杜哈尔德观察到"茶叶只有两种：一种由江南的一座山命名的松萝茶；另一种是福建武夷出产的红茶。"在中国休宁县和婺源县地区（也就是今天的熙春茶产区）的统计工作中，"茶"一词的含义如下："其云松萝茶者，称佳品，须得地气，又加人工，未易为也。"② 休宁县志记载"邑之镇山曰松萝，远麓为琅源，多种茶，僧得吴人郭第（Ko Ty）制法，遂托松萝，名噪一时，茶因踊贵。僧贾利还俗，人去名存。十客索茗松萝，司牧无以应。徒使市肆伪售"③。松萝茶作为熙春茶区最好的茶，广受作家推崇。对于那些国家统计报告的编写者，如果他们忽略了一种本质上不同于松萝茶的茶，尤其是一种比松萝茶更好的茶，那将是一种显著的疏忽。

公元1688年出版的《秘传花镜》记载了大量植物花卉信息，其中这样写茶叶："江南产茶为"松萝、伏龙、天池、阳羡等类，色翠而香远……近日闵茶以松罗杂真珠兰焙过，而香更烈者"。松萝茶品在江南茶中名列首位，而且只有现产的熙春茶（Hyson tea）有标志性米仔兰味道。因此，这种情况特别是卓越的风味，没有任何人为手段加以改善，似乎要归功于这种茶的栽培与加工技术。相比现在的任何一种松萝

---

① 杜哈尔德把松萝山定位于北纬29°58′——也是徽州府，这似乎有误。据说茶农松萝山在休宁（Hieu-ning or Yew-ning）附近，距徽州府以南几英里的地方。杜哈尔德说松萝山"既不高也不广阔，覆盖着茶树灌木，和邻近山脚下相同，这种灌木被种植在山体两侧"。

② 《婺源县志》（*Moo Yuen Hien Chy*），宋代（公元960—1279）。

③ 《休宁县志》（*Hieu Ning Hien Chy*），康熙三十二年（1693）。

茶或屯溪茶,这种茶与熙春茶的关系更大。这个问题可以从中国人的作品中得出结论,松萝茶最初被认为是江南产区最好的茶叶,它的名字取自现熙春茶区休宁县(Hieu Ning)的一座山名。

将提到茶业老手之一高茂(Cow Mow)的评论,他和东印度公司交情很深。资料指出:"茶叶历史悠久,原产于松萝山,后来在其他地方种植的山茶也被称为松萝茶。园茶(Yuen or garden tea)是种在茶园里的松萝茶,早在宋朝(960—1279年)就有记载。熙春茶以前被称为园茶,最早种植于休宁和婺源。康熙(Cang Hee,1662—1722年)年间,他的招牌(Chao Pay,firm or sign)上用了'熙春'两个字,于是不久后园茶也就被统称为熙春茶。"

另一位声望极高的蠃馨(Tien Hing)①字号茶商说道:"婺源与休宁种植的绿茶和在其他地方种植的有所不同。这种茶分为山茶和园茶两种。山茶叶子呈黄色,又小又薄,味淡,可制一般熙春。园茶种在菜园里,也种在田边和堤岸上。土壤必须用桐饼(Tong Ping)施肥才能使叶子变得厚实肥硕且颜色渐绿。园茶泡出的茶汤清甜芬芳,大大优于山茶。园茶往往经广州运往国外。逐渐地,每个村庄开始这样种植茶叶。施肥后,叶子变浅绿色,浓稠发亮,香气扑鼻,芬芳四溢。"蠃馨也同意"熙春"这个词的起源,并说那个人姓李(Lee),但他的商铺名叫熙春(Hee Chun)。②实际上,这个观点与"起源于宁波"这个说法不同。"看到欧洲人热切地询问一种叫'熙春'的园茶,而且欧洲人凭'字号'(Chop Mark)或者商铺名字(Chop or Firm)购茶,这促使商人普遍采用'熙春'这个词来指代茶叶,并改进栽培模式。"在我看来,这些观察结果结论性地表明,熙春灌木正是栽培改良的松萝。抛开

---

① 译者注:"蠃馨"原本不是人名,而是一种茶叶字号(品牌)的名称。购买这种茶叶的商人主要是英国东印度公司,他们在公司的记录上将这两个字拼成"Tien Hing",既用来指称这种品牌的绿茶,也用来指那位或那家茶商,而该茶商给东印度公司人员信函的署名也作"蠃馨"。

② 译者注:与史实不符。关于"熙春"一词的起源,学界多认为该词取自晋代潘岳《闲居赋》中"凛秋暑退,熙春寒往"一句。

第一编　中国茶叶生产加工报告

这个问题，继续看绿茶加工过程。

绿茶只有两次采摘期：第一次是四月二十（谷雨）至五月初五（立夏）之间，持续约 10 天或 15 天；第二次是在夏至（summer solstice）。一般采摘后，越早烤制的绿茶越好，而且要避免潮湿与阳光直射。① 但是并不能同时炒制所有采摘茶叶，有必要提前分类。为防止其受热变黄，工人将茶叶薄铺在地砖上，或放在竹箧上，或置于中国式庭院（Chinese houses and gardens）常有的矮墙上：该过程与晾青过程相照应，于下文介绍。工人时不时检查茶叶状况，如果受热或发酵颜色变黄，但晾晒过程中应尽量避免翻动。

必须了解的是，炒青、揉捻、筛分等茶叶操作不同程序都是在同一时间进行的，因此有许多人在工作。

当一些妇女为晾青过程准备叶子时，有的人则忙于挑拣混入新鲜茶叶中的茶茎，除尘后再进行炒制。中国人常说懂行的人才能杀得了青，因为这一工序很大程度上决定了茶叶品质。

由铁铸成的熙春焙茶锅，与用于制红茶的容器不同，如图 9-1 所示，其锅底更深，锅壁垂直，炉膛更低。

图 9-1　熙春焙茶锅

锅身由平滑的薄铁片制成，嵌在砖炉里。砖炉表面平整，锅口距炉

---

① 蕤馨观察到，如果烘烤推迟到第二天才进行或者叶片暴露在阳光下，叶脉会变红，影响茶叶风味。

灶表面5英寸，锅约深10英寸，因此锅底距炉面深度为15英寸，直径约为16英寸。锅内部因为长期炒制摩擦变得锃光瓦亮。

屯溪焙茶锅与制造红茶的器具相同：大约倾斜16度放置，炉灶也以此倾斜度建造。锅放置在炉面下方约9英寸处，锅深约8英寸，直径为24英寸。①

我看到绿茶产区的茶工以熙春茶制方式焙烤广州河南茶叶。读者应记得，同样的茶叶也用于制作红茶。除制茶外，广州的河南茶并未用于其他用途。

用干燥木柴烧成的火势较旺，以至于火焰高过炉面。锅底很快变得红热，温度高得无法忍受。然而，炒青者并不觉得过热。因此，这必须被看作是一个例子，在这个例子中，焙烤者希望展示他的技能，而不是一个被模仿的人。炒制中的茶叶冒出巨大水蒸气，手几乎不能在上面停留片刻。比加工红茶还要多的热量与蒸汽只是由于锅距灶台更深，限制蒸汽流动。

每次放锅中大约1.5磅茶叶，当发出噼里啪啦的声音时，先用一只手迅速搅拌一下，然后再用另一只手搅拌。由于锅温过热，炒青者不得不频繁换手。几乎在每一次换手后，茶叶腾空而起至距灶面大约6英寸处。炒青者手掌摇散开茶叶以去除蒸汽。这个过程一直持续到热度他无法忍受，然后在锅边放置2—3块砖头，将炒好的茶叶拢成一堆，传给另一个准备好篮子的人。锅里剩下的几片叶子要快速用湿布擦掉。

揉捻过程与红茶基本相同，将叶子捻成球状。正如前文描述，工人右手在上，左手在下，轻压茶叶，将其捻成卷曲状，然后松开手掌。这样一来，叶子以相同方向扭曲，有规律地团成球状。它们被铺在凉席上放入冷室。

揉捻过后的茶叶越早二次烤制，品质越好。但是，如果此时焙茶锅还没有完成烘烤所有新鲜叶子，则必须谨慎进行一次烘烤，否则托盘底

---

① 见附录。

图 9-2 炒茶

部的叶子容易变黄。

二次烤制茶叶所需火温大大降低，煤炭代替了木柴。然而，锅仍然特别热，用手触摸不能超过几秒。二次烘焙过程的关键是保持恒温，一名工人适时增减燃料以控制温度，一个男孩则站在炉灶附近频繁给茶叶扇风。①

在第二次烘烤中，炒青者先用双手轻压锅底茶叶，然后将其扬至空中，并且不停抖动以散开冷却。当蒸汽减少时，他开始再次用双手揉捻茶叶，如前所述。一般当茶叶失去大量水分及黏性物质后，无法产生明显蒸汽，也将不再黏附在一起。加上搅动过程中，叶片均匀受热自然弯曲成一团而互相分离。因此无须手动揉捻，经烤炉炒制后自动成型，但需在锅中频繁搅动。搅拌时，工人在锅底轻压茶叶，来来回回划圈搅动，一直到叶子变干。茶叶出锅时变成深棕色，甚至发黑。直到所有茶叶完成二次甚至三次焙炒，工人再进行筛选。

---

① 一份中国人的手稿记录："在第二次烘烤中，火势必须适中，并且不能心急。扇动以加速叶片的冷却也需要仔细谨慎。"

◆◆◆ 史料篇

图 9-3　炒青

在第三次烘烤中，实际上是最后的干燥，火的热量再次减弱，并降低到手可以承受几秒钟而没有太大伤害的程度。放入锅内的茶叶数量大大增加，烤制时间通过燃香（Che Hiang）来计算。风力吹干与烘干模式相似，正如第二次烘焙的最后阶段。这时，人们很好奇地观察着茶叶颜色变化。这种茶的独有特点是烘培过程开始时会产生一种果蓝色，很是讨人喜欢。

因此，很明显，绿茶的特殊颜色并不是混合色素，而是在加工过程中自然形成的。的确，如果稍微思考一下，就会发现欧洲人不可能建议中国人把茶涂成蓝色，这种做法一定源于中国人自己。正如叶片卷曲度是评判茶叶质量好坏的标准之一，色彩亮度也是。人为给绿茶上色的做法起源于中国人虚假提升次等茶叶品质，必须承认，外国人太容易被这些欺骗。更明智的做法是多品尝茶叶风味，少欣赏颜色。1688 年出版的中草药《秘传花镜》中提到松萝茶是蓝绿色的。雅各布森先生[①]在描述烘焙过程中的颜色变化时，又说："现在颜色变得更绿、更亮；但

---

① 《茶叶培养和制造手册》（Handboek v. d. Kult. en Fabrik. v. Thee），第 456 节。

是，确切地说，只有潮湿的叶片呈绿色，干燥的叶片呈蓝色。叶片随干燥过程逐渐呈淡蓝色调，类似于葡萄开花"。我将在下文提供这一事实的证据。以上这些因素表明，茶叶在烘烤一个月后才会褪去原来颜色。在茶叶的蓝色出现之前，工人们不能休息。因为直到那时茶叶才会完全干燥。三次烘焙重达33磅（25斤）的原叶约耗时10小时，并且需要一个烘焙师不断翻动。①

在中国，人们通常将干燥后未经分类的毛茶装在箱子里。青茶（Ching Cha）是分离皮茶、雨前茶和珠茶后的熙春茶，两者通常是由农民以毛茶状态出售。就在广州看到的茶样而言，我想很多熙春茶没有经过进一步筛选和分离就卖给了在广州的外国人。

赢馨说，"每个茶园从采茶到茶叶上市大约需两周时间，同时，众多商人到不同村庄购茶。有各种各样的茶出售，毛茶、青茶、精选的、未经挑选的、园茶、山茶，以及不同种类松萝茶。因此，完全了解叶片和颜色后才能作出明智选择。考虑诸多因素完成购买，将茶叶带回家后筛选出适合国外市场的品种。

叶片大而扭曲，且大小、颜色亮度几乎相同的茶叶形成熙春茶。

叶片大且张开的或粗糙且扭曲的，还有叶片大的、圆的、多节的，颜色几乎相同，形成上等熙春皮茶。还有颜色很好的薄而扭曲的叶子，还有黄色、叶片破碎的茶叶是中等品级。

颜色明亮，叶片小的、圆的、紧密卷曲的茶叶形成圆珠茶；更小的、更紧密卷曲的茶叶形成麻珠茶（the Che Ma, the hemp-seed, or small im-

---

① 在中国，似乎或未经筛选的茶要经过两次烘烤，而不是三次。如果小心控制叶子干燥，也不需要更多次。这种在低温下缓慢干燥的过程中似乎对这种精致的蓝色叶片的生产是必不可少的，在英国被商人们称为开花。通过快速蒸发叶片水分，扇风也加速了颜色的形成以及干燥过程。笔者通过实验发现，不扇风也能产生这种颜色，但不那么快。笔者还发现，在叶子快要变色的时候，把它们从火上拿下来，让它们稍微凉一下，也会产生同样的效果，然后再继续烤下去；但使用风扇更可取。坎普费尔观察到，日本人风干茶叶的目的是冷却它们，并固定卷曲度；但是坎普费尔认为这一过程发生在揉捻茶叶程序中（德国医生和博物学家作为医生在日本长崎工作，附录第11页）。笔者倾向于认为，坎普费尔在这一点上可能没有像往常那样准确；扇风是在烤的时候进行的，或者至少在这两种情况下都是这样。

perial gunpowder)。

硬挺且非常细小的嫩叶形成雨前茶①。细茶末和一部分杂质较多的茶末在中国著名瓷器产地景德镇②和其他地方出售；剩下的茶末和普通皮茶混合在一起。

现在，将描述我所看到的拣选河南茶叶的过程，其焙烤过程已经描述过了。

茶叶首先用细筛筛过，滤过茶末，这种茶末与中国部分地区出售的部分茶末相似，与皮茶混合在一起。再次通过另一个更粗的筛子筛，滤过雨前茶，扔掉无用的碎叶后烘烤大约 45 分钟 [1 炷香（one chiang）]，锅的温度参照上一次烘烤，然后像之前一样把它筛掉，用扇子把更多的皮茶扇掉后包装，即形成了中国最好的雨前茶。用最后一种方法扇掉的皮茶比用前一种方法更好，叶子可以更好地卷曲。平而粗的叶片被人工挑出，残叶形成劣质的雨前茶。滤出的雨前茶被放在一张大的圆形竹盘中，碎叶则混在皮茶中。

在上述筛选和烘烤雨前茶的过程中，其他男性被雇来簸选剩余的叶子，以从熙春茶中分离出皮茶。这里需要注意的是，在这个过程中，只有浅的、扁平的、黄褐色的叶子被筛出，而圆而多节的叶子，黄色的扭曲的叶子和粗糙的叶子，仍然和熙春茶混合在一起。于是，所有剩下的叶子都被倒在一张桌子上，4 个人被雇来一片片地把剩下的皮茶叶子拣出来。在中国，这种工作由女性进行。女工将每一片茶叶捻成形。这些叶子就这样被分离出来，和糠叶混合在一起，烤了 45 分钟。然后，尘埃被筛掉后包装起来形成优质熙春皮茶。

剩余的包括均匀的、扭曲的、明亮的茶叶经过 1 个半小时的烘烤、筛选和包装形成了皮茶。这种茶的质量可以和 Cow Mow 牌茶媲美，东

---

① 约翰·里夫斯先生观察到，"珠茶和雨前茶之间的区别是这样的：嫩叶经过长时间的揉捻形成了雨前茶经过圆形的旋转形成了珠茶"（引自东印度公司宪章中 1813 年议会论文的记载）。

② 北纬 29°15′，东经 47′。

图9-4 筛茶

印度公司通常出价44两或者3镑2先令/担。

将展开的和颜色暗淡的叶片挑拣出去后留下了最好的熙春茶,诸如赣馨和兰馨(Lum-Hing),东印度公司出价64两/担(3镑2便士/磅)。皮茶以同样的方式从熙春茶分离。因此,"高级熙春茶"需要投入大量劳动力和注意力,制作成本高昂。很明显,这一描述还可以说明,任何一种茶进入市场,必须同时增加中档和普通熙春茶的供应。因为如果中档茶不能广泛销售,就不能生产优质茶叶,很难想象外国人支付的任何价格能够弥补仅制作优质茶叶的劳动成本。事实上,如果信赖熙春茶商人的报告,种植在花园土壤中的熙春茶受到国外市场波动的影响很大。考虑到这些茶主要是供应国外市场,因此当需求增加或减少时,茶树被重新种植或移除。这些茶树占据了肥沃的土壤,而茶土很容易转换成其他用途,并且其价值太高,不允许被闲置。

上述茶树几乎不产出粗大的叶片,也没有珠茶。有几片圆圆的叶子,紧紧地卷在一起,很像茶,但是又小又平,毫无用处。这种低质归因于河南茶叶就像红茶叶子一样叶片较小和缺乏质感。还必须注意的是，通常这种颜色的亮度大大低于出口到英国的茶叶。事实上，它看起来有点像是人工上色的，或者用专业术语来说是染色。然而，它并没有生出黄叶。

在描述了自己所看到的之后，我将继续讲述所理解的熙春茶产区对不同种类的熙春茶进行分离和分类的做法。我曾在广州见过两次毛茶过筛，但由于不同的工序同时进行，加上工人数量庞大混乱，所以很难把过筛过程记录下来。八九个人同时在工作：有些人过筛，有些人烘烤，有些人用筛子把杂叶簸掉，有些人用机器扬，还有人把皮茶挑出来。虽然偶尔会拦住他们，在整个过程的每一个阶段采样，并记录下当时的每一个细节，但不能保证没有错误。账目可以在附录中查到。在这次调研中，我得到了朋友和同事约翰·里夫斯先生的帮助，他的发言更详细，也更准确。因此，目前的论述是全面调查的结果，也是在不同时间收集到的，以及在这里提到的场合所看到的。

买办们说，当他们完成采购并将毛茶带回家后，烘烤3柱香（2小时25分钟）时间，然后装入罐中。一个月内完成茶叶筛选工作，要用到四种不同类型的筛子：前三种粗目筛用来筛选熙春茶，另一种细目筛保留的是雨前茶。珠茶（gumpowder）用第三大粗目筛挑选，麻珠茶或者贡茶（imperial gunpowder）则用最小的细目筛。虽然通常说的是四种筛子，但实际使用的筛子类型和数量显然取决于茶叶的大小和质量，就像过程中的其他部分一样。据我了解，熙春茶产区通常使用七种筛子，也有使用五或六种筛子的情况。广州的河南茶叶由于叶薄且质劣，只需用两种筛子筛茶。但筛子类型的数量并不等同于使用次数。所谓的四种筛子是指先用四种筛子将茶叶分为五个主要部分，而不是仅仅是使用四次筛子。每种茶对筛子使用的顺序要求是不同的。熙春茶产区用粗目筛，广州使用细目筛。

第一道也是最细的筛子筛选毛茶，筛出雨前茶、麻珠茶或最小的珠茶和茶尘，我们称之为1号茶；第二道筛子筛分1号筛剩余的茶叶，筛出小叶熙春茶和大粒珠茶，称为2号茶；第三道筛子筛分2号筛剩余的茶叶，筛出中等大小的熙春茶，称为 3 号茶；第四道筛子筛分 3 号筛剩余的茶叶，筛出较大叶片熙春茶，我们称之为 4 号茶；然后继续将剩余的茶叶筛分得到大叶熙春茶，我们称之为 5 号茶。

5 号茶：大叶熙春茶茶叶会被烘焙，直到颜色达到所需的优良程度，一次烘焙两到三斤（每斤约重三到四磅），温度约为 90 ℉。烘焙时用大圆竹盘，拨拉茶叶以筛去皮茶或灰尘（6 号茶）。然后将剩下的茶叶摊撒在桌子上，手工挑出未卷的和多节的叶片，形成最优质的熙春皮茶①，剩下的茶叶则为熙春茶。

4 号茶：烘焙较大叶片熙春茶茶叶，火力稍微减弱，然后用同样的方法筛分，筛去茶尘，也称之为 6 号茶。然后对茶叶进行手工拣选，挑出疙瘩状、品质上乘的皮茶，剩余物为熙春茶。②

3 号茶：烘烤中等大小的熙春茶，火力再次减弱，时间不宜过久。然后用扇子扇出中级皮茶③，像以前一样留下熙春茶。

2 号茶：然后烘烤叶片最小的熙春茶，再用扇子扇掉叶片小的、薄的、卷曲的皮茶④，选出圆形珠茶，剩下的叶子是熙春茶。

1 号茶：雨前茶和小型珠茶以一种叫作风鼓机（Fong Kuey）的方式筛出，风鼓机是一种分离小麦和谷壳的机器。这台机器首先由中国人发明，然后比利时首先引人，其后进入英国。一些人说，风鼓机除了前面的风口外，侧面还有三个风口作用于茶叶。茶叶依其重力落下，最重的叶子从最靠近风扇的侧口落下，最前面的风口吹掉谷壳和灰尘。料斗的口部由一个侧面的木片巧妙地调节,,木柄靠在一个纵向的滑块上，它可以随意地扩大和关闭口部。由于这台机器功率很大，所以风扇的把手转动得很慢。

第一个步骤是将雨前茶从包含小型皮茶、灰尘的混合茶中分离出

---

① 优质花型，颜色明亮，叶片多节。
② 中等花型，叶片颜色明亮且卷曲。
③ 中等花型，叶小而卷。
④ 在筛选 4 号和 5 号茶叶的过程中，除了被风吹走的灰尘外，还有一种质地较硬的皮茶或灰尘沉淀到竹筛的底端。这种茶会被刮取，并与茶末混合，在中国出售，有时与皮茶混合。

来。为了达到这个目的，料斗的口几乎是关闭的，这样茶叶就被簸掉了四五次。在第一次扬尘时，从第二口筛出的茶是一种混有灰尘的茶末，只有细小的尘埃能通过前口。在另一个扬谷器中，从第二口出的茶和厚重的皮茶混合在一起，从前口筛出的茶叶和茶渣混合在一起。经过筛扬后，雨前茶再次通过和以前一样的筛子，混合着皮茶的叶片较大又卷曲的茶叶在顶部被撇去，残渣形成雨前茶。漏斗的口现在变宽了，雨前茶又慢慢地被筛掉了，当麻珠茶或者小型珠茶从第一个口掉下去，雨前茶从第二个口被筛掉。

在烘烤熙春茶的过程中，也就是在筛分和分类的过程中，人们非常注意茶叶的颜色。虽然用指定的衡量时间发工具熏香（45分钟）调节烘烤过程，但这个工具与其说是规则不如说是一个参考。因为，随着焙烤过程接近尾声，人们常常会将茶叶取出，与保存的样品进行比较，而焙烤时间会随着接近样品颜色的程度或增加或减少。上等熙春茶（巉馨与兰馨）从第三道和第四道筛子中被筛分出。可以看出，茶烤得越久，叶片越卷曲。

现在的茶在颜色和叶片都被同化了，并被适当地分类，按照熙春茶的类别排序，如皮茶、雨前茶和珠茶；这些茶类再次按照它们的品质进行排列和混合，这些品质在包装茶叶时已经记录下来了。

在阴历六月或七月（公历7月或8月），采摘茶叶结束后进一步安排综合采购的质量，相似品质的茶叶成堆累积至足够数量，形成品种整齐的茶垛或者茶包，就熙春茶来说是大约100箱或者更多。每个茶箱都事先称重，以便重量一致。绿茶不用脚踩，而是简单地晃动地上的箱子来包装。据说熙春茶在包装前要烘烤三四炷香，雨前茶则需10炷香。因此茶是热腾腾的。据说珠茶和皮茶在包装前不需烘烤；但是，这当然要视情况而定。

以这种方式制成的熙春茶，无论是产自山区还是平原，是单一产地的熙春茶和上等屯溪茶。后者经常有釉面的外观，也像珠茶（松萝），这在以前可能更多的是由于叶子本身的材质，而不是人为制造的颜色。

然而，某些情况可能使用了少量的染色物质。也有研究表明，河南茶叶具有同样光泽的外观。然而，当叶子缺乏必要的颜色时，中国人会毫不犹豫地使用着色材料来改善它，这是事实。

那些具有松萝或者屯溪风味的熙春茶或多或少与屯溪茶混合。大部分的熙春皮茶，特别是那些叶黄的，完全符合这种描述。熙春茶中的黄叶部分由于叶子的年龄，部分由于二次采集，但主要是与土壤①某些性质有关。

松萝茶或屯溪茶

松萝茶或屯溪茶生长在江南的黄山（Hoang Shan）、屯溪、太平（Thie Ping）和宁国（Ning Kuo）等地区；其制造工序与熙春茶本质上没有区别，但对其的关注相对较少。已经详细地叙述了制茶的方法，下面从一位可敬的茶商（籲馨）那里弄来一份有关屯溪茶制作方式的译稿。

译稿中描述道："松萝茶在江南各地都有种植，但黄山和屯溪产的最好。其新叶，每年于清明（Tsing Ming，阳历4月5日）左右开始发芽，而于谷雨（阳历4月20日）前后采摘。摘时，整枝摘取，随后再用手扯下其叶片与细枝。接下来，则用手或用脚于锅中用小火炒制。"②日日摘采、日日炒制，力求尽快卖出。茶客买得之后，运返自家，再过火炒制两三小时，然后过筛（滤去灰尘），装入茶罐。有些茶客会用木炭，有些则使用木柴生火。有些小茶商买到茶叶后并不立即炒制，而是

---

① 有些中国人说，无法分辨熙春茶中的好茶。一些英国商人认为上等屯溪茶与熙春茶相似，可以从它们的品质上看出来，即"相当好的屯溪茶有着颜色明亮卷曲的叶片，熙春茶类的叶子和风味"。兰馨通常是当季最好的熙春茶，偶尔也会散发出一种屯溪茶的味道，这很可能是由于土壤的某些特性，改良耕作无法抑制这种特性。笔者被告知这种茶产于屯溪区。由于茶树是通过种子繁殖的，或通过将野生灌木移植到有利的土壤中，因此，尽管经过改良栽培，幼苗很可能长期保持其原有的风味，而且在某些情况下永远不会完全失去风味。

② 笔者见过用脚炒制茶叶，就像用手一样灵巧，总是把茶叶卷成一个球。然而，脚的使用只是在手和胳膊疲劳时作为一种放松；笔者认为主要是用在劣质茶的炒制。

把茶叶堆放在屋子里，过一阵子才进行炒制与打包的工作。① 筛选茶叶要用到四五个筛子。

图 9-5 用脚揉捻茶叶

用手从第一个筛子②里挑出茶棒和茶梗，然后将第二、第三个筛子里的茶烤熟。炉火一定要旺，要仔细观察颜色的变化。必须用手把叶子上的茎（剩下的）摘下来。第四筛和第五筛也要在旺火上烤。然后把它们从锅里拿出来，抛掷或簸扬。现在，妇女被雇用来清理它们。每一包茶都要用锅炒制，烘烤时间为 4 到 5 根香。根据叶片颜色将茶叶分门

---

① 他们不像购买茶叶的茶农那样烘烤茶叶后装进罐子里，而是把每天买的茶叶放在家里累积至足够的数量，如一个大包里有 600 箱的时候，就把它烤好，筛好，装好，送到广州市场去卖，这是一种粗心且糟糕的模式。

② 这里，筛网的顺序再次颠倒，粗筛网首先使用。在这里，笔者要描述一下广州的一箱屯溪茶的过筛顺序和方法。首先用一个细筛滤出 1 号雨前茶和灰尘。第一个筛子筛后的回收物要用一个粗筛子筛过滤掉 2 号小型屯溪茶。第三个筛子筛选第二个筛子的余茶，滤过 3 号屯溪茶，剩余 4 号大型屯溪茶。2 号茶叶用竹筛烘烤和筛选，筛掉在中国内地售卖的混着灰尘的无用皮茶。

3 号茶的处理方法同 2 号茶一样。

然后手工采摘 2 号茶和 3 号茶，从中取出大量的树枝和茎，许多有一英寸长，有坚硬的木质特征。

4 号茶烘烤的时间较其他茶叶长，温度也提高了。并且需要手工去除混合着熙春皮茶叶。

别类地装在罐子里。叶子的颜色呈现蓝色调，茶的气味和味道是令人愉悦的。

"农历七、八月（阳历8、9月）时，茶叶分成堆相互比较，若质量、颜色相当，则并作一堆①，然后再炒制约3炷香（大约135—150分钟）时间，筛掉灰尘，趁热装箱，随机运下广州。第二次（即夏至——阳历6月21日前后）采摘的茶叶无水气，轻、薄、松散、茶汤淡而无味；其叶色红，其茶汤色黑。② 这时候就要染色。染色使用马齿苋（Ma Ky Hoey）③、蓝草（Tien Hoa or Indigo）与石膏（She Kao powder）。每次放入锅里的颜料最少一两茶匙；最多三四茶匙。然后颜色变成浅蓝色。④ 必须用木炭生火，并且要对烘烤多加注意。如果没有准备好茶箱，恐怕会混入假茶叶，从而使茶的气味受损，茶叶不健康。不过在这一点上，得让你向比你更有能力的人请教。没有这方面的信息。"

大多数商人都同意上述对屯溪茶的叙述，特别是人为给部分茶叶着色使呈釉面的情况，还有一些茶叶字号掺杂假茶。其他人说，有些茶叶只是在阳光下晒干。一个茶商提供了以下关于茶叶混合情况的说明，他的茶通常被归为东印度公司采购的一等合同茶：常见屯溪茶叶的两部分首次采集自屯溪、黄山和其他地区。

第二次采集的情况同上。

茶叶的三部分产自太平，这是一个不利于茶叶种植的地区，那里的茶需要人工上釉色和在太阳下晒干。

在那个时代，人们常常认为颛馨（一家非常有名和受人尊敬的茶

---

① 通常一次包装的数量约为300箱，每两包形成一种茶叶字号。有些字号由1000箱茶叶组成，每箱重约80磅。

② 这是一种隐晦的说法，暗指前面提到的小商人的经营方式。

③ 笔者不知道这种植物的植物学名称。

④ 笔者所看到的茶着色的方式是这样的：石膏是片状的，煅烧后变成粉末。然后将其与蓝靛粉末等量混合。一勺普通的盐就足以给4磅（3斤）茶染色。在茶完全烘烤和制作完毕后，可以随时添加染色物质。通常在茶是热的时候，在最后的烘焙过程中加入它；但如果茶是冷的，它必须要经过几分钟的烘焙，直到颜色撒在茶叶上。然后用手触摸锅的周围，仔细观察茶色的变化，因为如果时间过长，茶色就会变差。

叶商号）茶叶非常光滑，但在今天被称为无釉面的。因此，出口到英国的屯溪茶是由一种无意收集的劣质灌木的叶子组成的，有的是整根茶枝被漫不经心地用手或脚卷起来，有的仅仅在太阳下晒干，它们或多或少是人为染色。

现在可以说，欧洲的既定观点"绿茶在铜上干燥而呈现灰色或蓝色外观"是完全没有根据的。正如在实验中证明的，在铜容器中干燥茶叶可以产生相同的颜色，但是在此看来，用这种方法干燥的茶叶似乎也有了这种容器的味道。因此，产生如此令人反感的味道的容器不太可能被使用。这种特殊的颜色也不是源于烘烤茶叶的容器的金属特性，因为通过实验发现，陶制容器中也能产生同样的颜色。

读者现在会记得完成红茶最终干燥的低劣方法之一是用一种名为"锅"的铁制容器代替常用的焙笼或者干燥管，无论哪一种劣质方法似乎与现在描述的绿茶制作模式没有实质上不同。因此，为了发现用几乎相同的方法产生如此巨大颜色差异的原因，进行了下面的实验：

1. 把一小包河南茶叶放进一个普通烹饪锅中，烘烤两次后将它们分成两小包。然后，用所能承受的最猛烈的火烘烤其中一包茶叶，并且不停搅动茶叶；以同样方式用中火或慢火烘烤另一包。在这两种情况下都产生了绿茶，但由慢火产生的颜色更可取。

2. 在第二次烘烤和揉搓另一包叶子后，通过固定在中间的薄木隔片将锅分成两个相等的部分；然后在木板两侧放置同等数量茶叶。一侧茶叶保持恒定的运动；另一侧尽可能静止，始终保持叶子不燃烧，就像前面描述的干燥红茶的低劣方法一样。茶叶持续不断地干燥，很快就呈现出绿茶的颜色和外观。另一包茶则需要更长的干燥时间，完成后呈现出红茶的颜色。

因此，红茶和绿茶的颜色差异似乎并非来自任何热量管理，而是由于操作不同。在这两种情况下，热量是相同的。因此，结论是，当以本文所述的方式烘烤时，红茶的颜色产生于最终干燥过程中叶子的静止状态；而绿茶的颜色则是由于不停的运动——前者产生一种缓慢的，而后者产生一种弹性流体的快速蒸发。用扇子吹绿茶似乎也出于同一目的。显然，可以推测，自由接纳光和空气可能产生非常可观的化学效应，完全足以解释这两种过程的不同结果。

就绿茶的特性颜色对绿茶的生产方式进行进一步说明。如果现在普遍采用人为手段来模仿或增加自然色彩的效果，这可能被认为是一种滥用，应该被经纪人和交易商制止。这种做法有失茶叶风味。不管中国人是否对自己的饮用茶人工着色，毫无疑问，现在大部分熙春茶乃至所有绿茶已经人工染色到一定程度足以让东印度公司的代理人在章程存在期内拒绝收购。（英国）药剂师协会（Apothecaries' Hall）的化学药剂师沃灵顿先生①于1844年2月在化学学会的《会议记录和论文》（*Memoirs of the Chemical Society*）上发表了一篇有趣的论文，通过化学检验和分析证明，中国绿茶是用亚铁氰化物或者普鲁士蓝人工染色，以及石灰—硫酸盐或者石膏—硫酸盐，其中较大的部分是两者的混合物，一些少数只有硫酸石灰，有些含有黄色或橙色的植物物质，但没有一种像绿茶商人所代表的蓝绿色。

关于精心制作时红茶的颜色更取决于什么，将尝试在随后的章节中解释。

接下来，尝试了一些实验以确定蒸汽的效力在多大程度上可被用来控制茶叶加工：但没有其他仪器，除了上面描述的那些粗糙的容器之外，手头没有其他的工具来控制蒸汽，除了用布，可以提高温度超过沸点。在工艺的第一部分，使用的热开水不足以产生坎普费尔描述的叶子的噼啪声；水分蒸发也不够快，所以需要相当大的力量来处理剩余的汁液使叶子完美地卷起来。对于绿茶的最后一次干燥，它似乎可以解决这个问题，而且可能会有优势。然而，随着树叶干燥，有必要降低水的热

---

① 译者注：罗伯特·沃灵顿（Robert Warington FRS，1807年9月7日—1867年11月17日）是一位英国化学家，被认为是创建伦敦化学学会（后来成为英国皇家化学学会）的推动者。

❖❖ 史料篇

量,因为通过这个实验发现,沸水产生的热量对于绿茶的最终干燥来说太大了。

在机械方面,筛选机除了代替手工工作的筛子用于分离雨前茶和圆珠、芝珠茶外,在分离不同种类的绿茶叶子方面可能具有一定的优势,可能还会有其他简单的发明。爪哇的雅各布森先生发明了一种工具,一种用于翻转和抛撒树叶的圆筒,特别是在雨天后,用于烘烤茶叶。① 他还表示,他打算发明一种仪器来实现筛子中发生的旋转运动,这种运动类似于手在筛子上的树叶的抛掷和翻滚,可以设计产生和调节热量,甚至干燥叶片的新模式。但重要的是,在尝试任何可能影响茶叶质量的实验之前,首先要学习和熟悉中国的方法。

第十章 制茶的温度

在中国,制茶的方法是加热——在爪哇,叶子吸收的热量受到蒸发的限制——通过实验证明——茶叶不燃烧的原因——根据叶子的含水量来调节热量——爪哇制造绿茶的温度太低——难以确定热量的必要性——制茶温度指南——在爪哇制茶的温度——测量方式容易产生误差

在描述了供一般消费的红茶和绿茶制造模式之后,在此,不妨观察中国和爪哇的制茶温度。通常使用"Roasting"一词描述使用热处理过程的第一部分,即通过烘烤使得汁液或者水分散发出来。使用"Drying"一词描述最终干燥。今后将更准确地使用这些术语。

现在,在烘烤最好的小种茶(包种茶 Paochong)的第一步中,我看到中国人毫不犹豫地采用像红热的铁一样的高温。

阿萨姆邦的布鲁斯②先生说,中国在制造包种茶时肯定使用了高温

---

① 见附录。
② 《孟加拉亚细亚学会学报》,第 8 卷,第 504 页。

加工。约翰·里夫斯先生拥有可以证实这一事实的中文资料。除了曾两次目睹红茶和绿茶产区中不同的人在制茶时使用这种红色的高温外，还有几份从不同的人那里获得的中国资料，所有这些资料都证明了这一点。然而，有必要注意焙茶用的器皿。它不是平的，而是凹的。必须记住，只有在这个稍微平坦的凹处极点才能达到那样的高温。这种热度虽然白天可见，但不会从平底锅或烘烤容器的中心点延伸超过 6 英寸或 8 英寸长。此外，容器被安装在炉子的 45°倾斜位置。因此，在铁制容器的打青过程中，被撞击和抛掷到铁容器加热部分的茶叶会立即掉落到铁制容器边缘和砖墙侧面，当然，这些部分的温度较低。因此，"在某些类似情况下，直接接触可能不会发生，或只是一时的"。布兰德（Brande）① 观察到，"如果小心地滴水到一个铂金坩埚中，加热到几乎红色，水会静静地在金属上停留很长时间，中间的蒸汽层阻止它与金属完全接触；但一旦坩埚冷却，让它接触到，就会立即沸腾"②。在这个例子中，似乎有强有力的证据证明蒸汽的不传导能力。但在这里静止状态的水是实验成功的一个必要条件，而茶叶保持恒定的运动，它不燃烧的真正原因可能是热量的快速传导，由丰富蒸汽产生的这种热突然通过叶子的每一个孔隙传导，从而被调动起来，如一个众所周知的实验，热通过快速传导可能无害地通过一张纸，而如果缓慢传导，纸就会着火。

但是，无论这些原因中的一种或两种起作用，还是其他原因导致了这种结果，叶子不燃烧显然是大量蒸汽迅速产生所致。经过反复思考和调查，仍然倾向于相信，红色高温不适用于绿茶，甚至不用于欧洲消费市场上的一部分红茶。然而，在中国人粗糙地调节热量的方式中，特别是在第一次烘烤过程中用干木头代替木炭时，高温可能会偶尔发生，如所看到的那样，烘烤容器可能会达到非常高的温度，但不是红热。爪哇

---

① 译者注：威廉·托马斯·布兰德（William Thomas Brande, 1788—1866）是一位英国化学家，皇家学会院士和爱丁堡皇家学会会员，在1821年通过电解氧化锂第一个获得了锂单质。
② 《化学手册》（*Manual of Chemistry*），第 158 页。

的雅各布森先生说,"Kwalie"(烘烤器具)在一刻钟内变得炽热,并迅速冷却。事实上,由于容器过于薄,"最厚部分的厚度不超过一条线"①,以及用于加热它的手段在保持任何固定或等值的热量程度方面确实困难重重。从所用的手段来看,它必然具有相当大的变化幅度。事实上,正是在这些不同的温度条件下对叶子的灵巧管理,显示了烘焙师的技能。相信,在烘烤过程的任何一个环节中,20 ℉、30 ℉甚至50 ℉的温差都无关紧要。关于所需要的热量,可能会有一些模糊概念,但并不固定。重点是不能缺热,管理取决于烘焙师的技能和判断力。如果过量,可以通过增加行动或其他权宜之计来弥补这种过度;但如果缺乏,它的能力就会瘫痪,技能也会丧失。科学可能会建议维持一个固定、平稳的温度,在此基础上用简单的方式提高或降低温度,但对温度的控制可能永远取决于操作者的技能,除非确实发现了新方法,这绝不是不可能的。在适当的时候,在茶叶的制造方面可以进行许多试验,用不那么精细的方法也可以得到类似的结果;但时机尚未成熟。在进行这种试验之前,让每个培养者、实验者都能够很好地介绍和传播中国的方法。但是,这些话并不适用于简单地用机械手段减少劳动。

另一方面,雅各布森先生指出,所有爪哇茶都是在低于沸点的温度下烘烤的②,而且必须承认的是现今优质茶都产自爪哇。但仍然认为,爪哇使用的烘烤温度太低了,或者那位作者估计温度的方法可能存在一些错误。根据在中国的观察和其他茶叶实验,确定除白毫茶之外所有优质绿茶或红茶在第一次烘焙时的温度分别相差20 ℉、30 ℉甚至40 ℉。事实上,中国人认为这个阶段的温度不会太高以使茶叶不被烧焦。

中国人善于调和制茶中采用的高温,因为男工的手既没有被灼伤,

---

① 《指南》(Handbook, v. de Kult. en Fabrik. v. Thee),第374节。
② 《指南》,第379节。

也没有被蒸汽烫伤，但同时看到炒制茶叶时迅速冒出的大量蒸汽，怀疑蒸汽温度尚未达到沸点。众所周知，在正常大气压下释放出来的蒸汽不能获得较高温度。因此，尝试了以下新手实验。

之前看到一个福建人焙制红茶。容器被加热到高温，但非红热状态。华氏温度计刻度只升到沸点，不能得到一个更高的刻度。当小心地将温度计球部靠近铁容器内部远离中心热源的地方，水银柱立刻上升到最大刻度，所以不得不立即收回它。此示例可能足以标记容器达到的高温。如果仔细观察叶子上因燃烧而褪色的黄色斑点，就会更加肯定这一观点。总之，毫无疑问，这些重量、形状优越的叶子不断筛过其他叶子，在容器两侧和底部移动并干燥。因此，当它们频繁接触具有高导热能力的容器中最热部分时，必然会比与之混合的其他叶子更加干燥，甚至有时会被烤焦。商人们都知道，珠茶（Gunpowder）因令人愉快的焦味而广受赞赏，价值提升。然而，在制作过程中其与熙春茶叶混合并成为其中一部分，可能失去了这种味道。因此，倾向于认为如果精确研究这个问题，就会发现芝珠茶与其他茶（红茶或绿茶）相比，经受了更热烈的温度，也更干燥。第一次烘烤后，尽快将温度计球部放在那包快要卷起来的茶叶上，水银柱只上升到138°F。用另一包叶子做了同样实验，温度显示为136°F。同样的叶子在第二次烘烤后，温度计只上升到132°F。然而，低温是偶然的。当然，必须考虑到从烤盘中取出茶叶时的热量损失。还有一次，在270°F下烤了一些山楂叶（hawthorn leaves）。并准备一支沸点以上的温度计，以便随时使用。看到确认信号后从容器中取出叶片，一个助手立刻用温度计球部按压在叶子表面，刻度迅速下降至170°F，而且还在缓慢下降。因此，取冷热两种温度计的极端温度138°F和170°F的平均值是154°F，这个温度略高于蒸汽会烫伤的温度点。

因此，按照中国人的制茶模式，似乎可得出结论：高温加工是可行的，并不会烧焦茶叶。因此，在风味不受损害的情况下，这是科学和实践人士普遍接受的意见。的确，人们可能会怀疑，在使用的热量和叶子接收的热量之间是否有联系。也就是说，在保持大量蒸发的情况下，叶子是否有能力接收超过一定量的热量。类比似乎有助于解除这种怀疑。液体在气化过程中会带走过剩热量而保持低温。因此，只要大量排汗，体温就不会升高到 98 ℉ 或 100 ℉[①]以上。同理常压下，水温不会超过 212 ℉，乙醚温度不会超过 98 ℉[②]，等等。因此，只要水分持续蒸发，茶叶和其他叶子就会因多汁性和黏性特点维持特定热量。就茶叶而言，特定阶段的温度似乎在 150 ℉ 到 170 ℉ 之间。

因此，水的快速汽化和茶叶被大量水分包裹是茶叶在高温下不致燃烧的原因，工人的灵巧操作对避免茶叶燃烧是至关重要的。如前所述，操作方式就是不断搅动容器中的叶子使得新的茶叶总是在受热部分。然后将茶叶捧至空中，用手晃动，这些都是烘烤者用来驱散蒸汽、节省时间和降低温度的方法。

在干燥红茶过程中用干燥管进行类似的实验时发现，当温度计放在火上的筛子时显示 250 ℉，叶子以刚才描述的同样的方式突然起火，此时还测有一个较低的温度为 179 ℉。由此可以看出，正如所预料的那样，当叶片脱水时，其热量增加。人们公认在茶叶干燥的过程中而不是在焙烤过程中应当使用较低的温度，这样茶更易获得焦香味。

我认为中国人使用高温制茶的主要目的，首先是尽可能快速地去除液体，制茶过程的每个部分都表明了这一点。揉捻的行为只是为了蒸发水分来加速干燥。其次，蒸汽和茶叶本身的温度可能不会达到无法控制的程度。经验告诉他们，高温有利于干燥，恰当操作也不会损害茶叶的香气。也许对所需温度的最好测试，是茶叶薄壁组织那自由、快速和丰富爆发的热量。叶片破裂是坎普弗尔所描述的噼啪声的原因。这一规则也与已经得到的观察结果相一致，即茶叶制作没有固定的热量，所需的温度取决于茶叶的肉质和水分状况。

---

① 《布劳德的化学手册》（*Braude's Manual of Chemistry*），第 1337 页。
② 《布劳德的化学手册》，第 1278 页。

制包种茶的温度较其他茶更高，这是因为其叶片更大更多汁，也因为化学反应在这些嫩叶上更加活跃、更易发生，所以必须通过使用高温迅速加以抑制。在酿造麦芽的过程中或在制作面包的过程中，逐渐升高的温度会抑制大麦的发芽和糖精的发酵。白毫茶是在比其他任何茶叶（无论是绿茶还是红茶）更低的温度下烘烤和干燥的，那是因为这种茶是由叶子或嫩枝未展开的、卷曲的顶芽叶子制成，这种叶子几乎没有水分。因此，正如前面解释的，嫩叶需要高温，而干燥的、老的、皮质的叶子需要低温。所以，春茶比秋茶需要更高的温度。在上等红茶中发现的黄绿色叶子无疑是出于类似的原因。

不能在相同的时间或在同样有利的环境和条件下采集所有的茶叶。因此，在优质红茶中发现的黄色或浅绿色茶叶，无疑是由于使用的温度高于其适宜的温度，虽然这样的高温是有利于茶叶整体质量的。然而，有时甚至在过于成熟的春叶中也会出现这种情况，丧失了它们的部分优点。春茶中，比如红茶的嫩叶，在一年中的任何季节，在加工到烘烤的过程中，都会变黑，典型见于白毫茶品种。但秋叶和老叶呈绿色，棕色，或黄色，这些不同的颜色差异确实出于自然原因，例如它们在一年中这两个时期的不同成分，也许春叶与秋叶有着相同的性质，就像嫩叶与老叶一样。李比希说，嫩叶比老叶含有更多的碱，而老叶子涩味更淡。佩利戈特（Péligot）① 指出，白毫茶和珠茶（Gunpowder）② 较任何其他茶含有更多的氮（azote）。③ 事实上，只要茶叶还在生长的过程中，它们所含的组织物质，如淀粉、糖、树胶和用于形成细胞组织和木质纤维的酸，都比任何生长时期更多。但当茶叶完全成熟时，这种

---

① 译者注：尤金－梅尔奇奥尔·佩利戈特（Eugène-Melchior Péligot，1811—1890），也称为尤金·佩利戈特（Eugène-Péligot），法国化学家，于1841年分离出第一个铀金属样品。

② 译者注：圆形炒青绿茶之一。外形浑圆，宛如珍珠而得名，又称"圆茶"。主要产于浙江省嵊县、新昌、上虞、奉化、东阳、余姚、鄞县等县。外形圆紧，色泽绿润，身骨重实，采制于每年4月中、下旬开始，鲜叶采摘标准为一芽二、三叶。初制过程分杀青、揉捻、二青、炒小锅、炒对锅和炒大锅六道工序。

③ 《茶的专著》（*Monographie du The, par J. G. Houseaye*），第101页。

超过自身形成所必需的过量营养物质会被输送到树的其他部分，用于细胞组织、木材和新器官的产生。正如已经观察到的，春季树液的浓度比在任何以后的时期更高。不同的土壤也会产生类似的影响，有些土壤无法产出最优质的茶叶。穆德观察到，除了分析灰烬成分，否则无法区分中国茶与爪哇茶，也许胶质也可以用于区分二者，土壤也与此有很大关系。

如果因为雨水，叶子的水分含量提高，而施加的热量不变时，就会发生像温度降低一样的情况。茶叶水分的蒸腾速度会很慢，通常经过一段时间的烘烤后，叶子会被发现含水量过多，不适合揉捻杀青。此时就必须用手把水分挤出来，就像在爪哇和里约热内卢所做的那样，同样在已经详细介绍过的一个用蒸汽做的实验中，温度过低时也是这样做的。但在所熟悉的茶区，没有这样的做法，我也不认为这是一种好方法。这显然意味着热量不足。另外，如果提升烘烤温度以满足叶子的膨胀状态，蒸汽的温度和叶子的热量可能会达到手无法承受的程度。事实上，尽管爪哇茶的烘焙温度很低，但雅各布森先生说，绿茶叶子变得"几乎和沸水一样烫"①，几乎烫伤了制茶工人。

相应地发现在红茶中，一定程度的自热可能有益于制茶，茶叶暴露在阳光下加速蒸发或者在降雨后用大火烘烤，每一种方法都是为了使茶叶干燥或达到相对湿度，这有助于糖化作用发生，推测在烘焙红茶之前这些干燥程序是必要的。但就绿茶而言，长时间暴露在阳光下或空气中或叶子自热都是有害的。因此，我发现中国人的做法是尽可能保持绿茶干爽温度。如果茶叶中含有过多的水分，加速蒸发的做法是通过将茶叶松散地铺在地砖上、筛子上或台子上等通风凉爽的地方，而不是像红茶那样用阳光或人工加热。就像中国人说的那样，必要时通风过夜对绿茶也没什么损害。然而，在爪哇有人认为爪哇茶叶不可能如此暴露而不受到损害。这可能是由于爪哇的气候更热，但即便是在中国这样做也是不

---

① 《茶叶培养和制造手册》，第444节。

可能没有风险。一般情况下，绿茶采摘后即使叶子上还带有露珠，也要立即烘烤。因此，从以前红绿茶这两种茶不同的处理方式来看，被放入烘焙器皿中的绿茶叶片较红茶叶片水分更大。因此，我相信绿茶应该被置于更高的温度。在爪哇这是最明确的事实。然而，尽管温度更高，绿茶在烘烤后还是充满了水分，所以有必要先用手在桶上的筛子中把叶片的汁液挤压出来，然后再揉捻。所以似乎有理由推断这里所使用的温度太低了，特别是对绿茶来说。

如果研究一下用于烤这两类茶的容器结构，就会发现用于红茶容器比较浅，而且有些扁平，因此有利于液体和热量的迅速扩散。但用于制作熙春茶的容器在爪哇和日本都不为人所知，福琼在中国访问时似乎也未见过它。这个容器两侧垂直，深度是之前所述容器的3倍。它也安装在砖砌炉灶表面以下5英寸。因此，无论是熙春茶容器的形式还是配件都有利于集中热量。前面已经提到过，在我目睹的烘烤绿茶的例子中，茶叶冒出的蒸汽的热度是如此之高，以至于手一刻都不能接触到它。当时制茶使用的温度太高了。红茶容器较平的形状表明集中热量不那么重要。奇怪的是，坎普费尔如此准确地描述了日本绿茶的制作手法，却把日本使用的屯溪茶焙制器皿错当成了平底铁锅。事实是，当这个容器倾斜地装进炉子里，它确实很像制作屯溪茶的方法，也很容易被误认为是一个扁平的铁锅。这是坎普费尔对他在日本看到使用的容器的描述。然而，从冯·西博尔德对日本的描述中可以看出，日式制茶容器和容器放置的倾斜度与中国绿茶地区的屯溪茶所使用的炉型一致。

工人的手所能承受的温度高于高温环境下的叶子温度。通常一次放入容器的茶叶量可以防止手接触到受热的容器，但这些人惯于忍受的温度肯定是令人吃惊的。

在第二个和第三个焙烤过程中，会用木炭代替木材。当叶子的水分蒸发时，温度会降低，但热量仍通过揉捻叶子散发出来，因此维持着220℉到250℉的高温。迄今为止对红茶和绿茶所使用的手法和温度基本相同。尽管因为绿茶相较红茶湿度大，而且它们一经采集就送去烘烤，没有蒸发水分的时间，烘烤绿茶应当需要更高的温度。

在后续操作阶段或干燥过程中，操作的方式和热量的使用有本质的区别。如上所述，绿茶的独特颜色更取决于温度的差异。筛子中的红茶通过热传导最慢的物质——空气的介入而烘干；干燥绿茶则是通过热传导最快的物质——铁。此外，烘干过程中红茶叶子以静止状态接受传递的热量，过程缓慢；而绿茶除了被风扇吹动之外，还在不停地搅动。因此，通过空气自由地进入绿茶茶叶的每一部分，从而使叶片在加工过程中快速、持续地受冷热的交替影响，这样就促使水分迅速蒸发，叶片因此迅速干燥。但是，在加热和冷却的交替过程中，如何测量茶叶受到的热量，对我来说是个不小的困难。我所有测量方法都不尽如人意，尽管使用的侧测量方法一样得到的结果却不同。然后，所有对这两种方法所使用的热量进行比较的努力也会遇到同样的困难。在此不涉及在这类尝试中所经历过的许多失败，读者可以通过下面的实验充分理解面临的困难。

用一个干燥管（焙笼）来干燥红茶，用4磅优质木炭烘烤，使干燥管温度达220℉，将温度计放在置于火焰上方18英寸的筛子上。虽然水的沸点为212℉，但可以忍受把手放在筛子上。事实上，当温度上升到300℉时，还是把手放在同样的位置，并且没有任何疼痛的感觉。但如果把铁制容器加热到180℉，是几乎不能触摸容器的。因此，与放置在干燥管中相比，加热到180℉的铁容器可以更快地将热量传递给与之直接接触的茶叶，对叶片的温度影响更明显，尽管空气传导可能会将热量提高到220℉。因此，热量的传输在很大程度上取决于传导介质。事实上，布兰德[1]指出铁加热到120℉会让人感到疼痛，但是空气加热到250℉和300℉却不会让感到疼痛。他还说，F. 钱特里爵士[2]有一个房间来烘干他的模型铸件，温度达到300℉之高，在

---

[1] 《化学手册》，第159页。
[2] 译者注：钱特里爵士（Francis Leggatt Chantrey, 1781—1841），英国雕塑家。他成为摄政时代英国的著名肖像雕刻家，创作了许多当时著名人物的半身像和雕像。

日常工作中，工人们可以进入这些地方。因此，如果用温度计给出的温差来表示这两种方法在树叶上留下的热量，显然会导致得出非常错误的结论。

此外，木炭的强度、大气状态、风力和其他因素对于实验结果都有很大的影响，因为这样的实验只能在气体自由流动的露天棚子中进行。认为，焙烤炉的大小、形状、深度和厚度在很大程度上也影响着它的热辐射能力和热集中能力，更不用说所有这些实验暴露出的许多误差来源。

如果要在这个问题上进行任何令人满意的比较，那只能由一个熟练的化学家和一个熟练的操作人员的共同努力来获得，而且手头有大量可供使用的茶叶和必要的工具。

现在将注意力转到爪哇和印度，以便获得关于这些问题的准确资料。在那里可以成功地进行实验，可以请熟悉这项技术的中国人来帮助这些研究，尽管他们也许没有最好的方法。无论是在哪个地点，还是在里约热内卢，都没有引进最好的绿茶制作方法。已经有人指出，爪哇用于熙春茶的烘焙容器似乎不为人所知。

在缺乏更完善的信息的情况下，如果允许提供一个关于在干燥红茶和绿茶的过程中所需温度的猜想（因为这不是更好的），建议尝试下面提到的温度。

表 10-1　　　　　　　　烘干红茶和绿茶的温度

烘干管（焙笼）中的红茶					铁制烘干容器中的绿茶				
1号	干燥	—	—	—	230℉	1号	干燥	—	—	—	220℉
2号	—	—	—	—	200℉	2号	—	—	—	—	200℉
3号	—	—	—	—	170℉	3号	—	—	—	—	190℉
4号	—	—	—	—	100℉	4号	—	—	—	—	90℉

雅各布森给出了爪哇茶叶实验使用的温度：

表 10-2　　　　　　　　　爪哇红茶和绿茶的温度

干燥管中的红茶					铁制干燥容器中的绿茶				
1号	干燥	—	—	180℉	1号	干燥	—	—	196℉
2号	—	—	—	168℉	2号	—	—	—	176℉
3号	—	—	—	156℉	3号	—	—	—	176℉
4号	—	—	—	146℉或150℉	4号	—	—	—	162℉

之前提到过，爪哇所有的茶都是在低于沸点的温度下烘烤干燥的。

表 10-3　　　　　　　　　烘烤温度

202℉是雅各布森给出的第一次烘烤绿茶的温度。	206℉是一次烘烤绿茶的温度，并且据观察，烘烤过程中叶片温度接近水的沸点。
197℉是二次烘烤的温度。	190℉是二次烘烤的温度。

白毫茶只经过一次烘烤，雅各布森给出的温度为196℉[①]。由他给出，并说即使在该温度下，茶叶在首次放入容器时也会发出噼里啪啦的声音。干燥管中的热量为142℉，一次使用大约四分之三磅的叶子。

假设上面的陈述是正确的，那么根据温度计的指示，在爪哇，与烘烤和干燥红茶的温度相比，焙烤绿茶的温度并没有更高。相反，注意到爪哇烘烤绿茶的温度似乎太低了。

在结束这些关于爪哇制茶所使用的温度的评论之前，有必要指出，在重复雅各布森确定所需热量的实验时，得到的结果与他的并不一致。

他首先指出，不能用温度计来测定热量。烘焙师确定时间的方式是计数，在数到20的时候把手放在容器上方1英寸的地方来估计热量。现在把一个烘烤容器加热到350℉，这是温度计的球部接触铁锅的中央处，也就是铁锅热量最高的部分所显示的示数。另一支温度计的球部同样是暴露在外面的，放置在平底锅的边缘也是中心，它只显

[①] 不得不承认，我非常惊讶，在196℉的温度下就可以听到茶叶发出噼啪声。而当载热体是由迅速沸腾的水产生的蒸汽时，就不会产生这种声音。然而，也有可能容器在吸收了一定量的热量之后，辐射大于吸收，因此容器的温度达不到沸水的温度。我承认没有通过实验来确定这一点是一个很大的疏忽。

示出 180 °F。

手一直保持这个姿势，只要还能忍受就不挪开手掌，故意数了 30 下。当容器内部温度是 315 °F 时，容器上方的温度计示数为 150 °F。当容器内部温度是 300 °F 时，容器上方的温度计示数为 145 °F。为了不让人怀疑是错的，在锅边放了一块木头。然后手先放在木头上面，然后在下面，数了 100 下，并没有感到疼痛。

并不是想质疑雅各布森实验的准确性。相反，我非常高兴地证明他的描述总体上是准确的，而且非常细致，他的作品中渗透着博爱和善良的精神——听到一个偏远殖民地的种植园主倡导农业，并坚持"劳动者值得雇用"的基督教原则真是令人耳目一新。简言之，他在爪哇茶叶栽培和制作方面的著作非常值得翻译传阅，对所有从事茶叶种植的人来说，这都是一本有用的指南。雅各布森的研究成果与我的不同，原因可能是使用容器的大小、厚度和深度不同，还有一部分原因是他不使用温度计球部测量温度。有理由相信，爪哇烘烤茶叶的温度太低，特别是绿茶，或者测量温度方面可能有一些错误。但是，在这里假设它是正确的，正如已经承认，一些爪哇红茶和绿茶和中国茶的质量相当，那么可能会有人问，如果在如此不同的温度下都能生产同等质量的茶，那么中国的制法比爪哇制法有什么优势呢？答案似乎是中国制法更节省时间、劳动力、燃料以及成本。此外，由于温度较低，绿茶的叶子在第一次烘烤后仍然含有大量水分，在适合揉捻之前，有必要用手挤压它们以使水分流出来。这样茶叶会黏合成一个固体块，有必要将其分开并拆散。尽管如此还有许多茶叶黏在一起，因此形成了比平常更多的"团块状或结节状"的茶叶。也就是说形成的皮茶越多，熙春茶就越少；产出越多的劣等茶，上等茶就越少。

爪哇制造红茶使用的低温可能是由于在之前的焙烤过程中已经蒸发掉了更多的水分，而在中国没有这种情况，叶片过度发红。没有一种茶（至少没见过）与黑叶工夫相一致。也可能是叶片比中国茶叶更小，水分也更少；特别是它们在揉捻的过程中很少有水分流出。总之，首批运往英国的样茶非常失败。它们很像中国的"红茶",即一种很少使用的茶。前面已经解释过,茶叶焙烤前的红色与焙烤后的颜色是无关的,而且,焙烤前蒸发汁液越多,焙烤过程中所需的热量就越少。

第十一章　红茶与绿茶的差异

回顾 P. Mulder 对茶的分析——红茶的颜色不是由于高温造成——红茶的干燥温度不比绿茶高——珠茶的干燥温度最高,白毫茶最低——红茶的红色或棕色不是由高度干燥造成——"黑茶"是一种误称——对茶叶的分析——芳香成分来源于挥发油——在咖啡中通过高温产生——红茶叶片中和冲泡产生的红色或棕色色素物质可追溯到化学原因——其他部分的分析与前面的理论一致——味道主要取决于操作——对红茶和绿茶制作方式的总结——茶叶品质的差异源于各种原因。

现在让我们继续研究一位著名化学家穆德①所做的非常详细的茶叶分析,尤其是该分析与这样一种观点的联系:红茶是在比绿茶更高的温度下烘焙和干燥的。这导致了红茶茶叶和茶水的颜色变得深红。

巴黎"国家工艺学院"(Conservatoire des Arts et Metiers)的化学教授佩利戈特说,除了个别错误外,穆德对茶所做的分析是迄今为止最好的。在英国它应被授予同样的荣誉。有些由于信息来源可疑和不完善而产生的错误,这位化学家无须对此负责。

我努力使穆德的分析与这里给出的中国茶叶制造的叙述相一致,并证明,虽然穆德得到的解释和推论是错误的,因为它们是建立在错误的假设之上。然而,这些错误的推论丝毫无损于分析本身的优点和准确

---

① 李比希:《物理化学年鉴》,1838 年,第 632—651 页。(*Annalen der Physik und Chemie*, von J. C. Poggendorff, Leipzig, 1838, B. 43. S 161 – 180, und 632 – 651.)

性，这种分析的结果也不会与本次调查过程中提出的任何事实和原则相矛盾。

首先，"红茶是在比绿茶更高的温度下烘烤和干燥，而且这是红茶叶子颜色发黑的原因"已然被视为一个事实，虽然穆德①没有提供任何依据。

但研究表明，红茶和绿茶的颜色差异并不取决于对温度的适当控制，而是取决于操作方法；因为这两种茶是用同一包茶叶在同一容器内以相同的温度烘焙制成的。然而，人们可能会说，红茶的叶子需要更长的时间来干燥，因此吸收了更多的热量，这相当于更高的温度。但如果茶叶的热量取决于它们的含水量，高温或低温的使用只会导致液体迅速或缓慢地转变成气态，就像水的蒸发一样：在这两种情况下，叶子都没有吸收更多的热量。一种是通过快速蒸发的快速干燥过程；另一种是缓慢的蒸发。这是时间的问题，而不是热量的问题。的确，缓慢蒸发会消耗更多的热量和燃料，但这是由于吸收缓慢导致的热量损失。

同样，如一些科学家和实践者所相信的，如果茶叶要达到相同的干燥状态需要同等的热量，那么就没有充分的理由认为红茶比绿茶更加干燥。事实上，我一向倾向于认为事实恰恰相反。然而，穆德认为红茶比绿茶更易碎，并且把这种特性归因于高度干燥和高温。因此，请药剂师协会的化学实验者沃灵顿先生（Mr. Warington）来检验这个问题。实验证明与穆德之前的观点相反：他相信红茶和绿茶都可以转化为同样精细的粉末。他还观察到红茶和绿茶的手工处理几乎没有区别。但正如他所说，可以通过短时间的高温或长时间的低温两种相反的方法获得同样的干燥程度，所以他认为红茶和绿茶的干燥程度是一样的。

测量茶叶的湿度不能解决这个问题；因为通常干燥后叶子中还留有水分，从而无法将其与从大气中吸收的水分区分开来。众所周知，茶很

---

① 李比希：《物理化学年鉴》，1838 年，第 632—651 页。(*Annalen der Physick und Chemie*, von J. C. Poggendorff, Leipzig, 1838, B. 43. S 161.)

容易吸收水分，即使是存放在焊接得很严密的铅制箱子里也无法避免。在广州，保存了整个夏天的"冬茶"重量有所增加，由于它是在高温下干燥的，在分析实验中排出的水分很可能就是从大气中吸收的水。然而就这个测试而言，绿茶的失水量比红茶要少。绿茶因干燥失去8%的水，红茶的失水率达到10%，这与佩利戈特的实验结果一样。佩利戈特测出珠茶的失水率为6%，小种茶为11.7%。① 穆德测量得出的水和精油的损失率非常小，几乎相等：熙春茶为4.44%；工夫茶为4.48%。但是，如果熙春茶和珠茶失去的水分比红茶少，这可能是因为这些茶叶的叶片具有更高硬度和更紧凑的结构而吸收水分较少，而不是由于高度干燥。

不过，如果研究了珠茶紧密闭合球状的形态，并考虑到其因此而具有的较高密度和在持续运动的叶片中易于沉降的特性，就能够推测出珠茶这种形态的形成虽然最初是偶然的，但最终必然源自庞大的热量作用。此外，如果在这些叶片上呼气后这些茶叶因烧焦而产生的黄色斑点状外观将更加证实这一观点。

总之，毫无疑问，这些叶子由于其较高的重量和圆形形状，不断地从其他叶子中被筛选出，并在干燥容器的侧面和底部运动；因此，由于经常与具有高导热能力的容器中最热的部分接触，必然会使它们比混合的其他叶子更干燥，甚至有时会被烧焦。商人都知道，珠茶往往有一种焦煳味，因此受到高度赞赏，从而提高其价值。然而，在整个操作过程中混在一起的熙春茶可能没有这种味道。因此，我倾向于认为，在更准确地研究这个问题之后，珠茶相比其他任何的红茶和绿茶受到了更大的热量作用，并且干燥得更彻底。

对红茶而言，中国人和所有熟悉红茶的人一致认为白毫茶的烘烤干燥温度比其他茶都要低。其实即使在中国，新鲜的白毫偶尔也会有霉味，这表明它很容易吸收水分，干燥不充分。

---

① 《茶的专著》，第90页（*Monographie du The*，*par J. G.*，Houssaye，p. 90）。

珠茶与白毫茶分别是绿茶和红茶,其加工的温度分别是制茶温度的极限。对比这两种茶叶的加工温度是十分合适的,即使是工夫茶和屯溪茶也没有这二者合适。在爪哇珠茶与白毫茶除了温度之外的其他因素都是相同的,比如茶树、树龄、叶片等。我们发现在爪哇和中国一样,珠茶是茶叶中加工温度最高的茶叶,白毫则是最低的。因此,就商茶而言,绿茶的制作温度绝对高于红茶。但在中国,有一种叫包种茶的红茶,在其制作中也需要在红热的铁锅中炒青,所以红茶相较于绿茶明显更深的颜色一定不是高温的作用,而是另有原因。

这位化学家接着说他描述的名为"Apothem"[①]的物质是从红茶的"萃取物"中获得的,而绿茶中没有这种物质,正是这种物质赋予了红茶红或棕的颜色。他又补充道,红茶和绿茶提取物的性质是不同的,这并非纸上谈兵,而是通过操作和高温实验得出的结论。但是,红茶所含的红色、棕色色素和泡出的红色茶水,是由于对茶叶的特殊处理而产生的,如退青、预先烘烤,除了用火烘干之外,阳光暴晒的效果也是一样的。

茶叶黑、褐、红色的外观绝非高温造就,甚至仅仅是中等的温度也如果超过茶叶中水分所能承受的极限,温度过高会使茶色发黄暗淡,茶水颜色会和绿茶一样淡。屯溪茶叶片上的黄色斑点也可以说明温度过高会使烧焦的部分变黄,而不是变黑。穆德进一步指出,在低温下持续加热,绿茶的茶液会不断渗出和蒸发,颜色逐渐变暗,直到成为红茶的颜色,其中可以提取出含有"Apothem"的"萃取物",这一实验充分证明了红茶和绿茶可用同样的茶叶制成,只是加工所用的温度高低不同。

毋庸置疑,红茶和绿茶可以用同种茶叶制成。而且,这次实验中充分证实了色差显然不是由温度的差异引起的。爪哇的雅各布森确认:穆德清楚地表明,红茶和绿茶生长自同一个种植园里的同一种茶株,比如有的白毫和珠茶是用同一种茶叶制成的,而红茶的颜色源于烘焙之前的

---

① 译者注:此处指浸剂沉淀物。

工序。

绿茶在冲泡后如果重新干燥,颜色会变暗,甚至冲泡之前的蒸汽和强烈气息都会损伤绿茶鲜嫩的颜色,这种茶色一经破坏就无法恢复。因此,如果泡过的绿茶接触到空气并且受热,经过干燥茶叶颜色会变暗,甚至有些会变得像红茶。但如果将干燥后的茶叶再泡一次,其不会有红茶特有的红色或棕色的斑点和颜色。事实上,"黑色"一词完全是对红茶的误称,① 红茶完全没有一点黑色,这一点很容易通过检查泡过的茶叶来证实:和一些人的想象不同,红茶并没被烧焦,其颜色是暗绿色,部分带有红色或棕色。德国人常用棕色来形容红茶,这种用词很奇怪。

分析结果表明,茶叶的主要成分是芳香物质、单宁、胶质和其他萃取物,绿茶中这些成分的含量都比红茶高。因此,作者推断绿茶的这些特性使其比红茶更易保存,后者由于高温制作会损失更多成分。②

穆德对中国茶和爪哇茶成分的比较分析如下表 11-1 所示。

表 11-1　　　　　　　　　不同茶叶物质含量　　　　　　　　单位:%

	中国茶		爪哇茶	
	熙春茶	工夫茶	熙春茶	工夫茶
挥发油	0.79	8.60	0.98	0.65
叶绿素	2.22	1.84	3.24	1.28
植物蜡	0.28	0.00	0.32	0.00
树脂	2.22	3.64	1.64	2.44
胶质	8.56	7.28	12.20	11.08
单宁	17.80	12.88	17.56	14.80
茶碱(Thein)	0.43	0.46	0.60	0.65
萃取物	22.80	19.88	21.68	18.64
Apothem	微量	1.48	微量	1.64

---

① 译者注:英文中红茶名为"black tea","black"意为"黑色"。
② 佩利戈特(Péligot)的评论较为客观,他认为实际上茶包含两个基本部分:溶于沸水的部分和不溶于沸水的部分。溶于沸水的有精油、单宁、胶质、茶碱、萃取物和大部分盐类;不溶于沸水的有含有叶绿素、植物蜡、树脂和其他纤维。(《茶的专著》,第89页)

续表

	中国茶		爪哇茶	
	熙春茶	工夫茶	熙春茶	工夫茶
盐酸提取物	23.60	19.12	20.36	18.24
蛋白	3.00	2.80	3.64	1.28
纤维蛋白（Fibrin）	17.08	28.32	18.20	27.00
上述成分中含有的盐	5.56	5.24	4.76	5.36

至于茶叶的精油，这里可能需要再次强调，未经加工的新鲜茶叶没有香味，反而有一种生菜的涩味和辛辣的味道。至少在我看来，新鲜茶叶在操作过程中散发出的味道，与完全干燥后的宜人气味完全不同。仅凭分析还无法确定茶叶中的精油究竟是一种人为操作的产物，还是一种植物的天然成分。克里斯蒂安（Naes Von Essenbach）[①]在一项实验中烘烤从波恩（Bonn）的茶园采集的一些新鲜的茶叶，来验证新鲜的、未经焙烤的茶叶是否含有挥发油。他认为茶叶和咖啡豆类似，需要高温才能形成其独有的香气。[②]

毫无疑问，绿茶的香味是通过人工加热产生的。但是，红茶的香味是否首先由太阳和空气等自然因素生成，最后再通过人工加热而产生，其香味究竟由什么因素影响、造就，这是个很值得研究的问题。新采摘的茶叶需要高温发酵，红茶在烘烤前的操作过程中就会散发出明显的香味，产生香味的主要成分就是在这个过程中发挥作用的。因此，人工加热对激发茶叶的香味似乎并不是必须的，但是对茶香的完美和稳定确十分必要。

李比希认为"许多植物特有的香味成分是在植物中的糖精汁发酵过程中形成的"。他观察到"在发酵液中添加极少的紫罗兰、接骨木、椴树或樱草的提取物，都足以产生强烈的味道，而添加百倍的蒸馏水却不会产生任何味道。接骨木油、多种松脂和柠檬油只有在氧化或腐烂时

[①]　译者注：德国植物学家、动物学家、医生和哲学家。
[②]　冯·西博尔德：《日本》t.6. § 8。

才会发出气味"①。

"烟草植物的叶子在新鲜时几乎都没有气味,但是新鲜叶子在干燥后再用水湿润,捆成小捆堆成一堆,就会发生特殊的分解过程。伴随着氧气的作用开始发酵,烟叶开始发热,散发出成品烟草和鼻烟的特有气味。发酵过程中要注意避免温度过高,这种味道会更浓郁、更微妙。发酵完成后,烟叶中会出现一种油性固氮挥发物——尼古丁。尼古丁为碱性,在发酵之前并不存在。不同种类的烟草和葡萄酒一样,与尼古丁一起会产生非常不同的气味。"②

尽管有其他因素影响,但通过实验可观察到,茶叶除了本身的味道,还会吸收其他附近的或接触到的物质的气味,在空气湿度高时这个现象会更加明显。有时这种现象甚至会赋予茶叶一种复合风味,既不像茶叶本身的味道,也不像其吸收的其他味道。众所周知,姜黄等药物会破坏茶叶的香气,使其闻起来像药草。这种味道经常在家庭使用的茶叶中检测到,茶叶经销商非常清楚这种难闻味道的成因。

由于很多人强调茶叶的香气取决于其中的挥发油,而这种挥发油在某些情况下是可知其存在的,人们通常认为精油很容易在高温下挥发。因此,在一位朋友的帮助下,我尝试对咖啡进行这个实验。

把一些未焙烤的咖啡豆捣成粉末,装进一个玻璃管里,将管子和温度计都放在水银里,并用一盏阿尔冈灯(Argand lamp)对其加热。需要450℉至470℉的高温才能产生香味,当温度达到这个范围时,气味迅速增加。在370℉时,咖啡没有变色;450℉时开始形成香气,470℉时咖啡烧焦。众所周知,咖啡变成褐色并散发出香气时,会形成一种脂肪。这个实验还表明,烘焙咖啡是一门精致的艺术,仅约20℉的误差就会使咖啡变得生涩无味,完全破坏其香气,也许这就是为什么在英国很少能喝好咖啡的原因之一。而在欧洲大陆上,每一个仆从都熟稔烘

---

① 李比希:《农业化学》,第 2 版,第 320 页。
② 李比希:《农业化学》,第 2 版,第 319 页。

焙、烹煮咖啡的艺术。不过咖啡是这些国家的传统饮品，而在这些国家，要喝到一杯好茶和在英国喝到上等咖啡一样困难，所以对英国人来说并没什么不公平的。

我在布兰德《化学》（*Brande's Chemistry*）一书中发现了咖啡香味产生的原理，"施拉德（Schrader）试图通过将未经烘焙咖啡的各种近似成分分别加热，来确定造就烘焙咖啡风味的确切原因。但他发现，没有一种成分能产生任何特殊味道，而且烘烤木质残渣时产生的风味并不比其他原料少。因此，烘焙咖啡的美味必须归因于所有成分的共同作用"。

事实上，穆德虽然认为茶叶的风味依赖于挥发油，但他指出，茶叶性质最好从已命名的四种主要成分确定。穆德认为茶叶的挥发油有剧毒，并且难以提取。挥发油中有高度的茶香，在口中产生强烈的茶味，没有涩味。[1] 相比茶叶精油，他更关注这种微苦而清爽的涩味。他指出，从成分分析和价格都可看出，茶叶的质量和茶叶中单宁的含量是成正比的。

胶质在掩盖涩味上起着非常重要的作用。所以上等的茶都有胶质的味道，如果没有胶质的话，茶水不会比煎橡树皮好喝多少。含有大量单宁和足量树脂的茶叶味道最好，穆德说文化差异和不同偏好也对茶叶的品评有很大影响。

分析表明，绿茶比红茶更涩，这种特性也较少被掩盖，因为尽管绿茶中胶质含量比红茶多，但胶质与单宁所占的比例却较小。总之，正是由于四种主要成分的完美结合，才有了香醇宜人的茶，作者还补充道奶油和糖可以使茶的涩味变得醇美。

红茶和绿茶中单宁含量的差异是显著的，工夫茶的单宁含量为

---

[1] 雅各布森说，生长在海拔2000英尺的低矮黏土上的劣质茶树，哪怕是其叶子的一滴汁液也很让人恶心，而从海拔4000英尺的肥沃、褐色土壤，特别是黑色土壤（由腐烂的蔬菜组成）中生长的优质茶叶，初尝也有些不适口，但只是粗糙、涩喉，最后回味是甘甜的。（《茶叶培养和制造手册》，第463页）

12.88%，熙春茶为17.80%。① 穆德认为这部分单宁被转化为"Apothem"，茶叶萃取物也会发生这种转化，因此绿茶的涩味较红茶更重。但这似乎不能完美解释为什么红茶中严重缺乏单宁。红茶中"Apothem"的总含量只有1.48%，而单宁的损失约占总量的30%。不管是什么原因导致了红茶中单宁的流失，倾向于认为这就是导致红茶和绿茶差异的原因。前文已经可以证明单宁的流失量并不取决于温度和热量的差异，而是因为红茶在烘烤之前被晒干的过程。

这个退青过程被称为"萎凋"（withering），事实上，这是茶叶在初期发酵和慢性氧化。在此过程中，茶叶中的有机物会吸收氧气，氧气作用于氮元素，重新排列其组成部分，消耗氧气并生成碳酸。有些茶株的成分相同，只有水含量不同。这些成分之间联系微弱，所以很容易互相转变，比如淀粉、蔗糖、树脂、牛奶中的糖分和葡萄糖，在大麦发芽时或一些水果成熟时，其所含的淀粉会在酸的作用下转换为糖分。

目前，没有什么蔬菜能比得过淀粉蔬菜的普及程度，淀粉似乎是植物的生命源泉，广泛存在于植物的所有的绿色部分中，比如根部、种子、茎、枝、叶、果实甚至是实木中，叶子和果实中含量尤其丰富。淀粉是植物器官功能所必需的，因此，在干草中，当种子成熟的时候可以刈割时，淀粉的含量最多。未成熟的果实在生长时含有淀粉，但果实成熟时就没有一点淀粉的痕迹了，淀粉已全部被转化成糖，果实成熟前的淀粉含量越高，成熟后就越甜。不过从化学角度来看，果实的成熟也可以看作腐烂的过程。当果实成熟至足以发芽时，其表面肥美的果肉就会开始腐烂了，人类了解并利用这一过程，在水果生长至最美味的状态时来享用它。这一变化是由空气中的氧气引起的，水果吸收氧气并且将淀粉转化成糖分。②

---

① 工夫茶和屯溪茶、小种红茶和熙春茶、珠茶和白毫之间都应作此比较，这些茶的生产条件和环境较为相近。
② 这一段中的观点主要来自1845年12月和1846年1月的《梅德斯通公报》（*Maidstone Gazette*），但笔者不知道权威人士是否采信这一观点。

李比希说，尽管这种转化发生在自然界中植物的生命活动中，但它仍然是一个纯粹的化学过程。无论在黑暗还是在阳光下，死亡的植物也会同活的植物一样发生这种变化。① 这位优秀的化学家说，"当果实在黑暗中成熟时，氧气被吸收的同时叶片中的叶绿素数量减少，红、黄色素形成；酒石酸、柠檬酸和单宁消失，糖、淀粉或胶质取而代之"②。"当杨树、山毛榉、橡树或冬青树的叶子隔绝光线，在空气泵下干燥，再用水浸湿，放置在充满氧气的玻璃球里，发现它们吸收的气体与颜色的变化成正比。这样就可以确定这个过程的化学性质：氧与氧化物结合，或者与那些含有过量氧化物的植物化合物中的氢氧化物结合。橡树的褐黄色落叶中不再含有单宁，杨树的落叶中也不再存在芳香成分。"③

所以我认为，可以由此解开红茶独特品质成因的谜题。采用李比希的措辞：巧合可能更加引人注目。下文的解释应该会得到他的权威认可。新采集的茶叶暴露在阳光和空气中会很快开始发生化学反应，所有的有机物质都从大气中吸收氧气，在像茶叶这样的含有单宁的叶子中，"叶片中的绿色树脂会消失，红色、棕色的色素出现，鞣酸（tannin acid）则被糖取代。"这一原理可以解释红茶中单宁（tannin）的损失和茶叶及茶水的红棕色。④

---

① 李比希：《农业化学》，第2版，第30、31页。
② 李比希：《农业化学》，第2版，第67页。
③ 李比希：《农业化学》，第2版，第33页。
④ 令人满意的是，沃灵顿先生（Mr. Warington）应笔者的请求，于1846年初进行了分析，证明了市场中的红茶和绿茶中含有大量的糖分，但都没有发现淀粉。笔者的预期是，绿茶中的单宁酸可能会转化为淀粉，红茶中的单宁酸会转化为糖，不过笔者的预期落空了，现在笔者只能寄希望于化学家的进一步研究，如果能够准确地测量出糖的数量，可能会得到确切的结论。但是，准确测量茶株中糖分的含量仍是化学领域的一大难题。不过笔者推测，红茶中糖的含量比绿茶多，这多出的糖分是在叶子烘烤之前的操作中，由糖精汁发酵产生的。在某些情况下，例如在香茅茶（Hong Moey teas）的制作中，必要时还可以在烘干和揉捻等工序后，在叶子还没有湿润的情况下进行处理。但研究表明，如果在烘烤和干燥的过程中热量稍稍过度，不仅会导致糖分减少，也可能使茶叶的红色色泽变淡甚至完全破坏，叶片会发黄，泡出的茶水会和绿茶一样淡。

经过上述实验，可以证明红茶和绿茶的区别显然应该是糖化及发酵所致。为了让红茶的含糖量更高，人们更愿意在晴朗的天气，甚至是在正午采摘茶叶，而不是阴雨天。李比希说无论是在夜晚还是白天，只要光热不足，茶叶都会生成酸，而在充足的日照和高温下，酸就会转化为淀粉、胶质和糖。也正是这个原因，南部地区的葡萄含糖量更高，而北部地区的葡萄则含有更多的酸性成分。

大量连续降雨后收集的茶叶含水量极高，在类似的情况下水果是不能成熟的，茶叶也一样，因此这样的茶叶不利于糖的发酵。茶叶含水量太高很容易腐败，所以在这种潮湿的环境下，中国人会用火烘烤红茶叶片，加速其水分的蒸发，以便茶叶迅速进入利于糖化的湿度状态，中国人在制作茶叶时并非刻意达到这种状态，但他们非常明白加热和发酵是制茶的必要工序。这也解释了为什么红茶不像绿茶那样采摘后就立刻制熟，红茶的风味也可以保存得更久。同样，干草、烟草等物的味道也应该是由叶片所含的糖发酵而成的。

很明显，香茅白毫（Hong Moey Pekoes）的萎凋是过度的，所以其叶片和茶水颜色更红，有一种复合茶香，味道介于白毫和小种红茶之间，有时候茶商将这种茶称为麦芽茶。许多安溪和爪哇的部分茶都有香茅的味道。所以茶在很大程度上取决于萎凋过程的把控，如果萎凋过度，茶叶会偏红，味道会偏甜且单薄。此外，前面提到的实验是在没有用火的，在阳光下揉捻、加工叶子，说明了在阳光下揉捏和加工叶子会使茶叶和茶水变红，甜度也会过高。

如果把黑叶花香白毫（black-leaf flowery Pekoe）与香茅白毫相比较，很容易看出白毫的特征是深色的叶片以及特殊的味道，这是描述茶叶的普遍角度。而香茅白毫的特征是其发红的茶叶和复合风味。如果与白毫茶搭配品尝，会发现其几乎没有白毫的味道，而是接近小种红茶的味道。这种茶的特别之处并不是由于叶片的生长，因为白毫（Pekoe-kio）是采用嫩芽制作的，还不具有香茅的味道。kio 一词的意思是脚，因此，Pekoe-kio 的意思是，在白毫叶的根部或卷曲的叶芽处的叶子制成的茶。此外，由于黑叶花香白毫（black-leaf flowery Pekoe）与香茅白毫（Hong Moey Pekoes）的原料可能是同一种茶叶，所以很明显，它们的差异只可能是香茅白毫萎凋过程的较长造成的。

现在，如果把所有的红茶归到这两种不同颜色的茶叶名目中，排列顺序如表 11-2 所示：

表 11-2　　　　　　　　　　茶叶萎凋过程

黑叶茶（Black-leaf teas）		红叶茶（Red-leaf teas）
	白毫（不同的花色）	香茅白毫（Hong Moey Pekoes）
工夫茶	白毫	包种茶（Pao Chong）
	黑叶白毫茶	小种红茶
	黑叶，味道浓烈	珠兰茶（武夷山和安溪）
	黑叶	某些拣焙茶（Campoi）①
阿萨姆茶		柔和的工夫茶，小种红茶口味
		许多安溪茶，比如：宁红茶（Ning Yong）
		橙香白毫
		Shang Heong
黑叶茶（Black-leaf teas）		红叶茶（Red-leaf teas）
		爪哇茶
		印度的库马盎专区茶（Kamaon）
以上分类更关注其强度而非味道，除了阿萨姆茶，其他茶叶或多或少都有白毫的味道。		以上茶叶都因味道柔和而著称，但强度不足，或多或少都有小种红茶的味道。

因此，毋庸置疑的是，茶叶在烘干之前的"萎凋"（退青）过程，对红茶的品质和风味会产生非常重要的影响。似乎也没有任何理由怀疑中国人所说的，烘干红茶之前的处理是整个制茶过程中最困难的部分。这让我想到，爪哇茶（至少是第一批进口的茶叶）可能萎凋发酵不足，而阿萨姆茶叶萎凋太过。最近，这两个殖民地运来的茶叶质量都有了很

---

① 译者注：拣焙茶，广东特产工夫茶之一，"拣焙"即为挑选、烘焙之义。

大的改善。①

从上面的分类可以进一步看出，武夷山地区生长的红茶品种优良，尽管安溪茶的味道淡且奇特，不太出名。土质对茶叶的品质无疑有很大影响，所以可以看到，有些地区适合生产小种红茶，有些地区则适合生产工夫茶，正如加龙河岸产的葡萄酒美味、芳香，而杜罗河岸的葡萄酒则味道强劲、涩口。

穆德不太同意某些化学家对茶碱的看重，他发现中国茶的茶碱含量很少，熙春茶含量为0.43%，工夫茶为0.46%。但佩利戈特将这茶叶的大部分优点、医学价值，甚至营养价值都归因于这一成分。他发现每100份的熙春茶中含有2.79%的茶碱，珠茶中含有3.00%，尽管他认为这个数量也是偏低的。

佩利戈特也很看中茶叶中含氮物质数量的测定，他发现在110℉的温度下干燥的茶叶中，每100份的白毫茶有6.58%的含氮物质，珠茶有6.62%，这比任何蔬菜中发现的含量都要高。他还在茶叶中发现一种物质似乎与酪蛋白有关。根据所有这些条件，他认为茶叶既是一种营养素，也是一种兴奋剂。②

穆德认为茶叶的绿色物质取决于绿蜡酸（green cerin）。红茶这种物质损失的原因现在已经得到了解释，分解后的蜡（wax）可能在烘干过程中被热量蒸发，芳香物质的损失无疑也是由于同样的原因。在烘干前的操作过程中散发出的气味表明该原理在发生作用，由于所有的芳香物质暴露于空气中时会迅速吸收氧气，同时会沉积一种树脂，所以红茶中挥发油的损失和树脂的增加应该是这个原因。类似的作用是否可以解释红茶中出现的黑色和煤状外观，而在绿茶中没有，这种现象被穆德称

---

① 毫无疑问，中国最能干的制茶者都在那里工作，然后有理由相信这些人来自厦门的安溪，或江西省，而不是来自武夷山地区。可以肯定的是，他们并不熟悉绿茶的最优制作方法。不过，他们对红茶的制作还是很在行的。笔者最近看到了两份茶叶样品，分别是红茶和绿茶，产于印度北部省份库马盎专区（Kamaon），其强度和味道都有所不足，但仍然是优质的茶叶，尤其是熙春茶在印度和英国很畅销。

② 《茶的专著》（*Monographie du The*, par J. G. Houseaye），第100—108页。

作"Apothem",了解这种产物是什么很有意义。

熙春茶中含有的大量萃取物和较少的木质素(lignin),这可能是由于耕作方法或土壤不同的化学原因造成的,或者二者兼而有之。对比熙春茶与工夫茶,熙春茶需要精致栽培,而对工夫茶来说,除了除草之外没有额外的照顾,较为随意。熙春茶的叶片柔嫩、松软,而工夫茶叶粗糙、坚硬、厚革质、纤维状。熙春茶是经过精心挑拣的,所有粗糙、严重卷曲的叶片都会经巧妙的操作淘汰。工夫茶则是一种较便宜的粗茶,各种形态的叶片都混在一起。此外,工夫茶有许多茶梗,这在所有红茶中都很常见,而这些茶梗在所有绿茶中都会被仔细筛选出来的。所以,很显然熙春茶中可以提取出更多的萃取物,工夫茶中可以提取出更多的木质素。

泡过熙春茶的沸水中含有大量的可溶性物质,这无疑是茶叶清香的来源。佩利戈特认为珠茶中可溶物含量为51.9%、熙春茶为47.4%、屯溪茶为42.2%,这也提供了质量检测的标准,结果发现红茶中可溶性物质的含量并不像绿茶那样令人满意。这可能是由很多原因引起的,部分原因是红茶和其他茶叶混合在了一起,然而结果并不完全令人满意,有些白毫的可溶物含量比武夷山茶叶平均水平还低,这是不可能的,橙香白毫中可溶物含量为48.7%,其他白毫则为34.6%至38.1%,工夫茶为45%,而最上等的武夷山茶为44.4%。[①]

尽管与我经验不符,但红茶中的完好叶片比绿茶少得多,穆德猜想这并不是因为红茶叶片因高度干燥而更加易碎。不过,红茶确实比绿茶易碎,但并不严重。红茶易碎的根本原因是其长而扭曲的形态,导致其在操作过程中很容易破损,这一点每个茶商都知道,同样,红茶包装过程中也很容易被压碎。但这不足以解释为何绿茶中完整叶片的数量更多,其真正原因是红茶在被揉捻、滚动时容易破损,而非加热所致。红茶和绿茶的形态差异是在干燥过程中对茶叶不同的处理方法导致的。红

---

① 《茶的专著》(*Monographie du The*, par J. G. Houseaye),第91页。

茶的制作方法是先将茶叶放入筛子中静置，使其纵向卷曲，并且保留其原始长度和叶片形态。但绿茶不同，在铁锅中将绿茶叶旋转揉搓，使茶叶均匀受热并彼此摩擦，逐渐收缩卷曲。熙春茶在炒制中，有些叶片两端向内翻，有些成结，还有一些蜷曲成球状、节状。而珠茶的嫩叶和破碎的叶子和熙春茶一样，卷曲成一个紧实、坚硬的小球。因此绿茶比红茶更紧致坚硬，形态更短，同样体积的绿茶也比红茶更重。形状更细长的红茶叶比蜷曲紧凑的绿茶叶更加易碎。一般来说，绿茶也没有红茶的味道那么强烈，由于绿茶叶片更紧实，在冲泡时需要更长的时间才能舒展开。当红茶和绿茶混合起来冲泡，绿茶的味道和泡茶的时间长短成正比，如果冲泡时间很短，绿茶的味道就很难被察觉。

因此，无论从分析或其他角度来看，似乎都没有足够的理由相信红茶是在比绿茶更高的温度下烘干的，换言之，红茶的特性并不在于烘干的温度，正如大麦转换成麦芽并非取决于干燥程度，而是取决于大麦的生长发芽。所以在烘烤之前，红茶要先经历萎凋工序，在这个过程中单宁会流失，糖分开始发酵，深红色和棕色在叶片中沉积，形成红色的茶水和柔和的味道，这一切似乎和温度并不相关。

之前描述的烘干前的程序，是优质红茶所不可或缺的，也可能有其他方法能达成类似效果，但都不如萎凋的效果好。

绿茶似乎通过简单的干燥方法更好保留了天然色泽和独特茶香。绿茶的分解过程必须在烘烤和干燥中进行，快速干燥使得叶片呈淡蓝色，像一些水果上的粉霜，这是由快速干燥过程引起，茶叶的每一部分都能充分吸收光与空气。如果茶的香气不是茶叶固有的，而是由于操作过程生成的，那么红茶（以及干草和烟草）在受热过程中发生的变化可能也发生在绿茶中，就如同咖啡一样，据冯·艾森贝克推测，是通过人工加热来发酵的。

迄今为止，在研究红茶和绿茶的差异原因时，一直致力于将研究集中在颜色上。茶的味道显然取决于支配所有茶株气味的一般规律，有些产自茶株本身，有些是通过各种操作过程产生的。因此，根据目前已知的信息，可能无法完善解释红茶和绿茶之间的风味差异和每一类茶叶的特点，除非实地考察当地树木生长的地区，并对其叶片进行化学分析。不过人们已经证明对这些茶叶的处理存在着本质上的差异，虽然并不充足，但也足以解释不同茶叶风味和质量不同的原因。此外，有人认为未经加工的新鲜茶叶没有任何香味，在操作前后的气味差异这一点上，和干草与烟草、大麦与啤酒、葡萄和葡萄酒、咖啡豆与咖啡是一样的。

红茶柔和、清淡、芬芳，还有一种怡人的涩味，略带回甘，叶片和茶水都呈红色，和原料相比显然发生了化学变化，这种变化是发生在烘干前的处理中的。但如果仔细品尝熙春茶，即使其与丰厚的奶油和高度精致的糖混合，也能尝出生涩的味道，甚至还有一种有毒的味道（这么说并不想引起惊慌），让人想起苦杏仁、桃仁和月桂叶。经过处理的茶叶也保留了大部分原来的颜色，茶水是淡黄色的。因此，无论是叶片还是茶水都表明茶的成分几乎没有变化，其处理程序都与简单的干燥过程直接相关。

无论是从分析、操作过程还是对茶叶、茶水和味道的检查来看，绿茶似乎比红茶保留了更多的植物特性。因此，如果像一般推测的那样，茶株中存在麻醉成分或有害物质，就可能有助于解释为什么绿茶比红茶更能缓解紧张暴躁的情绪。绿茶还比红茶含有更多的精油，穆德认为精油含有剧毒。绿茶还含有更多的单宁，也比红茶更强劲一些。

分析表明茶叶特别的香味是因为其含有的精油，红茶中的精油结合了糖分的发酵产生了变化，而绿茶中的精油和糖分则保持不变。而事实上，红茶确实比绿茶有更多的风味，那么可知，精油和糖分发酵的结合改变了茶的风味，就和烟草、葡萄酒一样，茶叶口味的强度似乎取决于苦涩的成份，即单宁的含量和质量。[①]

[①] 最后还有一些疑问：如果红茶的特性是发酵的结果，那么茶叶中似乎会发现一些新的物质，类似烟草中的烟碱，在发酵前是不存在的？绿茶是否也含有烘干前不存在的类似物质？当绿茶在操作过程中产生的，类似于某些水果上的灰色或蓝色的物质是什么？烟草中是否含有类似的未被发现的成分？

现在，红茶和绿茶的区别，已经追溯到操作过程的差异，因此，在这里简要地概述这些茶叶不同的制作过程。

红茶的制作需先将茶叶放置在圆形托盘上，在阳光下曝晒，就像烟叶一样。在这个过程中，早期的糖分开始发酵并且与挥发油结合，发酵过程中会产生各种各样的风味变化。单宁的损失是由于一部分单宁酸转化为了糖。在这种变化过程中，叶子会变得松弛，并带有轻微的红色或棕色色斑，散发出一种特殊气味，有些人觉得这味道和茶的气味相同。工人们需要时刻注意这种气味的变化，产生这种气味表明需要进行烘烤，并不用等到叶子变成红色。工人将茶叶在铁制容器中烘烤，用手搓滚，揉出茶汁，只要茶叶还能挤出茶汁，就需要反复进行烘焙和揉捻。最后，将茶叶放在筛子中用木炭火干燥，在这个过程中，偶尔从火中取出茶叶转动，直到完全干燥。正是在这个过程的最后阶段，茶叶颜色变暗，不过这种颜色的变化主要是由于烘烤之前的萎凋，而不是加热的作用。

绿茶的叶子也需放在铁制容器里烘烤，但一采摘后就进行，而没有任何预先处理，所有的加热或发酵都被刻意避免。烘干后绿茶和红茶一样被揉捻，最后在同样的容器中不断搅拌来干燥。茶叶也需要被扇动来加速水分蒸发，干燥过程中会逐渐形成特有的颜色，类似某些水果上的粉霜。这种特殊颜色是液体迅速蒸发的结果，光和空气进入了叶片的每一部分，可能会产生某种化学反应足以解释这个过程中与红茶产生的不同现象。绿茶的芳香依赖于绿茶中的精油，它的香气似乎和咖啡一样，完全是通过人工加热而形成的。

因此，茶的各种已知差异现在可以按以下顺序分类：

1. 自然原因引起的差异，如叶片的生长时长。例如，未展开的卷曲嫩芽，如白毫和龙井茶，一种是红茶，另一种是绿茶——所有其他茶叶完全展开的幼叶——只有幼嫩多汁的叶子才适合做茶。而且就采摘季节而言，在春天采摘的茶叶最佳，秋天最差。

2. 气候影响引起的差异，如天气或季节。与所有其他蔬菜生产一样，阳光、雨水等条件对茶叶也有影响。

3. 不同制作方法造成的差异，比如红茶需要先烘烤。某些红茶烘焙和干燥的过程不同，比如包种茶、珠兰茶、白毫、小种茶和工夫茶。红茶和绿茶干燥过程中也存在差异。绿茶可分为珠茶、熙春茶、雨前茶和皮茶，松萝茶和屯溪茶也可以用同样的方式归类为熙春茶。总之，红茶和绿茶之间的差异是由于各种综合因素造成的，并且有不同的品质与价格。

但是，即使操作方式、照料方式、技术和所有其他情况都是一样的，但与所有其他蔬菜生产一样，茶叶仍然会存在质量差异，这只能归因于环境、土壤和栽培，或是一些自然的、偶然的差异，下文开始着手研究这个问题。

第十二章　茶树品种差异

> 茶的植物性和特定差异的观察——中国人认为土壤是造成差异的唯一原因——其他植物中的类似例子——在爪哇没有类似差异——我们不确定我们有真正的红茶和绿茶的标本——武夷茶是广东的一种茶株——阿萨姆茶株品种的可疑之处——对植物学家确立具体差异的依据进行检查——与日本、爪哇和巴西的实际观测相矛盾——可能只有一个物种，但有几个变种——包装过程中破坏了茶株——在武夷茶和熙春茶分布地区可能确实存在优良茶株，这是长期精心栽培的效果

据笔者观察，中国人认为只有武夷山能出产最优质的红茶。此外，他们还申明，只有在这些山脉的中部，中国人称之为内山（Nuy Shan），那里生产的茶最好，只要偏离了特定的生长地区，茶叶的品质就会下降。在远离优质产地的地方，"茶叶又薄又差，泡出的茶汤没有香味，也没有甜味，没有办法可以提高其质量"。在同一个省的厦门附近种植的安溪茶，大部分质量低劣，产自广东（或广州）的河南茶和和平茶

则更为劣等。此外,中国人称,即使在茶叶加工后的状态下他们也完全能区分特定地区和位置的红茶或绿茶。在某些情况下,武夷山地区最优的茶叶产地的茶株会被贴上标签,并以相似味道的花命名,因为据说它们在风味上与这些花卉相似,优秀的品茶师通过茶的味道就能推断这些茶的生长地。

毫无疑问,和平茶和安溪茶具有独特的风味,尤其是后者,二者可以通过叶子的外观和叶片及茶水的味道来区分。同样值得注意的是,目前印度库马盎专区种植园(plantations of Kamaon)似乎保留了这种茶叶的特性和风味。从培育这些种植园的福尔科纳(Falconer)博士那里得知,这些茶株是由戈登先生从厦门带来的安溪茶的种子种植的。

中国人将所有这些味道和品质的差异明确地归因于土壤,在福建省的红茶种植区,人们肯定会说,红茶没有区别。在绿茶种植区也普遍存在类似的观点,也不认为有任何理由怀疑这种观点,因为他们完全掌握了用嫁接等方法培育茶株的艺术。中国人关于土壤和大气对茶株的影响的观点与科学和实用主义者普遍接受的观点也没有本质上的区别,对其他植物的了解也可以验证这一观点,比如小麦、大麦、大米、棉花、葡萄、咖啡、橘子、柠檬(citron)等。

事实证明,通过将茶株从山区带到平原,加以耕作和施肥,绿茶的质量得到了极大改善,这种方法已经存在至少六百年了。因此,很容易想象,在地理位置、气候、土壤和耕作条件发生变化的情况下,茶株品种的人工改良已经持续了几个世纪,这些茶株可能已经疏远了自己的原始母本。即使在绿茶区,这两种茶树在外观上也可能拥有两个物种的所有鲜明特征。

因此,植物学家不知道造成这种差异的原因,而且除了观察这些植物的外表特征以外,没有别的判断方法,所以,当他们面对这样的标本时,很可能也合理地把它们分为两个品种。

屯溪茶是一种生长在山上的绿茶,很少受到关注,其味道远不如平原上栽培的熙春茶,但对于想要尝试这两种茶的人来说,只需要在知名度极高的大店铺中购买这两种茶叶,即普通的屯溪茶和优质的熙春茶价格公道,就能明显察觉到这一差异,这将非常有趣。

土壤和栽培对茶株的影响之大已经被证明,红茶和绿茶相反的颜色和味道也完全是由于人为操作。那么在爪哇,土壤和耕作是否足以解释茶叶之间的差异呢?如果可以解释的话,工夫茶和屯溪茶一个是红茶一个是绿茶,它们的生长环境和栽培情况是否相近呢?事实证明,爪哇的红茶和绿茶也都采用的是同一种茶叶。雅各布森向我保证,爪哇的红茶和绿茶是用同一种种子培育出来的,茶叶的所有区别都源于土壤和操作的不同,① 从植物学的意义上讲,二者没有区别。茶园的一部分土地可以生产高质量的茶叶,其他部分则只能生产质量普通的茶叶。两种茶可能都是小种红茶,也可能都是工夫茶,或者二者兼有。至于绿茶,可能一种是屯溪茶,另一种是熙春茶。② 通过实验可以确定种植园中哪一片土地适合红茶的生长,哪一片适合绿茶。③ 如果这对爪哇来说是正确的,那么可以推测在中国的同样也是正确。

此外,中国人普遍认为绿茶的消费非常有限。绿茶的茶商和生产商们肯定地说,绿茶产地以外的人几乎不喝这种茶,只有少量的"上等屯溪"被送到清政府进贡,精心调制的绿茶大部分是供外国人饮用的。所以,如果其他地方发现有优良品种的绿茶生产,那么必须承认这种品种与中国其他地区的茶叶不同。在中国的其他地方,这种茶叶都被制成了红茶,人们也可能根本不在意这种茶叶被制成红茶还是绿茶。④ 但

---

① 《茶叶培养和制造手册》(*Handboek v. d. Kult. en Fabrik. v. Thee.* § 6.),第 6 页。
② 《茶叶培养和制造手册》(*Handboek v. d. Kult. en Fabrik. v. Thee.* § 197.),第 6 页。
③ 《茶叶培养和制造手册》(*Handboek v. d. Kult. en Fabrik. v. Thee.* § 34.),第 6 页。
④ 宁红茶(Lo-gan)是一种生长在江南地区红茶,在广东澳门一带市场广阔,现在被称为"Ngan Goey",这种茶叶被包进小篮子出售,每篮大约以 1.3 磅茶叶。传教士说,他们把这种茶树和在徽州府(Whey-chew-fu)茶叶作了比较,没有发现有什么不同。笔者认为应当引起读者注意这一点,尽管笔者本人并不十分重视,因为为了确定这两种茶株(一种生产红茶,另一种生产绿茶)是否存在植物学上的差异,它们必须经过植物学家的检查。对于那些了解笔者在湾仔(Lapa)培育的小种植园的人(但现在笔者明白这茶株完全没有被人注意到),不妨注意一下,在种植园左侧小凸起堤岸上生长着的茶株据说就是宁红茶。它们以直立的茎和大而粗的叶子而闻名,它们茂盛的生长态势似乎主要是由于施了肥料。

是，谁能肯定，这里所有的茶叶种类，可能在红茶和绿茶产区、以及每个产区的不同区域，甚至每个农场之间是通用的，而且在很大程度上，中国人会忽视不同品种茶叶的差异，就像在每个国家和每个农场，不同品种的作物在操作和包装的过程中都是混合在一起的，像大多数苹果园里都会用不同品种的苹果酿制苹果酒，或者用不同品种的葡萄混合起来酿造葡萄酒，我倾向于认可这一事实。

但是并没有这方面的真实信息，从来没有植物学家能够深入那些专门种植茶树供外国人消费的地区进行调查。就所掌握的资料而言，甚至不能确定来自红茶和绿茶地区的这种茶株标本是否被任何植物学家检查和描述过。不可否认的是，寄到欧洲的无数标本是不可信的。中国人一般售卖的是广东的茶株，武夷茶树（Thea Bohea）是广州河南的植物，绿茶（Viridis）是从西樵山（Sy-chin-shan）、Pe-yuen hiang 和广东（Quong Tong）的其他地区购买的。新鲜的茶叶是淡绿色的，不过它们通常被用来制作红茶供中国人消费。虽然少见，但确实在茶产区购得了不同时期的真实标本，不过没有任何关于这类茶株的确切记录，或者说没有任何公开的记录。茶叶产区距离广东路途遥远，约800—1000英里（到目前为止，广东是欧洲人唯一能到达的港口），但很难买到茶叶标本，即使买到了标本，也必须验证其真假。因此，就中国人的言论和所观察的事例来说，似乎中国生产的茶株与日本、爪哇或里约热内卢的茶株不存在天然差异。

对于一般读者来说，在针对茶树的植物学差异研究中，有两点是需要注意的。一是，武夷茶树和绿茶茶树（Thea Viridis）是否有区别。二是，制作红茶和绿茶的茶株之间是否有区别。

某些植物学家认为在茶园里看到的武夷茶和绿茶之间的差异是物种的差异，但是其他的植物学家面对同样的标本，可能持有不同观点，这一点在植物学家当中仍然是一个悬而未决的问题。

里夫斯先生和我一直认为园里的武夷茶树和广州河南的茶株是一样的。现在可以认为，福琼先生已经完全确定了这两种茶株的特性，不过这种茶株的特点是否可以代表整个广东省的茶叶，以及该省生产的茶是否如福琼先生所认为的那样，大量产自武夷茶树①，我认为还需要进一步研究。福琼先生似乎没有考察该省的其他地区，也没有去过广州河南以外的种植园。

在广州的苗圃里，绿茶茶树和武夷茶树一样常见。东印度公司的船长和高级船员通常都会购买这两种茶叶，而中国人通常从邻近地区采购，我们的公共和私人茶园里无疑大多都有存货。诚然，这个省出产的绿茶非常普通，在广州着色再销往美国市场，这里也有多种红茶来供给中国人，但不知道其产区和产自哪种茶树。中国的茶叶产地，大多远离城市，如 Tien-pack、Sam-ta-chok、Wo-ping 等。除了把普通工夫茶混合包装成普等武夷茶外，品质最低的茶叶也会进口到英国。关于在广东生产的红茶和绿茶，以及用着色剂把红茶染色成绿茶，把绿茶染成红茶的说法，不应与这个茶叶大省的常规制茶方法相混淆。所有这类交易，无论规模有多大，都是一种不守信用的行为。

广东省生产的供外国人使用的茶叶数量肯定是微不足道的，出口的都是最低等的茶叶，且规模不足以构成对外茶叶贸易。也不能像福琼先生所想的那样，证明"中国北方地区生产的红茶和绿茶（大部分销往国外市场的茶叶产地）都是由绿茶茶树这一品种生产的"②。

福琼先生已经证明的是，他在福建省福州市（Foo-chew-foo）以北大约 30—40 英里的一些农场里看到的茶树，与在浙江（Che Kiang）看到的茶树是相同的。它们十分相似，都属于物种绿茶茶树，相比之下"没有什么区别"③。也没什么必要再次指出，这里提到的山丘和种植园距离武夷山地区至少 150 英里，而这些地区所生产的基本是对外出口的红茶。中国人说这茶没有一种产自建阳以南，但有些次等的茶是产自建

---

① 《中国北方的三年之旅》，第 2 版，第 189、213、219 页。
② 《中国北方的三年之旅》，第 2 版，第 189 页。
③ 《中国北方的三年之旅》，第 2 版，第 260 页。

宁府以北不远的地方，而不是建宁府以南生产的。

更不能接受安溪地区的茶是绿茶（Thea Viridis）这一结论，① 因为福琼先生并没有造访厦门附近的茶园，以及确实生产商品茶的安溪地区。因此，供外国消费的红茶和绿茶之间是否有特定的区别，对我们来说仍然是一个悬而未决的问题。

上文并不是要贬低福琼先生的作品，他的作品生动地记录了许多关于中国海岸及其附近地区的有趣资料，本文仅是为了避免从作者写作时所不可避免的主观角度，以及不全面的信息中得出错误的结论，所以本文对复杂且艰深的问题进一步讨论。

一些植物学家和园丁很难相信阿萨姆茶树的体型之巨，一棵高30—40英尺，直径8英寸的茶株②居然与中国和日本的小型茶树同属一个物种。优秀的植物学家和其他科学人员专门来解决这一疑问，他们确定阿萨姆茶树和中国、日本的小型茶树是完全相同的。但是，无论阿萨姆茶树是否是一个独立的物种，很明显，它的形状、高度以及生长环境，都是在外力强迫下而非自然生长的。"当周围的丛林被砍掉时，"布鲁斯先生（Mr. Bruce）说，"茶树细长的枝干似乎难以支撑自身的重量"。据可靠消息称，③ 中国的茶树在没有被牲畜干扰的地方可以生长至12—15英尺。《本草纲目》（Pen-csao-kiang-moo）写道："二十、三十乃至数十尺；有大者，两人不能合抱，然则伐之无用。"然而最后这些植物不能被认为是茶树，将其划分为茶树有损编纂者的权威性。

阿萨姆茶树与中国野生茶树的生长状态相比是否比中国野生茶树对矮化茶株的生长偏离得更多，这点有待进一步研究。是否过于习惯于把人工栽培的结果看作是自然生成的？在我的印象中，茶树不是更像一株醋栗或灌木，而不是一棵能自然生长到12—15英尺高的树？此外，茶树在高度和形状上的偏差是否比其他树木更大，比如橄榄

---

① 《中国北方的三年之旅》，第2版，第220页。
② 《印度农业园艺学会学报》，第30页。
③ 卡皮纳神父（Father Carpina）的私人信件。

树、苹果树、梨树、橡树等。李比希说，对树木生长的大小一无所知，必须承认，对茶树的了解非常有限。

如果有人质疑，一种生长在冬季严寒气候下的植物，在物种上是否可能与在热带阳光下繁茂生长的植物完全相同，从中国的茶树生长情况可以略知一二，众所周知，东京和越南种植的茶树，也可以在槟城（Penang）① 低海拔地区生长，但由于完全没有茶香，所以放弃了在那里培育。

然而，无论阿萨姆茶树是不是一个独立的品种，可以肯定的是，现在阿萨姆生产的茶叶质量非常优良。砍掉老树的枝茎可以促进嫩芽的生长，通过日照、光热以及空气流通，阿萨姆茶叶得到了很大的改善，更接近于中国茶的味道和质量，但是茶叶的浓度有所下降，味道不足。

现在来研究，红茶和绿茶最初的区别是基于什么产生的。第一个对茶树分类的权威人士是林奈。1753 年《植物种志》(Species Plantarum) 中，他第一次将茶树定名为中国茶树（Thea Sinensis），但在 1762 年该书第二版中，由于一些没有明说的原因茶树被具体分为武夷茶树和绿茶茶树。在这之前，他还没有见过任何茶树。但在 1763 年 10 月，他通过埃克伯格（C. G. Ekeberg）② 船长获得了一些茶树标本，这些标本是第一批运到欧洲的茶树，被种植在乌普萨拉的茶园。从 1774 年版的《植物系统》(Systema Vegetabilium) 来看，这两种树都属于武夷茶树，这位博学的博物学家也很难区分这两种茶株。1765 年《美国科学院院刊》(Amoenitates Academicas) 第七卷第 239 期中说这两个物种是如此相似，只可能是同一种茶株的变种，林奈在书中指出花瓣数目上的具体差异，这是由希尔（Hill）③ 权威指导的，而不是他自己的经验。在林奈学会（Linnaeus Society）保存的《植物种志》夹层副本中可以发现，林奈对茶树

---

① 译者注：Penang 为马来西亚城市槟城，也称为槟榔屿。
② 译者注：卡尔·古斯塔夫·埃克伯格（Carl Gustaf Ekeberg，1716—1784），瑞典医生、化学家和探险家。他以船长身份多次航行到东印度群岛和中国，著有多篇关于茶树的文章。
③ 译者注：希尔（Walter Hill），植物学家，摩顿湾茶园的督管。

的分类特征进行了频繁的修改，可见他对此精益求精。

洛雷罗（Loureiro）①在越南，以及中国广州都见过这种茶树，他采用林奈的方法，按花型做出具体分类。他根据物种所在地给这些茶株取名——越南树种（Cochin Chinensis）和广州树种（Cantoniensis）。但是根据花型分类法，洛雷罗认为由七瓣、八瓣或九瓣组成的广州树种应该属绿茶树种，许多植物学家也认同这一方法，虽然不一定占大多数。[见《方法论百科全书》（*Encyclopédie Méthodique*）]

但是，如果洛雷罗的描述是来自广州河南种植园的话（他不可能看到别的种植园），每一个熟悉这个问题的人都知道，广州河南茶叶是专门用来制作红茶的。此外，里夫斯先生和都确信，种植园里的武夷茶树和艾顿变种（Stricta Aiton）②都和广州河南的茶叶一模一样，也可以断言，这两种茶株又与洛雷罗的广州树种相同。在我看来，植物学家应该理解这样一个事实：洛雷罗的广州茶种、艾顿变种和种植园里的武夷茶树，与广州河南的茶株是同一种植物，源自同一个种植地。艾顿并没有把"Stricta"（叶粗硬为长椭圆形）和"Laxa"（扁平带锋状之叶）作为新的变种，而是作为新的术语代替武夷茶树和绿茶茶树，冯·西博尔德则是选用"Stricta"和"Diffusa"代替。其实必须承认，武夷茶树和绿茶茶树这两个术语的使用可能过于仓促。

由于植物学家只能从不完善的信息中得出结论，这无疑给茶树的植物学分类造成混乱。因此在《方法论百科全书》和其他书中，可知广州物种（洛雷罗）被认为是绿茶茶树（林奈）的变种，而植物学家德·堪多则认为其是武夷茶树的变种（林奈），还认为艾顿变种属于绿茶茶树（也赞同这一分类），在这些方面，堪多采纳了西姆斯（Sims）③的观点。

此外，植物学家现在一致同意，多雄蕊植物的花瓣数量并不能作为

---

① 译者注：洛雷罗（João de Loureiro, 1717—1791），葡萄牙传教士、古生物学家、医生及植物学家。

② 译者注：*Thea bohea var. stricta* Aiton 为野茶树（*Camellia sinensis var. sinensis*）的同义词，威廉·汤森·艾顿（William Townsend Aiton, 1766—1849），英国植物学家。

③ 译者注：约翰·西姆斯（John Sims, 1749—1831），英国分类学家和植物学家。

区分物种的依据，因为雄蕊有转变为花瓣的倾向。那么，如果因为花冠的特征不够持久，就无法将其作为区别物种的标志的话，难道就可以说洛雷罗发现的其他特征能证明交趾支那树种生长茂盛，而广州的茶树是矮小弯曲的茶株吗？一种"8 英尺高，树干笔直"，而另一种"4 英尺高，树干弯曲"。

如果检查叶片的大小、形状以及叶子的颜色和锯齿的形态，会发现这些性状也并不稳定，和花冠一样不能作为区分物种的依据。莱特索姆（Lettsom）将绿茶的叶片描述为"长是宽的 3 倍"，而西姆斯则将其描述为"长是宽的 2 倍"，这一描述与林奈的"武夷茶树叶片椭圆，绿茶茶树叶片呈长方形"的描述完全一致。但在 1823 年，偶然看到过一些日常用的上等包种茶叶，并不符合上文对红茶的描述，反而符合对绿茶的描述。然而，像工夫茶之类的茶叶确实符合植物学家的描述，但这只能表明，同种茶叶的形状和大小是不变的。

坎普费尔简单描述了他在日本看到的茶树，将其作为一个单独的物种。茨恩贝格（Thunberg）[①]也在日本观察过这种茶树，并归为一个物种，但根据叶子形状和颜色的不同分为两个变种。近期到日本游历的西博尔德，根据叶子的形状至少确定了四个变种，都属于同一物种。[②]

吉尔曼在给一个朋友的信中，回答了一些问题，他说在巴西只种植一种茶叶，就是绿茶，他对于武夷茶仅仅是有些好奇。"巴西只种植一种茶树，是绿茶茶树，但这一品种茶叶有许多不同形状的叶子。另一种武夷茶树，现已种植于欧洲。对这种茶叶纯粹只是好奇，不知道这种植物是用来制茶的，至少没在巴西见过它。"[③]

因此，所有在中国以外的地方见过这种茶树的植物学家都同意（而洛雷罗在中国没有这样的机会）他们观察到的茶树没有特定的区别。甚

---

① 译者注：卡尔·彼得·茨恩贝格（Carl Peter Thunberg, 1743—1828），瑞典博物学家，植物学家，长期从事东亚植物研究，于 1785 年编著的《日本植物志》。

② 请参阅附录。

③ 译者注：引用信件原文为法语。

至连洛雷罗也表示，中国所有不同的茶叶可能都来自一种茶株，其差异只是由于土壤和文化的不同。此外，西博尔德还观察到，对于一种被种植了这么多世纪的茶株，在差异巨大的气候条件下，花瓣的数量、茶株的生长以及叶片的形状和大小，都不是构成物种标志的足够永久的特征。

总之，必须承认的是，植物学家普遍认为茶树有两种截然不同的类性，即绿茶茶树和武夷茶树。就对这些茶树在花园中种植的经验而言，它们在习性和外观上都是不同的，武夷茶是一种比绿茶更娇嫩的茶株，后者在一定的照料下，可以承受冬季的露天气温，前者则不然。

但在这些植物中发现的差异是否足以将其分为不同的物种，这还需要植物学家来判定，以对语言和命名的准确性进行描述。

现在来描述一下我自己观察到的情况。

有一份来自武夷山地区的茶树标本，奇特且美丽，叶片宽大，枝繁叶茂，呈深绿色。我惊奇地发现叶片有疱状褶皱，在此之前，我和其他人一样，认为这是绿茶所特有的一种品质，但证据表明，这种性状并不仅存在于绿茶或其变种中。这株植物后来被放置在澳门的一个地势较高的种植园中，朝向北方。几个月后，它的叶子变成了鲜绿色，这种茶株和在澳门看到的那些可能是绿茶的茶株很相似，这株植物最后被安置在澳门湾仔岛上的一个小种植园里。把它种在一株很好的绿茶茶树旁边，那是一位名叫蕺馨的绿茶商带给我的，这些茶树和其他许多茶株都被阿裨尔博士看到了，他是一位优秀的植物学家和科学家，他曾陪同阿美士德勋爵访问北京。他特别关注这两种茶株，对其来源他一点也不隐瞒，但他从这些茶树的外观上看不出有什么特别的不同。不过他回到英国后，从北京和广州得到的资料来看，他倾向于认为茶树物种的差异可能是存在的。但这位博学的科学家在旅途中生了一场严重的疾病，最后在"阿尔塞斯特号"（Alceste）[①] 沉船事故中丢失了许多文献和收藏。如果

---

① 译者注："阿尔塞斯特号"（Alceste）是1804年为法国海军建造的护卫舰，于1816年在爪哇失事。

这些标本真的可以证明茶叶之间的物种差异，不知道是否有更令人满意的方法可以确定商品茶的具体物种，到目前为止，只能通过比较两种茶树来确定其是否相同。因为如果连备受尊崇的人提供的样品都不相信的话，那么除非亲自去这些茶叶的产区现场检查之外，就没有办法解决这一问题了。

里夫斯先生是一名植物学家和博物学家，他在中国的贡献和努力是众所周知的，十分受人钦佩。他认为，红茶和绿茶之间的区别，即使不是两个物种，也是两个有显著差异的变种，在这一点上，没有人会怀疑这位先生的权威。但这里也能看出，里夫斯先生在谈到茶的品种时是值得商榷的，他显然只是简单地认为在没有显著和本质区别的情况下，仅处理方法的差异不足以解释红茶和绿茶味道的不同。但是正如其他植物学家认可的，里夫斯先生也愿意承认，变种足以解释茶叶的所有差异。金平皮（golden pippin）、那普瑞尔（nonpareil）、尖头苹果（codling）、蟹苹果（common crab）和栽培型苹果，这些品种的苹果风味和品质各不相同，但从植物学上看它们都属于同一个物种。同样，不同的葡萄酒是由不同变种的葡萄酿制的。所以里夫斯先生想说明的是，无论有没有特定的区别，既然红茶和绿茶的味道不同，那么其茶树肯定有明显的差异。

植物学家克尔由约瑟夫·班克斯爵士送往广州，在英国当局的保护下，在那里居住了好几年。克尔根据在广州观察到的茶株认为这里的茶叶只有一个品种，但有许多变种。

由于我并没有把植物学作为一门学问来研究，所以我的观点当然不值得重视，但我十分关注这两种茶树的植物学门类，并且因此有机会见识到了许多不同的茶株，听取了权威人士的意见，所以或许可以对此问题发表一些拙见。

我倾向于赞同克尔的观点，即中国只有一种茶树，茶树之间并没有天然的差异。至于在这些茶树生长的土地上是否形成了稳定的品种，即是否能通过种子繁殖，广州的河南茶和厦门附近的安溪茶似乎是这样；

或者在红茶区和绿茶区发现的茶树是否彼此不同,是否更适合各自地区采用的种植方式,这些问题只有通过现场调研和实验才能解决。

然而,已经有足够的证据证明,红茶和绿茶在制作中颜色和形状的改变是由二者不同的制作工艺造成的,与茶树的种类和土壤的质量无关。而在其他所有条件都相同时,茶叶味道的差异主要是由人工操作引起的,除此之外也有气候、土壤和栽培中的偶然变化的影响。

风味的多样性可能是由于茶株本身的不同,或者在盛产红茶和绿茶的国家因地域差异而形成这些茶株的某些特定品质。然而,这些特性对茶叶贸易的影响程度是难以确定的,除了为形成适合固定价格和特定品质而进行混合的茶叶。

英国进口的茶叶大部分是工夫茶,它们被包装成小包裹,足足可装600箱,共重52000磅。所有茶叶的质量和价格都一样。有些批次的货物够装1000箱。因此,所有茶叶的采集方式、叶龄、地区、特性、茶树以及质量等差异都会在这种混合集散中消失。绿茶之乡的屯溪茶便是如此。

在武夷山的中部和徽州府生长着上千年的古茶树,在这两个地区,制茶也有更多的技巧和更为严谨的操作。在这种情况下,除茶株中的任何自然差异外,茶的风味还受到原产地效应的影响,尤其是武夷山地区的茶,中国历代都认为这里的茶好,这些茶也深受欧洲人的偏爱。

因此,像中国人一样,得益于这些地区的优质茶叶,世界其他地方也成功种植了这种茶树。

与此同时,无法预见,科学界已经引进到欧洲的培育新模式可能会对茶株产生什么样的影响。人们已经不止一次地观察到,中国的松萝茶通过改良耕作方式得到巨大改善,其价值在某些情况下提高了近3倍。中国种植红茶的茶农可能没有得到足够的鼓励去试图大幅度地改良茶株的栽培方法(红茶的丰厚利润一直被广州的行商独占和垄断),因此,若使自己的殖民地成功种植茶树,以供应欧洲人这种上等生活的需求,绝不能照搬中国的培育方式。

因此，令人鼓舞的是，一个前景如此广阔、有光明前途的领域，现在正在向那些有进取心的个人和那些正转向关注这方面的开明政府招手，在这里可以将他们的聪明才智、技能和商业优势发挥得淋漓尽致。

现在，我将谈谈在的殖民地种植茶树取得的成功经验。

第十三章　印度的茶叶种植

引进英属印度——气候差异——印度茶农和中国茶农的生活方式比较——两国需求——工资比较——东印度公司的贸易概况——公所——行商职责——制茶成本的增长——从茶叶产地到广州和福州运费比较——阿萨姆邦（Assam）—库马翁（Kumaon）—爪哇岛（Java）和巴西（Brazil）的生产成本

在阿萨姆邦茶树的发现①，以及最近在印度北部省份库马翁中国茶树的成功种植，都使人们有充分的理由相信这种宝贵的植物可能很快成为广泛引入的东方产品之一，这有利于当地居民的生活，以及该国的内部繁荣和商业关系。

印度人对茶叶的偏爱是命中注定的。如果能以足够低的价格买到这种商品，毫无疑问，它的消费将迅速在那个巨大的半岛上蔓延。由于印度教强制教徒禁食肉类，他们只能采用蒙古人泡茶的方法，即混有茶黄油和豆粕的肉汤状咸奶茶，不仅可以提神，而且可以当辅食果腹。茶汤入胃，精神兴奋，心情和达，气机通利。

英属印度及其附属国的人口总数约为 114430000 人。假设这些人都像中国人一样喝茶，那这种新兴需求主要刺激的是该国农业的发展。人们开垦荒地进行耕种，工厂进行生产准备和技术操作等活动，以及行业

---

① 译者注：1824 年，驻印度的英国少校勃鲁士（R. Bruce）在印度阿萨姆的沙地耶（Sadiya）发现有野生茶树。

发展新的产品。更重要的是，政府并不应该将种植茶叶获得的巨额利润仅仅当做甜头，而是要鼓励人们大规模种植茶树，这成为印度政府日益关心的问题。

茶业不仅给印度带来的即时好处是巨大的，比如让本土人民的生活更惬意和幸福，而且它的前景也同样被看好。如果印度产茶比中国的成本低，那么是否可认为茶的广泛种植必将极大地有助于促进和推动印度与整个中亚（Central Asia）的商业往来。我们可以用茶叶、毛织品，还有毛毡和印度棉布很容易交换到羊毛披肩、马匹、金属和其他物品，以及通过广州运输的产自西藏的大黄和麝香。

在上一章中，详细讨论了蒙古和西藏用茶的问题，他们经常用的"砖茶"是生活必需品，是日常不可或缺的一部分。事实上，这种砖茶从黄海运到里海，穿过了整个中亚地区。早在1818年或1820年，曾游历拉萨的学者曼宁先生向东印度公司建议，可以从广州途经加尔各答和不丹（Bootan）与西藏交易，这比中国人目前提供的单一陆地运输线价格便宜，我相信这是事实。更有利的是这可以销售更多印度的产品。在适合大众消费的茶叶供应方面，毋庸置疑可以在英国、欧洲和美国市场上与中国竞争，但在生产上等风味的茶方面，则难以望其项背。

现在从不同的角度研究与华茶竞争这个问题。反对在殖民地种植茶树的主要观点认为中国的劳动力充足且廉价，而殖民地的劳动力十分昂贵，盲目地将制茶视为一种费力费财的工艺。没有必要太在意这些所谓的障碍思想，但有一点需要指出，任何农产品或工业产品的竞争优势并不完全或主要依赖于两国的劳动力价格这一因素。在进行交易的两个市场中，商品的相对价值是一个比较可靠的参考数据，例如中国的毛织品、棉纱或茶叶与它们在英国价格的比值。但这只是理论上可行，实际受多重因素的影响，例如垄断、保护关税、差别关税、补助金以及进口税等，结果更为复杂。

因此，仅凭欧洲较高的劳动力价格这一因素并不能完全否决可与中国竞争茶市场，我将在接下来的文章中说明这一点。就我们的目的而言，比较增长的成本和消费的价格更靠谱。但是，目前不应该在中国和整个殖民地的生产成本之间进行比较，而应在中国和印度之间。

气候差异

如前所述，中国地大物博，拥有分明的气候，冬季雪窖冰天，夏季炎阳炙人。因此，当加尔各答的居民在冬季经历相对温暖的天气时，几乎同纬度下的广州人穿着皮草、毛衣和棉服。

印度茶农和中国茶农的生活方式比较

还有，如果比较这两国人的家庭舒适感和生活习惯，发现印度人满足于小泥房或棚屋，他们几乎白天都不在屋子里，而是待在棕榈树或其他树荫下乘凉。这里的人们身上通常裹着一块白棉布，头上戴着薄薄的蜡染棉布或小头巾。他们腰间缠着一小块棉布，这是他们在炎热季节唯一的遮盖物。在寒冷的季节，来自织机或手工的一块粗羊毛布白天裹在身上可御寒，晚上把它铺在空地上可当床和毯子。他们不需要餐具，坐地上用手指就能吃东西。米饭中只加一点黄油，一些调味品和一些蔬菜，没有肉。他们没有家具，家用器具只有煮大米的铜锅或铁锅和一个用来盛饭的瓦盘，可能还有一些铜器或土制容器装着并不干净的水，偶尔饮用。干棕榈叶可以当扇子扇风，也可以打蚊子。除此之外，还有一件精致华丽的烟盒，可以让他们舒舒服服地、尽情地吸烟。①

相反，中国人住的是坚实的土房或者砖房，通常用茅草铺顶，但也有不少是瓦片铺的。房间里有椅子、凳子和桌子，除了被褥，还有一种可移动的床板和竹材。他们的储物架上摆满了杯子、茶碟、茶壶、水

---

① 参见《东印度公司执照续期证据纪要》（1813 年）（*Minutes of Evidence on the Renewal of the East India Company's Charter*），基德总督（Major General Kyd）、托马斯·门罗爵士（Sir Thomas Munro）、托马斯·格雷厄姆（Thomas Graham）等人著。

壶、盆和罐子，还有他们的烹饪用具——铁锅和陶罐、平底锅和烧水壶。他们的书架上也堆满了书。中国人坐在椅子上或桌子旁的长凳上用餐，把两根用细木棍或骨头制成的精巧涂漆的筷子夹在手指之间，用起来就像欧洲人用叉匙一样灵活高效，游刃有余。他们也用小勺子，但一般用光滑的釉质陶器盛汤羹或舀豆子。他们吃得很朴素，尽管和印度人一样吃米饭，南米北面，却有两三个小菜，包括鲜鱼或鱼干、水货或其他肉干，少许肥猪肉和一些蔬菜，厨艺精湛，动作娴熟。他们差不多都以一小盅酒来结束每日三餐，但是在茶前喝，而不是咖啡后。在广州和澳门居住的船夫、苦力或搬运工、茶叶包装工以及少数农业专家大都以这种方式生活。

两国需求

但是绝对不能妄断印度人处于贫穷的状态，相反，他们追求身材苗条，当下足以满足自身需要，不应单纯地与中国人生活上的安逸和舒适相比。显然，两国人的需求大相径庭，中国的气候使人们需要保暖，需要更多的衣服和更多的肉类食物。这些中国劳动者的高需求刺激了行业的发展，在国家机构的支持下，他们得以比印度人或者部分欧洲人享受到更高的生活舒适感与便利度。他们的人文素质得到提升，更加独立，按劳分配。精神和体力非常充沛，不会陷入懒散，宁可移居国外，也不愿过凄惨的生活。

工资比较

以下陈述提供了一些关于中印劳动比较价值的一般性概论。

托马斯·门罗爵士（Thomas Munro）① 指出，马德拉斯（Madras）②

---

① 译者注：托马斯·门罗爵士（1761—1827）是英驻印的著名文职和军事官员，曾任马德拉斯总督。
② 译者注：金奈（泰米尔语："Chennai"）旧称，南印度东岸的一座城市。它坐落于孟加拉湾的岸边，是泰米尔纳德邦的首府，印度第四大都市。

茶农的月工资在4—6先令之间，种茶的和制造商个人衣食住行等的花销一年不超过27先令，而在更下层的阶级中，则不超18先令。科伯恩先生（Cockburn）则说该地茶农花费在32先令。泰恩默斯勋爵（Lord Teignmouth）①也指出孟加拉人的月工资是3先令，足够维持一个人的生活。②福尔科纳博士告诉，在库马翁一个农民的月工资是8先令，能购买从头到脚的所有服饰。

在中国南方，农民和工人的工资待遇千差万别。能犁地的农民一般是长工，自己解决晚饭，雇主家包早午饭，一个月给10先令。武夷红茶的包装工一天三顿饭，还有5便士的工资。行商雇的苦力或搬运工包吃包住，一个月发15先令，而东印度公司的工人包住不包吃，当月得20先令。一个普通的木匠或瓦工一天除去饭钱还会得到大约7便士的报酬。这些数据按照一元等于5先令进行换算。

因此，就两国的国民需求和劳动工资而言，印度在种植茶叶方面比中国拥有不小的优势。

东印度公司的贸易概况

在探讨欧洲人在中国购茶成本的问题之前，或许有必要对东印度公司建立以来和中国现有制度下各自的贸易状况比较进行简要介绍。众所周知，中国对外贸易长期以来由广州一口通商，广州十三行享有与外国人进行贸易的专属特权。然而，这种特权并非如我们想象的那样，是中国人的贸易习惯之一，这只是由于语言不通导致的误解。事实上，庇古（Pigou）先生曾明确说过，在广州的早期贸易中，并不存在具有特权的高业组织，欧洲商人可以自由缴纳关税，与任何人公开交易。这一点在最近公开的东印度公司档案中也得到了证实。庇古先生所说的商人组

---

① 译者注：泰恩默斯勋爵（1751—1834），约翰·肖（John Shore）在1793—1798年担任英国派驻印度的总督，于1798年获得泰恩默斯男爵（Baron Teignmouth）封号，又称泰恩默斯勋爵。驻印总督是英国在印度殖民统治的最高管理者，任期一般为5年，从1773—1950年共有45人拥有这一称号，直至印度共和国将该职务废除。

② 见《东印度公司执照续期证据纪要》（1813年）。

织，并非对欧贸易中享有特权的广州十三行之间的联合，而是指由行商们组成的商业公所（Kong-soo）。

公所

"公所"一词表示协会、组织或帮会。每种贸易几乎可以说都有自己的公所，类似古代行会。他们有自己的大会堂，有的像英国建筑一样，附有供娱乐和观赏的花园。这里存放着特定贸易部门的标准砝码和度量，留作称重及参考。几乎每笔买卖都要称量。因此，每天可以看到行商的称量器械穿过广州的街道到达仓库，去称交易货物的重量，以使茶商满意。大会堂保存着该协会的规章制度以及与交易有关的所有公共文件。这里还举行会议，他们亲身讨论和制定新法规，解决争端以及进行贸易安排。他们还集会反抗政府官员的苛求和压迫。总之，它是维护和促进贸易利益的协会，仅此而已。每笔交易的价格互不干扰，完全独立。此外，在我看来，最近行商这一角色被深深误解了。"行商"一词特指与海上贸易有关的商人阶层，细想他们也可以是保税仓库管理员，而不是商人，或者说有时他们以两种身份行事。这个词也不仅仅局限于与外国人做生意的商人。每一个沿海省份都有指定和许可的行商在各地经商，所有货物的装卸都必须经过海关（Custom House）正式文件或许可证的允许。因此，那些受任广州为外国有关货物纳税担保的商人被称为外洋行（Foreign Hong Merchant），与来自福建或天津的商人不同，后者被称为福建或天津行商（Fokien or Tien-sing Hong Merchant）。如今中国的进口商对自己的货物拥有完全自主权，在公开市场上自由买卖并交税。行商的职责是保证在货物交付之前向政府履行关税义务，而没有其他事项。

行商职责

只要一系列条约规定得到认可，欧洲人就享有与当地商人相同的权利。然而，在与中国人的早期交往中，拥有的自由贸易权仍不完全且难以维持。为了建立某种形式的垄断,中国人付出了不懈努力。刚开始,他们以特权商人的身份从事整个交易,或是以商人身份授予他人许可,后来以茶农协会的形式出现,经销商分别是来自偏远省份的商人、广州的店主和行商,最后则完全由行商独占。前面的尝试都失败了,行商最终成功获得了垄断权,并且这种局面维持了一个多世纪。因此,《南京条约》(Treaty of Nanking)① 开放的政策是为了恢复自由贸易的特权,享受惠待。但是,不懂语言、不懂国家惯例的欧洲人极易摊上由"语言学家"、行商与政府以及当地商人串通好的买卖,首先是作为支付关税的代理商,然后是买卖商品所需的口译和经纪人。因此,他们在与政府和人们的交往中都遭受了严重的欺诈和诽谤,很快就中了商人们的诡计。庞古先生在这个问题上看得过于简单,他说:"英国人直接将商品运到广州进行贸易时需要行商的经纪人,因为乡村商人不会说英语!"

作为省会和总督府的广州比其他贸易港口,如厦门、宁波和舟山,对清政府的影响力更大,且后几个港口的政府官员的级别都很低。

欧洲人还发现,他们的商人很容易受到那些管理北方港口的低级官员的侮辱、折磨和敲诈勒索,常常采取权宜之计。北运途中,他们将船只停泊在广州港口外,先与该港口的商人和海关官员谈条款或安排,显然各方都出于利益。因此,很多贸易逐渐转移到了广州港。

最终,许多活跃且有胆量的福建商人因经商逐渐离开厦门,并定居于广州。在这里,他们也成为洋商,受到该省上级官员的支持和帮助,最终成功地说服朝廷下达圣旨,禁止其他港口通商,确保自己的利益,形成以股份公司(Joint Stock Company)或"公行"(Co-hong)② 与欧洲人"一口通商"的局面。

---

① 译者注:《南京条约》,又称《万年和约》《白门条约》《江宁条约》,是中国近代史上第一个不平等条约。该约于1842年8月29日(道光二十二年七月二十四日),由清廷代表耆英、伊里布、牛鉴与英国代表璞鼎查在停泊于南京下关江面的英舰"皋华丽号"上签订,标志着第一次鸦片战争的结束。

② 译者注:公行是清朝中期在广州成立的行商组织,在约百年期间垄断当时中国与西方主要商业往来的广州贸易。

但是，该组织不是一整个团体而是诸行分办业务。在每季度开始，公行划定出口货物价格，监督贸易行为，并按之前商定的比例分配利润。因此，这种贸易与欧洲有相似之处，但其交易是为了使单个行商群体获利，实际上是一个以最令人反感的垄断形式存在的机构。直到最近，东印度公司的记录充分证明了他们在中国的代理商极力与该垄断行为或"公行"斗争，而中国行商则竭力使其延续下去。

当时欧洲人对该地区总督强烈抗议和申诉，成功抵制垄断。据东印度公司记录，大概在1771年2月，该公司终于成功地通过贿赂两广总督足足10万两，重3万磅的白银以达到废除"公行"的目的。尽管此后众商分行各办，但行商在政府官员中拥有足够的影响力，其仍存在特权。

贸易悄然发生着变化，行商之间的竞争与对抗使外国商人获得了公平交易。事实上，公行甚至剥夺了他们的利益。这种垄断形式如今仍然受到了拥护者的追捧，为了获得贸易特权，行商承担起政府的债务。这种行为令人嗤之以鼻。

清政府的官员撮合外国人与定高价的破产商人进行贸易，除了对行商征收会费外，还对交易收取额外费用。不过当地官员也要对他们承担过多责任，不仅当保证人，而且对外商违法行为以及其他行为负责。

这样就给地方官员提供了一种简单的勒索方式。在这种组织形式下，贸易频繁中断，船舶被高额扣押，大多数外商因生意心烦意乱，愁眉不展。显然清政府在垄断制度中方便了对行商征税，为地方官员提供了现成的勒索手段，不难看出，行商也从中获利。这个团体中明智且能干的成员的财富巨大，可与中世纪的商人王子和今天的百万富翁相匹敌。因此，行商在与外商贸易中获得一笔相当可观的收入，在扣除所有关税和运费之后，利润至少占茶叶收入的25%到30%。

赚取茶叶巨额利润的行商买得起任何价位的进口货物，东印度公司的代理商据此来诱使行商大量购买英国产品，从而减轻东印度公司每年遭受的沉重损失。

知情人士认为《南京条约》签订之前，东印度公司执照的废除使茶叶的价格下降，但实际并非如此，反而使茶价上涨。

要知道，现在英国的茶叶消费量由于降价比当时足足增加了一半。取消行商特权以及制止所有垄断并没有使广州发生大减价，只有如今稳固关税基础的自由贸易，本国（英国）仓库强大的储货能力，以及现在在中国四个新港口的通商特权，必须合力才能使本地的茶农和茶商获得公平的商业报酬。至于这种价格会是多少，或者在由于我们对中国强制倾销而导致的各个贸易港口对茶叶的需求增加的情况下，是否会出现任何价格下降，这都是无法预测的；但由于每年需要向印度支付大量的贸易余额，有理由认为，在未来几年内，向英国运送茶叶将仅能勉强算作一笔汇款。

制茶成本的增长

在广外商购茶成本中，另一个不可忽略的一项是从产茶省运输的巨大成本。尤其是福建省，四面环山，似乎与世隔绝。也许是由于陆地沟通的困难加剧了该地区土地的贫瘠，但在某种程度上造就了当地居民比其他沿海地区居民更加不怕艰难困苦的冒险精神，这使他们成为邻近省份货物的重要海上运输者，作为日本、马尼拉（Manilla）和东部岛屿，以及中国台湾地区的主要贸易商。

穿越这些山脉的交通费用每担不低于 1 两 2 钱 5 分，这占据了整个运输费用的三分之一以上，尽管路线长度还不到整个路程的七分之一，也没有占到将茶叶运往广州所需时间的五分之一。将茶通过陆地运输运出该省的费用是将其从福州港运输所需的 5 倍。这就是该港口的重要性，无论其他港口有什么样的优势，仍然不能取代福州港，仅在租船上就可以每年节省银 30 万两。

将红茶运往广州一般要通过江西省。搬运工沿着福建省的闽江运输到崇安县，然后历时 8 天，翻过高山，到达河口（Ho-keu），再经过江西省内流向南昌府（Nanchang-foo）和赣州府（Kan-chew-foo）的河流,然后经途中多次转运,直到将江西与广东(Guon-tong)分开的大梅岭山口,由此搬运工再运一天,然后用大型船只将茶重新装运,运到广州。从武夷山到广州的整个运输过程大约需要6周到2个月的时间,每担花费3两9钱2分,相当于每磅2便士,是工夫茶成本的三分之一以上。①

关于茶叶的价格增长问题,读者无须细究,附录中列出了几项。在此仅说明一下,对于优质或一般品质的工夫茶,其生产和加工的成本估计为每担12两,相当于每常衡磅7便士,此价格以1两等于6先令8便士以及1盎司银子等于5先令6便士换算。大约50年前庇古先生估计了同种茶的成本为11两,他对确切的成本金额有些怀疑,但附录中所作的解释似乎证明所采用的结论是正确的。

因此,在东印度公司经营时期,行商的茶叶成本如下:

表13-1　　　　　　　　　　行商的茶叶成本

	两	钱	分	厘
种植与加工成本	12	0	0	0
箱罐等包装成本	1	3	1	6
红茶产区到广州的运费	3	9	2	0
在广州的花费包括政府关税、行商会费以及租船费用	3	0	0	0
合计	20	2	3	6

东印度公司购买这种茶叶的费用大概每担27两,故行商每担赚6两8钱,正如前所述,约占其价格的30%。这种茶通常在英国的售价为每磅3先令,即每担60两,因此东印度公司获得巨额利润。但是要清楚,在此期间该公司的船舶用于防御和贸易,其装机与驾驶花费昂

---

① 上述运输费用几乎全部取自笔者于1840年5月在皇家亚洲学会期刊上发表的一篇名为《对第二次中国港口开放的研究》(Observations on the Expediency of Opening a Second Port in China)。这篇论文主要参考阿默斯特勋爵出使北京大使馆之行的记录,这项记录最初于1816年在澳门印刷。

贵，而该公司与中国贸易的各部门都规模庞大，其管理费用不足交易的2%。此外，所有持股人超过10%的股利收入将被返回英国，以支持印度政府，支持大规模海陆科学考察帮助蒙受巨额亏损的英国制造商，及支持与他们东方财产有关的科学和艺术发展。

因此，每担茶叶成本不超过12两，但它在东印度公司的售价不低于每担60两，约为其成本的500%。所以说尽管在英国，劳动力的价格可能是在中国的5倍，但是，如果唯一的障碍是劳动力价格的差异，那么这可能并不会阻碍英国的茶树种植，更不用说印度。

广州和福州运费比较

现在我要从另一方面研究印度的茶叶种植问题。行商制度的废除，自由贸易的引入，以及拥有中国5个港口的贸易特权，现在这些使殖民地的茶叶种植问题有了新的立足点与行业挑战。

拥有福建省两个港口的贸易特权，能够与红茶产区保持密切联系。厦门港紧邻安溪县，福州港与武夷山地区之间的水路交通畅通无阻，全长约270英里，运输茶叶大约需要四五天，每担费用不超过4钱3分，而按照通常经过江西省的路线，如前所述，费用不低于3两9钱2分。

广州工夫茶和福州工夫茶的价格差异如下：

表13-2　　　　　广州工夫茶和福州工夫茶的价格差异

	广州			福州		
	两	钱	分	两	钱	分
种植与加工成本	12	0	0	12	0	0
箱罐等包装成本	1	3	1	1	3	1
运费	3	9	2	0	4	3
关税	2	0	0	2	0	0
商家利润、装运费用等按15%计	2	0	0	2	0	0
合计	20	12	3	17	7	4

因此，从福州港购买的茶叶应该比从广州港购得的便宜 15%—17%。但是，将茶运输到广州还有其他花费项目不能精确量化，例如茶农的个人开支、职员和其他船员的支出、耗费的时间、牺牲陪伴家人的幸福、每年从广州运送价值 300 万美元白银的费用、高额的利息和商品损坏的费用。所有这些费用都直接或间接地影响茶价，而通过在最接近这种主要出口商品——红茶生产和加工地点的港口进行贸易则可大大减少这些支出。

进一步看来，优质的工夫茶，以前在广州卖每担 27 两，那现在应该以每担 17—18 两，大概每磅 10—10.75 便士的价格在福州港卖，这才是外商在该港口应支付的价格，也许是世界其他地区的茶农竞争的最终价格。

但是，由于茶叶购买者之间的激烈竞争，广州的茶价没有像过去那样进一步下跌。以每担 27 两价格购买同样规格的茶叶，在广州的价格不低于 16 便士或在最优惠的港口不低于每磅 14 便士。这些价格是以 1 两等于 6 先令 8 便士以及 1 盎司银子等于 5 先令 6 便士进行换算。

因此，在最有利的情况下，中国人似乎无法以低于每磅 10—11 便士的成本提供适合大众消费的优质茶。从与中国商业关系的现状来看，每磅成本可能是 1 先令 2 便士到 1 先令 4 便士，居高不下。

阿萨姆邦—库马翁—爪哇岛的生产成本

在印度进行茶树种植的实验尚未获得很可靠的关于大规模产茶实际成本的任何结果。最有希望成功的位于喜马拉雅山脉（Himalayan Mountains）西北部的库马翁种植园仍处于试验初期阶段，而在阿萨姆邦进行的实验非常昂贵，从各方面看都是不明智的。

1846 年，阿萨姆邦的茶叶实际产量为 17 万磅，在印度的所有费用为 7600 英镑（l.）。因此，茶叶价格约为每磅 10.5 便士，在英国平均售价为 2 先令。但此价格中未包含一些费用。阿萨姆邦的巨额支出据说是由于建立了固定的监管机构，足以管理目前 4 倍规模的产业。茶叶加工工人的月工资是5卢比，他们的助手是3卢比，其他劳动者是3—4卢比，每个箱子成本仅花费1卢比。

在如此低的工资水平以及合适且廉价的管理体制下，如果这里种植的茶树拥有与中国茶株相同的所有基本特性，阿萨姆邦无疑能够在茶叶种植方面与中国竞争。按照中国的做法，将野外生长的茶树连根砍倒，然后移植到已经适合种植的人工林空地，加上些粪便当肥料。这可并不是随口说的种植方式和移栽地点，而是实践证明了的。种植园应该在环境允许的情况下快速焕新。如果在沿河的印度北部平原等更肥沃的地方种植茶树，就会发现这种茶株具有所有对砖茶的生产和使用方式至关重要的特性。砖茶的强度和涩味比味道更重要，阿萨姆邦的茶树几乎都拥有这些品质。此外，在不宜种植中国茶树的地方，阿萨姆茶树可能是有效的替代品。

关于库马翁茶，必须让读者参考罗伊尔博士在该问题上的研究，这位学者写道："早在1827年便将茶树种子引入了喜马拉雅山脉的西北部地区。"①

时任加尔各答茶园的园长福尔克纳博士曾在库马翁种过茶树，也写了一篇关于同一问题的出色论文。从他那里得知，库马翁的茶叶生产成本是每磅6便士，到加尔各答去的运费大约相当于1英镑3法新（farthings）②多。③詹姆森博士（Dr. Jameson）④现在负责这些种植园，他在本章附注的一份估计报告中证实了这一说法。

若每包茶的含量足量，那么爪哇岛在1839—1844年间生产的茶叶年产量平均为218000磅。⑤该种植园的负责人雅各布森先生根据种植

---

① 参考罗伊尔的《喜马拉雅山脉植物学图解》（*illustrations of the Botany of the Himalayan Mountains*），还有《一篇有关印度生产资源的随笔》（*Essay on the Productive Resources of India*）。
② 译者注：法新是1961年以前的英国铜币，等于1/4便士。
③ 见《关于印度种植茶叶的文件》，1839年版。
④ 译者注：英国管辖下的印度西北邦茶园及茶叶种植园的主管，是印度山区种茶发展史上的重要人物之一。
⑤ 该数据是根据在荷兰（Holland）的销量得出。

和经营的实际成本计算得出从岛上运送茶叶每磅花费8便士。这些详尽的说明也附在本章之后。可见，印度茶和爪哇岛的成本相同，没有理由说印度不应该产茶了。

的确，如果在中国加工和包装茶叶，可以肯定，每磅需要7—8便士。就劳动力价格而言，相同质量的茶叶应从每磅只需花费4—5便士的印度运来。

结　语

因此，从这两国人——中国人和印度人的习惯和需求、工资率以及种植实验看来，只要爪哇岛茶树种植成功并同时提供证据，印度或许可以在欧美茶叶市场上拥有与中国抗衡的竞争力。

如孟加拉政府以往所做的那样，他们要不断给当地居民灌输种植茶树的思想，鼓励并提供培育帮助，直到茶树被作为本地产品种植。毫无疑问，这将造就印度人民的财富增长和商业繁荣。

詹姆森博士的估计报告

爪哇岛种植加工茶的成本

在爪哇岛，雅各布森先生把他的土地改成了种植园，每个种植园有100万棵茶株，每棵占地为4英尺长的正方形。他把种植园划分为10个园区，每个园区有10万棵茶株，再细分为小片区域，划分依据是种植者决定进行采摘的天数。他采用的方法是基于将园区划分为35个部分，每个部分包含2857棵茶株，在四次采摘季期间，每次采摘应该持续35天。

因此，一个由10万棵茶株构成的园区新鲜茶叶产量为3.7万磅，可制成1万磅的茶。这相当于每10棵茶株可采摘1磅茶，3.75磅新鲜茶叶可制1磅茶。

总成本，包括工厂租金、种植、薪酬和船运成本，共计 4000 弗罗林（florins）①。一弗罗林等于 1 先令 8 便士。1 万磅的茶叶售价每磅低于 8 便士。但若采茶者熟练，每天很容易摘到 10 斤茶叶，那么成本将是 3500 弗罗林或者说每磅低于 7 便士。如果种植者能激励工人勤奋工作，5 棵树而不是 10 棵树就可以生产 1 磅茶叶，从而将成本降低 30%—40%。

事实上，在爪哇岛种茶是稳定的收入来源。在中等土地上，10 棵茶株将产 1 磅茶，但在优良土地上，仅 5 棵茶株就可获得相同数量的茶。在另一部分中（第 186 章），作者明确指出："可以假定 10 棵茶树可以制成 142 阿姆斯特丹磅茶，相当于 5 棵茶树制 1 磅茶。"此外，他据单个采摘者 1 天仅采 7 斤茶叶推出，1 名熟练的采茶者 1 天可采 16 斤茶。炉内干燥 1 磅茶需要 3 磅木材和 1 磅木炭。

同时，该作者观察到，在耕种和加工的每个环节中，如果不谨慎或技术不到位，茶的重量就会减轻，变得劣质。因此，修剪和挑拣过后的茶从原本产量为 1 万磅，大概 10 棵产 1 磅，到现在只能生产 8.5 万磅，如果操作不当，则只有 7 万磅。减少的产量使收入下降 20%，即 1 磅茶总共损失 4 便士。实际上，种植园不会支付这些损失。种植者会将其归因于"一些不切实际的空想"，但事实上这只能归咎于技术不精通和懒惰。

第二年必须经常重复进行"打顶养蓬"，以便翌年正常采摘，还要落实许多种植措施，并建厂。所有这些工作都应由第一年雇佣的 12 户以及第二年工作的另外 12 户家庭的妇女和孩子们协助完成。也就是说，这些工人必须是种植者在收获前的一年内雇佣的。频繁的"打顶养蓬"对作物的健康生长至关重要。这项职业，不仅提供了指导采茶者学习采集和训练工人加工茶叶的机会，同时也让种植主考察检验工人们的技能

---

① 译者注：一种货币。1252 年"弗罗林"币首先在佛罗伦萨铸造，后为英、法、荷等国仿造。这种金币重 3.5 克左右，足金。

和品格。

【以下是对劳动者合理的管理和安排情况】

对于拥有1万棵茶株的种植园,第二年需要雇佣26户:

1名领班和12名工人管理土壤;

1名领班和12名工人加工茶叶;

25名妇女和52个孩子采茶和做其他一些事情,共计104人。

3/4的妇女和儿童由于工资的吸引而劳动,但是雇用他们时,应该给全薪,他们干活跟男人一样好,种植主应鼓励他们工作。

关于平等待遇对妇女产生有益影响的研究。

应当向居民提供各种鼓励。种植园里的小木屋可花费4—5弗罗林租1年;应鼓励种植咖啡以及稻农应该用水牛来犁地;等等。

那些维护种植园和堤岸的工人应按日支付工资;采茶工按采摘的茶叶磅重;加工工人按他们所制的茶重;对于采茶工和其他工人,每磅对应的工资应适当调整,有所差别。要协商决定工厂和设施的建造。

假设一个园区由2857棵茶株组成,并且一天的采摘量可产71阿姆斯特丹磅茶叶,那么分工将如表13-3所示:

表13-3　　　　　　　　采摘茶叶分工

维护种植园	12个男人
搬运柴火	2个男人
制作箱篮	2个男人
制作竹罐	2个女人
采茶	14个女人和28个孩子
搬运茶叶	4个男孩
加工茶叶	8个男人和4个男孩
领班	2人
	78人

因此104名员工中可余10位妇女和16个孩子。

在头两年中，种植10个园区，100万棵茶株，其人工费用如下表13-4：

表13-4　　　　　　　　　种植茶株费用

	弗罗林
开垦荒地并种24颗种子，每颗25弗罗林	600
雇12户24个月，男人每月5弗罗林共计60弗罗林	1440
雇1户24个月，种植领班每月6弗罗林	144
雇12户12个月，男人每月5弗罗林	720
雇1户12个月，工厂领班每月6弗罗林	72
26间木屋的花费，每间7弗罗林	182
建造一间绿茶加工厂110弗罗林或者一间红茶加工厂160弗罗林，均价	150
设备，包括烤具、茶叶盒以及燃料仓	232
种植园的农具	30
或有费用	100
一个种植园共计	3670

如前所述，每个工厂平均花费135弗罗林。

如果一个园区花费上述费用，那10个园区总花费将是36700弗罗林。

表13-5　　　　　　　　　园区人工费用

雇一个负责人24个月，每月12弗罗林	288
建一个包装间，有铁制品和秤	512
建一栋宿舍	600
园主每月津贴300弗罗林，雇24个月	7200

由表13-5可见，10个园区的种植和人工花费总计45300弗罗林，上述用词"户"只是计算雇佣家庭数量的单位。（摘自《茶叶培养和制造手册》）

下表13-6是库马翁和迦尔瓦尔（Gurhwal）[①] 种植和加工茶的成本，以一个由10个园区和100万棵茶树组成的种植园为例。

---

① 译者注：位于印度北阿坎德邦。

表13-6　　　　　　　　建造加工厂费用　　　　　　　　单位：弗罗林

需要建造3个绿茶加工厂	330
以及7个红茶加工厂	1190
	共1520
或者建造4个绿茶加工厂	440
以及6个红茶加工厂	1020
	共1460

詹姆森博士观察到：库马翁的耕地面积大约为118英亩。我相信茶树盛产的季节，产茶量可提高到165孟德，每磅卖3卢比，收入可达21600卢比，见表13-7。

表13-7　　　　　　　　库马翁的当前支出　　　　　　　　单位：卢比

	明细项目	每月	每年
种茶	小工	100	1200
	监工	247	2964
	其他可能费用	60	720
	合计		4884
制茶与包装	10位中国制茶工人	331卢比4安那	3975
	2位制作茶盒的中国工人	64卢比4安那	771
	4名锯工	24	288
	合计		5034
租金	现在每年租金	247卢比5安那8派沙①	
	50英亩的额外租金，每英亩3卢比	150	
总支出			10315卢比5安那8派沙
每年维修费用等			280
			10595卢比5安那8派沙
售茶收入			21600卢比
余额			11004卢比10安那4派沙

---

① 部分土地属于政府，因此没有租金。

收入尽管不错,但与如果设施得到更好调整所能实现的产量相比还远远不足。表13-8是6000英亩土地对应的运费、其他费用以及收益情况。

表13-8　6000英亩土地对应的运费、其他费用以及收益　　　单位:卢比

	明细项目	每人每月	每月	每年
种茶	2个监工	100	200	2400
	2名助理	60	120	1440
	8名译员	10	80	960
	30名杂工	8	240	2880
	30名助理	7	210	2520
	1600名小工	4	6400	76800
	合计		87000	
制茶	10位中国制茶工人	33卢比2安那	331卢比4安那	3975
	1名杂活匠		10	120
	1位助理		8	96
	12名木匠	6	72	864
	8位锯工	4	32	384
	合计			2259
运茶	运6000孟德茶叶到孟买(Bhamore),1卢比/莫德			6000
	运6000孟德茶叶到Ghurmuktissur山路,四牛双轮车一趟可运25孟德,一趟分8段路程,每段花费1.5卢比,需运240趟			2880
	租用11艘承重600孟德的货船运往加尔各答每艘花费220卢比			2420
其他费用	包装木材、修理、临时苦力等费用			7200
	6000英亩土地,年租金3卢比			18000
总支出				129734

续表

明细项目		每人每月	每月	每年
总收入	6000 孟德茶叶收入，即 240000 西尔，2 卢比/西尔（或者售价为 1.8 卢比/西尔）①			480000（360000）
余额				350266（230266）

这一估计值是根据我们的数据计算得出的，并没有被高估。在当地很容易雇佣到工人。此外，通过工厂预定的方式，当地人被鼓励种植茶树。工厂会以丰厚的价格收购茶叶，按重量单位西尔计算。这样一来，村民们种植茶树所获得的收入将是种植其他作物的 5—6 倍。茶树在北纬 4°和东经 3°的地方生长旺盛。山区拥有大片可供种植茶叶的土地。在阿尔莫拉（Almorah）② 出售的茶叶价格介于每西尔 3.2 卢比到 5.1 卢比，但销量很少，仅有 173 西尔。目前在加雅（Deyra）有 3 名中国人从事茶叶生产。（《印度农业园艺学会学报》，第四部分第四卷，第 181—196 页）

巴西

在里约热内卢（Rio de Janiero）生产的绿茶成本极高，若将其进口到英国要遭受相当大的损失。一般情况下，熙春茶的成本在 1 先令 6 便士到 2 先令 6 便士之间，但在这里的价格则是从 3 先令 4 便士到 6 先令 5 便士不等。

附　　录

广州和澳门的气候

科尔（Kerr）（由约瑟夫·班克斯爵士指派的一位受人尊敬的、聪

---

① 译者注：印度重量单位，1 西尔 =2.057 英磅 =0.933 公斤。
② 译者注：印度北阿坎德邦阿尔莫拉县的首府。

明的园艺家和植物学家)在《气象杂志》(*Meteorological Journal*)上的文章记录了 1810 年 5 月 10 日澳门的降雨量为 12.10 英寸,但我认为这一数据有误。因此,我根据该地区前后几天的降雨量,通过计算平均数来修正了这一说法。1808—1811 年(以季风划分年份,即从 9 月中旬到来年 4 月中旬为一年)记录的是广州的情况,之后几年则记录了澳门的降雨量,见表 13-9:

表 13-9　　　　　1810—1815 年广、澳降雨量①　　　　单位:英寸

类别	西南季风						东北季风					总
	5月	6月	7月	8月	9月	10月	11月	12月	1月	2月	3月	
科尔	11.88	10.19	14.35	11.30	12.5	6.54	1.32	0.19	0.65	1.20	3.14	78.96
修正	11.85	11.10	7.75	9.90	10.92	5.50	2.42	0.97	0.67	1.70	2.15	70.62
总	1812 年总降雨量为 106.30,1813 年为 54.30,1814 年为 95.70,1815 年为 54.50,平均值为 77.70。											

温度月变化见表 13-10:

表 13-10　　　　　19 世纪初广州温度月变化　　　　单位:℉

	5月	6月	7月	8月	9月	10月	11月	12月	1月	2月	3月	4月	年均
最低气温	70	76	78	77	73	68	54	44	44	48	53	62	
最高气温	86	88	88	89	89	86	83	75	73	72	76	82	
平均温度	78	82	83	83	81	77	68	59	58	60	65	72	72
科尔记录的温差	16	12	10	12	15	18	29	31	29	24	23	20	
科尔记录的均值	17	13	12	13	13	16	29	27	24	26	23	24	
	77	82	82	82	80	77	68	59	60	59	65	70	71

我在此摘录了布莱特曼先生(Bletterman)的日记中从 1806 年到 1808 年以及 1810 年到 1817 年,这 11 年间每月的最高和最低温度记录,这与科尔从 1807 年到 1811 年给出的每日平均温度表现出显著的一致性,并且这些资料也清晰地展示了每月的温度变化情况。

---

① 此表为广州或澳门地区降水,即 1808—1811 年记录广州降水,1812—1815 年记录澳门降水。

东北季风期间，科尔记录的温差均值为25.5℉，布莱特曼先生的为25.9℉；西南季风期间科尔记录的温差均值为13.5℉，布莱特曼先生的为13.9℉。

日本的温度①

日本长崎的温度从以下文献中摘录，见表13－11：

1.《茨恩贝格的日本法文版》（*French edition of Thunberg's Japan*），E. Langles 著，卷三第174—178页。

2.《巴达维亚回忆录》②（*the Memoirs of the Batavian Society*），卷三第188—193页，1779年。

3.《冯·西伯德的旅日记录》（*Von Siebold's Voyage au Japan*），第326页。

表13－11　　　　　　　　日本四季温度　　　　　　　　单位：℉

	冬	春	夏	秋	最小温差	最大温差	年均
1	51	63	81	71	一月，35	八月，96	66
2	42	57	83	74	一月，27	八月，98	61
3	44	57	79	66			61

冯·西伯德还观察到，日本的降雨在每年的6月、7月和11月更为频繁。雨季主要集中在6月、7月，而在4月和5月，岛上则常见浓雾，这种天气经常持续好几天。

在此需要声明，由于平常温度很高，我们必须对从广州和澳门《气象杂志》中摘取的温度数据进行更正。为了证明这些结果的错误，我引用《里奇内游记》（*Mr. Richnet's Journal*），其指出，在1811年12月31日测量澳门的温度时，一台室内温度计显示为53℉；而另一台放在窗口的温度计显示为38℉，还在露台上看到了冰。这些用于测量的

---

① 译者注：这里采用的是华氏温度。
② 译者注：巴达维亚一般指雅加达，位于爪哇岛西北海岸。

温度计都朝东南方向，这是一个利于测最高温度的位置。

科尔的文献中记录，到在 1811 年 1 月 29 日，一楼摆放的朝北的温度计测量广州的室外温度为 41℉；而这栋楼里另一个温度计置于差不多 30 英尺高的平台上，测得室外温度却只有 30℉，第二天一大早街上还有人在售卖冰块。

另外，在布莱特曼先生的日记中，我们了解到测最高温度的温度计被放置在他家的顶楼；而测最低温度的温度计被放置在一层的房间中。因此两个温度计都位于测温的有利位置。

此外，福建的传教士卡皮纳发现，当放在门口的温度计显示为 37℉时，外边就已经结了厚达 1 英尺的冰。现在，如果我们估计最低温度为 27℉，最高温度为 95℉，则平均温度为 61℉；若最低温度为 32℉，则平均值为 63.5℉，而他记录的则是 70℉。

据福尔克纳博士估计，以 29° 的地区纬度作为茶区的平均纬度，则对应温度为 61℉。

上述三种文献记录的数值相差 5℉。

因此，显然这些文献并不是大气真实温度的准确记录。广州和澳门的研究者应始终对此保持谨慎，并密切关注其他文献记录以作进一步对比。

海拔高于海平面的茶区

由于缺乏相关数据，我并未尝试估算产茶区的具体海拔高度。正如罗伊尔博士所观察到的，根据北纬 30°附近的长江流域的气压条件，可以认为绿茶产区不会比海平面高太多。大使馆的马戛尔尼勋爵测量该茶区所在省份的南部地区，高度大致相同。在江西，位于长江南岸的九江府（Kieu-kiang-fu）尽管距大海有 100 法里，即 280 英里，但潮汐随月亮的变化有规律地涨落，这种情况表明，江南的地势偏低，河流流速平缓。

关于红茶区产区，闽江距海 270 英里，每小时 4 英里的急流可能导致河道每英里2.5英尺的水平落差（据权威数据得知）。因此，武夷山地区的海拔被推断出高出海平面675英尺。有些优质茶是在平原上生产的，种这些茶的山丘高度一般在700—800英尺之间，若加上之前平原的海拔，总高度可能达到1500英尺。至于其他优质茶的种植海拔，则各有不同。

现在，如果我们查看一张标有山脉的地图，我们会发现，有些高耸的山脉从长江延伸到中国西端，隔开江苏、浙江、福建、广东、广西和云南等省份。我们可以想象这个宏大的版图，山脉高低错落，海拔从4000—8000英尺不等，同时，我们注意到这些山脉西部和北部的河流大多流向长江，而东部和南部的河流则最终汇入大海。然而，江苏省的海拔却相对较低，几乎与海面持平。绿茶产区主要位于上述范围的西部地区，而红茶产区则偏东。我们看到从主山脉延伸出的两座山脉将江西省和湖广地区分隔开来。人们已经发现该地区的茶树自古以来都是本地生长的。四川、江西、福建和浙江等省被称为中国的多山省份。

熙春茶和屯溪茶的筛分和风选

以下是里夫斯先生关于熙春茶和屯溪茶筛分和风选过后制成熙春、珠茶、皮茶和雨前等品种的处理过程。①

从箱子里一次取出1斤或2斤茶叶，放在筛子上，筛选过程中国人称为"五筛"，筛孔很小，可滤掉灰尘和小碎叶。作为进一步加工的主体，我们给第五层筛子筛过的茶叶命名为样本A。

第四层筛子筛过的茶叶命名为样本B。

第三层筛子筛过的茶叶命名为样本C。

第二层筛子筛过的茶叶命名为样本D。

---

① 译者注：在1833年英国东印度公司停止对华贸易之前，该公司从广州出口的中国绿茶（松萝，大致有以下6种品目：屯溪、熙春、雨前、皮茶、圆珠与珠茶。事实上，在东印度公司时代（1833年以前），圆珠、珠茶只居边缘位置，出口绿（松萝）茶基本上为质量较低的屯溪（也常笼统地称作松萝）与较高档的熙春（含雨前、皮茶）两大类。

最后一层筛子筛过的茶叶命名为样本 E。

样本 B、C 和 D 被放在一个扁平的大簸箕里（像英国的播种员一样），扔掉劣质茶叶，然后划圈簸茶叶，碎茶叶就会被筛出来，经手工挑拣后，留下较好质量的皮茶和熙春。

样本 E 也需要手工挑拣，因为它通常质量较重，别的办法不能分离。

现在，样本 B、C、D 和 E 是熙春茶，区别仅在于叶片大小。由于茶叶大小的差异，接下来的工序就需要较长或较短的时间杀青和烘干。

将 1 斤半到 2 斤的样本 C 放入铁锅中，炭火烧制，并用手持续地快速搅拌，锅内温度通过风箱来调节。这一步骤称为"炒青"，耗时约 58 分钟。在此过程中，茶叶逐渐被捻成卷状，颜色变淡，炒制效果可通过眼观判断。

当样本 B、C、D 和样本 E 已经各自分离且烤制完成，可根据喜好和习惯将其混合，再次炭烤后趁热装箱。中国人认为热装可保存风味，在箱内冷却后茶叶不易碎，并且几天后颜色会变深。

长期炒茶使得锅内亮度越来越高，像银子一样。

将用极细的筛子过滤后的样本 A 卖给江西和湖南的瓷器制造商，贫穷的人们会用陶瓷茶杯泡茶。筛去灰尘后，剩下的茶叶通过风鼓机筛选不同的重量，机尾吹出较小的碎茶叶，侧面机口留下较大的茶叶，分别为熙春和芝珠。但这道程序并没有将芝珠和雨前完全分离，还需手工或者借助羽毛根部进行分离。

最后芝珠和雨前需要分别烤制，并以较轻的手法揉捻出色。这需要重复烤制，炒锅也要更高的温度，一般由 3 个人轮流搅拌 10 分钟，这一过程要不断查看成色如何。

芝珠由茶园揉捻的干嫩叶制成，这种叶子需要长时间揉捻，因此实际制作时用整片茶叶，但现在很少用这种工艺。所以加工厂无法供应给茶叶消耗量巨大的美国人，只能仿制或造假。

屯溪茶

屯溪茶通过了与熙春相同的筛分，焙烧是用较大的火力完成的，因此，与熙春相同大小的叶子需要 50 分钟而不是 58 分钟。茶叶趁热去掉皮茶，因为制造商说屯溪皮茶冷了不易挑。

经过第二层筛子的茶叶像熙春一样分别烤制，较大的茶叶需烤较长的时间。按喜好混合后，再次烤制并且趁热装好。

像熙春茶一样的程序，屯溪芝珠和屯溪雨前出售给陶瓷制造商。

在茶季进行这道工序时，加工厂大约会使用 100 个锅、木炭，并雇佣 300 名妇女。她们廉价且能干，一天工资只需 4—5 分钱，而男人们工资则需要 18 分钱。

在制作最好的熙春茶时，100 斤生茶（毛茶，从茶农那里收购的茶）的产量见表 13 - 12：

表 13 - 12　　　　　各类等级茶叶产量

35—36 斤	上好熙春
20 斤	优质熙春
25—26 斤	皮茶
10 斤	雨前
大叶茶 5 斤，小叶茶 5 斤	芝珠
二等茶—100 斤	
50 斤	优质和一般茶叶
11—12 斤	较次，比公司产的劣质
20 斤	皮茶
10—14 斤	雨前
5—6 斤	大叶和小叶芝珠
三等茶—100 斤	
45—46 斤	较次，比公司产的劣质
35—36 斤	皮茶
16—17 斤	雨前
3—4 斤	芝珠
屯溪茶—100 斤	
10 斤	屯溪熙春，即茶叶类似熙春
50 斤	屯溪

续表

20 斤	皮茶
10 斤	雨前
4—5 斤	芝珠
二等屯溪茶—100 斤	
10 斤	屯溪熙春
60 斤 10 斤	屯溪 皮茶
10 斤	雨前
4—5 斤	芝珠

以下根据冯·西博尔德的研究进行茶树植物学分类：

(《日本》, p. vi. s. 12.)

中国茶树

林奈命名法（System. Artific. Linn.）[①]，单门柱雄蕊纲（Monadelphia），多雄蕊目（Polyandria），山茶科、山茶属（Camelliarum De Cand.）。

1. 一般特征

花萼：五萼片（pentasepalus）；花冠：六花瓣（hexa-seu enneapetala），基部连生，双或三色；雄蕊：多数为单体雄蕊，并于花瓣基部合生；花药圆形；生殖器官：子房次圆形，胚珠 3—6 粒，3 室；两性花，3 朵腋生或顶生；基部连生成一体而呈伞状。蒴果：三室，花柱单一，背部开裂，种子球形。

2. 特殊特征

中国茶树叶片呈椭圆，锐尖或钝，叶缘有锯齿；单生或数朵腋生。

亚种

1. 红茶树（Thea bohea aliorum）

---

① 译者注：一般按"属名、种加词、人名"的规则进行命名。

（1）乔木型（Thea sinensis, stricta）；叶片椭圆，近皱，长为宽的2倍，锐尖；树干高挺直立。

（2）灌木型（Thea sinensis, rugosa）；叶椭圆形，倒卵形或有角，起皱，长几乎不长于宽度的2倍，钝；树枝笔直。

2. 绿茶树（Thea viridis aliorum）

（1）灌木型（Thea sinensis, diffusa）；锋状之叶，长为宽的3倍，每侧有渐尖的分枝，树枝分散。

（2）乔木型（Thea sinensis, macrophylla）；叶椭圆形，大，长为宽的3倍；树干笔直。

除了上述描述，植物学家在原稿中还发现了许多有用的笔记与记录，大致描述了这里列的4种植物。

武夷地区的产茶成本

中国的包种（Paochong）① 和小种（Souchong）茶叶据说每担售价42—92两，即每磅2先令1便士到4先令7便士，而工夫茶每担售价22—32两，普通的工夫茶在7—13两。这些是折让后的价格。

出售每担20两以上的茶叶，由卖方向买方折让7%的费用，而20两以下的茶叶，则补贴20%。此外，如果采用现金支付，还可以享受5%的优惠。茶商也在货币汇兑中套利，1美元在广州可换7钱2分，而在福建换8钱2分，此外还有10%的收益。上等茶每批卖2—30箱，其他茶为5—130箱或者更多。第一次筛选的茶叶售价为11—21两/担，第二次筛选的茶叶售价为12—13两/担，第三次筛选的茶叶售价为10—11两/担。我现在举一两个计算的例子，存在些许差异，但都是可靠的，计算过程见表13-13至表13-16。

---

① 译者注：中国有些茶叶以产地地名加品种特点命名，如文山包种、正山小种、武夷岩茶等。

表 13-13　　　　　　　　　1000 箱茶的销售成本和费用

	两	钱	分
假设 1000 箱茶，重 66000 斤，价格为 10—16 两，花费	8147	7	0
扣除 20%	1629	5	4
支付 5%	325	0	0
加 12% 的利润	652	0	0
包装费用	1	3	1
余额	6846	4	7

以上例子假设行商派遣代理商到产地，这使得上等工夫茶的成本大概为 10.3 两/担，即 6 便士/磅。

表 13-14　　　　　　　　　600 箱茶的销售成本和费用

	两	钱	分
600 箱茶，重 396 担，售价 16—21 两，花费	6120	1	0
扣除 20%	1220	4	2
余额	4881	6	8

4881 两 6 钱 8 分以 8 钱 2 分的汇率 = 5953.2 美元

5953.2 美元以 7 钱 2 分的汇率 = 4286 两 3 钱 4 分

表 13-15

净重 重量上增加	321 担 32 担 5 斤
先前的部分茶叶	42 担 95 斤（售价为 11 两 6 钱 7 分，共 501 两 2 钱 2 分）
总计	396 担

表 13-16

600 箱茶叶的价格	4286 两 3 钱 4 分 + 501 两 2 钱 2 分 = 4787 两 5 钱 6 分
包装费用	1 两 9 分
总计	4788 两 6 钱 3 分

因此，定茶价为 12 两 9 分/担。此时 5% 的费用未被扣除。

❖ ❖ 史料篇

下表 13 - 17 和表 13 - 8 摘自 1824 年 6 月份行商与茶农的合同。

表 13 - 17

	两	钱	两	钱	两	钱
沛官（Puiqua）① 预付 4200 两	16	5	17	5	18	5
茂官（Mowqua）② 预付 4200 两						
章官预付 2000 两	17	5	18	5	19	5
无预付款	18	5	19	2	20	5

因此，这就可以解释该账户中的几项账目。

	两	钱	分	两	钱	分
合同价	20	5	0	18	5	0
茶箱和包装费用	1	3	1	1	3	1
18% 的利息，10 个月，重 400 担，14 两/担，共 5600 两	2	4	0	1	4	8
运费与税费/担	3	9	2	3	9	2
上述 1600 两茶叶 6 个月的利息	3	3	2	3	9	2
预先包装茶叶费用	0	3	6	0	3	6
茶商利润	0	6	0	0	6	0
预包装费用	11	9	1	10	8	3
茶叶代理商利润	20	5	0	18	5	0

表 13 - 18

	两	钱	分
4200 两的茶叶 10 个月 12% 的利息，预付	1	0	0
14 两/担 8 个月 18% 的利息	0	4	8
总计	1	4	8

---

① 译者注：伍秉钧做生意时期的署名。在明末清初，伍氏来自福建安海，实为永春县武夷山麓的溪峡口，近 10 代以来亦农亦商，伍家在广州十三行先后开办了源顺行和怡和行等商行，对当时世界贸易影响巨大。

② 译者注：卢观恒（1746—1812），字熙茂，广东新会石头乡蓬莱里人，清朝富商，十三行首席行商人，开办广利行，外商称其为茂官。

此外，我还有一份包含 12 个品牌茶叶的费用账目，价格从 10.2—14.4 两不等，均价 12.1 两。箱子花费 1.1 两，总共 13.2 两，见表 13-19。

表 13-19

	两	钱	分
庇古先生讲第一批运往广州的茶行商花费	11	5	0
第二批	11	0	0
第三批①	0	9	0

在这份账目中，我认为庇古先生没有将运到广州的运费与装箱费计算在内。此外，行商表示，最早批采的茶叶品质最佳，这与账目上的价格相吻合。

由此可以推断，与东印度公司贸易茶叶同等质量的工夫茶，如果预先包装好，其售价为每担 12 两，即 7 便士/常衡磅。所以说，爪哇岛和印度的制茶成本未被低估。事实上，成本很高。不过若印度茶农熟悉种植技术和制茶技能，而在中国制茶成本为 7 便士/磅的话，那印度提供同规格的茶叶将更为便宜，为 4 便士/磅。

下图 13-1 至 13-6 为茶炉示意图。

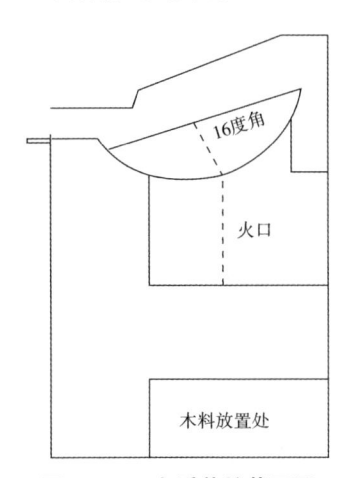

图 13-1　屯溪茶炉截面图

---

① 见《东方仓库》第二卷，第 287 页。

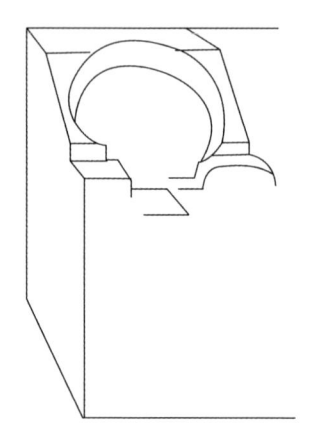

图 13-2　屯溪茶炉正面图

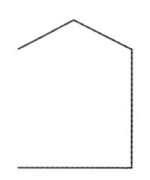

图 13-3　火口位置的砖

图 13-4　封火口的砖

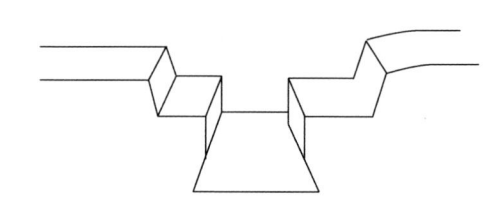

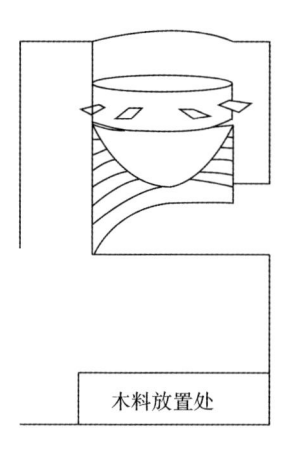

木料放置处

图 13-5　熙春茶炉

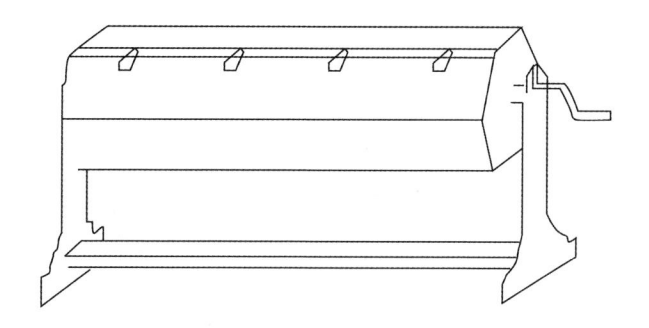

图 13-6　雅各布森萎凋机

第二编　茶及茶叶贸易简史与中国茶区[*]

雷金纳德·汉森著

权　彤　石　涛等译

前　言

这部著作并不是关于茶的详尽论述。它只不过是以小册子的形式，把每周在贸易期刊中出现的文章再版。对于那些因匆忙而不可避免的几处错误，也未加增订或修改。尽管如此，我们仍希望这种成册的形式能方便读者收藏与参考。

在筹备过程中，我运用了我的公司作为大经销商所获得的茶叶贸易知识，我参考了关于这个问题可以找到的所有文献，并从在中国和印度地区做生意的商人那里得到了很多有价值的帮助。

随附的地图是第一次尝试展示英国市场上各种茶叶产地的地图。它是在我仔细研究了所能得到的所有图表和文件，并仔细比较了英国最权威的资料之后编撰而成的，其中可能存在少许遗漏和错误，在所

---

[*] Refinld Hanson, *A Short Account of Tea and the Tea Trade*, with a Map of the China Tea Districts, London: Whitehead, Morris and lowe, Fenchurch Street, E.C., 1878. 作者雷金纳德·汉森（Refinald Hanson, 1840—1905），是一位备受尊敬的维多利亚时代政治家和商人。雷金纳德·汉森曾担任伦敦市市长，并且为英国保守党的重要成员，不仅在伦敦政府中有着丰富的从政经验，还积极参与管理家族杂货批发企业（Samuel Hanson & Son），这为其对茶文化的深刻理解和对贸易历史的研究增添了深刻见解和独特视角。

难免。

我相信这本小书也许会传至那些在海外从事茶叶贸易和种植的专家手中,他们会提醒我做必要的修正或者补充。因此,如果以后再版,我会在吸纳他们的建议,以使叙述尽可能完整。

雷金纳德·汉森

于博道夫路47号,伦敦

引 言

继报纸上刊登有关食品杂货行业的文章后,我们现在准备为读者提供一系列有关茶叶的内容。

我们将概述茶叶在中国的起源,以及它在不到两个世纪前传入欧洲其他地区和英国的情况。我们还会介绍茶叶如何摆脱沉重的税收负担和东印度公司(the East India Company)①的垄断以及华茶和印茶的种植与制作工艺、植物学和理化性质,并探讨英国各地泡茶用水的情况。

第一章 茶叶的早期历史与传入英国

考虑到不仅在英国和英语地区,而且几乎在整个文明世界,茶叶的消费量每年都在增长,但有点奇怪的是,与许多其他备受尊崇的商品相比,茶叶的引入就像是昨天发生的一样。即便是在茶的故乡,在那里真实的历史赋予它的血统也远不如它的对手——酒那般古老,后者在全世界范围内无可争议地被认为迷人但也更危险。

---

① 译者注:英国东印度公司是一个股份公司。1600年12月31日由英皇伊丽莎白一世授予该公司皇家许可状,给予它在印度贸易的特权。

◆◆◆ **史料篇**

  在中国的古代文献中，直到相对晚近的时期以前，我们所能得到的信息都很少；从神话故事中流传下来的神农氏（Shin Nong），他被尊为农业的发明人、中药学（physic）的创始人，以及许多珍贵的草药包括茶叶的发现者，他的时代被精确地确定在公元前3254年。在他之后，我们接下来要讲的是孔子（Confucius）（出生在公元前551年），这位伟大的哲学家是一个真实存在的人物，他在他的一部著作中对一种叫作"Tu"（荼）的物质作出了含糊的暗指，而一些中国学者认为这种物质就是茶。在第一个真正可靠的、准确无误的关于这种草本植物的记载之前，我们看到了一段话。这段话确实晦涩难懂，专家们对此进行了大量的讨论，但是，如果慕瑞先生（Mr. Murray）① 关于这一点的解释是正确的，那就证明了茶不仅在中国被使用，而且在公元1世纪就为外国人所知。当时在亚历山大港（Alexandria）② 出版的《爱利脱利亚海周航记》（*Periplus of the Erythroean Sea*）③ 一书中，对印度海岸和毗邻的亚洲地区作了概括性的描述，并对丝绸之国（Seres）④ 作了一些不同描述，丝绸就是从那里来的，这在当时的罗马帝国已经是众所周知的，但罗马帝国很多人仍然将它视为同棉花一样是一种植物。这段文献记录到："西域商人（Sesatæ）⑤ 带来了像大垫子一样的一大团叶子，这种叶子类似于葡萄叶。当他们到达中国（Sinæ）⑥ 边境时，会停下来，躺在垫子上面庆祝几天，然后回到他们的住所。中国人接着来到这个地方，开始处理之前剩下的东西。他们拔出茎和纤维，把叶子对折，最后形成一个

---

  ① 译者注：慕瑞（Hugh Murray），1779—1846，英国著名地理学家和历史学家。
  ② 译者注：亚历山大港（Alexandria）（又译为亚历山卓、埃尔伊斯坎达里亚）是埃及第二大城市和最大港口，是埃及在地中海南岸的一个港口，也是埃及最重要的海港，亚历山大省的省会。
  ③ 译者注：《爱利脱利亚海周航记》，又译《厄立特里亚海周航志》，是一部成书于罗马帝国早期且以通用希腊语撰写的航行记，作者不详，可能是生活在埃及行省的商人或者水手。
  ④ 译者注：希腊语，指丝绸之国。
  ⑤ 译者注：希腊语，指来自中亚或印度地区的人。
  ⑥ 译者注：意为丝国、丝国人，是战国至东汉时期古希腊和古罗马地理学家、历史学家对与丝绸相关的国家和民族的称呼，一般认为指当时中国或中国附近地区。

圆形，然后再将它插进芦苇的纤维里。这样就形成了三种型号的肉桂叶（malabathrum）①：大的、中等的和较小的叶子。"这种肉桂叶通常被认为是槟榔叶，但慕瑞指出，根据其品质进行分类，以及采摘、去筋、揉捻的最后过程，完全适用于茶叶制作，但对于槟榔叶来说，则是非常不合适的。但是当有专家对这个词的含义有如此不同的看法时，我们不会随便发表意见。因此，我们只会请大家注意这篇文章，并向那些希望进一步调查的读者介绍慕瑞详尽而确实可信的依据［《中国历史与现状概述》(A Historical and Account of China)②，卷1，134—154］。

下面的描述一位来自中国的佛教师父，他在公元584年建议将茶作为一种药物使用。从那时起，茶作为一种饮料开始在唐朝（618—907年）普遍流行，茶获得了声誉，受到推崇，并被广泛饮用。

当时，有一位名叫陆羽的学者，他的茶学著作《茶经》(Treatise on tea)③ 被很多优秀的学者认为是真知灼见，在他的著作里激情洋溢地表达了对茶的赞美之辞："茶茗久服，令人有志"；"荡昏寐，饮之以茶"。同一时期，我们还可以从西方资料的记录中获得印证。阿拉伯商人苏莱曼（Soliman）④ 于公元851年访问印度和中国（其游记手稿保存在巴黎），他说："他们普遍饮用一种浸泡的叶子的汤，这种茶叶的税收为统治者带来了巨额收入。"这些记录证实了中国的记载，记录中记载了茶叶首次在公元783年被征税，并在960年增加了税额。至于茶叶如何引入日本，根据冯·西博尔德（Von Siebold）⑤ 的记录，它是在810年

---

① 译者注：在古典和中世纪的文本中，用来形容某些肉桂状的芳香植物叶子。人们可以从这些叶子中制备药膏。肉桂叶在喜马拉雅山脉东部最常见。
② 译者注：《中国历史与现状概述》(A Historical and Account of China) 全书分三卷，叙述关于中国历史、物产、商业、政治和社会状况等内容：卷一是关于中国地理概貌和历史的综合性概要；卷二是关于中国语言、文化、宗教、政府、工业、习俗和社会生活；卷三是关于中国的内部状况、对外贸易，集中叙述中国与英国的贸易。
③ 译者注：《茶经》是世界上第一部有关茶的专著，为中国唐朝文人陆羽在公元760—780年间所著。
④ 译者注：苏莱曼·塔吉尔，是9世纪的阿拉伯商人、旅行家。
⑤ 译者注：菲利普·弗兰兹·冯·西博尔德（Philipp Franz von Siebold，1796—1866），德国内科医生、植物学家、旅行家、日本学家和日本器物收藏家。

从朝鲜引进的，而非来自中国。与此同时，康普费尔提出不同的观点，他认为这一日期应提前到519年。他那时也引用了日本作家的话："茶是由一位名叫达摩的王子从中国带入，传说中他是一位将毕生奉献于上帝和本性纯善的印度王子，他曾发誓永不安眠。然而，虚弱的肉体明显难以承受这样的修炼，经过数年的不懈警觉后，他不由自主地闭上了双眼，陷入了酣眠。黎明前他醒来，却因违背庄严誓言而充满懊悔，在赎罪的决心下切去了自觉罪恶的眼皮，并将其抛弃。但第二天早晨，他看到这些珍贵的种子中生长出来两株未知形态和芬芳的植物。他品尝了一些叶子，其形状呈现眼皮边缘睫毛的形状，他发现自己重新焕发活力，能够再次专心致志地进行痛苦的祈祷。"

尽管如今茶叶的种植已经变得极为重要，但在它成为外贸商品之前，经过了许多代人的努力。葡萄牙人，作为欧洲最大胆的航海者之一，于1517年开始与中国进行贸易，尽管从政府给予他们贸易许可的情况来看，他们显然知道茶叶在当地人中备受推崇，但似乎并未给予它太多的重视。实际上，我们发现了1551年葡萄牙人在日本偶然找到"远远超过中国最优质的茶叶"的茶，但直到1589年我们才有了更多的信息。那时，葡萄牙人马菲（Maffei）[①]和意大利人博塔罗（Botero）[②]都描述了日本和中国居民使用一种名为"茶"的草本植物，从中提取出一种精致的汁液，他们用这种汁液暖饮代替酒。

从这个时候开始，茶叶似乎引起了更多的关注，荷兰人开始在他们的船只中运送一些茶叶，并在1610年向英格兰运送了少量茶叶。可能就是在茶叶的价值还不为人知时的时期，荷兰人能够以比我们相当有利的条件获得茶叶。1682年，在《哈雷杂集》（*Harleian Miscella-*

[①] 译者注：乔瓦尼·彼得罗·马菲（Joannis Petri Maffeii，1533—1603），意大利耶稣会士。

[②] 译者注：乔瓦尼·博塔罗（Giovanni Botero，1540—1617）。所著《世界关系》（*Realazioniuniversali*）一书由罗伯特·约翰逊译为英文出版，书中把茶译为"chia"，并指出接触茶的地点在澳门。

nies)① 中，一篇关于"茶的自然历史"的文献指出："据观察，荷兰人晾干了大量鼠尾草，这些干叶子像茶一样卷起，他们以一种罕见的欧洲草药之名命名并将其带到中国；用 1 磅这种晾干的鼠尾草，荷兰人可以从中国得到 3 磅茶叶"。然而，在我们将其视为示例的同时，有必要提醒自己："在商业事务中，荷兰人的错误在于付出太少，索要太多。"

在 17 世纪和 18 世纪，鼠尾草作为一种饮料非常常见。因为在惠特菲尔德（Whitfield）的生平记录中（1730 年前后），我们得知他在大学里节欲时只吃粗面包和不加糖的鼠尾草茶。

事实上，直到 1802 年，威利奇博士在他的《家庭百科全书》中还强烈建议人们不要喝茶，而改喝鼠尾草茶，因为鼠尾草茶"经过精心采集并在阴凉处晾干，很难与外国茶叶区分开来，同时它的味道和咸味也更胜一筹"。

在 1615 年，东印度公司驻日本平户的代理人威克姆先生写信给澳门的伊顿先生，索要"一壶最好的茶"，这标志着英国人首次明确提到茶。这种日本产的茶在当时和在以后的很多年里都享有着很高的声誉。《哈雷杂集》的作者称："日本的茶叶被认为是最好的，1 磅茶叶通常能卖到 100 磅银子。"在此期间，在大法官的指导下公开发表的记录中并未发现东印度公司有关中国茶的任何记载。关于这封信件（1836 年由默里引用）现在已经不存在，可能已被销毁。根据我们在印度办公室的私人研究，得知在 1858 年，政府把公司移交给皇室时，"一些无用的文件"确实被销毁了。

在以后的 40 年里，我们在英国找不到任何关于茶叶的记载，然而很明显的是茶叶即使没有被广泛欣赏，也必定在整个欧洲大陆广为人知。正如罗兹神父在 1645 年描述他作为一名耶稣会传教士在中国居住

---

① 译者注：《哈雷杂集》是牛津伯爵和莫蒂默伯爵图书馆的资料集，由塞缪尔·约翰逊和威廉·奥尔迪斯在 1744 年至 1753 年间代表出版商托马斯·奥斯本整理和编辑。它的副标题是一系列稀缺、好奇和娱乐的小册子，以及手稿和印刷品，这些资料是在已故的牛津伯爵图书馆中发现的，内容穿插着历史、政治和批判性笔记。

了 20 年的经历时所说，茶叶开始在欧洲变得广为人知；而在 1637 年，陪同荷尔斯泰因公爵使团出使波斯的奥利里乌斯则认为，没有必要详细讨论茶叶的优点，因为它"现在在欧洲大多数地区都非常有名，许多有品位的人饮用它都取得了很好的效果"。然而，并非所有显贵的人都如此偏爱它。在 1639 年，当第一位莫斯科大使即将离开莫卧儿宫廷时，他拒绝接受沙皇送给自己一些茶叶作为礼物，因为他不愿意"带一些他认为没用的商品"。

然而，艾萨克·迪斯雷利先生则认为，茶在英格兰直到 1641 年还不为人所知。他认为从一本稀有的书籍《温啤酒论》就可以证明这一观点，这本书的书名就已经表明作者旨在推荐热饮而非冷饮，书中提到茶时只是引用了之前提到的耶稣会士马费的记述，而不是基于本土的实际消费情况。

尽管如此，可以确定的是在短短几年的时间里，茶叶不仅被引入伦敦而且变得相当流行。否则，我们在 1658 年 9 月的广告中就不会看到以下内容："中国人称之为茶汤，其他国家称之为茶（Tay 或 Tee），所有医生都认可的中国饮料，这种饮料在伦敦皇家交易所（Royal Exchange, London）① 旁边的苏丹王妃咖啡店（Sultaness Head）② 有售。"这则广告刊登在 9 月 23 日的《政治快报》（*Mercurius Politicus*）和 9 月 2 日的《宪报》（*Gazette*）③ 上，似乎这些情况被之前研究茶叶的作者所忽视。在同一份报纸上还报道了护国公克伦威尔（Protector Cromwell）④

---

① 译者注：由商人托马斯·格雷哈姆始建于 16 世纪，作为伦敦的商业中心。这是英国第一座专业商业建筑，其设计灵感来源于格雷哈姆曾在比利时安特卫普见过的一个交易所。建筑由威廉在 1840 年代设计。劳埃德保险市场设于此处已近 150 年。今天皇家交易所开设了办公室、奢侈品商店和餐馆。

② 译者注：在 1658 年夏末，苏丹王妃之头咖啡店作为伦敦的一家咖啡馆将煮好的茶叶作为饮料第一次提供给公众。

③ 译者注：《伦敦宪报》是英国政府及英国其中一个主要的官方传播媒体，一般法令通告都须在《伦敦宪报》上刊登。

④ 译者注：奥利弗·克伦威尔（Oliver Cromwell, 1599—1658），英国士兵和政治家在英国内战中领导议会力量，在共和政体时期担任英格兰、苏格兰和爱尔兰的护国公。

去世的消息，这则消息从另一个角度证明了茶叶直到1666年才被引进的普遍说法值得怀疑，因为他听说过一位收藏家手中拥有奥利弗·克伦威尔的茶壶。

这家咖啡店的经营者并未长期垄断该贸易，这一结论源于随后的一份手账的发现，虽然没有注明日期，但据推测大约是在1659年或1660年间书写的。这份手账的副本保存在大英博物馆的汉斯·斯隆爵士（Sir Hans Sloane）①图书馆中。作者是托马斯·加威（Thomas Garway）②，他是艾力交易所（Exchange Alley）③"烟草商、茶叶和咖啡的销售商和零售商"，被《大英百科全书》④称为"英国第一位茶商"，而迪斯雷利则称其为"英国第一位制茶师"（尽管我们认为这个说法是错误的）。法国、意大利、荷兰和基督教其他地区的医生和有识之士对这种叶片饮料的推崇和使用（尤其是近年来）足以证明这种叶片与饮料的优点和卓越之处。在英国，它的叶片售价每磅从6镑到10镑不等，由于以前该商品稀缺和昂贵，直到1657年，它才被用作高级宴会和娱乐活动的特殊物品，并被赠送给王公贵族。上述的记录表明托马斯·加威确实购买了一定数量的茶叶，并首次公开销售上述茶叶和饮品，这些茶叶和饮品是在最熟悉东方国家的商人和旅行者的指导下制作的。加威持续地研究和努力打下了泡茶的知识和经验的基础。自此之后，许多贵族、医生、商人和有品位的绅士都向他购买了上述茶叶，并每天都会到他的店里品尝。他出售的茶叶价格每磅从16先令到50先令不等。不用说读者

---

① 译者注：汉斯·斯隆爵士（Sir Hans Sloane，1660—1753），出生于爱尔兰基利里（Killyleagh），是一名内科医生，更是一名大收藏家，其收藏品来自世界各地。1753年他去世后遗留下来的个人藏品达79575件，还有大批植物标本及书籍、手稿。根据他的遗嘱，所有藏品都捐赠给国家。

② 译者注：托马斯·加威（Thomas Garway）（卒于公元1692年），伦敦皇家交易所附近的交易巷、烟草商、茶和咖啡的卖方和零售商。

③ 译者注：交易巷是伦敦一条狭窄的街道，现在被叫作Change Alley，18世纪早期，股票和大宗商品的交易就发生在这条巷子里，尤其是在这条巷子周围的许多咖啡店里。

④ 译者注：《大英百科全书》位居世界百科全书之首，是最著名的百科全书之一。1768年在英格兰出版。

也能看出来，这家咖啡馆已成为伦敦最著名的咖啡馆之一［笛福（Defoe）、斯威夫特（Swift）、斯蒂尔（Steele）和阿迪森（Addison）①都曾多次提到它］，但是没过几年这家店就被拆毁了，因为要腾出空间扩建银行。

如今可以说茶在英格兰已经确立了地位。鲁格的日记（Rugge's Diurnal）②记载："1659年，几乎每条街上都有咖啡、巧克力和一种叫做茶的饮料出售。"这种新的奢侈品很快被要求成为财政收入的一部分，在1660年对每加仑的"巧克力、果汁或茶"征收8便士的税款。同年，佩皮斯先生在日记中提道："我点了一杯茶（一种中国饮料），我以前从未尝过。"但显然他对这种时髦的饮料并不喜欢，因为直到6年后，他记录了一天回家的情景："发现我妻子在泡茶，药剂师佩林先生告诉她，这种饮料对她的感冒有好处。"

在伦敦市公司图书馆保存的《博福伊商人代币收藏》（the Library of the Corporation of London）③中，有几枚1662年由"大土耳其人"或"莫拉特"咖啡馆发行的代币。尽管这些绝不是现存唯一的咖啡馆代币，但它们是唯一含有明确茶叶说明的代币。我们看到对其中一枚代币的描述听起来颇具趣味。在苏丹头像的周围有一段文字：苏丹大帝，威威吾皇，所到之处，裂土开疆。在字里行间"咖啡、烟草、果子露、茶叶、巧克力在交易所零售"。在当时的报纸上，我们还能找到这家咖啡馆的几则广告。《政治快报》称："茶叶在大摩拉特（Morat the Great）出售，根据其质量好坏，每磅从6先令到60先令不等。"而《王国情报员》（Kingdom's Intelligencer）④上的一则广告几乎给出了在大土耳其可以买到的商品最新价格，即"正宗咖啡每磅4先令到6先令8便士不

---

① 译者注：约瑟夫·阿迪森（Joseph Addison）曾与斯蒂尔联合开办《旁观者》（Spectator）报纸。
② 译者注：托马斯·鲁格的日记曾在1961年以《托马斯·鲁格的日记，1659—1661》（The Diurnal of Thomas Rugg, 1659—1661）为名出版。
③ 译者注：伦敦市政厅博物馆。
④ 译者注：旧时的一种报纸。

等；东印度浆果每磅 1 先令 6 便士；土耳其浆果每磅 3 先令；巧克力每磅 2 先令 6 便士，香味浓郁的盒装巧克力每盒 4 先令至 10 先令；还有用柠檬、玫瑰和紫罗兰制成有香味土耳其雪糕；茶或茶叶的价格则视品质好坏而定。"

尽管英国人对茶叶的喜好与日俱增，但一段时间内，这似乎没有直接导致进口增加；1664 年，东印度公司向国王赠送了 2 磅 2 盎司的茶叶，1666 年又赠送了更大批量的 221 磅茶叶。这些茶叶是他们以每磅 40 先令至 50 先令的价格从私人经销商（其中包括加拉韦）处购买的。1667 年，他们指示班塔姆（Bantam）①的代理人送来 100 磅最好的茶叶。到了 1678 年，他们大胆地进口了 4713 磅茶叶，但这一数量似乎远远不够他们的需求，因为在接下来的 6 年中他们又多进口了 410 磅茶叶。

1684 年，董事们致信马德拉斯（Madras）②："因为茶叶在这里已经成为一种受欢迎的商品，我们会向朝廷中的朋友们赠送茶叶，所以我们希望你们每年给我们寄送五六罐最好、最新鲜的茶叶。一般来说，茶汤呈现绿色的茶叶通常更受欢迎。"从那时起，董事们似乎开始自行处理这项业务。此前，英国的茶叶供应主要来自代理商的私人投资，但他们有时会误判市场，因为"来自班塔姆的劣质茶叶曾以每磅 4 便士和 6 便士的价格出售"。1699 年，公司订购了 300 桶优质绿茶和 80 桶红茶（我们可以注意到，直至乔治三世时期，在提货单和议会法案中仍然使用"桶"这个词）。

上述细节表明，无论直接进口的数量有多少（实际上为了满足咖啡馆的需求从欧洲大陆进口的数量肯定更多）。约翰逊博士（Dr. Johnson）③无意中引用的汉威的小册子（1755 年首次出版）内容是不准确的，汉

---

① 译者注：南非一地名。
② 译者注：公元 1628 年，英国东印度公司开始在这里兴建工厂，开展贸易。
③ 译者注：塞缪尔·约翰逊（Samuel Johnson，1709—1784），英国评论家、传记作家、散文家、诗人和词典编纂者，被认为是 18 世纪生活和文学中最伟大的人物之一。

威声称茶叶最初是由阿灵顿伯爵和奥索里伯爵于 1666 年从荷兰进口的,上层贵族女性互相教授学会了饮茶,当时的价格是 3 英镑一磅。这些女士可能在身边其他的贵族女性中推广茶叶,而这种饮茶方式以前仅限于咖啡馆男性常客。如果事实是这样的,那么这种饮茶方式在男女之间传播的时间并不长。因为仅仅两年后,查尔斯·塞德利爵士(Sir Charles Sedley)① 在 1668 年创作的喜剧《桑园》中提到当时流行的饮茶方式时说:"自诩为时尚人士的人总是在晚餐时喝葡萄酒和水,然后再喝一杯茶。"

汉威(Hanway)引用的价格可能不准确,除非他引用的是最高价。因为在 1680 年,圣詹姆斯市场的国王之头(King's Head)中有一位名叫托马斯·伊格尔(Thomas Eagle)的商人,他以每磅 30 先令的价格销售茶叶。大约在这个时候,宫廷诗人沃勒(Waller)通过一首诗歌向布拉干萨的凯瑟琳女王(Queen Catharine of Braganza)② 和茶叶致以敬意,其中提到了"女王陛下推崇的茶叶":

> 花神宠秋色,嫦娥矜月桂。
> 月桂与秋色,美难与茶比。
> 一为后中英,一为群芳最。
> 物阜称东土,携来感勇士。
> 助我清明思,湛然祛烦累。
> 欣逢后诞辰,祝寿介以此。

---

① 译者注:查尔斯·塞德利爵士(Sir. Charles Sedley,第四男爵,1639—1701),英国复辟时期诗人、剧作家、智者、朝臣。

② 译者注:布拉干萨王朝的凯瑟琳(Queen Catharine of Braganza,1638—1705),英国国王查理二世(1660—1685 年在位)的葡萄牙罗马天主教妻子。作为外交交易和反教皇阴谋的棋子,她嫁给了查尔斯,作为英格兰和葡萄牙之间重要联盟的一部分。

第二编　茶及茶叶贸易简史与中国茶区

第二章　茶的互补品和替代品

到目前为止，我们已经对茶的早期历史进行了简要的概述，着重介绍了我们首次了解茶的情况，这既是因为我们自然而然地对与我们国家有关的历史更感兴趣，也是因为我们现在正在进口和消费着文明世界中流行的茶叶，而我们显然是欧洲国家中最后一个了解其价值的。正如我们所展示的，茶在复辟时期突然声名鹊起，但它在现在和未来都未必能一帆风顺地占据有利地位。虽然关于茶的一些"小争端"确实发生过，但它并没有像我们其他的一些饮料那样遭到如此激烈的反对，它没有经常在布道中或在国会中被谴责，没有被很多人结成联盟来抵制使用。但是从它首次引入开始，在我们自己的记忆中它一直受到某些绅士和作家的嘲笑，某些医生的反对，以及一部分道德家和政治家的哀叹。虽然有很多负面声音，但在上述的这几类人中也有人以同样的活力和热忱为其辩护。迪斯雷利指出："即使在文明的欧洲，那些受职业或声誉所累的人，也经常遭到以科学形式掩盖的庸俗偏见！当这些滑稽可笑的荒谬和固执的偏见进入历史材料时，我们才发现，他们只是在愚弄自己和他人。几乎难以置信的是，现在我们日常饮用的这种中国茶叶在首次引入时竟然在欧洲各国引起了恐慌，并受到一些学者错误和虚妄的谴责。帕坦（Patin）在激烈反对茶叶的引入时，对茶叶的消费也表示同样的警惕，他称之为'当代潮流商品'；在德国，哈内曼①认为茶商是不道德的社会成员，他们在掏空着人们的钱包和生命；邓肯博士②怀疑茶叶的功能只是为了满足进口贸易。"

那些习惯每天用啤酒和烈酒灌醉自己的西方"士绅"自然会看不

---

① 译者注：克里斯蒂安·弗里德里希·塞缪尔·哈内曼（德语 [ˈhaːnəman]，1755—1843），一位德国医生。

② 译者注：邓肯·福布斯（Duncan Forbes，1685—1747），苏格兰政治家与法官，最高法院院长。

起茶，认为它只适合女性饮用，甚至不会承认《哈雷杂集》的作者所提到的饮茶益处。这些人可能认为喝好茶可以预防酗酒，因为一些人在去酒馆前会喝一杯茶水，而在狂欢之后也大量饮用。但是那些以醉醺醺上床为荣的人显然会认为采取任何解酒的措施都是一种耻辱；有趣的是，在塞德利发表关于时尚男士喝茶的说法的 10 年后，考文垂爵士①的侄子写信强烈谴责那些"不沉溺于饮酒的人，他们在晚餐后想要饮茶而不是抽烟和喝酒，这是一种卑鄙、不值得提倡的印度臭习惯。事实上，这是一种现在所有的国家都变得邪恶，以至于有一些低俗的习惯"。我们值得庆幸的是，如今在抽烟、喝酒和饮茶之间，如果要宣布反对少享用其中任何一种，公众舆论都不难判断出哪一种才是"恶习"。

在最初，医生们对饮茶持强烈反对态度，这是因为医生过于依赖经验主义的证据。在实际案例里可能有个别过量饮茶的案例，这会对医生的判断产生误导，因此医生倾向于归咎于饮茶产生的最可怕结果，并产生了许多饮茶有害身体健康的猜测。1722 年《论茶的性质、用途和滥用》（引自《布列塔尼百科全书》）文中写道，饮茶明显是抑郁症的原因，它对经济的危害不亚于鸦片，近年来茶已经在我们的饮食中大为渗透。詹姆斯博士（1746 年）在关于这个主题的论著里总结道："正如希波克拉底不遗余力地消除雅典瘟疫一样，我也竭尽全力摧毁从中国向欧洲进口茶叶的狂热流行病。"莱特索姆博士②是个典型的"三无主义者"，他在 1772 年出版了一本著作，其中所有有价值的内容都是从肖特博士以前的论文（1750 年）中窃取的。他表示，过度饮用烈酒的恶习往往来自饮茶习惯导致的体弱和虚弱，这个观点忽略了茶的兴奋作用与葡萄酒截然不同，它不是那么强烈的兴奋剂，血液循环速度几乎没有加快，产生的兴奋状态是平静的。反对如此荒谬理论的证据很容易就能找到，作为有害影响的证据，这里引用一个更为重要的人物帕里斯医生

---

① 译者注：威廉·考文垂爵士（Sir. William Coventry, 1628—1686），是一位英国政治家。
② 译者注：约翰·科克利·莱特索姆（John Coakley Lettsom, 1744—1815）是一位英国医生和慈善家。

的观点就已经足够。他明确表示:"不要忘记,饮茶使人精神清醒,每一位行医的医生都应该看到那些不喜欢茶的人经常用烈酒和水替代饮茶。"

在1737年,苏格兰法院首席法官邓肯·福布斯(Duncan Forbes)向政府提出了一个详细的计划,旨在通过阻止饮茶来促进小麦的种植,"现在茶叶变得如此普遍,以至于最卑微的家庭,甚至是劳动人民,尤其是在市镇中,都以它为早餐,并因此完全放弃了过去他们习惯饮用的麦酒"。针对这个问题,他提出的解决办法是对茶征收禁止性关税,并对无力购买征税茶叶却仍然购买的人处以罚款。为了解决这个方案执行的困难,他建议:任何被怀疑沉溺于奢华而入不敷出的人必须宣誓并报告自己的年收入,并由自己承担说谎的后果。这一计划的荒谬性被一位老评论家所揭露,关于这个话题他写下了以下评论,也自然而然地赢得了茶叶爱好者的好感:

"这个著名植物的传播有点像真理的传播:一开始受到怀疑,尽管对那些有勇气品尝的人来说味道很可口,但在传播的过程中遭到抵抗,随着受欢迎程度扩大,它会受到更多的谴责,但最终在整个国家中取得了胜利。从皇宫到小屋都被不可抗拒的时间所同化,最终都被饮茶的魅力征服。"

如此之高的赞美之辞尽管很少能找到,但茶叶的赞美者却层出不穷。杰出的荷兰卫生学家布尔哈夫(Boerhave)① 宣称没有其他饮料像茶一样让胃舒服,它能使身体精力恢复,缓解疲劳后的过度神经刺激,给人带来精神的补充;它有助于一个民族的头脑冷静,为社交赋予魅力。罗伯特·博伊尔(Robert Boyle)② 在他的《实验哲学》中说,茶叶值得那些赞美。

英国奥古斯丁时代文学的诗人和散文家经常提到茶叶,如果我们引

---

① 译者注:布尔哈夫·赫尔曼(Boerhave Hermann,1668—1738),荷兰医学家。
② 译者注:罗伯特·博伊尔(Robert Boyle,1627—1691),英国爱尔兰自然哲学家与神学作家。罗伯特·博伊尔是17世纪的主要知识分子之一,对洛克和牛顿产生了重要影响。

用了蒲柏（Pope）令人耳熟能详的诗句——"在这个地方，这些王国顺从于你，有时喝点茶寻求你的慰藉"，在 1712 年写作《夺发记》（*Rape of the Lock*）① 时，这个词的发音仍然不确定，这一点可以从我们上一篇文章中给出的各种拼写方法中得出结论。

后世的威廉·古柏（William Cowper）的关于"迷人却不醉人的杯盏"的诗句已广为人知，没有必要再重复；不过，我们可以联想到这句话也许是古柏最常引用的家常话，但它本身并不是原创的，因为伯克利主教比他早了 40 年使用这句话，伯克利主教（Bishop Berkeley）② 40 年前在赞扬一种截然不同的饮料时就已经使用过，他将其描述为"性质平和，适于人体，温而不燥，提振精神"。

我们现在来看关于饮茶优劣的最后一场重要争论，即便这场争论被认为是很重要的，但是其中双方的论点都很奇怪，辩论是在"沉迷于饮茶"的约翰逊博士和怪诞却仁慈的乔纳斯·汉威之间展开的。前者主要依靠个人经验，后者主要依靠他的悲欢预测。汉威为后人所熟知主要因为比其他人早 30 年使用雨伞以及创办玛德琳③和其他慈善机构。

乔纳斯·汉威（Jonas Hanway）于 1755 年出版了一本名为《从朴次茅斯到泰晤士河畔金斯顿的旅行》（*Journey from Portsmouth to Kingston-upon-Thames*）的著作，自此以后，这本著作备受汉普郡地形学家们推崇。这本书没有记载他的任何旅程，而是他写的一系列关于各种道德话题的书信，这些书信是写给和他同游的两位女士，其中有 32 封是关于喝茶和杜松子酒有害的问题。这部作品的第一版由约翰逊博士在《文学杂志》上进行了评论，针对这些评论，汉威写了一篇愤怒的回应。但在第二版出版后，约翰逊博士再次发表评论。根据鲍斯韦尔

---

① 译者注：来源于 *The Rape of the Lock* 第三章，第七行。
② 译者注：乔治·伯克利（George Berkeley，1685—1753），英国爱尔兰圣公会主教、哲学家和科学家。
③ 译者注：为乔纳斯·汉威为悔过的妓女提供的避难所。

（James Boswell）① 的说法，约翰逊的回应是在经过深思熟虑后才给出的，是"唯一一例他屈尊反驳攻击他的评论的例子"。在这篇评论中，约翰逊博士宣称，汉威"不必期待从这篇摘录的作者那里得到公正评价，这是一位顽固而无耻的饮茶者，已经用茶水佐餐了他20年的食物，他的水壶从来不冷却，他用喝茶来消磨夜晚，用茶水慰藉午夜，用早茶迎接清晨"。（鲍斯韦尔充分证实了这一点，他认为没有人比约翰逊更享受饮茶，他毫无限制地大量饮用茶叶要求他的神经系统必须异常强壮，只有这样才不至于因无节制饮茶而变得神经衰弱。）汉威将女性所患的弱消化、低情绪、疲劳、忧郁等各种疾病归因于饮茶；因为饮茶男性也似乎失去了身材和容貌，女性也失去了美貌。如果这种热衷持续下去，人类将堕落，英格兰将沦为自律国家的牺牲品。"难道是茶商的子孙赢得了克雷西和亚金库尔特的战争，还是失败的人在多瑙河畔以加尔利亚的鲜血润泽土地？"除了这种身体上的虚弱之外，这个国家的财富也因为购买茶叶而严重流失。"我听说今年已经缴纳了近400万英镑的税款，如果发生战争，可能达到500万英镑——这种危害将持续到何时？"

汉威还抱怨穷人因为饮茶耗费的大量时间，通过详细计算，他估计这占去了他们一年中整整一个月的时间，这都是由于煮茶引起的，而这种饮料终究对他们没有好处。在这一点上，约翰逊博士表示同意。1822年，威廉·科贝特，饮茶的最后一个坚定的反对者赞同此论。他建议农民们酿造啤酒，因为啤酒既能强身健体又经济实用。约翰逊认为茶不适合下层人民，因为它不能为劳动提供力量或为疾病提供缓解，满足了口腔之欲而对身体无益，是多余的东西，那些贫穷的人不能控制自己的沉迷。《爱丁堡评论》（1823年）与约翰逊意见一致，在评论科贝特的《农舍经济》时说："关于饮茶这个话题，我们的作者进行了成功而有

---

① 译者注：詹姆斯·鲍斯韦尔（James Boswell，1740—1795），英国文学大师，传记作家，现代传记文学的开创者，著有《约翰逊传》。

力的辩论，在这一点上，我们完全愿意支持他。饮茶能够使从事繁重体力劳动的人恢复精力，这种想法是荒谬的。我们非常怀疑它任何看似有理的强身健体的功效。如果人们认为饮茶是为了减轻劳动者的负担而生产的那就太可笑了，它没有营养，只有对神经系统的刺激——当一个劳动者幻想以茶叶混合粗糙的黑糖以及湛蓝色的牛奶来提振自己时，不是因为饮茶而是因为水的温暖使他暂时感到舒适。"

然而，所有的权威人士并没有成功地说服劳动者让他们相信茶叶对劳动者无用。如今，茶叶即使不是首选，也被身体劳累的阶层所喜爱——北极的水手和阿散蒂的士兵也是如此，铁路上的航海家、萨斯喀彻温的旅行者、澳大利亚的淘金者或畜牧业者也是如此。

回顾汉威的信中观点，我们必须承认，他所强调的另一个观点与他强烈反对工人阶级饮茶的观点相当不一致，他建议用各种本地草药，如香脂、薰衣草、薄荷和鼠尾草来代替，他对这些草药的废弃表示遗憾，并提到了古老的拉丁格言："死人的花园里面不会长鼠尾草的。"下一代人并没有完全放弃这种观点；我们之前引用过的威利奇博士也提出了同样的建议，他不仅赞成鼠尾草、香脂和薄荷，还赞成苏铁树的花朵，这些都比"麻醉性茶叶"更可取；若对这些本地产品大量使用将节省每年用于支付茶叶的大量资金，这些资金如果使用得当，将养活成千上万个勤劳的家庭，通过他们的劳动，整个英国都可以喝到本地茶叶。

我们花了一些篇幅解读汉威的这部作品，以及其他作者的类似段落，不仅是为了展示最近对饮茶之风进行抨击的论点，也是为了说明18世纪最杰出的人物之一约翰逊博士，为了捍卫他心爱的饮料，认为茶对富人而言是一种慰藉，对穷人而言却是一种奢侈的观点有多么错误，我们暂时不再深入探讨这一点，但在将来的某个时候，我们将通过化学和医学证据展示为什么茶可以更坚定地被认为是一种必需品，而非奢侈品。

第三章　英国茶叶贸易的发展

我们在第一章中已经说明，虽然不能认为东印度公司是将茶叶引入英国的功臣，但当这种饮料流行起来后，东印度公司的重要性迅速显现，并很快垄断了整个贸易，这种垄断一直持续到40年前（1830年前后），茶叶贸易也是东印度公司庞大财富迅速积累和公司存续的主要原因。有趣的是尽管在个半世纪多的时间里，该公司是东方的主导力量，但在近一时期，他们要么完全不了解，要么完全未能意识到这种茶叶成为他们商业收入主要来源。

该公司成立于1600年，在爪哇岛北部海岸的班塔姆（Bantam）建立了第一个定居点，试图效仿荷兰人，在香料贸易中分得一杯羹，而香料贸易在当时被认为是东方最挣钱的贸易。在这里，东印度公司第一次结识了中国人，中国人每年都会派出一支小舰队，满载丝绸、瓷器和其他商品，但是茶叶不在其中。1611年，这个公司希望与中国建立更有利的贸易关系，于是在日本的平户（Hirado，英国人称其为Firando）建立了一家工厂，但当时中国的闭关锁国政策为自由贸易设置了重重障碍。1631年，东印度公司将总裁的职位转移到印度西海岸的苏拉特，20年前，德里宫廷允许该公司在那里建立工厂。在此期间，公司董事和代理之间进行了许多信函往来，其中数千封已被收入"《档案丛刊》(*Rolls Series*)"① 系列，而在其中没有一封提到茶叶。事实上，从没有提及这个事实可以明显看出，这个事情对英国商人来说是完全陌生的。正如前文所述，直到1667年公司才下令购买茶叶，而且只是100磅的数量。到了1684年，他们将贸易权利收归己有，实际上一直持续到1834年强制控制特许经营权。从这时起，英国茶叶贸易的发展就是一部持续斗争的历史，随着国家财富的不断增长，人们日益增长的茶叶需

---

① 译者注：英国大型中世纪史料汇编。

求得到满足。不仅如此,公司还希望延续有利可图的贸易;同时立法机构急于从中获得尽可能多的收入;最终产生了绕开压迫性政府财政和商业限制的必然结果——走私贸易(针对英国东印度公司和英国政府的联合压制的反抗结果)。

严格或者宽松的公司特权影响着英国茶叶供应的波动和税收的变化,因此在此详述并无不妥。

正如我们所讲到的,在1660年,每加仑茶需缴纳8便士的消费税,这项税收适用于每个娱乐性场所制作的茶。1663年,政府规定每家这样的场所都必须从议会获得许可证。到了1671年6月,所有酒类消费税都总体性增加,巧克力、雪莉酒和茶被认为能够承担更大的增幅,因此额外征收了8便士,而咖啡上调了2便士,烈酒只有1便士。当时的文献记载称,此次增税是因为茶和咖啡馆的普及导致酒馆被遗弃,进而导致葡萄酒税收减少。到了1689年,根据法案的序文所述,已有的经验表明咖啡、茶和巧克力的消费税对零售商来说既麻烦又不平等,需要官员做大量工作,而且最后的税收微不足道,于是废除了消费税,实施了每磅5先令和附加5%的关税。这一大幅度的增加税收抑制了所有茶叶的进口,因此在1692年通过一项法案,该法案宣布:"政府发现该税过高,以至于几乎没有多少茶叶被进口",税率因此降至1先令。到了1696年,允许从荷兰进口茶叶,但规定该进口的税收应为每磅2先令6便士。到了1698年,为筹集"新税",对茶叶和其他商品征收了额外的5%的从价税,到了1703年是"三分之一的税",到了1704年是"三分之二的税",总的从价税率达到15%。此外,常规税收翻了一番,直接进口的税收为每磅2先令,荷兰进口为每磅5先令,这一时期的总税收平均值达到每磅16先令2便士,净成本的30%。1711年,这些税收上升至每磅4先令和10先令,对于每磅12先令11便士的平均销售价格来说,达到了82%的成本。显然,由公司收取的高价和沉重的税收在这个时候自然而然地产生了后果,在1717年,一些私人冒险家通过奥斯坦德(Ostend)前往印度贸易的船只走私茶叶,1722年他们获得了来自德国皇帝的特许状——但可以肯定的是，这本身不是为了满足欧洲大陆的市场需要，而是为了让英国走私者能够逃避本国的法律。英国和荷兰的东印度公司长期以来一直不和，它们立刻意识到了新竞争对手的危险，于是暂时放下敌意，联合起来击溃对手。为此，英国议会通过了一项法案，禁止从欧洲任何地方进口茶叶，并阻止任何英国公民通过外国委托与东印度群岛进行贸易。荷兰通过法令规定，对于其公民而言，参与其中将会被判死刑，荷兰皇帝最终被迫放弃奥斯坦德公司，以获得英国和荷兰对1731年达成的"务实制裁"的同意。但是，这一时期过高的税收（相当于每磅7先令6便士，净成本的200%）仍然持续产生影响。据估计，尽管当时伦敦售出的茶叶仅有30万磅，但英格兰、荷兰、法国和奥斯坦德的茶叶进口量超过了400万磅，其中绝大部分必然是以非法方式从欧洲大陆进口的。人们还注意到，从1709年到1718年的出口平均值不到5万磅，而1719年到1722年上升到30万磅，1723年达到60.8万磅。可以明显看出，在大陆的消费量并没有真正增加的情况下，1723年的法案是正确的，它声称"关税大大减少，不仅是因为有人从海洋以外的地方偷偷进口，还因为有人在茶叶从这个王国出口到国外后，以欺诈手段重新上岸，而不为此支付任何关税"。为了解决这个问题，茶叶再次被纳入消费税范围，购买者在清关时需支付每磅4先令，税率仍然保持在15%。然而，所有这些改革都没有达到预期的效果，因为税收仍然在茶叶价值中占比过高，而在1724—1733年的茶叶净价为6先令9便士，税收占84%，到1744年下降到48先令2便士，税收为128%。到了这个时候，瑞典人和丹麦人已经进入了违禁品贩运领域，政府和公司都非常震惊。因此在1745年，下议院任命了一个委员会来审议这个问题，根据委员们的建议，关税被降到了25%。在此后的40年里，征税的形式没有发生实质性的变化，但由于从中国出口的茶叶不断增加，茶叶的净值持续下降，而每当政府因持续战争而需要更多供应时，就会在补贴之外再增加5%的税收，因此关税占成本的比例从69%上升到90%、100%、105%、114%和119%。走私再次猖獗，甚至在1766年，雷纳尔神父估计，尽管英国直接从中国进口的茶叶仅为600万磅，荷兰进口450万磅，瑞典进口250万磅，丹麦进口250万磅，法国进口200万磅，而整个欧洲大陆的茶叶消费仅有550万磅。也就是说，荷兰、瑞典、丹麦、法国进口量中600万磅茶叶以某种不公平的方式进入了英格兰。到了1784年，据估计在英格兰消耗的茶叶中，几乎只有三分之一是正当进口的，而且每年都有超过100万英镑的税收损失。因此，威廉姆斯·皮特（Mr. Pitt）及其内阁采取了大胆的措施将从价税率降至12%，并且为补足减少的60万英镑关税收入决定向消费者征收一种"窗户税"。这项减税政策的成果令人惊讶。当年英国东印度公司用于家庭消费的茶叶销售量从300万磅增加到860万磅，1785年增加到1300万磅以上，根据中英贸易差额的变化可以看出这一数量在随后的几年中继续增加。1774—1784年，英国东印度公司从广州进口茶叶5400万磅，而荷兰、丹麦、瑞典和法国进口13500万磅。1790—1800年，英国东印度公司的进口量变为22900万磅，而其他欧洲国家为3800万磅，美国为2700万磅。

现在看来，以上三种政府的不同经历很可能表明，促进茶叶消费、挫败走私贸易商的唯一方法，就是继续维持适度宽松的茶税政策，但欧洲频发的战争很快使人们忽视了这一点。1795年茶税提高到20%。1797年实行差别关税，同时保留了20%的基础税率，所有品质的茶叶只要售价在每磅2先令6便士及以上征收茶税30%，1798年提高到35%，1800年提高到40%，1801年提高到50%，1803—1805年优质茶叶的税率提高到95%，而劣质茶也提高到65%。1816年差别关税被取消，所有品种茶叶都要缴纳96%的税款。1819年所有售价在每磅2先令及以上的茶叶都要缴纳96%的税款，之后这一税率再次提高到100%。1834年，当英国东印度公司的特权最终被撤销时，再次对茶叶加征每磅1先令6便士至3先令不等的差别税，但是这一税率在一两年内被改为对所有品质茶叶统一征收每磅2先令1便士。1840年又在此基础上增加了5%的茶税，1851年减少到每磅2先令，税率为5%。1853年通过一项新法案，1854年茶税减少到每磅1先令6便士，1855年为每磅1先令3便士，1856年为每磅1先令。但是克里米亚战争（Crimean war）迫使该项法案被废除，因此实际征收的茶税为：1854年每磅1先令10便士，1855年每磅1先令6便士，1856年每磅1先令9便士，1857年每磅1先令5便士。

1861年，有人提议通过将茶税降低到每磅1先令以维持递延收益的经久不衰，但是英国下议院更倾向于废除纸张税，至1863年着手进行改革，随后在1865年茶税又进一步减少到每磅6便士，并一直沿用至今。

表3-1、表3-2、表3-3统计了英国1667—1875年间茶叶进口量和消费量。第一个表显示了英国东印度公司自1667年起的茶叶进口量，当时位于班塔姆的董事会指示他们采购100磅所能接触到的优质茶叶。1689年以前的数据均摘自东印度公司的记录，之后的数据则提取自海关的报关单。后面的表格显示了从1711年开始英国东印度公司出售的茶叶数量，其中既包括英格兰的消费，也包括向其他国家和地区出口，后者大部分流入爱尔兰，当时它还是一个独立的王国。1800年大不列颠及北爱尔兰联合王国成立后，英国的消费量为整个联合王国的消费量，而出口量则指面向国外的出口。表中数据截至1835年，均来自议会报表，此后的数据则提取自伦敦经纪商西勒公司（Messrs. J. C. SILLAR & Co.）精心编制的报表，并进行了一定程度的更正。

表3-1　　1667—1710年英国东印度公司的茶叶进口量　　单位：磅

年份	进口量	年份	进口量
1667	100	1675	
1669	143	1676	—
1670	79	1677	
1671	266	1678	4717
1672	—	1679	197
1673	55	1680	143
1674		1681	—

续表

年份	进口量	年份	进口量
1682	70	1697	22416
1683		1698	21302
1684	—	1699	13221
1685	12070	1700	91183
1686	65	1701	66738
1687	4995	1702	37061
1688	1666	1703	77974
1689	25300	1704	63141
1690	41471	1705	6739
1691	13750	1706	137748
1692	18379	1707	32209
1693	711	1708	138712
1694	352	1709	98715
1695	132	1710	127298
1696	70		

表 3-2　1711—1800 年英国东印度公司的茶叶销售量　　　单位：磅

年份	成交量 英国	出口量	年份	成交量 英国	出口量
1711	141995	14241	1723	447098	608192
1712	150464	9014	1724	1059014	126906
1713	91147	72121	1725	286294	63672
1714	158412	139154	1726	374367	62183
1715	120659	35175	1727	541093	48753
1716	184133	26445	1728	1134314	183346
1717	207131	26070	1729	1074032	185685
1718	282791	117081	1730		203097
1719	347111	325558	1731	816773	154355
1720	237904	58721	1732	538212	82284
1721	149929	354146	1733	211135	94248
1722		562753	1734	927374	422370

续表

年份	成交量 英国	出口量	年份	成交量 英国	出口量
1735	138199	252285	1765	4906546	621583
1736	886870	241809	1766	5003854	582502
1737	2457813	437716	1767	4681891	621583
1738	1297169	464789	1768	6668717	1857166
1739	657856	286826	1769	7984684	1462838
1740	1302549	350532	1770	7723538	850883
1741	1031540	347754	1771	5566793	1232217
1742	280958	409849	1772	5882953	1149181
1743	482964	428037	1773	2571903	2005575
1744	1471824	893121	1774	5687384	1144150
1745	2209183	254160	1775	5475498	749845
1746	2448500	75665	1776	3763540	814393
1747	101566	180707	1777	4304277	1278475
1748	2492482	345524	1778	3402271	1368249
1749	1969695	321165	1779	5457138	1276064
1750	2114922	209990	1780	5588315	1970963
1751	2494554	216265	1781	3578499	1444920
1752	1384749	324000	1782	4166854	2116810
1753	2461399	363205	1783	3087616	2770267
1754	2155244	346795	1784	8608473	1539784
1755	2738136	296411	1785	13165715	1916022
1756	3109094	191170	1786	13985506	1945686
1757	2443922	253883	1787	14045709	2176197
1758	1576743	294202	1788	13429408	1795951
1759	2200187	393262	1789	14537967	2175345
1760	2293613	332939	1790	14682968	2001499
1761	2619277	243406	1791	15090781	2171477
1762	2292712	410651	1792	15821101	2312898
1763	4092561	333170	1793	15333660	2034277
1764	4986026	698681	1794	16642448	2501742

续表

年份	成交量		年份	成交量	
	英国	出口量		英国	出口量
1795	17794897	2956097	1798	18808617	3255352
1796	16549563	2557960	1799	19910292	4166798
1797	16319254	2411182	1800	20358827	3019989

表3-3　　1801—1875年英国东印度公司的茶叶进口量　　单位：磅

年份	成交量			英国消费量	出口量
	红茶	绿茶	总计		
1801				23730160	817938
1802				25400294	427794
1803				24877450	420409
1804				22057046	513306
1805				24266088	408919
1806				22249485	367780
1807				23819420	397530
1808				25226642	566868
1809				21065843	806899
1810				24486408	522451
1811				22454532	425511
1812				24584402	486508
1813				25409855	455674
1814				24389501	4871414
1815				25917853	1789797
1816				22693992	786454
1817				24605794	748636
1818				26527531	939091
1819				25241698	817600
1820				25712935	619315
1821				26754587	603687
1822				27574025	495654
1823				27093015	500193

续表

年份	成交量			英国消费量	出口量
	红茶	绿茶	总计		
1824				27648295	626320
1825				29232174	450209
1826				29045852	279119
1827				29931178	255083
1828				29305757	259659
1829				29495205	251971
1830				30046935	242954
1831				29997055	236359
1832				31548381	266399
1833				31829620	254460
1834				34969651	1181005
1835				36574004	2158029
1836	33950000	8857000	42807000	38707000	4100000
1837	32529000	8486000	41015000	36315000	4700000
1838	30849000	8345000	39194000	36415000	2779000
1839	31416000	8643000	40059000	36351000	3708000
1840	27107000	7309000	34416000	31716000	2700000
1841	32703000	8756000	41459000	36811000	4648000
1842	35132000	8172000	43304000	37554000	5750000
1843	35369000	8928000	44297000	39902000	4395000
1844	38165000	8512000	4677000	41176000	5501000
1845	39362000	9065000	48427000	44127000	4300000
1846	41499000	9492000	50991000	47534000	3457000
1847	42326000	8821000	51147000	46247000	4900000
1848	42178000	10053000	52231000	48431000	3800000
1849	45445000	9855000	55300000	50100000	5200000
1850	46847000	9553000	56400000	51000000	5400000
1851	49526000	8974000	58500000	53800000	4700000
1852	52659000	9141000	61800000	55100000	6700000
1853	54582000	8818000	63400000	58500000	4900000

续表

年份	成交量			英国消费量	出口量
	红茶	绿茶	总计		
1854	60674000	9526000	70200000	61200000	9000000
1855	67538000	10462000	78000000	63000000	15000000
1856	59904000	9296000	69200000	63000000	6241000
1857	66150000	11850000	78000000	68400000	9600000
1858	70414000	10586000	81000000	73000000	8000000
1859	72525000	10975000	83500000	76300000	7200000
1860	76261000	9639000	85900000	76800000	9100000
1861	82108000	9642000	91750000	78000000	13750000
1862	94634000	11616000	106250000	78750000	27500000
1863	95788000	15962000	111750000	85250000	26500000
1864	102465000	13535000	116000000	88500000	27500000
1865	112450000	19550000	132000000	99367000	32633000
1866	118306000	13694000	132000000	101755000	30245000
1867	129792000	13208000	143000000	113000000	30000000
1868	127088000	14912000	142000000	106500000	35512000
1869	133834000	12168000	146000000	112100000	33900000
1870	137880000	11120000	119000000	118000000	31000000
1871	155234000	12266000	167500000	123500000	44000000
1872	155700000	13300000	169000000	129000000	40000000
1873	155000000	12000000	167000000	132000000	35000000
1874	159000000	11000000	170000000	138000000	32000000
1875	169000000	10000000	179000000	146000000	33000000

第四章 茶树及其栽培

茶树是一种耐寒的常绿灌木，高3—6英尺，外观与桃金娘（myrtle）类似，树皮粗糙，呈黑色和灰色，枝繁叶茂，花朵呈白色，花药为黄色，很像犬蔷薇（dog-rose），芳香浓郁。更准确地说，它是"叶芽互生的，大的叶片呈椭圆形、钝锯齿状、有叶脉，长在短枝末端的两侧。花萼小而平滑，并分裂成 5 个萼片。花朵呈白色，腋生，略带芳香，通常在不同的花梗上有 2—3 个。花冠包括 5—9 个花瓣，底部紧密相连。花丝短而多，附生于花冠底部。花药巨大，呈黄色，花柱三裂，蒴果三室和三籽"。它适于在赤道至北纬 45°之间的任何一个气候区生长，但最适宜种植在热带的凉爽地区，由中国出口到欧洲的大部分茶叶产自北纬 25°—33°之间的地区，最好的产区位于北纬 27°—31°之间。

图 4-1 茶树

在众多与茶相关的热门问题中，最引人注目的是当代学者们还不能确定茶树是否存在不同的种类。

事实上，消费者根本不用费心去理解科学上的定义，他们需看到红茶和绿茶在外观和口味上的明显区别，便完全愿意相信，正如他最初被告知的那样，这是两种茶树的产品。但熟悉中国以及善于观察的植物学家们，长期以来一直认为林奈（Linnaeus）① 对茶树的分类过于草率。

---

① 译者注：卡尔·林奈（Carl Linnaeus，1707—1778），瑞典植物学家、动物学家和医生，瑞典科学院创始人之一，被称为"现代生物分类学之父"。

虽然学界不得不承认，他将茶树归于山茶科非常正确，现在所有种植茶树的温室中都知道二者非常相似。但是，关于他在 1762 年将茶树具体分为红茶（Thea Bohea）和绿茶（Thea Viridis）的做法是否合适却始终存疑，这个疑问是合理的，因为在他自己的手稿中仍然存在调整空间，这表明他在这方面的结论也未能使自己满意。尽管存在上述疑问，植物学家们还是不愿意打破前者的分类，虽然不时有关于这个问题的讨论，但这不在本文的讨论范围内，最终的结果是学界普遍认可，尽管以前被称为红茶和绿茶的植株通常分别位于中国的南方和北方，但茶叶的差异很可能主要受土壤和工艺差异的影响，因而在南方省份被用于制作红茶的茶树，在移植到北方时，由于热量、光照、土壤和工艺的不同，可以被用于制作绿茶。

这个问题由福琼（Fortune）[①] 来进行解答，他结合自己在中国多年游历的经验进行科学研究，确切地证明了，不同茶叶之间存在的差异仅是品种的差别，而不是物种的差异。举一个熟悉的例子来说就是，不是柑橘和苹果之间的区别，而是金苹果和金冠苹果之间的区别，而且无论哪种品种都可以不加区别地制成红茶或绿茶。这里引用福琼在《中国北方的三年之旅》（Wanderings in China）中的一句话可能比较有趣："到目前为止，我的实际观察准确地证明了我在离开英国之前对这个问题所形成的观点，即红茶来自 Thea Bohea，而绿茶源于 Thea Viridis。当我离开北方，前往福建闽江的福州市时，我非常确信，我可以在那里找到茶山，上面覆盖着其他种类的武夷茶树，也因此我们通常认为红茶就是武夷茶树产出来的。这种情况很可能存在，因为这种茶实际上是用福建省武夷山命名的。我惊奇地发现福州附近茶山上的植物和北部的绿茶区一模一样。这里的红茶园山上全部种植着绿茶树，但在我到访的时候，当地的人都在忙着生产红茶……因此，中国北部地区的红茶和

---

① 译者注：罗伯特·福琼（Robert Fortune，1812 年 9 月 16 日—1880 年 4 月 13 日），苏格兰植物学家，受雇于东印度公司，曾在从 1839 年到 1860 年 4 次来华考察收集花卉、树木种子、球根、插穗、植株等，将中国大量的植物引种到英国。

绿茶似乎都是由同一品种生产的，这个品种就是绿茶树。另一方面，在广州附近大量生产的红茶和绿茶是从武夷茶树，或者说红茶树中获得的。"

茶树能够在几乎所有类型的土壤和地形上生长，但最适合在中等海拔的丘陵地带种植，那里的土壤肥力、热量和湿度最适于其生长，良好的自然条件有利于茶树苗壮生长，尽管这个过程通常会因叶片凋落而中断。最好的土壤含有适量的有机质，其致密性和多孔性足以在风吹日晒中为茶树提供充足的水分，而且不会让过多水分滞留在根部。茶树的最佳种植方位是面向东南方，或者是被清晨阳光直射的方向。

图 4-2　茶叶拣选

茶种通常是从 10 月份采集、晒干，并在冬季与沙土混合进行培育。春天进行播种，1 年后幼苗高 9—12 英寸，然后以 2—3 英尺的间隔移植成行。四五月份雨季的潮湿天气有利于这些幼苗生长。第一年中通过修剪将主干的高度维持在 3 英尺左右，使茶树长得更浓密。在这之后，直至采摘期，除了必要的锄草和偶尔的松土之外，几乎什么也不用做，通常是在第四年或第五年进行采摘，具体时间需要根据茶树的生长情况而定。

中国各地的采茶始于 4 月 20 日左右，或者是在清明节（Tsing-

Ming)（每年4月5日）后半个月的谷雨。第二季茶叶大约在6月中旬采摘，第四季或最后一季采茶则在10月。由于秋季雨水丰富，第四季茶常常比第二季或第三种季的好。每一种茶由不同工人采集，最优质的茶由卷绕的芽和一片完全展开的叶组成，上等茶包括第二叶和第三叶，中等茶由第四叶和第五叶组成，下等茶是所剩的其他叶片。中等茶的采集者是最后的采集者，因此他们负责去寻找和采集其他可能被先前采集者忽略的嫩叶。采集的方式是拇指向下转动，用指甲和食指掐掉嫩绿多汁的嫩枝。采集者带着一个小篮子，将其系在身体前面，这样他们就可以用双手收集树叶，并迅速地把它们扔进篮子里。在第四次采集后，茶树将再次生长大量叶子，但这些叶子一般保留下来以便茶树恢复活力。

最优质的茶叶呈淡色，味道最芳香，纤维和苦味最少。上等茶的叶子呈暗绿色，品质逊于最优质茶，而中等茶是深绿色的，价值较低。茶叶质量也受茶树树龄以及光照等自然条件的影响，茶树树龄越小、接受的光照越充足，茶叶品质越好。

在南方，对茶树进行最后一次采集之后，除定期除草外不需要再进行更多的活动，而在北方则需要锄地，也就是把根周围的土地翻起来，甚至在土壤肥力不够的情况下，暴露在太阳下晒干了的土壤就需要施以肥料。北方经常使用的是粪肥，并在严冬将稻草铺在根部周围。

茶园的景色非常美丽，自然风景较为别致。在春天，与之形成鲜明对比的是生长在溪谷梯田中颜色青翠的水稻苗，而山坡的一部分被种上茶树，另一部分却并未开垦，如荒野般覆盖着丛林，对于欣赏风景的人来说，这种景观是世界上任何地方都无法超越的。凡到过 Mi Taw[①] 和汉口（Ho Haw）的人都会必承认这种景色描述的真实性。浙江的茶区虽然不多，但丘陵海拔较低的森林主要由松树或冷杉组成。

---

① 译注：此处为近代中国某产茶区。

第五章　茶叶加工

中国各地的茶叶采摘时间和方式都是一样的，但是，根据产地和对茶树的不同特点，将茶叶制成商品所需要的加工工艺略有不同。贝尔（Ball）[①] 在《中国茶叶生产加工报告》（*An Account of The Cultivation and Manufacture of Tea in China*）中对此进行了详细介绍，这里无须赘述；仅展示制造红茶和绿茶两类茶的方法。

尽管操作需要大量的实践经验，但从本质上来说非常简单，最重要的是排出水分，同时尽可能多地保留茶叶的芳香和其他有用的成分。

图 5-1　茶叶筛选

在红茶这个种类中，我们将描述工夫茶的制作过程，它是目前最重

[①] 译者注：塞缪尔·贝尔先生，已故东印度联合公司（East India Company）驻中国茶叶督察官。

要的出口茶。第一步是将新鲜采摘的叶子放在大竹席或竹盘上,暴露在空气中 12—24 小时,暴露时间根据叶子的质量和采摘时的空气状态而变化,天气晴朗时将最优质的茶叶短期置于阴凉处使其充分软化,而在下雨或多云的天气将劣质茶叶进行长时间曝晒。随后进行筛分,清除茶叶上可能黏附的沙子或污垢。工人用双手捧起茶叶抛到空中再自然落下,这样的过程要持续一段时间,直到茶叶变得柔软如图 5 - 1 所示。然后放进茶叶堆中一两个小时。这一过程之后,它们会变得有点斑点或略带红色,并散发出香味。随即开始下一道工序,工人将尽可能多的叶子压成球状,然后在藤制工作桌上滚压,目的是经过旋转除去一部分汁液。这道工序完成后,把它们扔进用柴火加热到非常高温度的浅铁锅里,小心地不停搅拌叶子 5 分钟,防止烧焦,否则会产生烟熏味,然后再卷起来,摊在托盘上放置 3 个小时,露天晾干,这时工人轮流旋转托盘,翻动茶叶,把它们分开。然后重复烘烤和滚压的过程,除非需要立即完成包装产品,否则将此时已经半固化的叶子放在篮子或袋子里。最后的干燥阶段称为"焙",步骤如下:用黏土将装有木炭的平底锅牢固地嵌在地板上,木炭被烧红,然后用灰烬覆盖。每锅木炭上都放了一个管状的篮子,两端都开口,形状像一个沙漏,中心收缩的很小。在收缩的中心放置一个编织的竹制托盘,托盘上有约 2 英寸深的茶叶,托盘的空隙使木炭烟雾自由上升,每次干燥 5—10 分钟就足够了。经过充分挑选的茶叶进行最后的干燥。将茶叶放在托盘上,深度为 4—6 英寸,并在木炭锅上干燥直至充分固化。工人不时地把火上的篮子拿下来搅茶,把茶叶上的灰尘都抖掉,再把篮子放回去。小种茶的制作方法和工夫茶非常相似,只是榨出的汁液较少,而且也不会在木炭锅上过多干燥。

当茶叶看起来足够干燥时(可以通过它们的脆度来确定),将它们从火上取下,并通过一个大的圆形竹盘进行筛分,分为几种品质,也就是茶叶末——在贸易产品中称之为碎茶(非常小、轻、平整的叶子)——那些没有失去太多水分的叶子,称为碎叶——除此之外,还有那种叶片紧密缠绕在一起的重量较重的叶子,以上三种分别对应普通、中等和上等的工夫茶叶。

绿茶的加工工艺虽然同样精细,但过程就没那么复杂了,因为制造过程中不需要交替进行那么多的自然和人工烘干步骤,但繁杂的步骤却是红茶的深色和独特的香味所必需的。两者最本质的差异在于加热过程的时间长短以及最终加热所采用的不同方法。新鲜的茶叶立即摘下后在没有直接暴露于空气的情况下放在一个被我们早期的英国作家称为"tatch"(锅)的容器中,这个容器是铁铸的(而不是通常认为的铜),与用于盛放红茶的容器形状不同,深度更深,它被大火烧得几乎通红并马上对茶叶产生影响,茶叶立刻开始发出噼啪声,松软湿润的茶叶释放出大量水蒸气在 5 分钟内就完成烘干,拿出来后用我们描述过的方法进行滚压,虽然有时是用脚而不是工人的手来完成。然后,当热量显著减少并保持缓慢而稳定的火势时,将它们再次放入平底锅持续烘烤约 2 个小时。在此过程中,要特别注意确保稳定的温度,烘烤者不断翻炒茶叶,此时需要一个男孩站在一旁为它们扇风。这通常是最后一步必要操作,但有时也需要第三次滚压和干燥来固定颜色,使之呈现出暗淡的橄榄色,这种情况表明茶叶不会再受到空气的影响而变黑。工序中最特殊的部分现在已经完成,可以将茶储存在一边直至运出销售,不用担心茶会变质。实际上,茶农售出的茶叶就是这种状态,商人将其分成我们现在列出的种类,并根据质量将其重新干燥,较劣质的种类再干燥 1 次,较优质的一类(这类由幼叶形成,相比于老叶,幼叶卷得更为松散)再干燥 3—4 次。在主要工艺完成后的一段时间里,茶的颜色变得更加饱满,呈现出类似于果实上的花朵的青色,使这类茶与众不同,外表显得更加吸引人。

综上所述,绿茶和红茶的区别既不是单纯的因为植物的种类,也不是由于铜容器的制备或人工染色的原因,而是由于不同处理方式产生的各种化学变化。见表 5-1:

图 5-2　茶叶称重

表 5-1　　　　　　　　　红、绿茶的不同处理方式

红茶	绿茶
a. 茶叶在采摘后分散着放置了一段时间。 b. 在烘烤之前，先把它们翻炒柔软。 c. 经过几分钟的烘烤和滚压后，在空气中暴露放置数小时。 d. 在筛子中用木炭火慢慢烘干。	a. 茶叶几乎一采摘下来就被放在铁容器里烘烤。 b. 滚压后迅速干燥。

第六章　不同品质茶叶及生长地

在之前关于茶树种植和茶叶加工的章节中，我们曾坚持认为，绿茶和红茶之间没有特定的植物区别，事实上，这些商品曾经是由同一种植物制造的，其差别存在于制造工艺上。事实上，这些不同类别的商品通常是产自不同地区，这不仅是由于风俗习惯在中国的强大力量，而且因为工人一旦从事某种特定的制造工作，他们自然就会局限于自己精通的领域。因此，在本章中对不同的茶叶出产省份及其所生产的茶叶类别做更详细的介绍。值得注意的是，这是第一次向英国消费者公布不同地区的茶叶种植情况。

中国茶叶贸易发生了巨大变化，不仅在装运港口，甚至在一定程度上是销售地的增长，以及在不同等级的分类和熟悉的命名法中都是如此。1828 年，广州实际上是唯一一个向英国进行贸易的港口，但因为其与茶叶产区相距几百英里，因此运输需要长途跋涉。内陆最大的贸易中心是荆江（Kinkiang）河畔的汉口（Hokeu or Hohow），它位于武夷山以北，婺源（Wuyuan）绿茶产区的西南，地理位置优越，同时出产全中国最好的红茶。由于汉口的位置十分便利，所以福琼在 30 年前预测，当中国真正向外国人开放，外国商人能够进入中国购买商品时，这里很可能会被选为一个中心居住地，从这里辐射到的不仅是武夷山，还向东南辐射到宁州（Ningzhou）①，向东南辐射到绿茶区福州。

在这里展示一袋茶叶从离开农民的手到达广州成为商品的过程十分恰当。首先，这里已经聚集了一半自给自足的农民，他们通常是一小块土地的所有者。这些要素的出现足以产生一桩生意。这些土地被商人买下，他们定居在崇安（Tsong-nan）或星村（Sinchune）地区的主要城镇，位于西南坡武夷茶山。商人们把收集到的茶叶储存起来，直到收集到足够的数量，他们就可以把不同质量的货物分成可销售的包裹卖给与做外国茶叶贸易的商人，主要是广东人。他们重新包装并把它装进便于运输的箱子里，尽管通俗做法是把它放进 300 磅重的长棺材形状的盒子。这些盒子必须在广州重新包装。然后这些箱子用双链运输的方法将向北穿过武夷，即人们把茶成对地挂在肩上，但在经过陡峭崎岖的隘口时，茶经常被打烂，或者被苦力放在地上的泥土弄脏。品质上乘的茶叶种类被排列得很整齐，在运送过程中不会碰到地面。箱子被绑在苦力的背上，分别绑在两根 7 英尺长的竹子的两端，竹子的另一端绑在胸前，形成一个三角形。当苦力需要睡觉或休息时，他可以把箱子靠在墙上，由三角形的顶点支撑着，稳稳放在地上。就这样，经过 8 天的旅程，茶叶被送到了河口（Hokeu），随后装上平底船，向西行 120 英里到达鄱

---

① 译者注：修水古称宁州，今隶属江西九江，所产红茶取名宁红工夫茶，即宁红。

阳湖（Lake Poyang）①。在那里，茶叶被转运到赣江（River Kan-chang）上继续南下，直达广州，全程300英里。赣江航道十分艰险，其中一段有18个大瀑布或急流，需要领航员的帮助才能通过。在这条水路的尽头，茶叶箱被苦力接运，然后通过大梅岭山口（Tay-moey-ling），越过广东省（Guangdong province），再通过北江（Pe-Kiang River）运至广州。这种运输方法非常繁琐，耗时6周到2个月，费用也相当昂贵。然而，由于当时中国政府封锁了较近的港口，运输茶叶只能选择这条路线。

东印度公司在1834年失去了垄断地位②，普通商人对政府禁令的不满因此加剧，这无疑在很大程度上促成了1840年的鸦片战争。③虽然战争的借口是其他原因，但其结果是开放了通商口岸，特别是上海、福州和厦门。随着这些港口的开放，长期被迫绕道的茶叶贸易重新回归正轨，不再费时费力地经过广州，而是直接运往离产地更近的港口。这不仅节省了时间和成本，还带来了供应的便利，促进了消费的增长，进而推动了茶叶生产的增加。以前没有茶叶出口的地区现在也广泛参与到出口贸易中。1858年，埃尔金勋爵（Lord Elgin）④通过谈判进一步开放了长江沿岸的港口，位于这些茶叶主产区的中心。无需赘述，如今茶叶可以从种植地或其附近直接运往伦敦，比以前运往广州的时间更短。然而，运输速度的增加并非完全有利，一些老茶商抱怨，茶叶的耐储存性与以前相比有所下降，茶叶必须在产地进行充分烘干，以应对长途运

---

① 译者注：鄱阳湖，古称彭蠡、彭蠡泽、彭泽，位于江西省北部。
② 译者注：1833年8月28日，英国颁布了《中国与印度管理法》，宣布东印度公司的对华贸易特权在1834年4月22日后废止。
③ 译者注：鸦片战争是英国1840年对中国发动的侵略战争。中国战败后，清政府全部接受了英国提出的议和条款，签订中国近代史上第一个不平等条约中英《南京条约》。
④ 译者注：詹姆斯·布鲁斯（James Bruce，1811—1863），第8代埃尔金伯爵和第12代金卡丁伯爵，英国殖民地行政长官和外交官。1842年至1846年任牙买加总督，1847年至1854年任加拿大总督，1862年至1863年任印度总督。1857年，他被任命为驻中国和远东高级专员和全权代表，帮助中国和日本向西方贸易开放。1860年，在中国第二次鸦片战争时期，他下令拆除圆明园。

输的颠簸。现在,它们往往在未完全烘干甚至未经处理的情况下就被送到了装运港,导致在出口前品质已经有所损失。

这种商业状态的改变,即使没有影响茶叶的品质,至少也改变了茶叶的分类。茶叶一般可以按照下面的表来归类,尽管我们提供得并不详尽,还有许多小产区的茶叶品类未被纳入,因为它们在市场上不为人知。除此之外还有一些生长在边境地区的茶,难以归入任何特定类别。红茶以前大致分为武夷茶(Bohea)①、工夫(Congou)② 和小种(Souchong)③ 三类;"武夷茶"最初是最优质红茶的名字,但随着时间的推移,"武夷茶"的名声逐渐下滑,后来用来指代质量最差的进口茶,最近这一名称已经完全被弃用。而"功夫茶"则成为了更为通用的名称,并又被细分为两大类:"黑叶"(Black Leaf)和"红叶"(Red Leaf),德国人和一些英国商人更恰当地称后者为"棕叶"(Brown Leaf)。"黑叶茶"主要产自江西、湖北(Houpe)和湖南(Hoonam)省,通常从汉口或者上海经由长江出发。而"红叶茶"则产自福建省武夷山脉东南部。主要从福州出口,也有部分从厦门运出。

在过去的三十年里,茶叶的装运港和分类名称都发生了很大的变化。绿茶的变化不大;但红茶引入了很多新分类名称并且逐渐淘汰了许多旧名称。在此,我们简短地概括一下上一代人所熟知的分类方式——无疑是当时的惯例。(1)白毫茶(Pekoe)④ 由未展开的叶芽组成,上面覆盖着一层白色的绒毛,因此得名"Pekoe"(白色的头发)。在英国,白毫茶有时被误称为"花",因为人们错误地认为它是茶树的花朵。在中国,白毫茶是最受欢迎的红茶之一,并根据其种类,被赋予了许多独特的名字,如红梅(Red Plum Blossom)、贡眉(Prince's Eye-

---

① 译者注:武夷茶是乌龙茶的一种,在18世纪和19世纪早期,通常是红茶。这个词源于中国福建北部的武夷山。

② 译者注:工夫红茶在国际茶叶贸易业务中被称为"Congous",这个名字实际上取自中国的术语 Gongfu 或 Kung-Fu,意为需要花费工夫,即精细制作的茶叶,故也称"Labour tea"。

③ 译者注:原产于中国的优质红茶。

④ 译者注:上等红茶,生长在印度、斯里兰卡和爪哇。

图 6–1　尝茶

brows)、乌龙（Black Dragon）、雀舌（Sparrow's Tongue）、龙须（Dragon's Whiskers）、花香茶（Flowing Fragrance）、白毫银针（Carnation Hair）、花香珠茶等（Pearl Flower）。(2) 小种（Souchong）是第二次采摘的茶叶，最优质的浓烈型红茶，叶子一般都是完整而卷曲的。(3) 功夫茶来自第三次采摘，一直是中国出口的主要茶叶品种，东印度公司总是要求订购货物的一半是工夫茶。(4) 武夷茶是一种较为粗糙的茶叶，含有大量的木质纤维，冲泡后茶汤颜色较深。由于处理不够精细，武夷茶常以半发霉的状态运到广州进行烘干。早在 1813 年，东印度公司就下令停止购买武夷茶，当时东印度公司进口的武夷茶占其茶叶进口总量的六分之一，而且是唯一还在运送茶叶的公司。

尽管这种分类在过去是正确的，但如今使用会造成很大的误解。"武夷茶"是一个现在只存在于诗人和散文家作品中的名字，而"工夫茶"是现在所有红茶的通用名称，被进一步细分为"黑叶"和"红叶"，这种区分在许多作家（如福琼）笔下并未提及。"小种"现在特指福建红叶区的一种茶，"白毫"（Pekoe）只产自福建北部，尽管香味型白毫茶主要种植在广州附近。事实上，如今的普遍规律是，每个茶叶产区都有一个特定的名称，且无论是第一次、第二次，还是之后的采

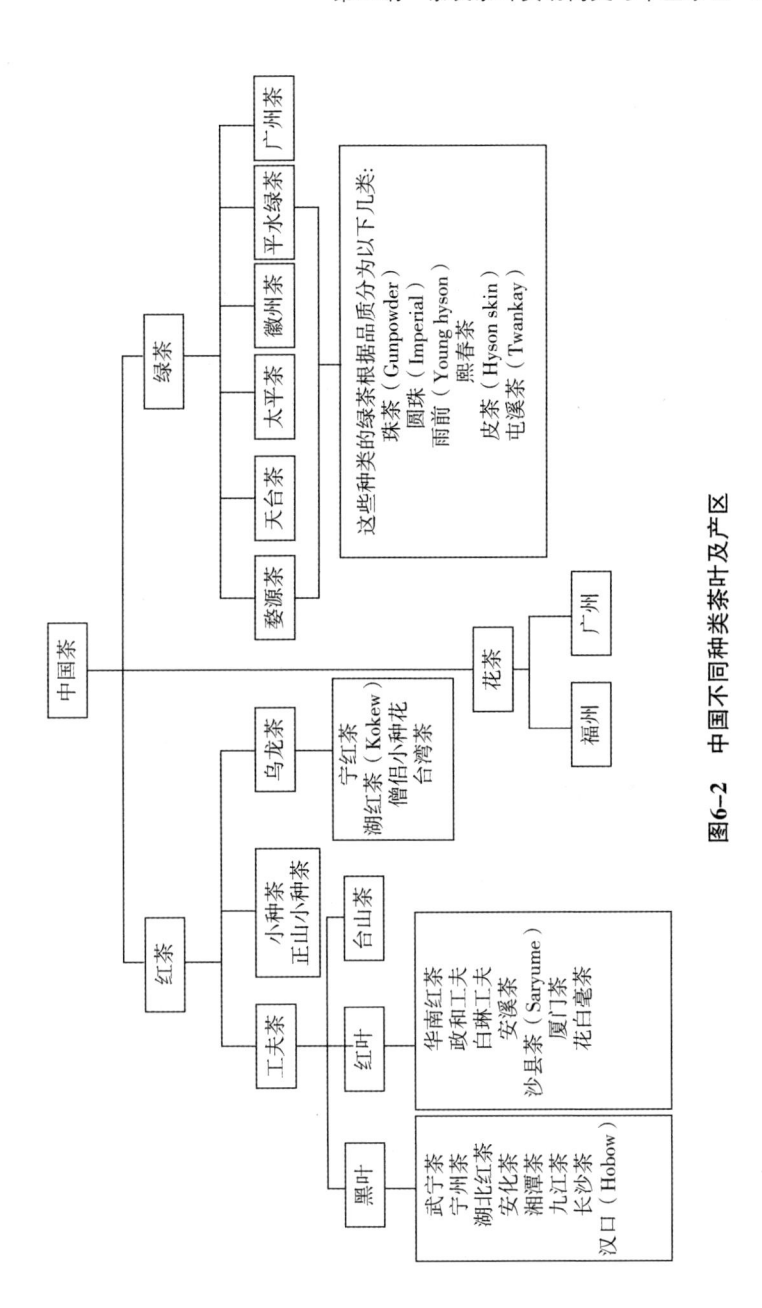

第二编　茶及茶叶贸易简史与中国茶区

```
中国茶
├── 绿茶
│   ├── 婺源茶
│   ├── 天台茶
│   ├── 太平茶
│   ├── 徽州茶
│   ├── 平水绿茶
│   ├── 广州茶
│   └── 这些种类的绿茶根据品质分为以下几类：
│       珠茶（Gunpowder）
│       圆前　　（Imperial）
│       雨前　　（Young hyson）
│       熙春茶
│       皮茶　　（Hyson skin）
│       屯溪茶　（Twankay）
├── 花茶
│   ├── 福州
│   └── 广州
└── 红茶
    ├── 乌龙茶
    │   ├── 宁红茶
    │   ├── 湖红茶（Kokew）
    │   ├── 僧侣小种花
    │   └── 台湾茶
    ├── 小种茶
    │   ├── 正山小种茶
    │   └── 台山茶
    ├── 工夫茶
    │   └── 红叶
    │       ├── 华南红茶
    │       ├── 政和工夫
    │       ├── 白琳工夫
    │       ├── 安溪茶
    │       ├── 沙县茶（Saryume）
    │       ├── 厦门茶
    │       └── 花白毫茶
    └── 黑叶
        ├── 武宁茶
        ├── 宁州茶
        ├── 湖北红茶
        ├── 安化茶
        ├── 湘潭茶
        ├── 九江茶
        ├── 长沙茶
        └── 汉口（Hobow）
```

图6-2　中国不同种类茶叶及产区

摘，茶叶都会使用相同的名称，并根据品质划分为"特级""优质""普通"等不同等级。

图6-3 揉捻珠茶

我们现在按省份来列举不同的茶叶等级及主要出口港口。首先从广东省说起，广州曾是中国的商业中心，是当时唯一对外国人开放的港口。但如今广州在茶叶贸易中的地位已大不如前。大部分茶叶贸易渐渐都被吸引到北方更方便的港口，目前广州只负责出口来自本省的数量适中、不太受欢迎的茶叶。1842年，广州向英国出口量达4500万磅茶叶，10年后，出口量虽然大致相同，但只占英国总需求的三分之二；在1861年，这个数量已经减少到英国需求的一半，而在1870年和随后的几年里，在总出口超过1.5亿磅的情况下，广州只供应1500万英镑到2000万磅。这些茶叶主要是绿茶的，现在数量已经微不足道，几乎销声匿迹。这是必然的结果，因为它们更多的是一种人为制造的，而不是天然产品,被高度加工和掺假。其次是台山(Tayshan)①,一个新的茶叶产区,代表了全广东省茶农近期将本地茶叶用于红茶生产的一次尝试。这些茶叶生长在广州以西约40英里的地区,比北方省份的茶叶提前六到七个星期上市销售。由于这些茶叶不含灰尘,价格适中,在人们对广东茶叶的天然偏见消退后,需求很可能持续增长。但是,广州茶叶的主要特色,是香型品种,白毫茶和珠兰茶(Caper)②,它们构成了广州现在出口的五分之四。白毫叶的叶子较为舒展,而珠兰茶则卷成球形,自然形成的比例非常小,大部分是用手或用脚卷起来的,就像图6-3所显示的那样,卷制过程中,火候较小。这样黏稠的汁液就能帮助叶子保持球状。白毫和珠兰茶的催香过程相同,橙色的大花瓣,被按比例(40磅茶叶混合100磅橙花)与干燥茶叶混合,静置24小时,然后过滤掉花瓣,茶叶经过这道工序后,会被放在慢炭火上烘干,以除去残留的湿气和保留香味。除了橙花、水兰、栀子花和茉莉花也被用于这种香味处理。其中,茉莉花的一种变种"素馨"(Sing Hing)最受外国人欢迎,尽管中国人自己并不太看重它。从广州出发,沿海岸线向东,我们来到了福建省,这个省的面积和英国差不多。这里是小种红茶(Red Leaf)、乌龙茶(Oolong)以及现在英国市场上所知的所有白毫花茶(Flowery Pekoe)的产地。

厦门出口少量茶叶英国,一些直接运往澳大利亚,但大部分运往美国。运往美国的茶叶基本是乌龙茶,这种茶叶介于红茶和绿茶之间,茶叶的外观有点像红茶,而茶汤则更像绿茶;生长在中国大陆上的被称为宁红茶(Ning-yong)、祁红(kokow)和僧侣小种(Padre)。茶叶质地脆嫩,高温焙火后,呈现黑黄相间的颜色。在台湾北部的淡水岛,每年有数百万磅的"台湾乌龙茶"被送到转运港,这种茶叶子粗大,呈褐

---

① 译者注:此处原文用三个词来形容此产区,"New Districts""New Makes"或"Provence Leaf"。

② 译者注:珠兰为金粟兰科金粟兰属常绿多年生草本植物,是一种十分香的花卉,它的叶像茶叶,花能熏茶,所以又叫"茶兰"。

色，和工夫茶类似。厦门早已为英国商人熟知，因为东印度公司曾在此进行过早期的商业尝试，考虑到这一事实以及港口的便利，近年来的贸易进展如此之慢，的确让人感到意外。厦门位于在九龙河（Keoo-lung）的上游，这里有一个对乌龙茶买家来说很熟悉的名字——宁红茶。往北走是安溪茶区（Ankoi）的中心——南坑（Ngan-ki）①。

  福州现在是红叶茶（Red Leaf Tea）重要的转运港。在1811年，通过实验发现，来自武夷茶茶区的茶叶可以在几天内沿闽江转运至福州，从而避免长途跋涉运往广州的高昂费用。这之后的5年间，虽然这条路线违背法律，但仍被默许，其出口增长到大约900万磅，大概是出口总量的四分之一。但广州行商却发现他们的利润受到严重影响，并从北京得到一道禁令，彻底禁止了这条运输路线。自此，福州作为外贸港口失去了作用，直到1842年之后，亨利·璞鼎查爵士（Sir Henry Pottinger）②谈判签订的条约才将它与其他几个港口一起开放。尽管港口开放，但福州的贸易并未立刻增长，因为上海是首先从贸易中受益的港口，并迅速取代广州，成为新的贸易中心。直到太平天国运动爆发，上海被起义军占领，贸易中心才重新转到闽江下游的福州府，即使在战争结束后，大量贸易仍然留在福州，因为这里的成本更低，利润更高。福州对英国的茶叶供给量是非常可观的，从1861年的3800万磅上升到1875年的6200万磅。主要品种有华南红茶（Kaisow）③（一种叶片坚硬，呈灰色），产自福建西部边境的长乐区（Cha-ou）附近；沙县茶，在种植华南红茶地区的南部（红叶区），沙县（Sha-heen）是其中心产区；政和茶（Ching-wo）④

---

  ① 译者注：安溪的一个产茶地。
  ② 译者注：璞鼎查爵士（H. Pottinger），Bt, GCB（Sir Henry Pottinger, 1789年10月3日—1856年3月18日），亦称砵甸查、璞鼎查、波廷杰。英国军人及殖民地官员。早年入海军。自1803年起，他在印度从事殖民侵略近40年。他在英国对阿富汗战争中，被封为男爵。
  ③ 译者注：界首（Kyshow，又写作 Kaisow、Kai or Chieh-show，又意为其不是指特定的一种茶，而是具有类似性质的茶叶统称，通常产于福建）为安徽和河南两省交界处，今安徽界首市。该地出产的茶叶充满花香，是19世纪国外最受欢迎的红茶之一。
  ④ 译者注：政和古属建宁府政和县，今属福建省南平市。由于当时广州为茶叶主要出口港，故很多茶叶的英文名称取自广东话，"Ching Woos"即为"政和"的粤语发音。

（叶片小而黑，紧密卷曲），产自福建北方；北岭茶（Pakling）①（风格与政和茶相似），产自距离福州府不到 15 英里的地区；以及小种茶（Souchong），产自武夷山内环优质茶区。近几年，一些优质的小种茶再次像过去一样，穿过山脉来到九江（Kiu-kiang）。这部分是由于福建官员的苛税，但主要是由于俄罗斯买家的巨大需求。福州还出口了一些花茶，其中刺山柑（Capers）数量相对较少，更多的是橙香白毫茶（Orange Pekoe）②，这种茶的叶片较小，颜色更黄，香味也比广东的品种更浓郁。

　　沿着海岸线向北的下一个省是浙江（Chekiang），其中一个港口温州（Wenchow）刚刚开放，预计它将带动武夷区东北部的大量贸易，但目前唯一被广泛使用的港口是宁波（Ning-Po）。由于宁波的贸易在很大程度上依赖于其他省份的产品，我们将暂时略过这一点，转而讨论长江流域及其作为这一地区天然贸易通道的重要性。长江，全长 2900 英里③，名字的意思是"海洋之子"，是泰晤士河（Thames）的 15 倍，是旧大陆最长的河流，实际上在全球范围内中仅次于亚马逊河（Amazons）和密西西比河（Mississippi）。在长江入海口处的上海，于 1842 年开放，迅速成为一个重要的对外贸易城市，不仅进行茶叶贸易，而且还有其他商品。1858 年埃尔金勋爵（Lord Elgin）通过谈判获得了在长江沿岸进一步的贸易特权。④ 黑叶茶的中心产区——汉口（Hankow），位于一个大河湾，邻近另外三座人口密集的大城市，汉口作为这些城市的商业中心（这个名字意味着"商业集市口"），迅速发展为重要的贸

---

　　① 译者注：北岭位于福建福州北郊，别名北峰，是福州东北部的一个天然产茶区。常与福建福鼎白琳茶（Paklum）混淆。
　　② 译者注：根据采摘部位和叶片大小的不同，红茶可以分为不同的等级，包括叶茶、碎茶、片茶、末茶四类，其中叶茶按嫩度又可分为花橙黄白毫、橙黄白毫、白毫、白毫小种、小种。橙黄白毫（Orange Pekoe, OP）是指茶枝最顶起数的第二片叶。若新叶以一对形式出现，则两片都为橙白毫，属茶叶中较高级别的叶茶。
　　③ 译者注：长江是中国的第一大河，全长 6363 千米，约为 3953.78 英里。
　　④ 译者注：1858 年 5 月，埃尔金勋爵率领英法联军北上，炮击大沽口，胁迫清朝政府签订不平等的《中英天津条约》，其中规定英国商船可在长江各口往来。

易枢纽。汉口距离海岸约 650 英里，长江在此宽达四分之三英里，江豚甚至可以游到这里。在春季的洪水退去之前，这里的水位足够远洋轮船通行；1874 年，这里有 9 艘远洋轮船直接从汉口到伦敦，而在上一个航季，这个数量增长到 14 艘。

随着苏伊士运河（Suez Canal）的设施的进一步完善，未来这个数字预计还会增加。当水位下降到大船无法通行时，这些货物就会装上内河轮船。目前有三条主要内河航线，分别由英国、美国和中国运营，几乎每天都有船只从汉口开往上海。

从汉口直接或经过上海运来的茶叶，不仅有湖北、湖南、江西（Kiangsi）等大省出产的全部红茶，还有近年来从鄱阳湖以西运来的相当多的绿茶。在汉口港开放之前，这个地区的茶叶生产能力几乎不为英国作家所知，甚至被认为是不可信的。正如鲍尔（Ball）在谈武夷茶区时所言，他断言，中国其他地方不可能供应工夫茶，并且认为关于这些茶叶可能在其他地方获得的说法完全不可信。这种肯定的说法只是表明当时对这个问题的无知。尽管在过去的几年茶叶种植有所增加，但可以肯定的是，即使在这个时候，汉口周边地区已经向广州市场供应了大量茶叶。湖北红茶（Oopack），这一名称源自湖北（Houpe）的粤语发音，正如当时一样，现在仍是出口的主要商品。1874 年，湖北红茶区的茶叶出口量约有 1300 万磅，1875 年增加到 1600 万磅。主要的产区包括羊楼洞（Yang-low-tung），崇阳（Sung-yong），和通山（Tong-shan），这些地方出产的茶叶叶片宽大坚硬，呈黑灰色，品质优良。从湖南出产的茶叶也常常被称为"湖南茶"，但又细分为安化（Oomfa），湘潭（Siang-tam or Shan-tam）、长沙（Cheong-sow-Kie）、醴陵（Li-ling）等。安化茶产区位于南湖（Nanghoa）周围，在洞庭湖（Toonting Lake）的南边，这一地区的叶子是棕色的，质地较为粗糙；再往东走，是盛产茶叶的湘潭地区，这里的茶叶产量大，但品质一般，声誉不佳。而位于省界的醴陵茶叶则更不受欢迎。上个季度抵达汉口的茶包括表 6-1 中几种：

表6-1　　　　　　中国汉口的茶叶进口量　　　　　　单位：箱

茶叶产地		茶叶数量
湖北	羊楼洞	73100
	崇阳	50800
	通山	23000
	湖红（Ko kew）	15000
	龙口（Loong-kong）	
湖南	安化	153000
	长沙	55000
	湘潭	49600
	醴陵	43000
	浏阳（Low-yong）	32000
	平江（Pin kiang）	27000
	聂家市（Nip-kar-see）	21000
	云溪（Wunki）	17000
	羊楼司（Yang-low-see）	2000
合计		433100

除这两类以外，汉口还接收了大量的武宁红茶（Moning）①，或称宁州茶（Ningchow Tea），这些茶要么是直接运来的，要么是从离海150海里的长江通商口岸九江运来的。埃尔金勋爵对九江港有很大的期望，因其地理位置十分优越，位于几个重要茶区的中心——西面是武宁，东南部为武夷山，东北方向是婺源和种植绿茶的地区。这些地方的河流流向鄱阳湖，而这个港口就坐落在鄱阳湖的上游。然而，各种情况往往使这一希望落空。因为九江港没有轮船直接开往欧洲，附近地区大量的产品被送往上海或汉口，代理商在汉口能够找到更好的市场。江西省北部主要生产武宁红茶，产于宁州及其周边地区，宁州的名字也经常被用于指

---

① 译者注：武宁（Moning，粤语发音为Woo-ning）隶属江西省九江市，同界首一样是著名的红茶产区。当时江西修水、铜鼓、武宁等地生产的红茶，称为"宁红茶"。"宁红"质地优良，美国学者威廉·乌克思（William Ukers）在其所著的《茶叶全书》中称赞道："宁红茶外形美观而紧结，色黑，水色鲜红引人，在拼和茶中极有价值。"

代与其非常相似的茶叶。这些茶叶，尤其是高等级的品类，是最有价值的黑叶茶。值得注意的是，过去武宁地区的所有产品都被制成绿茶，而现在这种绿茶在当地已经绝迹。相较之下"九江"（Kiu-kiang）茶就没那么受欢迎了，因为它的叶子柔软多汁且有些松散。

1873年，安徽省（Nganhui）的绿茶首次进入汉口，但这种茶叶的发展前景不被看好，因为其他地方似乎更适合出口这种茶叶。

在讨论汉口时，不得不提到这个城市一直是与俄罗斯贸易的商业中心，过去，茶叶是通过汉江（Han Kiang）运到繁昌（Fanchang），然后用马车运抵北京以北的张家口（Kalgan）。1871年，这条线路运送的茶叶估计为3700万磅。同年，他们试着用轮船把它运到白河（Peiho river）上的天津（Tien-tsin）港，再转运到黑龙江（Amoor）。这条路线非常成功，次年通过该路线运送了2300万磅茶叶。

沿着长江继续往下走，我们来到了安徽省，该省的南部是著名的绿茶区，绿茶种植区甚至延伸到浙江省北部。

在这一地区，有一座名为"松萝山"（Sunglo-shan）的山，是绿茶的原始产地。在过去，所有的绿茶都被称为"松萝"，"Sunglo"或"Singlo"。然而，如今这一特定地区的茶叶种植已经完全被忽视，甚至这个名字也被渐渐遗忘了。尽管波尔曾将其视作英国人常用的一个术语，把绿茶分为两类：松萝和熙春。后者是品质更好的一种；然而，一种更详细的分类已经被普遍采用，并且相比于红茶的分类，绿茶的分类变化不大。

在绿茶的分类中，最普通的一类是"屯溪茶"（Twankay），这个名字来源于一条小河。它以前被认为是松萝的替代品，但如今，它指的是最普通的绿茶，这类茶构成了英国进口的大部分绿茶，相当于红茶中的武夷茶。屯溪茶的叶子比较老，揉捻程度不如品质较好的茶。其次是"皮茶"（Hyson Skin），由粗糙、发黄加工不完善的叶子组成，是从更高等级的熙春茶中筛选出来的。熙春茶是优质绿茶的代表，这个名字来源于一个当地的词，意味着"盛春"，因为采摘季节在早春，但鲍尔认为这个名字实际上源自一个声誉卓著的商铺——熙春。这种茶是经过精心手工制作的，每一片茶叶都手工揉捻并筛选。幼嫩的熙春茶被称作雨前（Yu-tsien），因采于早春，故得此名。这是现在占据了绿茶进口的最大份额。

这种分类适用于所有绿茶，当然质量也因地而异，尽管在一些地区区别不那么明显。婺源茶（Moyunes）仍然保持着他们以前的地位与同一省份的天台茶（Tien-kais）、徽州茶（Fychows）[徽州府（Whey-chew-fu）的商业名称]和太平茶（Tai-pings）（位于最北端的茶产区）一起通过长江和运河运到浙江宁波或杭州，然后转运到上海。天台茶、徽州茶和太平茶与婺源类似，质量稍差，总是以半箱包装。宁波也是平水绿茶（Ping Suey Green Teas）的出口港这种茶的产地从安徽省西北部的山区一直延伸到太湖，尽管，近年来平水绿茶的种植的面积已经大大扩展，但随着鸦片罂粟种植的增加，平水绿茶的种植面积可能会逐渐减少。平水绿茶通过本地货船从种植区运至宁波，航程仅需4天，茶叶通常以未加工的状态装袋，随后在港口处理和包装，并通过美国的一批轮船运送到上海，大约需要16个小时。这些绿茶区相对的产量见表6-2：

表6-2　　　　　　　中国绿茶产区的平均茶产量　　　　　　单位：磅

婺源茶	7000000
天台茶	5000000
徽州茶	3000000
平水绿茶与其他部分	5000000
总量	20000000

上海是一座历史悠久且人口众多中国城市，坐落在离大海14英里的黄浦江（Whang-poo）上。黄浦江和伦敦桥下的泰晤士河一样宽，最终汇入长江的入海口。上海的旁边是一个规模庞大的外国租界，因迅速发展的商业活动而逐步形成。上海是中国主要的茶叶出口港，其茶叶不仅出口到英国，也出口到美国。见表6-3：

表6-3　　　　1851—1875年中国港口的茶叶出口量　　　　单位：百万磅

年份	广州	上海	福州	厦门	总量
1851	42	22			64
1852	36	29			65
1853	32	41			73
1858	24	30	23		77
1861	41	11	38		90
1864	14	52	44	2	112
1867	14	56	43		113
1870	17	71	53	1	142
1874	16	70	55		141
1875	20	81	62		163

除此之外，在中国出口到美国的3000万磅以上的贸易中，上海出口超过一半，且几乎都是绿茶。美国人比我们更偏爱绿茶，这可以从以下事实中看出：在截至1873年的三年内，英国从上海进口900万英磅，美国进口了2000多万英磅。

在分析上述表格和所有与上海港有关的统计数据时，需要注意，其中有些货物是从汉口和宁波转运的，有些是从上海港直接装运的。

第七章　印度茶

1784年，马戛尔尼勋爵（Lord Macartney）[①] 发现印度某些地区的气候和海拔与中国的茶叶种植区相似，于是将各种茶叶种子和植物送到加尔各答（Calcutta），希望将茶叶种植引入英国领地。这种尝试没有取得实质性成果，茶叶种植一度消失。

---

① 译者注：乔治·马戛尔尼（George Macartney，1737—1806），出生在北爱尔兰安特合郡的大地主家庭，1759年毕业于都柏林三一学院，之后进入伦敦坦普尔大学进修，师从荷兰伯爵亨利·福克斯。他还是英国近代著名政治家，曾率领使团以给乾隆皇帝祝寿为名，于1793年抵达中国，欲通过谈判打开中国市场，却无功而返。这是中西交往史上的一件大事。

第二编　茶及茶叶贸易简史与中国茶区

布鲁斯（Bruce）兄弟二人在英国吞并阿萨姆之前，一直在阿萨姆（the Province of Assam）进行贸易。哥哥似乎已经在阿萨姆定居下来，在一个临时掌权者手下担任过职务，那时缅甸人还没有在阿萨姆被驱逐。小布鲁斯先生于1824年被任命为北阿萨姆（Upper Assam）的炮艇指挥官，参与缅甸的战争。1826年，他找回一些茶树和种子，因此获得了一枚艺术学会奖章。1827年，罗伊尔博士（Dr. Royle）① 建议把这种植物引入喜马拉雅（Himalaya）的西北部地区，并于10年后开始种植，然而后来发现这一选址并不像当初看起来那样明智。1834年，印度总督威廉·本廷克勋爵（Lord William Bentinck）② 致电东印度公司（the East India Company）董事会建议进行茶叶种植实验，强调此计划的成功将给印度带来巨大收益。因此，董事会成立了一个委员会来完善和执行这一计划，该计划持续了好几年。阿萨姆（1838年由英国统治）专员声明茶树在中印边界云南（Yunan）是本土植物，这一说法后来得到了一个科学探险队的证实。他们认为，这种植物可能并非原生于此，但它沿着一条几乎连续的山脉自然生长，从扬子江（Yang-tse-kiang）一直延伸到中国西南边境，按照罗伊尔博士的说法，这条山脉实际上是喜马拉雅山脉的延续。

1835年，英国政府从中国引进茶树和种子后，在拉金普尔（Luckimpore）和库马翁（Kumaon）建立实验茶园，但由于加尔各答与各茶园之间交通不便，土壤选择不当，以及生产者缺乏知识，第一次尝试似乎并不十分成功。随后，英国从中国引进熟练茶农，经过他们的培育，茶叶开始出口到英国，引发商界的高度关注。一家阿萨姆公司因此成立

---

①　译者注：约翰·福布斯·罗伊尔（John Forbes Royle），苏格兰人，伦敦国王学院的医药学教授，曾任东印度公司农业顾问，其著作《喜马拉雅山脉植物学图解》与《一篇有关印度生产资源的随笔》促使东印度公司成立了一个完整的、致力于研究与植物学相关问题的部门，是当时植物学界最令人尊敬的人物。

②　译者注：威廉·亨利·卡文迪-什本廷克勋爵，又名威廉·本廷克勋爵（Lieutenant General Lord William Henry Cavendish-Bentinck，1774—1839）。一名英国士兵和政治家。1828年至1835年任印度总督。他因在印度的重大社会和教育改革而受到赞誉。

并接管了政府三分之二以上茶园。尽管因最初几年利润微薄被视作商业失败,但该公司依然存续,且如今业务兴隆。到1852年,这家公司已经积累了足够经验,业务逐渐好转,吸引诸多竞争对手进入茶业,许多新茶园开始涌现。随着茶叶种植的热潮兴起,一些投机者也趁机高价买入荒地,但由于他们对茶叶种植一无所知,最终造成了严重的经济损失。这导致了行业的一次大危机,印度茶园因此一度被认为是高风险的投资。不过,随着印度茶叶越来越受欢迎,这些茶园逐渐恢复了元气。

与中国茶叶最初在英国市场上遭到怀疑一样,印度茶也面临同样质疑。克劳福德先生(Mr. Crawfurd)[①]和弗洛伊德博士(Dr. Sigmund)[②],两人都非常熟悉东方,后者是茶叶贸易作家。他们在1847年告诉下议院,阿萨姆茶注定会失败,就连鲍尔(Ball)似乎也认为,阿萨姆茶的主要用途是供当地人制造砖茶。但这些观点在后来证明是错误的,消费量在短短一代人的时间内就达到了2000万磅,并且还在快速增长。

虽然印度种植茶叶的历史远不及中国悠久,但我们依然能够从那些到过中国的旅行者和商人获取到的零碎或不确切的信息中提取到有价值的线索。莫尼上校(Colonel Money)[③]的权威著作详细描述了印度茶农的种植经验:印度茶叶需要的气候、土壤和海拔高度与中国茶叶非常不同。茶叶湿热气候中生长得最好;一般来说,适合种茶的气候对人类来说并不健康,因为只要有充足水分,任何温度对茶树来说都适宜,而这样的环境往往不利于人类生存。如果土壤足够松软且肥沃,最好是将油性壤土和沙子混在一起,如果表面有腐烂的植物,就更好了。人们曾经认为高海拔是茶叶种植不可或缺的条件,现在发现也不一定如此。如果

---

① 译者注:约翰·克劳福德(Dr John Crawfurd,1783—1868),一位苏格兰医生、殖民地行政长官、外交官和作家。他曾于1803年加入东印度公司,担任公司外科医生,并被派往印度西北各省(现为北方邦),从1803年至1808年在德里和阿格拉附近地区工作。

② 译者注:西格蒙德·弗洛伊德(Sigmund Freud),奥地利心理学家、精神分析学家、哲学家,精神分析学的创始人,20世纪最有影响力的思想家之一。他生于奥地利的一个犹太家庭,从维也纳大学毕业后一直在维也纳工作,后因躲避纳粹,迁居英国伦敦。

③ 译者注:爱德华·莫尼上校1847—1914生于印度西孟加拉邦加尔各答,1870年在印度大吉岭提出了均匀烘干茶叶以保证品质的原则。

山间土壤因为过度开垦去除杂草而过分疏松的话,水土流失加重。因此这种茶园必须减少开垦,但可能导致杂草丛生,阻碍茶树的生长,茶叶产量随之降低。平原则在各方面都是最理想的茶叶种植区。

  莫尼上校认为中国的种植方法是落后的。中国人在山坡上,在不同气候条件下的山坡上种茶,且不施用粪肥,仅仅为了节省开支,充分利用不适合种植其他作物的土地。但在印度,要培育出优质茶树,必须在最好的土地上进行精细栽培。除此之外,印度茶叶产量也高于中国,因为茶树新芽的萌发次数(flushes)比中国更多。据说当茶树冒出新芽和叶子时,就可以采摘,这些新长出的嫩芽是唯一适合制作茶叶的部分。因此茶园产量完全取决于"采摘"频率和数量,随气候、土壤、修剪、耕作和肥培水平而变化。喜马拉雅山茶园采摘次数达 12—15 次,在更适宜的气候下,18—25 次不等。当然,采摘的频率需要慎重掌握,既不能过于频繁也不能过于稀少。从某种程度来说,修剪得越多,茶树会长出更多叶片,但如果修剪过度,茶树可能失去活力而停止生长。而另一方面,如果植物没有得到充分修剪,茶树会过于繁茂,减少新芽的萌发次数。

  在季末,一株正常生长的茶树大约有 4 英尺高,5 英尺宽。冬天的时候,它会被修剪得只剩下木茎或枝条,而且只有一半大小。第二年春天,新芽从这些茎上以下方式萌发:每片叶子的基部都有一个胚芽。这些芽一点一点地生长,直到形成一个由五六片叶子组成,顶部闭合的新芽。这五六片叶子的都有其他萌芽,其中的一片、两片或三片叶子会以同样方式生长,形成新芽。原来的嫩枝越长越粗,直到变成一根木枝,新枝条重复同样的过程。精明的播种者会等茶树长出几株嫩芽后,掐掉刚开始长叶的顶芽。这使得白毫茶尖覆盖着一层柔软的白色绒毛,用特殊方法处理后茶叶呈淡黄色,继而用普通红茶混合即制成"白毫茶尖"。顶芽下部的四五片叶子依次代表下述茶叶等级:花香白毫(Flowery Pekoe)、橙香白毫、白毫(Pekoe)、一等小种(Souchong 1st)、二等小种(Souchong 2nd)和工夫茶。但是由于费时费力,上述分类不可能实现。因此花香白毫、橙香白毫、白毫3个等级合并为白毫,其他3种称为白毫小种(Pekoe Souchong)。已发现的印度茶叶完整制作过程是进行简单的萎凋,揉捻,发酵,晒青和炒青,这与中国制茶方法没有什么不同,其中许多重复程序中国已经视作多余进而舍弃。

据孟加拉邦农业部的一份官方报告汇编而成下表7-1,列出了1872年茶叶主产区名称、茶叶种植面积和产量。

表7-1　1872年印度茶叶主产区名称、种植面积和产量

名称		种植面积（英亩）	产量（磅）
阿萨姆	西布萨加尔（Seebsaugor）	12980	3200000
	达朗（Durrung）	6095	1500000
	拉金普尔（Luckimpore）	3943	800000
	瑙贡（Nowgong）	2154	370000
	坎如普（Kamroop）	1681	280000
	合计	26853	6150000
达卡（Dacca）	察查县（Cachar）	23089	4830000
	锡尔赫特（Sylhet）	3662	415000
	合计	26751	5245000
库曲比哈尔（Cooch Behar）	大吉岭（Darjeeling）	14639	2955000
吉大港（Chittagong）		1203	204000
乔塔纳格布尔（Chota Nagpore）	哈扎里巴（Hazareebaugh）		
	洛哈达加（Lohardugga）	894	53000
	合计	70340	14607000

表7-2显示了阿萨姆茶叶产量的相对增长趋势:

表7-2　1850—1871年阿萨姆茶园数量、茶叶种植面积和茶叶产量

年份	茶园数量	种植面积	产量
1850	1	1876	216000
1853	10	2425	866000
1859	48	7599	1205000

续表

年份	茶园数量	种植面积	产量
1869	260	25174	4714000
1871	295	26853	6251000

我们已经看到,在印度正式开始种植茶叶之前,确实存在印度本土茶叶品种,但这似乎是一个奇怪的巧合,而不是一项商业发现。东印度公司早期的努力仅仅是为了从中国获得种子和植物。格里菲思(Dr. Griffith)在他1839年提交给下议院(the House of Commons)的报告中说:"如果想要在栽培上取得成功,必须采取的步骤之一就是进口品质优良的中国茶种。"因此,从厦门(Amoy)采购了大量茶种,在加尔各答(Calcutta)茶园中种植,发芽后分发给阿萨姆、库马翁(Kumaon)和迦尔瓦尔(Gurhwal)。后来,福琼先生在1848年又被派往中国,他成功地将约12000株茶株培育在沃德式(Wardian)或者密封式的玻璃罩盒子里,经喜马拉雅山运输到大吉岭和其他地方。

当今最有经验的印度茶园主认为,东印度公司的所有植茶尝试不仅毫无用处,而且有害。当政府通过免费分发中国的茶叶种子和幼苗来促进茶叶种植时,犯了一个错误,需要数年时间才能纠正这一错误。莫尼上校关于茶树品种的评论解释这一观点:

"印度诸多茶树品种都源于大约40年前在阿萨姆发现的物种。这些是同一种植物或树木的不同变种(在野生状态下,他们更像普通树木),一般长在一根高达15—18英尺的茎或树干上。而中国茶树丛在第二年后会长出多根茎,高度不会超过六到七英尺。中国茶树的最低枝靠近地面,但人工栽培的印度本土茶树离地高达9英寸或1英尺以上,单茎干净。如果(印度本土茶树)在第二年或第三年后不过度修剪或过度采摘,那么生长速度快于中国的茶树,换句话说,这意味着印度茶树更早'发芽'。印度本土茶树的叶子长约9英寸长,而中国茶树的叶长从未超过4英寸;印度本土茶树的叶子是明亮的淡绿色,中国茶树叶子呈暗绿色。印茶'发芽'相较中茶更有优势,体现在两个方面:第一,叶片更大；第二，发芽次数更多。中国茶树能在不同气候条件下生长，因此更容易培育，这是印度本土植物无法做到的。当本土茶树一片新芽成熟时，景象十分美丽，茶树像戴着金色皇冠，与中国品种形成鲜明对比。介于印度和中国之间的植物被称为'杂种'；它们由人工传授花粉嫁接而成。目前茶树多达100种甚至更多，由于各种变种非常接近，几乎没有人能明确界定何时中国茶树变成杂交种，或杂交种何时成为本土种，但通常来说，随着茶树的特性接近本土或中国茶树，嫩叶会呈现出浅绿色或深绿色。而某些杂交灌木的嫩叶呈现深浅不一的深红色和紫色，有些非常红，有些则非常紫。另外茶树越接近印度本土，茶叶品级就越高。所以如果印度从未引入中国茶种，茶叶种植规模不会这么大，那么茶叶等级相对更高。如果政府不鲁莽地进口中国茶种并散布到全国，现在的印茶较华茶品质更为优良，在英国国内的价格也高得多。"

另一位权威人士说，优良的杂交品种在很大程度上结合了中国品种的抗寒性和印度本土茶叶品质。

不过，过去政府引入杂交茶树的举措，可能比莫尼上校所想的对未来产生更有利的影响。它们可能导致印茶比华茶在英国更受欢迎。无论如何，如果没有对当地茶树进行改造，就不可能像现在这样快速种植出茶叶，其性状与我们以前所知道的完全不同。目前看来，历史上的东孟加拉（Eastern Bengal）湿热气候下的茶叶无疑将继续保持独特性，但似乎温带和高地地区可能会出产更多茶叶，虽茶味稍淡，但口感更细腻，就像大吉岭和尼尔吉里丘陵（Neilgherris）① 茶，与英国人已经习惯的茶也不太一样。莫尼上校本人表示："由于英国民众越来越青睐混合品种，虽然喝到纯种茶叶的这一天很遥远，不，可能永远不会到来，因为它的成本更大，但我本人毫不怀疑，对它的需求将在未来几年内持续稳步增长，就像过去几年一样。"下文简单描述各茶产区，以进一步

---

① 译者注：尼尔吉里丘陵（Ndilgherrlies），又作 Nilgiri Hills，印度东南部泰米尔纳德邦的山区，峰顶从附近平原突兀地拔高达6000—8000英尺。

第二编　茶及茶叶贸易简史与中国茶区

说明本章前半部分的表格：

阿萨姆是本土印茶的主要产地，远优于其他地区，但是缺乏足够劳动力。湿热气候非常适合茶叶生长，土壤极其肥沃，宽阔的布拉马普特拉河（Berhamootra）也非常适合茶叶出口。位于布拉马普特拉河东南部的西布萨加尔（Seebsaugor）是最重要的也是产量最多的茶产区，土壤和气候都非常适合茶叶种植，主要是杂交茶叶品种。阿萨姆公司的许多茶园都坐落在这里，其中一个购自政府的茶园内尚存第一棵实验茶树。

位于阿萨姆南部的卡察（长期以来一直是一个独立的邦，1832 年因缺少继承人由东印度公司管辖）被认为是继阿萨姆之后最有潜力的产茶区，从茶叶产量上就能得到验证。受大雨影响当地土壤更沙化，且当地多丘陵，气候也较差。但由于离加尔各答较近而在运输方面优于阿萨姆，同时从贝拿勒斯（Benares）①和其他地方引入劳动力也不困难。但是，当地茶树品种不够优良，其中至少有 70% 是中国品种，20% 是杂交品种，10% 是本土品种。在这一点上，埃德加先生的报告颇具趣味，"在孟加拉（地区）没有哪个官员比他更有实践经验"……"中国茶树硬叶的制造成本高于杂交或本土茶树的软叶；而用中国茶叶泡制的茶味较淡，商业价值较低。但另一方面，中国茶树非常耐寒，我知道它能在极端恶劣的环境下长出叶子，而这种环境对更脆弱的杂交或本土物种来说几乎是毁灭性的"。

位于卡察南部的吉大港是一个与海岸接壤、运输方便的港口城市。虽然植茶历史较短、茶叶产量不多，但仍被许多人视作仅次于卡察的产茶区。这里的气候和土壤非常适合茶叶种植，而且劳动力充足，运输方便，同时大量牛群产生的丰富粪肥对茶园来说非常有利。

大吉岭地区位于更西的锡金（Sikhim）境内，介于尼泊尔（Nepaul）和不丹（Bhotan）之间，海拔相当高，部分区域海拔高达 7000

---

① 译者注：贝拿勒斯一般指瓦拉纳西。瓦拉纳西（वाराणसी），又称贝拿勒斯，印度教圣地、著名历史古城。位于印度北方邦东南部，坐落在恒河中游新月形曲流段左岸。

英尺。这个高度有益于身体健康，因此该地区被选作英国军队疗养院。但并不利于茶树繁茂，虽然当地茶树几乎是中国品种。当地出产了大量充满香气的茶叶，但茶味有点淡，英国人往往不混杂其他物质直接饮用。再往南是特莱（Terai），是老虎的栖息地。在莫尼上校治下，这是一个不利健康但极有前途的"茶国"。沿着喜马拉雅山脉向西是库马翁（Kumaon）地区，政府选择在山地种植茶叶。目前这个地区名字和产品在英国市场鲜为人知，之所以提到它，只是因为这个地方气候迷人、景色壮丽，但完全不适合茶树种植。

坎格拉（Kangra）山谷也是东印度公司在喜马拉雅山的茶树培植地之一，但海拔适中（总体不超3000英尺）并且地形倾斜，适合种植茶叶。特别是旁遮普（Punjaub）有一个受欢迎的本地市场，大量茶叶在集市上被边境的野蛮部落买走。哈扎里巴是西孟加拉中部一个不太重要的地区，那里气候虽然很热，但太干燥，不足以成功栽培茶树。这里只种植中国植物，现在都被加工成绿茶了。

加尔各答过去10年（截至每年12月31日）的出口额如表7-3所示：

表7-3　　　　　1866—1875年加尔各答茶叶出口量　　　　单位：磅

年份	出口到大吉岭	出口到其他地区
1866	4887000	60000
1867	8353000	165000
1868	10575000	69000
1869	11831000	125000
1870	11872000	96000
1871	15925000	188000
1872	17709000	304000
1873	18675000	236000
1874	19112000	193000
1875	24432000	313000

第八章 冲泡用水

食品制备过程中一个必要条件是选择合适的器具、了解特性和用途。即使是冲泡茶叶这种简单而重要的饮品，无论多么好的茶叶都容易因冲泡不当而失去风味。

冲泡用水的性质非常重要，因此有必要研究"泡茶"，但没必要进行深入的化学分析来探究其中的原理。众所周知，英国不同地区的水质差异很大，这与民众健康、家庭福祉和制造业发展有很大关系；水质对冲泡出的茶汤品质影响非常大，茶叶能否完美冲泡，完全取决于茶叶与水质的适配性及泡茶方法。

大量茶叶零售商的实践经验证明了这一点。我们知道许多这样的例子，他们几个月甚至几年都徒劳无功，直到通过仔细观察才找到适合该地区的混合茶以及冲泡用水。我们不断听到有人抱怨很难获得冲泡茶叶的合适水源，人们总是渴望喝一种适合自己的茶，因此我们着重考虑供水问题。通过收集英国不同区域的城镇罐装水样本，仔细比较用不同水质冲泡各种茶叶所产生的效果。

我们建议从地方地质和环境展开调查，依次考察英国城市、城镇和村庄饮用水的水源及其水质的纯度和硬度。

水的硬度对泡茶效果的影响更直接，也更重要；但是我们也不能忽视水的纯度，因为水的硬度与纯度联系密切。实际上，二者是相互关联，难以分开的。

英国的（Great Britain）饮用水可分为：雨水、高地地表水（Upland surface water）、耕地地表水（Surface water from cultivated lands）、河水、浅井水（Shallow well water）、深井水（Deep well water）、泉水（Spring water）。

关于上述水源纯度的描述如下：

雨水。几乎没有化学性质上纯净的雨水。即使是距离城市 25 英里远的田野中的雨水，也绝不像人们通常认为的那样没有化学杂质。像英国这样人口稠密的国家，空气中充满大量动物呼吸产生的废物、燃料燃烧产生的灰尘杂质。大风天气里，这些杂质悬浮在空气中，并停留数周，直到被雨水冲走。

总的来说，除非是大城市附近或沿海地区下的雨，其余地区的雨水成分基本类似。而从建筑物屋顶上收集的雨水很少干净。

高地地表水。当雨水落到地面时，其特性取决于它落下的地质层。然而，当水集中起来时，这种影响大大减弱，因为这时大部分水是地表水，具备地表植物沉积物特征——比如岩石上的泥炭。因此，就硬度和含盐成分而言，来自不同地质构造的未受污染地表水所含有机物比例，适口性和健康性差别不大。这样收集起来的水就可以沉降到湖泊和水库中，或者通过沙子过滤，从而使其成为高质量的家庭用水和生产用水。英格兰和苏格兰的许多大城市都供应这种水。

例如，格拉斯哥（Glasgow）水源来自 25 英里外的卡特琳湖（Loch Katrine）；在英国，普利茅斯（Plymouth）是通过一条露天导水渠从达特穆尔高原（Dartmoor）获得地表水；利物浦（Liverpool）的水储存在里温顿山（Rivington）的水库里；曼彻斯特的水来自伊塞河上游流域的集水区，那里地势有利，雨水充足，易于形成激流水域（rapid water-sheds）。被认为是英格兰脊梁的德比郡和约克郡山丘是周边诸多城市水源，也是约克郡和柴郡所有制造业城镇的自然资源。水质与卡特琳湖相似。

耕地地表水。耕地地表水往往或多或少受到粪肥有机质的污染。当然，这些水很大程度上是山脉和高地源头河流和小溪的一部分。

河水。即使河水没有被城镇污水污染，也受排泄物影响，将其用于饮用和烹饪将对健康有害。事实上，许多河流供水被认为不应用于家庭。1868 年起草，1874 年出版的《河流委员会报告》"建议放弃将泰晤士河（Thames）用作英国家庭水源"，并特别谴责泰晤士河水质"坏得无可救药"。进一步补充说，"因此，英国很大一部分自来水已经不适宜饮用，或正在迅速变得不适宜饮用"。

浅井水。当浅井水位于排水沟、化粪池等附近时，无论它们多深，都不能当作水源。

深井水和泉水。上面我们已经看到，通过几英尺沙子的简单过滤，可以去除溶液中的一些有机杂质，从而大大改善地表水质。因此，从深井或泉水中取的水，水质可能会更好，深井水和泉水经历了一个缓慢的、自然的渗透过程，穿过了厚厚的多孔岩石或土壤，在这种情况下，多孔的"土壤"和优质的土壤的强氧化性作用于溶解在水中的有机物。因此，泉水或深井水几乎或完全被净化。在所列举的所有水中，这两类水最纯净、最卫生。

就健康、适口性以及饮用烹饪适用性而言，我们可根据水的来源，按其优良程度，采用下列分类。

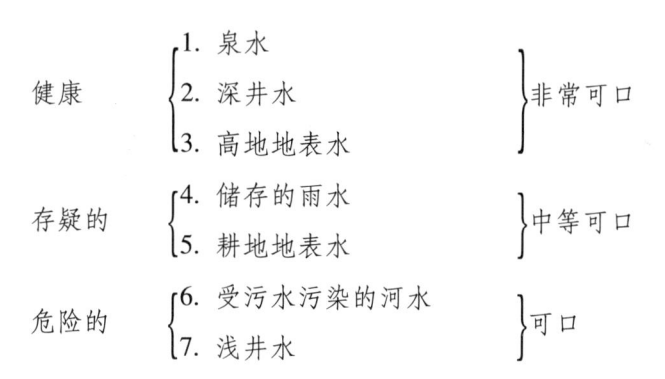

健康	1. 泉水 2. 深井水 3. 高地地表水	非常可口
存疑的	4. 储存的雨水 5. 耕地地表水	中等可口
危险的	6. 受污水污染的河水 7. 浅井水	可口

可以用高锰酸钾（the permanganate of potash）来粗略地检验水的纯度，如果水中含有很多有机物，高锰酸钾的粉红色就会变色。

将饮用水储存在室内水箱或蓄水池中可能会被污染，应尽可能直接从主水箱中取水。

通常家庭过滤方法几乎无法去除水中的有机杂质。

水的硬度及其影响

硬度——水质可分为硬水和软水，水的硬度取决于其流经土壤或岩石的化学性质。例如，如前所述，岩石或山丘中积蓄的水通常是软水，因为它只是地表水，没有渗透过地层接触过硬化盐，因此不受影响。现在我们将讨论不同来源的水的硬度，以及不同地质层对水质的影响。

我们一般将硬度在6°以上的水称为硬水，以下的水称为软水。

饮用水中的主要硬化成分是石灰盐和氧化镁。水的硬度有永久的，也有暂时的。永久硬度产生于硫酸盐、硝酸盐、石灰盐和氧化镁。暂时硬度是由于水中含有的碳酸盐，当水被煮沸，碳酸盐就会以碳酸的形式排出。因此，水的总硬度通常是暂时硬度和永久硬度之和。沉淀盐会形成钙质水垢，常见于所有使用过硬水的锅炉和茶壶中。阿伯丁（Aberdeen）大学的克拉克博士（Dr. Clark）[1]发明了一种可以精确测定水的硬度的方法，这种方法通常被称为"克拉克博士肥皂试验"。在饮用水里存在的硬化盐中，碳酸钙是最常见的，为了将硬度的数值化，将每10万磅水中含有1磅碳酸钙或其他硬化盐的硬度计为1°，或用10万磅或1万加仑的水冲洗12磅硬肥皂即为一度硬度。

硬水会分解肥皂，降低其清洗的效力。肥皂在分解过程中，硬化盐会凝结形成不溶化合物，这种分解会使肥皂失去洗涤作用，只有使用肥皂将所有的石灰和镁盐都分解后，泡沫才开始发挥作用，但这种泡沫又会被加入冲洗的硬水破坏。因此，使用硬水洗涤会极大地浪费肥皂，对于那些习惯于用软水清洁的人来说，硬水沐浴后皮肤的异常状况是非常不适的。用软水清洁不仅可以减少肥皂的浪费，而且由于软水具有更大的溶解黏性物质的能力，用于洗衣服也更加快捷。在制造业中，软水也无一例外地优于硬水，因为当使用硬水产生蒸汽时，会在锅炉里产生非常危险的水垢。

考虑到制茶用水，我们需换一个角度来考虑。一般来说，在所有烹饪中，软水都比硬水好得多，沏茶也不例外。在提取经高温煨煮材料的

---

[1] 译者注：托马斯·克拉克（Thomas Clark），英国人，1801年3月31日生于英国苏格兰艾尔，1867年11月27日卒于苏格兰格拉斯哥，研究无机化学、化学工程、物理学，以软化硬水的克拉克法闻名于世。

可溶部分时，软水具有公认的优于硬水的优点，在节约其他材料的同时，也更昂贵。软水在泡茶时，用少量的茶叶就足以泡出一定浓度的茶水，不仅效果好、容易操作而且节省了时间和茶叶。

酿酒师的经验也是如此：在制备麦汁的过程中，酿酒师更喜欢用软水快速有效地提取麦芽糖精，而当不想过多提取麦芽色素时，就使用硬水，所以在制淡麦芽酒时需要一种永久硬水。即使在肉类和蔬菜这样固体食物的烹调中，烹饪经验丰富的人也认为软水制作的食物更好吃。

已故的索耶先生（Mr. Soyer）①，曾任改革俱乐部（Reform Club）②的大厨，1850年他在卫生总局证实说硬水对于烹饪来说是非常不好的，由于泰晤士河的水很硬，他们不得不先用钾和苏打来软化河水，再来煮卷心菜、蔬菜、菠菜、芦笋等，因为硬水会使蔬菜和豌豆变干，尤其是四季豆，硬水煮食物所耗费的时间也更长。他认为一般来说，水质对土豆等根茎植物的影响不大，但对绿叶蔬菜的影响很大。水质对于茶叶来说非常重要，索耶先生谈到茶时说，水的硬度特别重要。根据他的经验，硬水不仅有损茶叶的风味，而且需要消耗更多茶叶，在泡咖啡时也有这种情况，但没有那么严重。据他所知，最硬和最软的水泡茶时效果对比是：用硬水可以泡三杯，而软水大约可泡五杯，因此，在使用城市中的硬水泡茶时，茶要额外消耗近三分之一。霍兰德博士（Mr. F. Philip H. Holland）说，用氨水中的牛磺酸使水变软再泡茶，茶水的浓度几乎会是硬水泡茶的2倍。上文提到过的肥皂试验的发明者——阿伯丁大学的克拉克博士（Dr. Clark），他使用了一组硬度分别为4°、8°、12°和16°的水，而硬度由液体颜色的深浅表示，注入的每种硬度的液体在颜色深浅上有明显差别。硬度最高的水颜色最浅，最软的水颜色最深。如

---

① 译者注：亚历克西斯·贝努瓦·索耶（Alexis Benoît Soyer，1810—1858），法国厨师，后来成为英国维多利亚时代最著名的厨师。

② 译者注：是一家私人会员俱乐部，位于英国伦敦市中心的蓓尔美尔南侧。与伦敦所有最初的绅士俱乐部一样，它拥有数十年的全男性会员资格，但它是1981年首批将女性纳入平等待遇的全男性俱乐部之一。改革俱乐部自1836年成立以来，一直是致力于进步政治思想的人的传统家园，最初的成员是激进分子和维格斯。

果想用硬度分别为 8°、12°或 16°的水与 4°的水冲泡同样浓度的茶水，唯一的方法是大量增加茶叶。

无论是在茶叶贸易中还是茶叶贸易之外，毫无疑问还存在更多证据。在我们从英国各地测试的大量样本中，水的溶解力始终与所用水的永久硬度成一定的比例。在暂时硬度较大的水域，如泰晤士河的水的硬度主要是由于含有碳酸氢钙而产生的，可通过煮沸降低其硬度。

从已经引证的证据明显可知，软水一般用于烹饪，尤其是适于泡茶，在各方面都优于硬水，减少了浪费、制备的时间和燃料，并且使食物更加美味。

一般说来，硬水更加纯净。不过如果纯度相同，人们认为硬水和软水是一样好的。正如我们现在要阐述的，硬水主要来自泉水和深井，根据上一篇内容可知，这种水纯度最高。

根据廷德尔教授（Professor Tyndall）[1] 的说法，英国白垩地层所产生的水具有最高纯度，取之不尽，而且易于为大城市供水。虽然其水质过硬，不适合家庭使用，但通过克拉克博士（Dr. Clark）的方法可以软化水质，完全适合家庭用水。

约翰斯顿教授（Professor Johnston）的观点可能非常正确，"我们的白垩岩等石灰岩中涌出的波光粼粼的硬水，可令人饮用时感到愉悦，这不仅是因为其晶莹透彻，还因为它们所含的大量碳酸，而且水中溶解的石灰能中和胃里的酸性物质，对人体有益"。

有人不同意硬水会影响消化功能，对于无法通过煮沸来降低硬度的永久硬水，这种水中含有大量石灰硫酸盐和氧化镁，比如布莱顿浅井水或新红色砂岩的硬石膏水，这些物质不影响泰晤士河及其同类水域，因为硬化盐主要以碳酸盐的形式存在于这些物质中，而碳酸盐通过煮沸可以排出。

---

[1] 译者注：约翰·廷德尔（1820—1893），爱尔兰著名的物理学家。出版了十几本科学书籍，将最先进的 19 世纪实验物理学带给广大读者。从 1853 年到 1887 年，他在伦敦的大不列颠皇家学会担任物理学教授。1868 年，他当选为美国哲学学会会员。

另外，提交给河流污染委员会的大量证据表明，尽管人们对硬水对健康的影响存在争议，但基本同意软水是有益健康的。当然，前提是软水足够纯净。格拉斯哥、曼彻斯特、普利茅斯等城市的水硬度低纯度高，目前看来这对居民的健康绝对没有负面影响。死亡率并不能衡量供水是否健康，因为有许多其他的卫生条件可以影响死亡率。克拉克石灰法软化的硬水被认为是几近完美的饮用水。因此，我们的结论是，如果所有的水纯度相同，那么暂时硬水和软水的饮用价值基本相等，尽管前者更清澈可口，但会因含有大量硫酸盐而永久性变硬，可能对身体不够健康的人有害。

我们已经考虑了供水的各种来源和纯度，考虑了水的硬度，以及对烹饪的影响，特别是对泡茶的影响。下一步，我们将对英国的软硬水水源、地质地层以及各自的地域分布作一个简要的概述，并对如何正确泡茶提出几点建议。

含水层分类

正如我们所知，硬水不适于所有的烹饪过程，尤其是泡茶，由于许多人有两种供水来源，我们现在来说明硬水和软水的各自来源。正如我们之前所说，雨水水质的差异是由于它们所经过的土壤不同而产生的。因此，我们自然会预期，相比从岩石表面收集的水，渗透过数百英尺不同岩层的水要的变化会更为显著。而且，由于所有雨水都是软性的，很明显，水变硬的原因只与其渗透过的岩石或土壤中含有的硬化盐有关。

不同来源的水按硬度排序如下（从小到大）：

1. 雨水
2. 高地地表水
3. 耕地地表水
4. 河水
5. 泉水

6. 深井水

7. 浅井水

从本章开头可以看出，此排序中那些可作为饮用水的水源纯净度靠前，但柔软度是排在最后的。因此，深井水和泉水，通常是最纯净的水，也是最硬的。浅井水总是永久性硬水也不纯净，在每种情况下都排于底部。浅井水几乎无可避免地会被石灰中的杂质污染，即使一般情况下供水都较软，私人浅井水中的水的硬度也很高。

因此，茶贩子和厨师的利益在某种程度上与用水者的利益相对立，一般来说，纯度最高的水源通常是最硬的。然而，在英国也有一些城市，那里的水既纯净又柔软，比如达特穆尔的普利茅斯、卡特琳湖的格拉斯哥，以及前文提到的一些城市。

然而还有无数的城市、乡镇和农村只能从深泉和深井中取水，而这些水渗透过层层物质，水质较差。我们除测试了来自英国各个地区的水样，我们还对英格兰、苏格兰、爱尔兰和威尔士数百个城镇的供水进行了化学分析。

因此，我们将略述英国的主要地质构造，每种地质构造的水的特性，以及每种地质下的主要城市，基于篇幅所限，我们很遗憾无法将详尽材料一一列举。许多城镇有两三个供水来源，所以在下文供水来源的分类中有些城镇的名字会重复出现。有许多小城镇没有固定的供水来源，在我们报告其特性和提出饮茶建议之前，应该要求他们先把水样寄给我们。

我们必须清楚，表8-1只是对特定地层产生的水的一般特征描述，每一种水都会受当地水源的影响，并且地表水、河流、泉水或深井水各有不同。我们在上面已经说明这些不同水源的普遍影响以及硬度顺序。我们还应记住，术语"暂时性"和"永久性"指前者的硬度可通过煮沸而去除，后者不能。如果水渗过的钙质或镁质中含有碳酸钙或碳酸镁，那么水中至少有一部分硬度是暂时的。另外，如果钙质中存在石膏（石灰的硫酸盐），则硬度是永久性的。

表8-1　　　　　　　英国常产软硬水的地质种类

水质	地质
软水	火成岩（Igneous）
	变质岩（Metamorphic）、寒武纪岩（Cambrian）、志留纪岩（Silurian）和泥盆纪岩层（Devonian）
	磨石粗砂岩（Milstone Grit）和煤的非钙质岩石（Non-Calcareous Rocks of the Coal）
	下海绿石砂（Lower Greensand）和哈斯丁层（Hastings Beds）
	伦敦黏土层（London Clay）和巴格肖特层（Bagshot Beds）
硬水	山地石灰岩（Mountain Limestone）
	镁质（Magnesian）
	钙质煤岩（Calcareous Rocks of the Coal）
	新红砂岩（New Red Sandstone）
	青色石灰岩（Lias）
	鲕状岩（Oolite）
	白垩层（Chalk）和上海绿石砂层（Upper Green Sand）

首先，我们将按照上文罗列的顺序依次详述含软水的地质层，即硬度低于6°。软水地质层地域分布如表8-2至表8-6。

火成岩。从火成岩中收集的未受污染的水，无论是地表水、排出的水或是泉水，都是最软的。硬度从0.5°到5.9°不等，平均为2.4°。这种水为软质，多含泥炭，常是微黄色甚至是褐色的，因此，这种水应先过滤后再家用。这种水非常柔软，适合泡茶。

表8-2　　　　　　　英国火成岩的地域分布

地质	英格兰	苏格兰	爱尔兰
火成岩	德文波特（达特穆尔）	阿伯丁	都柏林
	普利茅斯	邓巴顿	金斯顿
	圣奥斯泰尔	格里诺克	伦敦德里
	托基	斯特灵	

变质岩、寒武纪岩、志留纪岩和泥盆纪岩层和老红砂岩。这里水源的特征与火成岩地表水非常相似，这两类水都是软水，通常含有泥炭。

过滤后可以使水中的黄色变淡，并提高水质，与火成岩水相比其要求稍低一些。巴拉湖（曾被提议做利物浦的供水水源）的水是硬度最低的，仅为0.4°，而最大硬度的是在斯莱德山谷（Slade Valley）提供给伊尔弗勒科姆的水，硬度为6.9°。总共81个样本的平均硬度仅为2.5°。

表8-3 英国变质岩、寒武纪岩、志留纪岩、泥盆纪岩层，以及老红砂岩的地域分布

地质	英格兰	威尔士	苏格兰	爱尔兰
变质岩、寒武纪岩、志留纪岩、泥盆纪岩层，以及老红砂岩	巴恩斯特珀尔	阿伯里斯特威斯	阿布罗斯	邓多克
	博德明	卡玛森	贝里克	唐帕特里克
	达特茅斯	卡那封郡	邓迪	伦敦德里
	赫里福德	切普斯托	邓凯尔德	韦克斯福德
	伊尔弗勒科姆	蒙默思	埃尔金	威克洛
	凯西克	纽波特	福弗尔	
	莱明斯特		格拉斯哥（卡特琳湖）	
	利斯卡德			
	勒德洛		因弗内斯	
	林茅斯		梅尔罗斯	
	彭赞斯		蒙特罗斯	
	雷德鲁斯		佩斯利	
	圣艾夫斯		皮布尔斯	
	塔维斯托克		珀斯	
	特鲁罗		维克	
	温德米尔			

磨石粗砂岩和煤的非钙质岩石。来自这些岩石的高地地表水很适合家用。这种水硬度很低，但通常带点泥炭和淡淡的颜色。就硬度而言，略高于火成岩、变质岩、寒武纪岩、志留纪岩和泥盆纪岩层岩中的水，而且有暂时硬度也有永久硬度，所以不能通过煮沸去除。所有47个样品平均硬度为4°。这些样品中深井的水的总硬度比其他的大得多，大部分是暂时硬度。

表8-4　英国磨石粗砂岩和煤的非钙质岩石的地域分布

地质	英格兰		苏格兰	威尔士
磨石粗砂岩和煤的非钙质岩石	亚伦维克	纳勒斯伯勒	达尔基斯	梅瑟蒂德菲尔
	布莱克本	兰开斯特	爱丁堡	尼思
	博尔顿	曼彻斯特	利斯	庞蒂浦
	布拉德福德	普雷斯顿	林利思哥	斯旺西
	巴克斯顿	谢菲尔德		
	哈利法克斯			
	赫克瑟姆			
	亚伦维克			
	布莱克本			
	博尔顿			
	布拉德福德			
	巴克斯顿			
	哈利法克斯			
	赫克瑟姆			

伦敦黏土层和巴格肖特层。巴格肖特层位于伦敦黏土层上，绵延数平方英里，水从黏土的交界处渗出。这样的水一般硬度中等，但差异较大。在某些地方，其水质非常软，伯恩茅斯的水源自巴格肖特河床，硬度小于2°。这部分样本的硬度范围为2°—30°，大部分是暂时硬度。我们在此单独分析伦敦的供水问题。

表8-5　英格兰伦敦黏土层和巴格肖特层的地域分布

地质	奥尔德肖特	科尔切斯特	格林威治	马尔顿	韦勒姆
伦敦黏土层和巴格肖特河床	毕晓普	考斯	哈罗	朴茨茅斯	沃金
	斯特拉福德	恩菲尔德	赫特福德	罗切斯特	沃金厄姆
	切尔姆斯福德	法弗舍姆	伊普斯威奇	罗姆福德	伍利奇
	奇切斯特	戈斯波特	伦敦，莱德		
	克赖斯特彻奇	格雷夫森德	各泵和各个井等	南安普敦	

下海绿石砂层和哈斯丁层。当水（硬度约4°）不渗过钙质时，这些地层偶尔可以开采出非常软的水，所以海绿石砂层产出水源的硬度是

极多变的。因此，此种水的硬度范围很大，完全取决于它在到达海绿石砂层之前接触过的钙质地层。这种源头的水十分纯净可口。

表8-6　　英格兰下海绿石砂层和哈斯丁层的地域分布

	英格兰		
下海绿石砂层和哈斯丁层	阿什福德	黑斯廷斯	斯沃尼奇
	剑桥	梅德斯通	坦布里奇韦尔斯
	迪韦齐斯	雷德希尔	文特诺
	伊斯特本		

上文已经按顺序列举了产生软水的地层，现在我们介绍那些产生硬水的地层，即硬度大于6°。硬水地质层地域分布如表8-7至表8-13。

山地石灰岩。在钙质地层中，山地石灰岩产出的水的总硬度最小，而永久硬度一般只占总硬度的一小部分。19个水样的平均硬度为15.7°，平均永久硬度为7.1°。

真正的泉水来自山间石灰岩，清澈、无色、可口、有益健康，除了洗涤和烹饪以外，适合家庭用水的各个方面，因为这种水硬度太高了。

表8-7　　英国山地石灰岩的地域分布

	英格兰	苏格兰	爱尔兰	威尔士
山地石灰岩	特韦德河畔伯立克	邓巴	克朗梅尔	切普斯托
	布里斯托	哈丁顿	科克	霍利韦尔
	巴克斯顿	圣安德鲁斯	利默里克	
	赫克瑟姆		蒂珀雷里	
	马勒姆			
	纽卡斯尔			
	斯基普顿			
	托特尼斯			
	滨海韦斯顿			

镁质石灰岩（白云岩）。白云岩即含镁质石灰岩，通常会赋予水很大的硬度，绝大部分甚至完全是永久硬度。不过这一地层在英国所占的面积相对较小，此地层的水几乎没有被利用。从白云岩中的深井向桑德

兰供水的水质很好，其硬度虽然不是很大，但几乎都是永久硬度。5个试样平均硬度为41.2°，永久硬度平均为24.2°。

表8-8　　　　　　　　英国镁质石灰岩的地域分布

镁质石灰岩	英格兰		
	哈特尔普尔	庞蒂弗拉克特	桑德兰
	曼斯菲尔德	里彭	

钙质煤岩。由于这些岩石所呈现的化学成分的多样性，这些地层产生的水具有不同的硬度。因此，斯旺斯顿向爱丁堡的供水硬度仅有6°，而从威尔河向杜伦郡的供水硬度为25°。地表水一般很软，不过泉水和深井水也并不总是硬水。

表8-9　　　　　　　　英国钙质煤岩的地域分布

	英格兰		苏格兰		威尔士
钙质煤岩	阿克宁顿	纽卡斯尔	艾尔德里（Airdie）①	霍伊克	纽波特
	阿什顿	奥尔德姆	阿洛厄	耶德堡	
	毕晓普、奥克兰	庞蒂弗拉克特	库珀	凯尔索	
	伯恩利	罗奇代尔	达尔基斯	基尔马诺克	
	卡斯尔福德	斯托克波特	爱丁堡	林利思哥	
	科克茅斯	斯托克顿	汉密尔顿	马瑟尔堡	
	达灵顿	韦克菲尔德			
	达德利	沃尔索尔			
	杜伦	怀特黑文			
	利物浦（源自利文顿山峰 Rivington Pike）	沃金顿			

新红砂岩。在略带钙质的地层中，新红砂岩产出的水为中等硬度，其中很大一部分是永久硬度。新红砂岩地层大部分由石英砂组成，通常

---

① 译者注：此处作者原文记为"Airdie"，为苏格兰一地名，但译者仅查到苏格兰有一地名"Airdrie"，疑为作者笔误，或因时过境迁，此处地名有所变更。

由碳酸盐或石灰硫酸盐胶结在一起。因此,这种岩石中不可能流出软水,人们发现其硬度从中度到高度不等。从这片广阔地质中的深井中提取的水总是清澈晶莹、美味可口,是大不列颠最好的水源之一。

表 8 – 10　　　　　　　英格兰新红砂岩的地域分布

	英格兰		
新红砂岩	伯肯黑德	德比	雷特福德
	伯明翰	盖恩斯伯勒	塞尔比
	布里斯托	格洛斯特	斯塔福德
	卡迪夫	基德明斯特	斯托克顿
	卡莱尔	利明顿	沃灵顿
	切斯特	莱斯特	胡弗汉顿
	克鲁	利物浦	沃克索普
	康格尔顿	纽瓦克	约克
	考文垂	诺丁汉	

青色石灰岩。这层地层水质多变,不过硬度都很高。来自这个地质构造的水的永久硬度也总是很高。青色石灰岩中的泉水清澈、无色、可口,有益健康,可以饮用,但水质过硬不宜烹饪,克拉克博士的方法降低其硬度。

表 8 – 11　　　　　　　英格兰青色石灰岩的地域分布

	英格兰		
青色石灰岩	巴斯	林肯	拉格比
	切尔滕纳姆	北安普敦	南安普敦
	格兰瑟姆	奥克姆	萨默顿(Scmerton)①

鲕状岩。鲕状岩十分多孔,吸纳着大量的水,以泉水的形式涌出,鲕状岩的吸水性能和净水功能几乎不逊于白垩岩。其蕴含的水同样晶莹可口,适于饮用,但水质太硬,经石灰软化后才可泡茶、烹饪或洗涤。

---

① 译者注:此处作者原文记为"Scmerton",但译者仅查到英格兰有一地名"Somerton",此处按此名译为"萨默顿"。

平均硬度为 23.3°，永久硬度为 8.2°。

表 8-12　　　　　　　　英格兰鲕状岩的地域分布

	英格兰			
鲕状岩	巴斯	巴克利	弗罗姆	斯托小镇
	贝德福德	白金汉	格洛斯特	斯特劳德
	伯恩	塞伦赛斯特	北安普敦	泰晤
	水上伯顿	法林顿	斯卡布罗	威特尼
				约维尔

白垩层。白垩岩可以很好地过滤和净化水，它是所有地层中吸收降雨最多的，并会将水重新送到深井中，且不含有机物，白垩层清澈可口的深井水是英国最优质且健康的水源。白垩层是宏伟的地下水库，不仅存储了大量的水，水质也很好，而且在 50℉ 的均匀温度下，夏季清爽宜人，冬季也不会结冰。即使不计成本，仅凭人工也不可能设计出比白垩层更好的蓄水结构，我们也有理由相信，这一地层丰富和优质的水源被利用得越多，其储存介质的能力就越好。从白垩层中提取出的每 10 万加仑的水中含有 1.25 加仑的白垩岩溶液，岩层会产生多余的空隙容纳 110 加仑的水，因此白垩岩的海绵状孔隙必然增加，所以应该在一定限度内减少井水的抽取，以增加其使用年限。

这些水唯一的缺点就是硬度太高，但由于主要是暂时硬度，所以并不足为虑。96 个水样的平均硬度为 26.4°，永久硬度平均为 6.2°。伦敦黏土下面的白垩岩产出的水通常比白垩层产出的水软得多，白垩层没有被不透水的地层覆盖。全部水样的平均硬度为 18.4°。

表 8-13　　　　　　　　英格兰白垩层的地域分布

	英格兰			
白垩层	安多佛	多切斯特	伊普斯威奇	斯沃尼奇
	贝辛斯托克	多佛	刘易斯	塞特福德
	毕晓普斯托克	伊斯特本	梅登黑德	特林
	布里德灵顿	福克斯通	马尔伯勒	通布里奇

续表

	英格兰			
白垩层	布莱顿	戈斯波特	诺里奇	文特诺
	布罗姆利	格雷夫森德	拉姆斯盖特	沃灵顿
	贝里圣埃德蒙兹	大布克姆	雷德希尔	沃特福德
	坎特伯雷	大格里姆斯比	萨弗伦沃尔登	韦茅斯
	凯特汉姆	哈文特	桑盖特	温切斯特
	克雷福德	赫特福德	塞文欧克斯	温莎
	克罗伊登	赫尔	锡廷伯恩	沃辛
	迪尔			

在大体上对英国的地质和供水进行了全面调查之后,我们现在对伦敦进行分析。伦敦目前有 8 家私营供水公司,其中 6 家公司的供水全部来自泰晤士河(Thames)和李河(Lee)。

新河公司(The New River Company)主要从李河取水,部分供水来自泉水和深井,而肯特公司(Kent)只供应深井水。表 8 – 14 是各公司的供水硬度,[①] 冬季洪水期间,水的硬度有时会降到 9°或 10°。

表 8 – 14　　　　　　英国不同水源的硬度[②]

供水来源		硬度(单位:度)
泰晤士河供水	大章克申(Grand Junction)	14.0
	西密得塞斯(West Middlesex)	14.6
	沃克斯豪尔和南华克 (Vauxhall and Southwark)	15.0
	切尔西(Chelsea)	14.4
	朗伯斯(Lambeth)	14.4
其他水源供水	东伦敦(East London)	15.0
	新河(New River)	14.9
	肯特郡(Kent)	16.0

---

① 分析的一些水样硬度高达 20°,而肯特公司水样的硬度高达 29°。
② 译者注:原文硬度用"14°0""14°6"等数字表示,系表达不规范,故改为上述样式。

泰晤士河的水大部分来自白垩层和鲕状岩，水质很硬，不过主要是暂时硬度，通过煮沸可以降低到8°或6°以下。泰晤士河和李河（尤其是前者）因各种原因而污染严重，使其难以满足各大公司的城市供水。因此于1868年，河流污染委员会建议英国政府尽快放弃以这两条河流作为伦敦的供水来源，以泉水和深井水取代，在泰晤士河流域和伦敦附近都可以获得大量的泉水和深井水。肯特公司供应的深井水源自白垩岩，虽然水质坚硬，但都非常有益健康。

第九章　沏茶之道

泡出一杯好茶不仅受茶叶品质与冲泡用水的影响，选择合适的冲泡方式也很重要。优质茶叶是泡出好茶的前提，如果茶叶本身质量上乘，但冲泡方法不当，也无法得到理想的茶汤。这一点对于各种茶类都适用，无论是最上等的茶叶还是普通的茶叶。然而，冲泡不当对优质茶叶伤害更大。尤其是对于以细腻香气著称的极品茶，例如上品的小种红茶（Lapsang Souchong）①，如果冲泡随意，它特有的芳香将完全消失；而对于普通茶叶，尽管影响较大，但因其主要追求的是浓度，影响相对较少。因此，茶叶越优质，就越受错误的冲泡方式影响。

我们认为，茶商经常遇到的许多消费者投诉中，除了茶叶本身质量问题外，很大一部分是由不当的冲泡方式导致的。一些常见的投诉指出，同一种茶，有时泡出来的效果很好，有时却很差。虽然这可能与拼合不均匀有关（我们稍后会详细探讨这个问题的解决办法），但在大多数情况下，问题实际上是源自冲泡时条件不一致。

令人感到意外的是，很多家庭精心保存和饮用葡萄酒，却常常忽视茶叶的冲泡。尽管这两者都有大量的消费群体，原因或许在于葡萄酒依

---

① 译者注：正山小种，又称拉普山小种，属红茶类。产于福建省武夷山市，茶叶是用松针或松柴熏制而成，有着非常浓烈的香味。因为熏制的原因，茶叶呈灰黑色，茶汤为深琥珀色。

然被看作奢侈品，而茶则被视为生活的必需品，并没有获得与奢侈品相同的关注程度。

虽然我们之前已经讨论了不同种类的水在溶解力上的巨大差异，但在泡茶过程中，无论水的种类如何，都有一条铁律：要想泡出一杯好茶，必须使用刚刚沸腾的水，即不能未达沸点或者过度煮沸，否则会较大影响茶汤质量，由于这个情况并不是广为人知，所以也没有受到足够的重视。

我们将试图解释其中的原因，因为这可能与我们之前的说法看似矛盾。我们曾说过，煮沸水能减少水的硬度（在某些情况下，硬度可以减少三分之二），而水越软，泡茶的效果就越好。因此，似乎水煮得越久，水就会变得越软，越适合泡茶。然而，事实并非如此。首先，要泡茶，水必须加热至沸腾点，只有这样才能达到最佳效果。在暂时硬度较高的水中，达到沸点时软化过程就已基本完成，但如果继续长时间煮沸，水中的空气会被排出，水会变得无味、发淡且略带咸味，并失去溶解能力。用这种水泡茶，茶汤会显得颜色浅淡，口感粗糙、平淡无味、略带咸味。茶叶买家和品茶师甚至不需要品尝，仅凭茶汤的颜色就能判断出茶是否用过度煮沸的水泡的。

我们最初在研究这个问题时，有人告诉我们，这种现象仅适用于伦敦的水源及其他类似的水，比如来自白垩系[①]和鲕粒[②]地层的水，而像白垩地层的水，比如来自多佛（Dover）、克罗伊登（Croydon）、雷德希尔（Redhill）和许多其他城镇的水，则不会出现这种情况。然而，实验表明无论在英国的哪种可饮用水中，无论水是软水还是硬水，也无论水的硬度是临时还是永久的，情况都相同。

我们承认，并不是所有地方的水都会像伦敦及类似地区的水那样受到这样的影响，但总体而言，长时间煮沸的水对泡茶的负面影响是巨大的。茶商应该尽一切努力通过各种方式向顾客和所有茶叶消费者强调这

[①] 译者注：白垩一般主要是指分布在西欧的白垩纪地层，而白垩纪一名即由此而来。
[②] 译者注：鲕粒是某种物质的胶体以其他物质颗粒为核心，逐层凝聚而形成呈鱼子状的一系列球体所组成的矿物集合体。

个问题。许多商品都有附带的使用说明，虽然这种方式可能不完全适用于茶叶，但在精心设计的茶叶包装纸上印一些类似的提示也未尝不可。例如，在显眼位置加上一句"请务必使用刚沸腾的水泡茶"，会非常有帮助。我们可以提供很多实验的证据来证明这一点。这里仅举几例来说明问题，并强调正确泡茶的重要性。

首先，我们尝试用伦敦的水，然后称一定数量的工夫茶叶，用煮到沸点的水冲泡，沏了一杯红褐色的好茶；然后我们把同一壶水再煮10分钟，再用同样的茶叶泡茶，结果大不相同，这次的茶汤颜色像新打磨的橡木一样浅，比第一次的茶色淡了至少一倍。我们在英格兰、爱尔兰和苏格兰的多个城市进行了类似的测试，尽管不同地区的水质特性各不相同，但无一例外地证明，长时间煮沸的水都会严重影响茶的口感和质量。

长时间煮沸的水似乎失去了新鲜度和溶解力，水中的空气被排出，在用其泡茶之前，它需要重新氧化，否则这种水会略咸，有陈腐味。

蒸馏水对茶叶的作用就是例证。我们用蒸馏水冲泡了几杯茶，虽然蒸馏水纯净无杂质且很软，但由于其中没有空气，泡出颜色淡，口感平淡乏味，令人失望；然后，我们用气泵给蒸馏水充气，增加水的含氧量，茶的质量有所改善，但依然不理想；最后，我们在将水煮沸10分钟后再进行充氧处理，泡出的茶更明显优于长时间煮沸后直接使用的水。

在皇家运输船以及大多数大型船只上，都有一个蒸馏海水的装置供船员使用，但蒸馏出的淡水是变味的，并且微咸，需要将它放在一个敞口的大容器里，并通过频繁地搅拌使其重新氧化，才能饮用。

因此，听到许多人抱怨茶叶不好喝时，其实问题往往不是出在茶叶本身，而是在水质或者冲泡方法上出了问题。现在的茶商们对茶叶生意投入了大量的时间和心思，因为茶叶生意很有利可图。通常情况下，一家杂货店的茶叶生意做得好，其他商品的销售情况也会相应提升。因此，近年来商人对茶叶的关注度显著提升，且可以说他们现在比几年前更懂得如何鉴别好茶。然而，遗憾的是，虽然许多人在购买茶叶时做出了正确的选择，但由于冲泡方法不当，依然没能泡出一杯好茶。我们都知道，很多家庭在泡茶时常常做得不太理想：厨房的水壶里经常装满已经煮了几个小时的水。更有甚者，女主人还可能有一个专门的铜壶，从厨房的水壶中取水后，再放到客厅的火炉上再烧一遍，确保水是完全沸腾的。如此反复煮水，已经无法泡出一杯新鲜的茶，更别提带有香气的好茶了。泡好的茶往往还放置超过十五分钟，而理想的泡茶时间不过五到六分钟，结果就是喝到的茶不再是清香四溢的，而是一种苦涩且令人不快的茶汤，这样的茶既不健康，喝起来也很难受。

我们如此强调"过度煮沸"的问题，是因为很多人在误以为自己正确操作的情况下，却反复损害了茶叶的品质。而至于没有将水加热至沸点的问题，则意味着茶叶的香气和滋味无法完全释放出来。不过，大多数人对这一点相对清楚，不需要特别提醒。

我们还注意到一个有趣的现象：匆匆泡出来的茶往往反而是最好喝的。这是因为新鲜的水被迅速加热至沸腾，并在刚刚沸腾时立刻用来泡茶。而与此相对的，很多人在公共场所或娱乐场所喝到的"茶"通常都经过了长时间的煮沸和炖煮，味道自然差得多。

伦敦（London）市场上的茶商和品茶师每次品茶都会使用新鲜的水。

我们提倡使用陶器代替所有金属茶壶。苏打经常被用来提高茶的强度，会使茶的颜色变暗，增加口感，但牺牲了茶的风味和香气，这种权宜之计完全破坏了茶的细腻与魅力。

第十章　拼合茶

拼合茶的历史几乎与茶叶贸易同样悠久，主要有两个原因：首先，单一茶叶很难同时具备足够的浓度和香气，满足市场需求；其次，消费者习惯于拼合茶的独特风味后，便难以接受其他种类的茶。

在茶叶贸易中，这种现象尤为明显。正如那句老话"萝卜青菜各有所爱"，不同地区的人们有不同的口味习惯，并且长期维持这种偏好。当然，水质通常会决定适合使用的茶叶种类，但并不绝对。我们可以举出很多例子，显示出即使在水质相似的地方，也有不同的拼合茶。另一方面，在英格兰的一些地区，并没有统一的口味偏好，每个人都根据自己的喜好去拼合茶叶，因此也没有固定的拼合方式。例如，曼彻斯特（Manchester）偏爱的茶叶拼合方式，大部分由珠兰茶组成（我们甚至知道一些顾客直接按重量购买整箱茶叶），如果这种茶叶在伦敦出售，几乎所有顾客都会退货，反之亦然。因此，我们建议，在拼合茶叶时，遵循所在地区的传统和口味偏好，特别是在这些偏好非常明确的地方。

至于其他没有强烈偏好的地区，需要茶商根据自己的判断来决定最佳混合方式，这种做法在伦敦非常普遍，一些茶叶商通过某种独特的茶叶或口感声名大噪。因此我们看到一家公司贴着标牌"界首红茶，茶叶王子"，旁边是另一家写的"浓香武宁"。有一家用上等的乌龙茶和纯正的工夫茶混合在一起，给人以独特的清新感，很受欢迎。在另一个例子中，橙白毫的香味冲淡乌龙茶的刺激感，由此创造了大量的市场需求。

值得注意的是，一家公司通过使用沙县茶（Saryune）和僧侣小种（Padrae）这些具有较好品质的茶叶制茶，满足市场对中等价位茶叶的广泛需求。这些茶叶最初是单独销售的，但现在一般添加一定比例的碎印度茶来增强茶的力道。

因此，在很多地区，茶商通过推广特有的口味，让顾客逐渐习惯，从而提高了客户的忠诚度。顾客一旦喜欢上某种风味，便很难再接受其他口味的茶。例如，一个经销商采用大量的上等和中等品质的正山小种，好买卖不断。他的对手则完全放弃了正山小种和红叶工夫茶（Red Leaf Congous）①，选用黑叶茶（Black Leafs），也是同样好买卖。总的来

---

① 译者注：工夫红茶（Congous）按照产地分为黑叶工夫（Black-Leaf Congous）与红叶工夫（Red-Leaf Congous）。一般来说，前者是指从汉口或者上海港装运的来自湖北、湖南、江西和安徽等华北地区的茶叶，以前被称为英式早茶（English Breakfast teas），后来只指祁门红茶（Keemun），一说统称为武宁茶（A Member of the firm of Lewis & Co., *Tea and Tea Blending*, London: Eden Fisher & Co., 1894, p. 74），一说这些茶中较次等的廉价茶被称为武宁茶（Joel Schapira, et al., *The Book of Coffee and Tea*, New York: St. Martin's Publishing Group, 1995, p. 220）；后者指从福州港装运的产自华南地区的茶叶，统称为界首茶。

北方的红茶也被称为黑叶红茶，"中国茶叶中的勃艮第"，南方的红茶则被称为红叶红茶。

说，我们同意某大型零售公司的观点，他们认为他们的茶具有"独特的甜味"，他们刻意避免任何奇特的风味，认为顾客最爱喝的是回甘生津的茶，而不是"锁喉茶"。对于所有茶叶零售商来说，最关键的是确保茶叶口感的一致性，比起"锁喉茶"，人们更容易习惯喝"平淡宜人的茶"。由于经销商使用了大量的拼合茶，所以他们需要频繁参与市场采购，与长期购买一种茶相比，这种频繁补货很有优势。因为专注于某种特定风味的茶商，则可能因为无法及时找到所需茶叶，必须一次性大量囤货，这在经营上存在一定的风险。

通过巧妙拼合多种茶叶来制作一款品质优良的茶，是为了弥补市场上缺少"自足茶"的问题。所谓"自足茶"，就是那种无需再进行拼合就能满足消费者需求的茶叶。要想成功实现这一目标，需要对茶叶的各个方面有深入的了解和丰富的经验。如果能合理选择茶叶种类并精心调配，不仅可以拼合出优质茶叶，价格也更低。例如，一位茶商使用了16种不同的茶叶，成功调配出了一种广受欢迎的茶，带来了相当可观的利润。这位商家深谙茶叶调配之道，生意兴隆至今。换作一个新手，即使拥有相同的茶叶，也可能因为拼合比例不当而弄巧成拙。

最简单快捷的实验拼合方式的方法是直接混合冲泡好的茶汤，而不是干茶叶。这样可以节省大量的时间和精力。具体方式是：在不同杯子中分别泡好不同茶叶的茶汤，然后根据茶叶在拼合配方中的比例，从每个杯子中取出相应数量的茶汤，倒入另一个杯子混合后进行品尝。

要想获得一款口味稳定、品质一致的好茶，每个茶商都必须仔细研究市场和环境。不同地方适合的茶叶配方可能完全不同，这很大程度上取决于当地的水质，还要考虑其他因素。例如，在使用碎茶的地方，花很高的价格来买精美香味的工夫茶是荒谬的；人们将一些味道浓烈且带有麦芽香的印度阿萨姆茶（无论整叶还是碎叶）加入到中等品质红茶中，如沙县茶和安溪茶，不仅能降低成本，还深受市场欢迎。在大量销售珠兰的地方，同样的规则也适用，中国生产的精细茶，如正山小种、优良的第一茬作物宁红和纯正的界首茶、政和茶（Ching Woos）、北岭茶（Paklins）和广州花茶（Canton Capers）① 混合在一起时就会失味，浓香的湖南工夫（Oonfaas）②、武宁茶和宜红（Oopacks）③ 再配上一些品质较好的印度茶，会达到更理想的效果，值得一提的是，没有比北岭茶更适合与印度茶搭配的中国工夫茶了，它们本身非常新鲜，活性大，质量和味道都很好，它有很强的与阿萨姆茶混合的能力，不会被阿萨姆茶的浓烈口感压制，可以完美融合。

茶商应一次性拼合足量的茶叶，而不是分批少量拼合，这样既能满足市场需求，又便于存储。拼合后的茶叶应尽可能紧密地封存在茶罐中，静置两到三周。一段时间后，茶叶的各类风味会自然融合，形成均匀统一的口感。尤其是香型茶叶，如果只拼合少量或直接使用，茶香未能与其他茶叶充分融合，反而会带有一股草本或香料味，应尽量避免这种情况。实际上，茶叶具有很强的吸收能力，因此让拼合茶静置几天，可以吸收香味茶的香气，大约两周后，不同茶叶的香味会互相吸收，最终形成一种完美且均匀的拼合茶。由于茶叶在干燥状态下容易吸收湿气、异味，特别是在与香料、咖啡、水果（尤其是橙子）等物品接触时，存储茶叶时必须非常小心。

这里我们提两种强大的调味剂——乌龙茶和熏白毫（Scented Orange Pekoe）这两种强大的拼合茶调味成分，但最近越来越被印度茶所取代，尤其是乌龙茶。对于乌龙茶，我认为，乌龙茶的相对减少不仅仅是因为印度茶的替代作用，也与近年来乌龙茶品质的下降有关。如今上等的优质乌龙茶是很罕见的，它是一杯工夫茶的点睛之笔，而与之非常相似的茶是新鲜的婺源一号珠茶（NO.1 Moyune gunpowder）或熙春茶

---

① 译者注：俗称香片，"广州香片"是一种筛去香橙花花朵的雄蕊，将干燥茶叶与湿鲜花混合在一起，再经过筛簸、熏蒸等多道工序制成的清香四溢的香橙花茶。除了橙香花茶，素馨花茶和茉莉花茶也是广州花香茶的翘楚，它们在19世纪的欧美市场持续畅销。

② 译者注：湖南省产的黑叶工夫被称为"Oonams"，此处"Oonfaas"为当时人们对其的错误称呼。

③ 译者注：宜红即宜昌红茶（Ichangs，也称Oopacks），产自湖北宜昌地区，属于黑叶工夫。

(Yong Hyson)①。我们得知最好的乌龙茶现在被送往美国,众所周知,乌龙茶已经在很大程度上取代了之前在美国盛行的熙春茶。

消费者对熏白毫舍弃的部分原因是泡这种茶很容易产生一种药草味,大多数人并不喜欢这种味道。广东香片(Canton Scented Caper)是唯一一种进口的花茶,在特定地区保持了市场份额。总的来说,由于印度茶的引进,香茶和乌龙茶的购买已经大大减少,前者不仅喝起来有后者的灼热感,而且叶片较厚,不会使拼合茶的颜色变浅或口感变淡。

茶商绝不应忽视印茶,在爱尔兰,印茶的消费量至少是英国的两倍,甚至三倍。而在英格兰北部,人们也开始更偏好印茶,听说许多小型茶店已经放弃了购买优质的华茶,只销售印茶作为高端茶叶,并以中等品质的工夫红茶拼合低质茶进行销售。

如今很少喝混合绿茶,在绿茶区,甚至在整个英国(The United Kingdom),愈演愈烈的掺假问题极大地损害了绿茶市场。在茶叶贸易的各个领域,印度茶的繁荣是以其他种类茶贸易的衰落为代价的,拉大了婺源茶(Moyune)和平水绿茶(Ping Suey Greens)②之间的价格差距。在掺假问题之前,平水绿茶由于制作工艺,价格曾经比同等品质的婺源绿茶要高得多,然而二者在质量上存在极大差异。如今,最优质的婺源茶并没有受到太大影响,而水平茶的价格与品质的差异已变得更加显著。

拼合茶没有精确的配方。这是一门经验和判断的艺术。千变万化的价格,不同季节导致的品质差异,同一地区不同茶叶的品种差异,更不用说还有地区具体因素的影响,例如水质、价格、种类、贸易等级等,我们只能提供一些普遍适用的规则和建议。在不同水质的实验中,我们

---

① 译者注:熙春茶是屯绿的一种,在《中国名茶志》中,对"屯绿"的介绍是:清代(同治、光绪年间)精制茶分珠茶、雨前、熙春三个种类。珠茶:以其结构浑圆,形似珍珠而得名,分别按茶的大小和身骨轻重分为五个品级;雨茶:以其形状似雨点而名,分别按茶型大小和身骨轻重分为五个品级;熙春:结构为不规则的块状,多由芽头和肥厚叶子叠合而成,分别按茶块大小和身骨轻重分四个品级。

② 译者注:平水珠茶因旧时集散地在浙江绍兴平水镇而得名。

实施了六种拼合茶方案，花费大致相同。实验结果表明，适合某种水质的混合茶可能并不适合另一种水质。我们对此问题进行了深入研究，愿意为有需要的人提供我们所能给出的最佳信息和建议。

第十一章　茶的化学成分和生理功能

在第二章"茶的互补品和替代品"，我顺带提到古代流行的一些关于茶的特性和影响人体系统的医学观点，在此章进一步深入展开这个主题，用化学和医学的证据来证明为什么茶可以被称为必需品而不是奢侈品。

在饮食和生活必需品中引入茶的好处是不可估量的。我们的祖先曾经只喝啤酒或粥，茶的发现恰逢其时。茶叶价格低廉，制备简单，并且带来的健康益处使它在今天被认为是所有阶层都适用的饮品。

虽然英国茶叶消费量巨大，但肯定还没有达到顶峰。按整数计算，在过去的30年间，茶叶的消费量是：1855年为6300万磅，1865年为9925万磅，1875年为14.55亿磅。然而，维多利亚州（Victoria）① 的年均茶叶消费量为每人9.5磅，在英格兰仅为每人4.5磅。我们认为与澳大利亚（Australia）温暖干燥的气候相比，热饮更适合这里寒冷潮湿的环境，故而茶叶的消费还有增长空间。

谢菲尔德（Sheffield）的托马斯·肖特（Thomas Short）② 博士于1730年发表的一篇名为《关于茶的本质与特性的论文》（*Dissertation upon Tea, Explaining Its Nature and Virtues*）详尽地论述了茶叶的珍贵特性。他认为，在多云、潮湿、多雾的天气，或在低洼、沼泽或多水的国家，喝浓茶有很大的益处，因为茶的涩味和刺激性可以增强人体纤维的弹性，长期喝茶还可以增强血管弹性。

---

① 译者注：维多利亚州位于澳大利亚大陆的东南沿海，曾是英国殖民地。
② 译者注：托马斯·肖特（Thomas Short, 1690—1772），英国内科医生、流行病学家和医学史学家。

史料篇

新采摘的茶叶含有涩味和刺激性成分以及高尔果酸和单宁，通过干燥和烘烤，这些成分会部分中和，从而改变其性质。

在中国，所有人都喝茶，据说中国人不患痛风、结石、绞痛等疾病正是因为他们普遍喝茶。他们认为喝茶对肥胖的人和久坐的人特别有益。

在英国，茶是大多数人最喜欢的饮料，所有有能力购买的人都想喝到可口的浓茶。浓茶主要被中高阶层消费，但是喝得太浓会对健康和神经造成一定危害。

茶的主要作用首先取决于它的挥发性油（旧茶比新茶含量少），它可以麻醉和致幻；其次，含有一种名为茶碱的特殊晶体生物碱。茶叶所含的这些物质可以使大脑兴奋，但延缓了人体中氮物质的消耗，使饮用者减少对肉类的摄入。半盎司茶叶中含有4克茶碱，但如果一个人一天喝1盎司茶，即含8克茶碱，就会出现颤抖、脾气暴躁和思绪飘忽不定的现象。

乌尔（Ure）① 博士指出，茶的化学成分中含有的氮与动物性物质相似，因此，根据李比希（Liebig）② 的说法，茶汤似乎有能力改善人体的某些功能，比如胆汁的分泌。在巴黎科学院（Paris Academy of Sciences）的一次会议上，佩利格特（M. Peligot）③ 发表了一篇名为《茶的化学组合》（*The Chemical Combinations of Tea*）的论文，他认为茶所含营养成分远远超过刺激性物质，并表明茶在各方面都是最理想的通用饮品之一。常用的冲泡方法，茶叶中的营养物可以被水中的碳酸吸收。因此，人们在泡茶时往水里加苏打的做法提取了茶中的大部分营养成分，这也说明鞑靼人和其他亚洲人使用砖茶或压缩茶可以制成浓饮的

---

① 译者注：安德鲁·乌尔（Andrew Ure, 1778—1857），苏格兰内科医生、化学家、地质学家、早期商业理论家。

② 译者注：尤斯图斯·冯·李比希（Justus Freiherr von Liebig, 1803—1873），德国化学家，创立了有机化学，被称为"肥料工业之父"。

③ 译者注：尤金-梅尔奇奥尔·佩利戈特（Eugène-Melchior Péligot, 1811—1890），法国化学家。

原因。

一磅好茶的化学成分如下：

表11-1　　　　　　　　茶叶化学成分　　　　　单位：格令/磅①

成分名称	含量
水	350
茶碱	210
酪蛋白	231.70
芳香油	52
果胶	441.70
糖类	211
脂肪	280
单宁酸	200.40
木质纤维	172.05
矿物质	350

茶叶的主要化学成分是单宁酸和茶碱，前者含量12%到30%不等，后者占2%至4%②。史密斯博士（Edward Smith）③通过一系列的实验证明，茶能激发生命活动，尤其对呼吸系统有刺激作用。人们发现喝茶可使头脑清晰、思维活跃、想象力丰富，还能增强肌肉的运动能力。

尽管从提供物质来维持结构或通过自身分解产生热量的意义上说，茶不是营养物质，但所有的化学家都承认茶是一种非常有价值的饮品。它可以延缓人体系统衰竭，在进食较少的情况下，通过饮用一定量的茶，身体可保持往常同等程度的健康和力量。

约翰逊（Johnston）④教授在《普通生命化学》（*Chemistry of Common Life*）一书中评论道："难怪茶叶会成为这些人的最爱——一方面是穷

---

① 译者注：格令，原文"grs."，是古英格兰使用的一种重量单位，1格令＝0.0648克。
② 译者注：表11-1中，每磅茶的含茶碱和单宁酸的含量几乎一样，但原书中比重不一样。
③ 译者注：爱德华·史密斯（Edward Smith，1819—1874），英国内科医生和医学作家。
④ 译者注：詹姆士·约翰逊（James Finlay Weir Johnston，1796—1855），苏格兰化学家和矿物学家。

人，他们缺乏大量的食物；另一方面是年老体弱者，特别是消化能力和身体素质下降的人群。同样不足为奇的是，老年妇女购买日常必需品，虽然要把她微薄收入中的一部分花在买一盎司茶上，但当她喝着她的茶会感到轻松、愉快，更加努力工作。"

爱德华·史密斯博士在他的论文《论食物》（*On Foods*）中指出，一杯茶总是对健康有益的，对那些习惯喝茶的人来说茶总是受欢迎的。

还需要补充的是，虽然茶能促进消化，但并不能说茶能促进人对食物的吸收。因此，茶不能随餐饮用，而应在主餐后啜饮。事实上，很少有人能忍受日常都饮茶，尽管这可能是一个良好的饮食改变，且人们普遍认为，茶不像淀粉和脂肪那样适合搭配肉类。

也许英国人对茶的品位有所提升，但暂时还不能与俄罗斯人饮茶的热情相提并论，尤其是下层社会。不论是在贵族殿宇还是贫者陋居，人们随时随地在喝茶，茶对于俄罗斯就像咖啡对土耳其一样重要。在集市上，商人们在为一杯杯茶叶讨价还价，农民或者马车夫称茶钱为"Natschai"。城镇和路边的茶馆从早到晚都挤满了顾客，仅在圣彼得堡（St. Petersburgh），就有大约700家这样的店铺出售茶饮，此外还有一些高级咖啡馆和餐馆，其中一些地方[据卢姆利先生（Lumley）① 说]每天的茶消费量有80—100磅，而圣彼得堡的人口还不到70万。英国驻俄罗斯大使馆秘书长卢姆利先生在写关于该国茶叶的文章时观察到，也许没有任何一种消费品能比茶叶体现一国的福祉，因为茶叶消费量取决于人民生活条件。

在大多数历史悠久的国家，茶的使用仅限于城镇居民，他们的口味更精致，需求比农村人更大。然而，英国和俄罗斯例外，尤其是俄罗斯，底层阶级对茶叶也十分狂热。

米奇（Michie）② 先生在《西伯利亚陆路线》（*The Siberian Overland*

---

① 译者注：约翰·萨维尔·兰姆利（John Savile Lumley, 1854—1931），英国外交官。
② 译者注：亚历山大·米奇（Alexander Michie, 1833—1902），英国汉学家、观察家。

Route）这部有趣的书中，表达了他对穿越中国边境进入西伯利亚时遇到的俄罗斯人饮茶能力的惊讶。他说："我真的相信俄罗斯人均消费的茶比中国人多。茶壶总是蒸汽腾腾，从早到晚，当地人都在不停地喝茶。这是他们生活的必需品，就像他们日常吃的面包，或是像老烟民的烟草一样必不可少。"

俄罗斯与英格兰饮用的茶大不相同。俄罗斯人大部分喝用的是清淡精致的优质茶，主要是自中国北方贩运而来的红茶；而且，无论泡得多浓，他们都没有英国人喝的茶颜色那样深。

调查发现，茶是5.5多亿人喜爱的热饮，包括中国、日本、俄罗斯、英国及其殖民地、印度以及一些欧洲国家和美国（The United States）部分地区的人。还有一种类似的营养饮料，马黛茶（Yerba mate, Ilex paraguensisi）[1]在南美洲是1600多万人中的流行饮品，这充分证明了某些干叶的泡制的热饮有益于健康与提神。

---

[1] 译者注：巴拉圭冬青（Yerba mate），为冬青科冬青属植物。原产于南美洲的亚热带地区，包括阿根廷北部、巴拉圭、乌拉圭、巴西南部及玻利维亚。将巴拉圭冬青干燥的叶片浸泡在热水中，所泡出来的茶汤称为马黛茶。在南美国家，喝马黛茶是一个普遍的现象，当地女士们经常饮用马黛茶为控制体重、保持身材，养生抗衰。

第三编　阿萨姆邦的茶土与茶肥*

哈罗德·曼恩著

权　彤　石　涛等译

第一章　引言

任何一种植物或任何一种蔬菜的成功生产都受到多种条件的影响。土壤、气候、植物品种、栽培条件、虫害和萎凋病的流行程度，都有可能影响特定情况下引种一种植物的可行性。但是，在这些自然条件中，也许没有一种因素（除了气候——这完全超出我们的控制）在决定一个国家或地区栽培植物方面比土壤特性更重要。例如，英国土壤的特性决定土地适合种小麦还是种大麦，是种萝卜还是其他根茎作物，是放牧还是耕种。同样，在印度，除气候问题之外，土壤特性决定一个地区对大米、小米、棉花、糖或烟草的适宜性。

土壤特性对茶的影响也极为重要。在茶区的许多地方，可以说除土壤条件外，其他条件都有利，但由于阿萨姆邦（Assam）某些地区的土壤条件恶劣，茶园已经接连荒废。人们可能会认为，土壤的重要性是显

---

* Harold H. Mann. *The Tea Soils of Assam and Tea Manuring*, Calcutta: W. Newman & Co., 1901. 作者哈罗德·曼恩（Harold H. Mann, 1872—1961），英国农学家，公认的应用科学和农业权威，且在社会科学方面的工作同样杰出。他不仅在英国和印度开创了现代式乡村调研，还在印度开创现代式城市调研，对农业劳动、乡村经济学、城乡阶级以及劳资关系颇有研究。

而易见的，无须再强调。但我注意到，在过去的三年里，有相当多的茶叶是在茶农完全不了解底土性质的情况下被种植的，而且是在非常贫瘠的地方种出来的。事实证明，这些底土非常不适宜种茶。坚持对底土的要求，以及进一步调查最适宜种茶的土壤特性仍有很大的研究空间。

并不是说一类土壤和一种单独的土壤才是完美的茶土。茶树有一种神奇的本领，能在一定限度内适应各种环境。但即使茶树有一定的适应能力，茶农也必须非常小心地使植物品种和作物栽培适应土壤条件。例如，北阿萨姆邦（Upper Assam）脆弱的贾特[1]较难被种植在察查县（Cachar）或锡尔赫特（Sylhet）[2]的泥炭土上，[3] 并且在布拉马普特拉河（Brahmaputra Valley）[4] 下游流域一些较厚重、较难种植的土壤上也是不能成活的。然而，焦哈特（Jorhat）部分地区的沙质土壤非常适合种植茶叶，但只有较少的茶株适合生长在瑙贡（Nowgong）甚至提斯浦尔（Tezpur）河岸的硬土上，并且用泥炭土种植的茶树根系结构异常大。[5]

我的调查

本报告主题源于两次前往阿萨姆的调研：第一次是1900年5月28日至7月3日；第二次是从1900年11月3日至1901年1月19日，第二次旅程特别关注于对土壤的研究。1901年1月底至7月底（不包括6月我在阿萨姆做其他事的时间），我一直忙于整理这次旅行中收集的大量资料，毕竟，这里给出的结果只是一个极其复杂和困难的课题中较为

---

[1] 译者注：指北阿萨姆邦地区一种特定品种的植物或作物。这种特定的植物品种是敏感的，需要特定的条件才能茁壮成长。
[2] 译者注：察查和锡尔赫特隶属印度阿萨姆邦。
[3] 译者注：苏马河谷区有一块平坦而黏重的土壤，深达20英尺，含有泥炭土，称为"bheel"。
[4] 译者注：南亚大河，上中游在中国境内，称雅鲁藏布江。
[5] 译者注：焦哈特、瑙贡和提斯浦尔都为印度阿萨姆邦的城市。

简单的部分。为供参考，最好将我第二次旅行的行程记录在案，其过程如下：

（1）芒格阿尔多伊（Mangaldai）：11月4日至5日，布提亚（Bhutia Chang）；11月6日，奥莱格居力（Orangajuli）；11月7日，哈蒂戈尔（Hattigor）；11月8日，新格里马里（Singrimari）。①

（2）提斯浦尔：11月10日至11日，宾都库里（Bindukuri）和周围园区；11月12日，哈蒂巴里（Hathibari）和纳霍拉尼（Nahor Rani）；11月13日，阿达巴里（Addabari）；11月14日至15日，索纳朱里（Sonajuli）。②

（3）比什纳特（Bishnath）：11月17日和18日，马朱利古尔（Majulighur）；11月19日，佩尔塔古尔（Pertabgurh）和迪克拉伊（Dikorai）；11月20日，米吉卡扬（Mijikajhan）。③

（4）诺尔特拉基姆普尔（North Lakhimpur）：11月22日，安妮斯巴瑞（Anniesbarie）、默布赫尔（Merbheel）和哈姆提（Harmutty）；11月23日，西洛尼巴里（Sillonibari）；11月24日，特爵（Dejoo）；11月25日，喜兴（Joyhing）；11月26日，利拉巴里（Lilabari）。④

（5）迪布鲁加尔（Dibrugarh）：11月29日，茶播（Chubwa）；11月30日，巴里扬（Balijan）；12月1日和2日，帕尼托拉（Panitola）；12月3日和4日，伍德拜恩（Woodbine）；12月5日和6日，定日（Tingri），

---

① 译者注：芒格阿尔多伊是印度阿萨姆邦的一个城市。印度茶园的名称大多以所在村庄的名字命名。为方便阅读，译者将下文所涉地名（或者说茶园名称）均取中文音译。布提亚、奥莱格居力、哈蒂戈尔和新格里马里都是芒格阿尔多伊及其周边地区的茶园名称。其中，布提亚和哈蒂戈尔为阿萨姆乌德尔古里（Udalguri）村庄里的茶园。奥莱格居力茶园建于1894年，位于高哈蒂，越过布拉马普特拉河，离不丹（Bhutan）很近。

② 译者注：宾都库里、阿达巴里和索纳朱里为阿萨姆邦索尼特普县（Sonitpur）村庄里的茶园，哈蒂巴里茶园位于印度贾坎德邦（Jharkhand）的一个村庄。

③ 译者注：比什纳特隶属印度阿萨姆邦。马朱利古尔茶园位于布拉马普特拉河北岸，迪克拉伊茶园位于阿萨姆邦索尼特普县。

④ 译者注："North Lakbimpur"也被译作"北拉金普尔"，是印度阿萨姆邦拉基姆普尔县（Lakhimpur）的一个城市。安妮斯巴瑞、默布赫尔、哈姆提、西洛尼巴里、特爵、喜兴以及利拉巴里都为北拉金普尔及周边地区的茶园名称，其中哈姆提是布拉马普特拉河支流迪克龙（Dikrong）河畔的茶园，它位于提斯浦尔以东19千米和北拉金普尔以西37千米。特爵是布拉马普特拉河北岸的一个茶园，北面是中国藏南地区的山脉。

胡格里詹（Hoogrijan），诺霍莉娅（Noholia）和基洪（Keyhung）。①

（6）多奥姆多奥马（Doom Dooma）：12月7日和8日，帕布约贾恩（Pabbojan）和比索科皮（Beesocopi）；12月8日和9日，塔卢普（Talup）；12月10日，胡坎古里（Hukanguri）和希利卡（Hilika），然后返回塔卢普；12月11日，塔卢普并返回茶播庄园。

（7）瑙贡：12月14日，科利亚巴尔（Koliabar）；12月15日，赛科尼（Seconee）和索拉尔（Solal）；12月16日和17日，萨洛纳（Salonah）和博尔加特（Borghat）；12月18日，阿姆拉基（Amluckie）；12月19日，兰加马蒂（Rangamati）；12月20日，凯利登（Kellyden）。

（8）焦哈特和戈拉加特（Golaghat）：12月22日，尼格力丁（Nigriting）；12月23日至27日，辛那马拉（Cinnamara）；12月28日，巴杜利帕尔（Badulipar）；12月29日，努马利加尔（Numaligarh）和博尔萨波里（Bor Sapori）；12月30日，霍特利（Hautley）；12月31日和1901年1月1日，莫阿邦德（Moabund）；1月1日，潘巴里（Panbarrie）；1月2日，杜夫拉廷（Duflating）；1月3日，希里亚卡（Heeleaka）和科塔尔古里（Kotalguri）；1月4日，诺阿卡恰里（Noakachari）；1月5日，纳加尼詹（Naganijan）；1月6日，赛伦（Seleng）。②

（9）纳齐拉（Nazira）：1月8日，里格里普克里（Ligri Pukri），马赞加（Mazengah），麦基普尔（Mackeypore）；1月9日，巴蒙普克里（Bamon Pukri）和顺托克（Suntok）。

（10）索纳里（Sonari）：1月10日，托克（Towkok）；1月11日，加博卡（Jaboka）；1月12日，博拉希（Borahi）；1月13日，萨弗里（Suiffry）和纳普克（Napuk）；1月14日，穆特拉波尔（Mutrapore）；1

---

① 译者注：迪布鲁加尔是印度阿萨姆邦东北部的一个城市，拥有大片茶园。巴里扬是印度阿萨姆邦索尼特普县的一个村庄，服务于东阿萨姆茶叶公司（Zeast Assam Tea Co.）。

② 译者注：尼格力丁是印度阿萨姆邦西布萨噶的一个村庄，也是布拉马普特拉河上轮船的停靠地。希里亚卡（Heeleaka）位于阿萨姆莫里亚尼（Moriani）附近，印度茶叶协会在此建立了一个实验站，称为希里亚卡实验站（Heeleaka Experimental Station），目的是研究关于适合茶叶生产的土壤特性、最佳的生产方法和变质茶叶更新方案等问题。

月 15 日，纳霍尔哈比（Nahorhabi）。

（11）高哈蒂（Gauhati）：1 月 19 日，伯德万（Burdwan）。①

茶树老化

1900 年 7 月，我在阿萨姆邦进行第一次初步考察后，向印度茶叶协会（Indian Tea Association）提交了一份报告。报告中写道：

> 我在旅行中观察到的最惊人且最明显的现象是较老的茶园已经开始退化，不管它们最初是用什么种子播种的。最关键的问题是：茶叶的生命力、产量以及品质，怎么才能保持更久呢？这种退化在 1895 年瓦特博士（Dr. Watt）访问时才被察觉，现在几乎在每个茶园中都很明显。究竟是由于土壤枯竭，还是茶株衰老，或者两者都有，需实验来解决。我确信土壤枯竭在这一问题中起着非常重要的作用，以下现象可以证实这一点：在那些土壤特别肥沃且肥力持久的茶园，茶株的退化及其造成的损失相较要少得多。由此，我推测在未来除了最新的茶园之外，所有的茶园都需定期施肥。

我仍然坚持这一观点。毫无疑问，除了极个别的例外情况，阿萨姆的茶园确实会随着年岁的增长而退化，由于这一原因，如果他们想要保持原来的产量就必须深耕，然而深耕只是一种治标不治本的方法。或者用泥炭土或网纹层土进行追肥，② 用好的材料进行修整，这是过去几年里山谷中最普遍的做法之一。正如我将在下文说明的那样，大量的资金和劳力被浪费在完全无用的材料上。我只能敦促大家要非常谨慎地决定是否值得花一大笔钱在无用的肥料上。

---

① 译者注：多奥姆多奥马是印度阿萨姆邦丁苏吉亚（Tinsukia）的一个市镇。戈拉加特是印度阿萨姆邦的一个城市，离焦哈特很近。纳齐拉和索纳里是隶属印度阿萨姆邦西布萨噶县（Sibsagar）的城镇。高哈蒂是印度阿萨姆邦的最大城市。其余为附近茶园名称。

② 译者注：网纹层指热带、亚热带地区红色土层之下具有红、黄、白网状条纹的土层。

第三编 阿萨姆邦的茶土与茶肥

我认为，在今后的许多年里，所需要的肥料中只有相当少量是人工肥料，比如磷酸盐。而其他肥料，就省内大多数地方而言，阿萨姆邦有充足的能力供应。如果采取一些方法加以利用，几乎就可以满足需求。每头牛能生产2000磅①粪肥，然而我还没有看到过一个地区能把大量的牛粪妥善保存起来，但这是每年从茶园以外的土地上获得的所有有价值的肥料。该省还广泛种植芥菜，虽然当地需要大量的油，但事实是大部分的种子出口到加尔各答（Calcutta），油再进口，而不是就地榨油，再将剩下的油饼用作肥料。绿肥还处于起步阶段。

除此之外，任何地方都需要实验来确定保持茶园产量的最佳方案。实验室分析可以在一定程度上表明土壤的不足之处，但在应用于一种新作物，特别是热带作物时，必须始终保持谨慎，因为结论只能通过田间的实际培养试验才能证实。如果不对来自温带气候的耕作经验作适应性修改，就不可能把它应用于目前的茶叶产业。在这里，可能只有改良耕种方法才能够保证植物的营养。在雨季，也就是生长季节，土壤条件完全不同于干燥天气。雨季条件不同于欧洲普通作物生长季节的典型情况，甚至不同于印度秋收作物（Kharif）的生长季节。

总的来说，开荒是大多数阿萨姆人采用的耕作方法，居住在山上的那加人更是如此。简而言之，就是开垦荒地，再利用这片土地种植作物，直到肥力耗尽，将其荒废，重新开垦更多的土地。即使是精心管理的茶园，每年都要开垦10英亩、20英亩、30英亩甚至更大面积的土地，②以弥补老茶园产量的减少。其结果是耕作面积不断增加，产量不断增加。举个我注意到的例子，一个茶园在1899年从833英亩中获得的产量，与在1893年从525英亩中获得的相等。即使将提高采摘的精细程度（比如多采摘20%）考虑在内，也并不能把产生这种系统称为健康的农业，也不能称为健康的商业。这意味着，额外增加的种植面积

---

① 译者注：按照当时1担=100斤≈133.3磅换算，每头牛（一年）可生产约为1500斤的粪肥。

② 译者注：按照1英亩≈4046平方米换算，30英亩约为12万平方米。

必须加以利用，这就必须使用额外的劳动力，从而产生额外的费用。这也阻碍了新土地的开发，因为从更远的地方运输茶叶到工厂也需要额外费用。此外，这意味着要么成本更高，要么监管力度不够。

这一原则造成一种土地抛荒的倾向。我经常听到这样的说法，开辟新的土地比填补空缺更容易。却没有考虑到这样一个事实：尽管空地不生产任何东西，但它的生产成本与生产最高产量的土地一样高。我认为我们必须认识到，开荒代替老茶园退化的做法是不合逻辑的，是建立在不健全的原则上的。我们必须制定一个规则，那就是，除非现存的茶园不能够最大限度地生产出我们所期望的茶叶质量，否则不能进行新的垦殖。我并不是说，人们总能指望20年老茶树的产出和10年茶树一样好。但是如果一块地的产量逐渐下降，那么应该先努力使其产能恢复正常，如果无法实现产能恢复再进行进一步的扩建。这至少表明，开辟新茶园比起让茶树保持恒定产量花费成本更高，而且不断扩大种植面积也会增加劳动力成本，工作难度变大，监管能力减弱，作为农业生产原则是完全错误的，可以说在任何其他农业行业都是不存在的。

简而言之，除非旧茶园生产力已经达到极限，否则不应该开辟新的茶园。如果老茶树不能保持在所需的生产标准水平上，那就拔除茶树，改种新茶，在新树发芽后立即放弃等量的种植面积。在许多情况下，我怀疑是否有必要改种，除非是在原来的种植或随后的处理过程中发生了一些严重问题。

以上关于茶园土壤条件及其改进的介绍中，我不得不指出，即使拥有世界上最好的土壤，不断改变茶园环境会严重破坏茶树，以至于总有一天，无论是修剪还是处理土壤，都不可能使茶树恢复到合理的产量。这种茶树必须被拔除改种或者放弃。我知道处理茶树的方法有很多种，它们同样或者几乎同样好。据我所知，在布拉马普特拉河南岸，有两个最好的茶园多年来采用了几乎完全相反的修剪方法，但都取得相当好的效果。

如果这个耕作原则可行的话，就应该提前制订一个五年或十年的计划，来修剪每一片茶园。而且无论茶园的管理者是谁，只能因为一些非常特殊的原因才能改变这一计划。但目前的做法是仅在每年 12 月的时候巡剪整个茶园，这就是一整年的修剪任务。我认为这对于一个代表着资本和贸易存量的种植行业来说，这样的安排太过随意。

总结

因此，概括如下：

（1）阿萨姆较早的茶园产量正在逐渐下降，同时质量也可能在下降；（2）试图通过种植新茶园来弥补这一产量损失是不合理的；（3）通过合理地使用就地取材的肥料，可以在很大程度上阻止这种退化；（4）除非旧茶园需要全部进行清除，或打算放弃相当于新茶园面积的土地，否则不应铲除茶树；（5）应该建立一项制度，以便将来修剪茶树和处理茶园中的土地，没有特殊原因不能违反。

至此，我们只能说刚刚揭开这个问题的序幕。关于我刚才提到的几乎每一点，我们都是无知的。要不是班贝尔（Bamber）先生[①]在印度和锡兰（Ceylon）所取得的成果，我们几乎不可能在任何有关茶土的问题上取得证据。毫无疑问，我已经从英国和美国的研究结果中，特别是茶土的物理性质那一部分，绘制了插图，但这完全是因为印度的情况不存在这样的数据。除了班贝尔先生关于锡兰的研究结果外，土壤与质量之间的关系问题实际上还没有被触及过。总的来说，这是研究茶文化中最困难的部分，也是一个非常不充分的开端。除非能够在茶区定居，每天观察各种条件对茶树的影响实验，否则人们只能发表一些陈词滥调。

这样的调查是为了未来可以更好地种植茶树。在本报告中，我试图说明这个问题的现状：去除了某些困难的方法；对继续使用目前盛行的方法可能产生的后果提出一些警告；建议更加充分地使用现有资源；根

---

① 译者注：班贝尔（M. Kelway Bamber），英国化学家，1893 年在加尔各答出版《茶的化学与农业》（*Agriculture and Chemistry of Tea*），1898 年受聘至锡兰研究茶用土壤。

据班贝尔先生的研究结果，结合我本人的研究结果，探讨土壤成分与茶叶品质和茶树繁茂度的关系；最后说明了每个地区种植茶树的特殊需求，比如肥料或其他材料。据我所知，布拉马普特拉河流域的许多研究结果可能适用于其他地区，但目前我更愿意谈谈我最了解的印度茶区，在对其他地区的土壤进行单独仔细的考察研究之后，留待以后就这些地区提出专门的报告。

我把对这个问题的思考分为以下几部分内容：

（1）茶土的物理性质；

（2）茶土的化学成分对以下几点的影响；

（a）茶树茂盛程度；

（b）茶叶品质；

（3）可用肥料及其对于生产的效用；

（a）茶叶产量；

（b）茶叶质量；

（4）关于阿萨姆各地区茶土特征及其改良的说明。

第二章　茶土的物理性质

在开始考虑阿萨姆茶土的化学性质之前，同样重要的是它们的物理组成——土壤硬度、土壤粒级、土壤水分以及热性质等。这是过去在很大程度上被忽视的一个问题。即使如今，对于最适合茶树生长的土壤性质，以及保持土壤处于最佳状态的方法，仍有一些人持截然相反的观点。应该立即认识到，富含植物生长所需的所有营养元素的土壤，是相当短缺的。要使根系健康苗壮地生长，就必须有适宜的土壤气候。对于植物生长来说，土壤中的空气、水分和温度等条件是至关重要的，与大气中这些条件的同样重要。事实上，越来越多的证据表明，人们不能完全通过化学分析来判断一种土壤的价值。无论如何，土壤的肥力比它的化学成分更为重要。

历史记录

根据实际经验，对茶树最有价值的土壤物理条件是什么呢？早期的学者倾向于认为，几乎任何类型的土壤都是令人满意的。因此，在19世纪60年代茶叶热潮中，大片并不适宜耕作的土地被开垦出来。但是，从1870年莫尼上校（Colonel Money）①开始，人们似乎对所追求的东西有了更正确的认识。莫尼写道："轻质沙土也许和喜马拉雅山脉的土壤一样好。并且土壤深度要够树木主根向下延伸，比如3英尺，那么表土就无关紧要。最好的情况是，底土呈黄红色。这种底土通常是黏土和沙子的混合物。它的土质是油性的（与黏土非常不同），里面是有沙子的混合物，优于上述壤土，因为它所含物质更加丰富。"可是，莫尼上校完全错了，他认为3英尺深以下的表土并不重要。之后我将展示，这是影响茶树种植的一个非常重要的因素。他接着说，"要避免的是各种硬土，还有那些龟裂的土壤，也要避免黑色，甚至深色的泥土。所有适合茶树的土壤都是浅色的。然而，如果深色来自腐烂的植被，那就不是土壤的颜色，而腐殖质是对茶树种植更加有利的"。关于土壤颜色的阐述（特别是因为深色几乎总是由植物引起的）是很模糊的，但除此之外，莫尼上校制定的一般原则是极好的。

《茶叶百科全书》（*Tea Cyclopedia*，1882）的一位作者提出如下观点：优质茶土的一个基本特征是孔隙性和松散性，其深度至少要达到5英尺。如果是一块厚重不透水的黏土层，且不够深，茶树的根茎将无法向下伸长，而是水平蔓延。而这种生长根系很容易受到干旱或极度寒冷的影响。如果土壤保持平坦，一旦出现积水则会加大灾害，这是黏性土层的一种不变的结果。没有比这更有价值的建议了，我们只能希望当初在开辟茶园的时候能把它放在心上。

---

① 译者注：爱德华·莫尼上校（Colonel Money，1847—1914），生于印度孟加拉国加尔各答，1870年在印度大吉岭提出均匀烘干茶叶以保证品质的原则。

我已经说过，从我写这些记录的时候起，长期的经验已经证实这些原则确实是正确的，种植繁茂的茶树需要：（1）一个疏松透气的土壤；（2）一种深而易渗透的底土；（3）全年保持湿润的底土，其水位接近地表。如果茶园不具备这些条件，那我们这一章的目的是说明如何产生这些条件。

土壤疏松的原因

土壤的松散或易碎可能是由各种原因造成的。在最简单的情况下，土壤本身除了大颗粒外几乎没有其他成分，也就是一种粗砂。下面对三种土壤的物理分析表明，这一因素将解释为什么许多土壤在相对较少的耕作下表现优异。取样都为茶土。

如表2-1所示，1号茶土适宜种茶，生产的茶叶味道很好，品质中上等，不需要太多的栽培；2号茶土也适宜种茶，但需要深耕；3号茶土也能种茶，但产量不高，茶株也不茂盛，因为土壤颗粒低，下雨容易板结。

在分析之前，所有大于1/16英寸的石头都被挑除。

表2-1　　　　　　　　不同茶土的颗粒组成占比（1）

	颗粒直径（英寸）	1号（%）	2号（%）	3号（%）
1. 极粗砂	大于1/30	1.51	1.71	0.02
2. 粗砂	1/30—1/60	17.08	6.25	0.10
3. 中粒砂	1/60—1/90	30.44	9.93	0.08
4. 细砂	1/90—1/2000	38.60	42.86	41.10
5. 泥砂	1/2000—1/5000	7.40	11.10	25.40
6. 细泥砂	1/5000—1/20000	2.30	9.00	20.40
7. 细泥和黏土	小于1/20000	2.15	12.68	11.73
8. 水分		0.52	6.47	1.17
		100	100	100

不同土壤的土质差异明显，虽然我们不能完全解释其原因，但是有一点是确定的，直径大于1/2000英寸的颗粒使土壤变松，而直径小于

1/5000 英寸的颗粒使土壤变硬。我们有这样的结论：

表 2-2　　　　　不同茶土的颗粒组成占比（2）

	1 号（%）	2 号（%）	3 号（%）
大于 1/2000 英寸	87.63	60.75	41.30
小于 1/5000 英寸	4.45	21.68	32.13

鉴于上述事实，1 号茶土种植的茶树自然是繁茂的，2 号茶土需要大量栽培耕作，而 3 号茶土再多的耕作也不能使茶树真正茂盛。这些数据是有力的论据，证明茶树所喜欢的条件是一种轻质、相当粗糙的砂质土壤。

我将引用另一个例子。以下数据来自迪布鲁加尔相邻的两个茶园，两所茶园茶叶质量都很优良。但第一个总是比第二个更茂盛。茶土的化学分析几乎是一样的，但颗粒大小却大不相同。

表 2-3　　　茂盛茶园与不茂盛茶园茶土颗粒对比（1）

	茂盛茶园（%）	不茂盛茶园（%）
1. 极粗砂	5.27	1.10
2. 粗砂	8.23	3.05
3. 中粒砂	12.83	7.24
4. 细砂	45.3	43.2
5. 泥砂	18.3	31.7
6. 细泥砂	5.7	9.2
7. 细泥和黏土	3.1	3.66
8. 水分	1.27	0.85
	100	100

同样我们再一次得到以下结论：

表 2-4　　　茂盛茶园与不茂盛茶园茶土颗粒对比（2）

	茂盛茶园（%）	不茂盛茶园（%）
大于 1/2000 英寸	71.63	54.59
小于 1/5000 英寸	8.80	12.86

虽然不可能从化学的角度来解释这两个茶园之间的差异，但对颗粒大小的测定，立刻就弄清繁茂程度差异的原因。

用沙子使土壤疏松

关于使表土松散的方法，不止一个种植者向我提出增加沙子。毫无疑问，近年来在硬土上进行的许多表层处理产生的有益效果，并不是由于所用材料本身的丰富性，而是沙子对土壤质地的作用。

这方面有一些引人注目的案例。一种情况是，非常肥沃的表层土壤被覆盖在坚硬的黏性土壤上。但由于表层土壤本身也很具黏性，几乎没有任何改善。在另一个地区，我所得到的优质土壤并不是很肥沃，但在接下来的一年里，沙土和重黏土组合显示出一些有益的效果。

然而，我不建议只用沙子疏松土壤这一种办法，因为实施成本非常昂贵，它没有给土壤增加任何至关重要的东西，只是暂时起作用。我认为，还有其他方法可以获得疏松透气的土壤，比过去两三年在许多地方在土壤表面撒上几英寸沙子的计划花费更少，而且更有效。

耕作

在上述情况下，如果颗粒不是很大，土壤便是疏松的。在生长季节，在管理良好的英国农场里，土壤总是疏松的，尽管它本来是由坚韧的黏土构成，保持这种松散状态的方法被称为"耕作"。缺少耕作就很难种出好作物，茶叶也不例外。在许多土地上，在其他条件相同的情况下，耕作越完美，作物就会生长得越茂盛。

其本质原因是土壤中形成了复合颗粒。人们可能认为土壤是由大小不一的颗粒组成的，这些颗粒不断结块，而其他原因则趋向于把它们分开。前者越占主导地位，土壤就越接近粗质土壤，因此更易碎，更适合种植茶树。后者越多，我们所需要的土壤就越没有价值。事实上，如果精耕细作（即使它的颗粒没有上面给出的颗粒那么粗，但非常适合种植茶叶），那么就说明这块土壤很适宜种植茶树。

耕作方法

在温带气候中，土壤疏松主要是由霜冻引起的。我们不能依赖这个自然条件，但我们有其他几乎一样有效的办法。只要将翻耕的土壤暴露在不同的温度和不同的湿度条件下，就能显著提高耕作效率，只要避免太多的雨水使其成为泥潭。这是在秋季深耕茶园的主要原因之一，尤其是在硬土上。随着土壤的裸露以及天气的变化，它逐渐呈现出一种更加疏松的状态，在接下来的季节开始时，会形成松散的土壤，根据秋耕的深度，土壤会变深或变浅。因此，这种深耕应该在雨过天晴后尽快进行，只要它不会被采摘和修剪的人踏平。

提高土壤肥力的第二种耕作方法是保留土壤中的植物根茎。然而，让一年生或多年生植物不断地在地上生长是不可能的。以茶为例，我在这里提到了在那些将被遗弃的土地上重新种植的方法。这样的土地应该先清理，再种植。比如，种植敏感植物（含羞草）或类似的不需要打理的植物，几年后，再翻耕种植其他作物，耕作性会发现有很大的提高。

但是到目前为止，最普遍适用的提高硬土肥力的方法是添加有机或腐烂的蔬菜。绿色耕作提供了最简单、便宜的方法，据一位种植园主说，我推荐的这一方法成效极佳。我将在另一章讨论绿肥的问题。在这里有必要提醒人们注意，将一种名为乌头叶菜豆（Mati Kalai）的作物种在地里，土壤的松散性有了惊人的提高。[①]

除了使用绿肥之外，也可以通过掩埋杂草，来增加土壤中的有机物，或者掩埋修剪下的树枝，但这一方法有一定的危险性。对于有严重枯萎病的茶园，并不推荐上述方法。埋枝同样也有大量传播杂草种子的风险，它们将会生长得极其旺盛，并且需要多年才能根除。然而，有些

---

① 译者注：乌头叶菜豆起源于印度，在印度栽培最多，巴基斯坦、缅甸、泰国等东南亚国家也有栽培。从斯里兰卡到喜马拉雅山地区，从海拔 0—1500 米，都有乌头叶菜豆的野生种分布。"Mati Kalai"为印度当地对它的音译。

情况下，树枝是可以埋在土地里的，我们将在另一章中讨论这些情况。

除此以外，也有增加土壤肥力的其他方法，但应谨慎使用。比如，石灰在土壤中具有很强的形成复合颗粒的作用，用这种方法改良黏土是一种农业上广泛使用的方法。然而，石灰似乎对茶树没有什么好处，如果施加太多可能会对茶树造成危害，所以我怀疑将它作为处理阿萨姆硬土的一种手段是否有意义。

被破坏的耕作

无论如何生产，耕地都会很快被破坏，尤其是雨天对耕地的破坏更大。在这种情况下，砖场的拌泥机可以派上用场。像瑙贡，焦哈特的部分地区，西布萨嘎的许多茶园，以及索纳里附近的一些地方，耕作难以获得好收成。我们应该只在土壤半干或半干以上时进行耕作，但实际上经常在大雨期间耕作。地表长期积水也会毁了耕地——这是支持排水的一个重要论点，在绝大多数情况下，排水会将这些积水清除。

土壤的深度

第二个对茶树特别重要的土壤物理性质是它的深度。我见过阿萨姆种的茶，就犯了很大的错误：表土离地下坚硬的岩石不到2英尺，阻碍茶树根茎的生长。因此，每逢干旱，树几乎都会死亡。在另一些情况下，疏松的表层土壤覆盖在坚硬的黏土底土上，并且仍然被用来种茶。最令人惊讶的一点是，在茶树种植失败的地方，查明底土的性质并非难事。

底土的特性

我无法要求每一个人都清楚底土的性质。一位杰出的美国权威，谈到一个地区，尽管其在许多方面与阿萨姆截然不同，但在某些方面与布拉马普特拉河下游地区相似，写到这一问题他说："无论怎样强调也不过分，在我们这个气候变化的国家，农民们更应该彻底地了解他们的地下土壤，深度至少有 4 英尺，但最好是 6 英尺或 8 英尺。"这可以说在农业种植中是一种实际需要，因为根部需要在一个良好的深度中生长。举个例子，我想到布拉马普特拉河北岸的个别茶园，都是由细沙壤土构成的，但在离地表几英尺的地方，有一个不透水的黏土层，颜色呈深蓝色，散发着恶臭。这里的茶树在几年之内长势良好，但不超过十年这种情况就会恶化。事实上，根已经接触到了地下的黏土层，然后拐回到相对较浅的土层，茶株吸收不上营养，生长状况开始恶化。在这样的土地上，这种情况是不可避免的，我看到这些茶园都建在沙子上，上面覆盖着这种黏土，就像在山谷里一样，没有肥料，它们的寿命也很短。

最好的是有很深的与地表相同类型的底土，这就是多奥姆多奥马山脉引人注目的原因之一。我们在那里挖了 18 英尺深，土壤也许更砂质些，但总的性质是一样的。提斯浦尔河岸也是如此，它的土壤看起来与传统的免税耕地水准几乎是同样的性质。① 焦哈特等其他许多地方的土壤也是如此。但这种情况只能在特殊情况下发生，特别是在非常砂质的土壤中。

大多数情况下，多雨地区底土往往比表土坚硬的情况很可能在这些地区产生最明显的影响。这些地区降雨量适中，比如从 60—80 英寸。由于不断地深耕，在离地表一定距离的地方形成一层坚硬的土层，并随栽培深度的变化而变化。这一层在英国被称为"pan"，在美国被称为"plowsole"。事实上，早在土地被耕种之前就已经存在这种现象，原因很简单，就是雨水把细小的颗粒冲进了底土。但是，土壤越坚硬，就越容易发现这样的硬地层。在美国干旱的地区，这种情况有时非常严重，为了把它分解，人们经常使用炸药。而阿萨姆地区天气也总是干燥，气候寒冷，我知道茶园改变这种状态的唯一方法就是打破它。这种坚硬的硬地层的作用是防止根系向下延伸，从而使它们留在土壤表层，这意味

---

① 译者注：免税耕地指印度和南亚的某些其他地区政府批准给个人或团体的一块免税土地，被称为"patta"。

着它们取水的范围以及吸收养分的范围也受到限制。图2-1和图2-2（复制自我向印度茶叶协会提交的关于茶叶中赤锈的报告）非常好地说明了这种情况。

图2-1 在硬地层上形成的茶树根系

因此，需要水和养分的茶树，遭受干旱，也经历过量降雨的恶果。由于这些原因，它们会遭受各种各样的枯萎病，其中最严重的可能是赤锈病。这样的硬地层成为底土储存过多不需要的积水，致使底土不透气，很快变酸，从各方面看都不适合渗透到娇嫩的茶根中去。

土壤排水

由于深厚土壤中的根系发育对茶树生长是必要的（除了少数与我

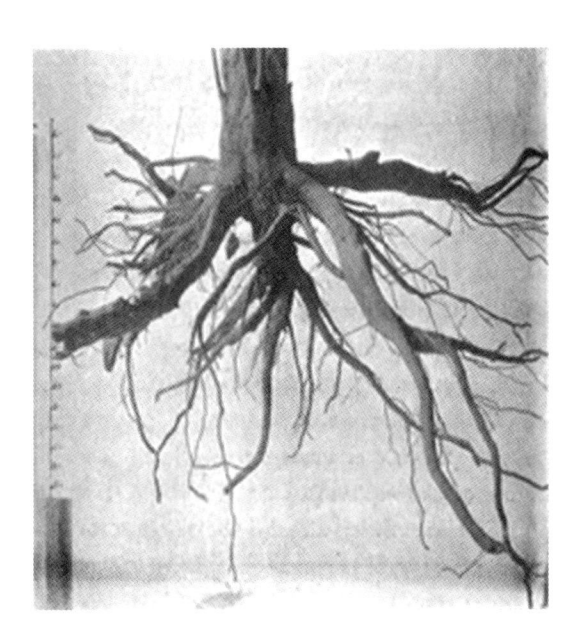

图 2-2 在硬地层上形成的茶树根系局部

们现在几乎无关的例外情况),无论如何,这个硬地层必须去除,至少在已经有的地方能够减少,在没有出现的地方能够预防。

正如我在另一份出版物中已经指出的,实现这一目标的主要手段是通过地下排水。我在此再次详细说明进行这种排水的方法。在瓦特博士的《茶树的病虫害和枯萎病》(*The Pests and Blights of the Tea Plant*)中,这个问题已经从科学的角度得到充分说明,我完全同意他所提出的一般原则。然而,坚持认为排水沟不应该是水从地表流入的方式,这或许是对的。所有的水都应该贯穿土壤层,而不是通过土壤表面进入排水沟。在底土坚硬的土地上,排水沟至少要有 3 英尺深(若在沙中,或在泥上,必远不止这些,因为必须深到淤泥中),越窄越好,如果在平地上,两边都要有坡面,而且从没有超过三百分之一的下降。这样的排水沟往往形成深层土。有一个简单的排水口,如果处理得当,绝对可以防止地下水上升到地面以上。

地下排水沟是加深土壤的基本方法,并使土壤能够更深地扎根。还有其他方法综合起来也有类似的效果，但是这些方法都不能，或者所有的方法都不能取代一个合理的排水系统。

深耕

还有一种方法是深耕。近年来，人们对深耕及其价值的问题进行大量的讨论，因此，在这里不妨考虑一下它的意义和目的，从而确定在什么地方进行深耕是有益的。

在茶园中应用的深耕似乎有三个目标：（1）在地表形成一层松散的土壤，在11月至来年3月非常干燥的季节里保持水分，松散层越厚，效果越好；（2）防止由于根系向任意方向分支，形成超出耕作的深度的干线根系；（3）防止硬地层的形成。

对于第一个目标稍后再做讨论。另外两个实际是对同一目标的不同表述，因为如果没有自然形成的硬地层防碍根系以正常向下生长，那么就没有必要阻止侧根的形成。在这个问题上，人们很容易过于教条。在参观提斯浦尔之后，可能会倾向于认为在土壤的前12英寸或15英寸处存在侧根很不利于茶株生长，对于那种虽然好但很硬的底土来说确实如此。另外，在树根完全可以自由地往下延伸到任何程度的地方，没有形成浅根系的倾向，就像在多奥姆多奥马山脉的砂土地上，侧根形成在6英寸、9英寸、12英寸深的土层，还是更低，是无关紧要的。因为防止侧根生长的主要目的是迫使根系整体穿透已经存在的坚硬的底土或硬地层。因此，在提斯浦尔形成的深耕方式并不是必要的。只有在有坚硬底土的地方，才有硬地层，或者有这种坚硬的底土或硬地层形成的趋势。在其他地方，通常1年深耕两次就够了，最多每三年深耕15—18英寸。

鉴于我之前描述的土壤有形成硬地层的倾向，人们可能认为对于新的土地或者新的茶树而言，深耕是必要的。为了省钱而不去这样做在我看来是下策，但当植物在生长的头三年形成它的根系时，对所有近地表侧根生长的打理应是持续的。通过这种方法，一种理想的根将会形成，并且在以后维持这种状态。在这些坚硬的地下土地上的老茶园出现一个不同寻常的问题，这些老茶树已经生长许多年，而且没有经过任何努力就发育出最好的根系。在这种情况下，是否值得不惜一切代价进行深耕，如此可能意味着植物现有根系大部分被破坏？在这种情况下，是否值得不惜一切代价进行深耕，因为，这可能意味着植物现有根系的大部分被破坏？在某些情况下，这样做的结果并不理想，因为通过破坏表土的侧根，会除去由细根吸收营养所经过的枝干，一开始会减少产量。但在这种系统改变后的第二年，茶树的根木就恢复了，通常情况下会有两个方面的变化：（1）这些灌木丛不再像从前一样太脆弱、太老、太坏，无法从如此严重的修整中恢复过来；（2）底土处于适合根系渗透的状态。我说的适合的状态，是指没有水，排水沟存在的时间足够长，可以通过清除大部分之前聚集的淤泥，使水分能够渗透到茶树根部。

同样重要的是，这种栽培系统的根本变革不能与树枝修剪同时进行。如果需要进行修剪，那么这种深耕应该至少再两年以后进行，如果只是硬枝扦插，间隔一年足以。尤其是在本身不适合种植的土地上，深耕对于茶园的破坏更大。这显然既不符合理性，也不符合科学。然而，一旦这种深度栽培开始作为茶园系统的一部分，新的根系开始正常生长，我想，这种栽培就可以按照常规计划进行，而不需要修剪灌木。

挖沟与深耕

然而，有没有其他方法可以在不采用上述这种昂贵而极端的方法的情况下，将根部进一步深种？在某种程度上，回到许多年前的一种耕作方法，我认为这是可以做到的。据班贝尔先生的《茶的化学与农业》介绍，按照他的习惯和时间，将旧的排水沟填满，然后在行之间挖一个新的。

虽然我不赞成这种改变排水渠的方法，但我不反对每年在每行之间挖沟填土进行深耕。用锄头挖一个普通深度的坑，将土扔到茶树行列之间，然后在沟渠的底部深耕"一指宽"，这样就完成了，然后将整个表土都填入沟渠。① 因此，在一个季节里，我们应该在每两排灌木之间挖一条沟；在第二个季节里，在剩下的两排之间挖一条沟；在第三个和第四个季节里，以同样的方式在土地的另一边挖一条沟。通过这种我建议的方式，沟渠应当挖 18—24 英寸深，这样根部将被迫向更低的地方延伸，如果不完全如此，那就和深耕一样，把根系的切割减少到最低限度。

绿色有机质或农家肥很可能同时被放入沟渠中，以吸引和为灌木的下根输送营养。我看到上面描述的方法效果很好，相信在很多情况下，一个 15 英寸深的沟渠几乎是不可能实现的。我所描述的这种方法将被发现有相当大的好处，并导致根系统的形成，其下降幅度将远远大于其他情况。按照我的建议切下去，而且有了封闭端，它们将不会干扰正常的排水系统。然而，在处理茶树行列时关于斜坡有一个难点，不是直接穿过斜坡，也不是向上或向下，而是对角。在这种情况下，这也造成了排水的困难。解决困难的办法也许可以当场找到，但重要的是，像我所提到的的那样的沟渠不能成为排水沟。

其他破坏硬层的方法

有其他方法来处理硬层底土。首先是种树，当然，如果是对茶有益的树是最好的。我们想要的是一棵有着深根系和发达侧根的树，能够直接穿过坚硬的土层，将其分解。一开始，人们自然会想到楹树（*Albizia stipulata*，Sau tree）。② 但在我们正在考虑的土壤中，根系的发育似乎和茶树一样受到限制，而且它似乎没有穿透坚硬层的能力。其他豆科树木可能做得更好，如香合欢（*Albiszia odopatissima*，Koroi）或紫花黄檀（*Dalbergia assamlca*，Medeloa），但我没有明确的经验。我真想在这样的土壤上试一试。虽然不是豆科植物，但银桦（*Grevillea robusta*，Silver Oak）也许能满足这个条件，尤其是我们知道它对生长在其

---

① 译者注：一指宽即"kodalli"，古印度的长度单位。
② 译者注：楹树为豆科合欢属的植物。

中的茶没有害处。

最后一种分解底土的方法是在茶树中种植一年生绿色作物。我并非讨论如何进行间作，而是要看哪种植物更适合分解茶园的底土。目前我们还不知道什么植物适合种植。乌头叶菜豆可能是目前唯一的选择，因为它能够深入到地下10英寸深。据我所知，这种方法还没试过。毫无疑问，有一些适合这种环境的植物是存在的，[①] 而且需要完美的实验来证明其可能性，羽扇豆中的一种可能可以，但需要试验以确定在阿萨姆的条件下它们是否能保留长根。

土壤的含水量

现在我们来看看土壤的含水量水位与茶叶繁茂度之间的关系。大量的水当然是必要的，到目前为止，植物的大部分重量都是由这种物质构成的，绿色作物通常含有60%—80%。水分在茶树包括树干部分中的比重不低于50%，水都是通过根部吸收的，而叶子不提供水分。另一方面，在整个生长过程中，水以极大的速度排出。下面的数字显示了一种作物在生长过程中叶子蒸发的量。一季草甸干草在生长过程中每英亩消耗约527吨水，每英亩小麦将释放约260吨。其他作物也会释放出相应的量。十字花科作物（cruciferous crops），如芥菜和油菜，可能比其他植物蒸发出更多的水分。茶树叶子的蒸发量非常大，这可能解释在这个季节茶树对大量降水的吸收。

然而，人们可能会认为，这些问题与茶叶区无关，因为茶叶区的降雨量很高，以至于茶农应该不需要考虑这些。毫无疑问，大多数北阿萨姆地区都是如此。然而，远离这些地区的情况却大不相同，因为这里虽然雨量很大，但分布不均匀，在某一时期，最大的问题可能是尽可能快地排出积水。而在另一个时期，仅仅几周后，茶树因缺乏水分而濒临死

[①] 最近从瑙贡寄来一种野生品种的乌头叶菜豆（*Phaseolus velutinus*，Kalai），其根有3—4英尺长。在上述意义上，这可能证明是有用的。

亡。事实上，我们所处的地区是多雨和干旱并存的，雨量大但供水不足，一年之中有一个季节雨量充足，其余时间则有长达 6 个月的干旱，几乎没有的雨水。因此，有必要同时考虑雨季多余积水的清理和旱季蓄水的办法。

用地下排水沟排水

去除多余的土壤水，尤其是底土水，是排水沟最重要和最主要的功能。人们往往没有充分认识到，茶园排水的目的与其说是吸收掉地面上的水，不如说是防止地下水水位上升。因此，水从下面进入排水沟的程度应该要比从上面渗入的程度大。尽管如此，这一点并不是很重要，现在人们普遍认识到，地下水在一定深度的存在表明这种深度是茶根延伸深度的极限。当然，这些土壤里的水位远低于地表，因此不会使人担心茶根的生长会受到干扰，在这个问题上，这些土壤无疑处于最佳状态。但在降雨期间，只要水位接近地表可测量距离内的任何地方，它的高水位通常就是根系发育的极限，除非通过加深排水沟，用另一种方法除去地下水。

如果排水沟在 3 英尺、3.6 英尺或 4 英尺深的地方达到地下水，那么，尽管茶叶生长得很茂盛，而且在很多情况下生长得非常茂盛，但深度还不足以使植物长期健康生长。某些疾病，如枝干溃疡病（*Nectria camelliae*, Watt），可能与这种受限制的根系和地下水的存在密切相关。在这种情况下，唯一的方法是在一年中最潮湿的时期，尽可能加深排水沟以保证底土的干燥。

保持土壤水分

有一些方法可以解决干旱期间保持土壤水分的问题时。但是，在一些地区，干旱造成的损失是非常大的，主要发生在由于坚硬的底土或地下水位接近地表造成的根系发育很浅的地方。在印度，可能没有哪个地区比察查和锡尔赫特的干旱问题更严重，两地由于干旱植被已经全部枯死，如果要开辟新的茶园就必须建设宏大的水利工程，排水沟的深度表示植物根系发育的可能深度。

根浅的作物更可能受到干旱的影响，但人们普遍不知道在寒冷的天气里生长的一年生植物通常是如何保护自己免受干旱影响。比如像芥菜、乌头叶菜豆等年生作物，自然比那些在其他季节生长的作物扎根更深，比如4月、5月、6月的作物。一般来说，根系发达是旱地和旱季生长的植物的特点。

在这样的环境条件下，必须保持雨季结束时土壤的湿度。土壤本身的保水能力差异很大。在其他条件相同的情况下，砂质土壤的保水力最小，而泥炭土的保水量最强，保水量一方面随土壤的细度而增加，另一方面随土壤中有机物（或腐烂的植物物质）的含量而增加。以惠特尼山（Whitney）①（美国土壤部，第3号公报）提供的美国烟草土为例，我们可以得出：

表2–5　　阿萨姆茶土与美国烟草土壤组成成分对比　　单位：%

	1号茶土	2号茶土	3号粗烟草土壤	4号种大麦、烟草和草的土壤
砂砾	82.32	61.36	5.81	6.80
粉砂	8.52	22.77	63.28	46.36
细粉砂和黏土	7.75	12.50	25.74	39.76
1895—1896年6月、7月的平均水量1英尺	8.70	7.20	15.10	20.10

不过，这些数字可能具有迷惑性，虽然黏土天然保水量比沙土大得多，但其中一部分水分以吸湿水的形式存在，无法被植物利用。因此，我们再引用美国的一些研究结果为例（洛夫里奇②，《加利福尼亚试验站报告》，1897—1898年）我们对一些种植橘子的土壤进行了研究：

---

① 译者注：位于美国加利福尼亚州东部。
② 译者注：R. H. Loughridge是19世纪末期的一位农业科学家，在加利福尼亚试验站进行了对土壤和农业的深入研究。

表 2-6　　　　　美国种植橘子的土壤含水量对比　　　　　单位：%

	总水分	湿存水	有效水分
黄壤土	6.3	3.1	3.2
深红色黏土	15.4	8.6	6.8
黑色黏土（土砖）	10.0	10.0	无

很明显，从种植植物的角度来看，黑黏土是完全干燥的，尽管它的含水量确实比黄壤土多得多。不过通常情况下硬质土壤比沙质土壤更能保持有效的水分，而腐质土更优。

然而，植物生长茂盛程度与土壤中含有的有效水分呈正相关关系。因此，如果希望植物在早春良好地生长，就应该尽力将水分保留在土地中。下面的例子与上一个例子出自同一案例：

表 2-7　　　　　　各种作物不同条件下用水对比

农作物	土壤	树木条件	可用水分占比（%）	每英亩可用水吨数（吨/英亩）
梅子	红壤土	低品质	0.5	40
	灰沙地	高品质	1.8	144
桃子	红土	低品质	1.8	144
	红土	高品质	3.2	256
杏子	黑泥	极好的	9.2	736
	砾质壤土	低品质	1.9	152
巴旦木	壤土	无叶的	1.4	112
	壤土	新生物	2.6	208

经过整个冬天的干旱，树液开始回升时，如何让土壤中保持足够的水分使植物在春季茂盛生长呢？秋锄是最重要的保持土壤水分的方法。如果地表有一层疏松的土壤，这层土壤本身就会蒸发干，能起到非常有效的覆盖作用，保护下层土壤不被进一步蒸发。举例来说，这就好比"一块干砖（相当于没有耕种的坚硬表层土壤）可以吸干一块湿海绵，而一块干海绵（相当于疏松表层土壤）却无法从湿砖中吸走更多的水分。"干旱后，分别在耕种过和未耕种过的地表下测定土壤中的

水分，结果非常清楚地表明，在耕种过的疏松地表下，土壤更湿润（《加利福尼亚试验战报告》，引用如前，如表2-8所示）。

表2-8　　6英尺深土在不同耕作条件下的含水量对比

	耕种的		未耕的	
	占比（%）	每英亩吨数（吨/英亩）	占比（%）	每英亩吨数（吨/英亩）
6英尺深土中的含水量	6.3	756	4.2	512

以上表格结果表明，干旱后每英亩的水量因耕作而相差244吨，而更深的耕作还会进一步增加水量。在英国和西方的气候条件下，一般认为3英寸的粉土就足以抵御干旱。我想这在印度是完全不够的，干旱总是持续4个月，甚至经常超过6个月。实际上，疏松的土层越深，对蒸发的保护就越大。由于印度没有这样的记录，我再次以在加利福尼亚获得的一些数据为例。这些数字给出了4英尺深土地的湿度。

表2-9　　4英尺深土在不同耕作条件下的水分对比

	未耕的		8英寸深耕		6英寸深耕	
	占比（%）	每英亩吨数（吨/英亩）	占比（%）	每英亩吨数（吨/英亩）	占比（%）	每英亩吨数（吨/英亩）
砂土	4.4	354	5.4	430	6.3	504
砂土			5.3	422	8.5	662

这些数据充分说明，秋季深耕绝不能敷衍了事：锄得越细致、越松，就越有利于保水，锄地锄得越深，保护效果就越好；此外，锄后应尽可能减少对土壤的踩踏，以便使锄出的疏松土层尽可能保持疏松和粉土质。

植物覆盖的方式

在深耕方法也不太有效的地区，我认为必须采用丛林植物"覆盖"地表的方法。这种方法简单说就是在土壤上覆盖一层薄薄的绿色丛林植物。这种方法在保持水分方面非常有效，下面是在纽约州取得的成果数据。经过一年的干旱后，土壤中残留的水分如下：

表 2-10　　　　　　　百分百干燥土壤的含水量百分比

对照组	表面耕作			燕麦秸秆覆盖
	1 英寸	2 英寸	4 英寸	1 英寸
16.9	19.0	19.2	20.3	22.8

由此可见，1 英寸的燕麦秸秆"覆盖物"比 4 英寸耕作的土壤更能有效保湿，1 英尺土壤中的多出来的水分相当于 1 英寸的降雨量。大多数地区的苗圃已经开始使用这种覆盖物，虽然大面积使用这种覆盖物可能成本过高，但在裸露的土地上（如暴露在阳光下的低矮茶园）覆盖植被覆盖物的干燥效果是最大的。也有人提出了反对意见：他认为虽然这种覆盖方法可能有效，但会给花园里带入大量杂草种子，这种不同的意见也有一定的道理，但通过选择合适的土地覆盖物，可以将这种负面影响减少到最小。

遮荫保持土壤水分

土壤上方的树荫也可以有效地保持水分。在春季干燥的天气，土地旁边种植的水杉可以遮荫，这样就保持了土壤的水分。同理，最好尽量让茶树本身为土地遮荫，特别是在那些气候特别炎热的地方。如果茶树种植的距离与普通的距离无法为土壤遮阴，则应种植得更近一些，以确保茶树能为土壤遮荫。

杂草对土壤水分的影响

以上几种都是保持土壤水分的有效方法。还有其他同样重要的方法可以避免和减少水分流失。在导致水分流失的原因中，最有害的是在寒冷天气里茶土中经常生长的杂草。任何土地上生长的植物都能消耗一定比例的水分。长过杂草或栽培植物的土地，含水量远远低于没有任何植物生长的土地。举个例子,在英格兰赫特福德郡,约翰·劳斯(Sir John Lawes)① 发现,种植过大麦的土地和没种植过大麦的土地上,在植物生长中期,顶层3英尺土壤中的平均含水量相差近10%,这种差异一直持续到4英尺深的土壤中。大麦就像大部分杂草一样是一种浅根作物。而这个例子表明,即使是浅根植物也会对土壤下层的水分状况造成极大的破坏。因此,雨季结束后在茶叶中生长的杂草是非常有害的,应尽可能清除。

同样的原则也适用于10月和11月种植的绿肥作物。有时候,人们为了模仿当地的种植方式,会在这个时候大量种植"马蹄卡莱"(Mati Kalai)。但这种植物对保持土壤水分是有害的,会将水分消耗。事实上在每年的这个季节,绿肥作物②生长缓慢。在4月或5月雨水多的时候土地含水量增加,绿肥作物应在这个季节播种,丰沛的雨水会使其生长得更茂盛,可提供更多的营养物质供翻耕之用,而且不会占用茶树所需的水分。

排水沟太宽的影响因素

土壤中需要的水分往往会被非常宽的排水沟带走。在我参观过的一个茶园里,排水沟在干燥的天气里变成了穿过庄园的最好道路,而在其他许多茶园里,排水沟也和这个茶园里的一样宽。水分在砂质土壤覆盖在黏土底层的排水沟中,它们会不断地流入,直到土壤达到自然状态为止。但我们可以想象,没有比这更有效的方法来使土地干燥了。这样宽的排水沟是一个影响水分保持的因素,而且会产生严重影响。排水沟应尽可能窄,如果土壤质地允许,宽度不应超过一个科达里(kodalli)③,而且在可能的情况下,排水沟的顶端应筑起堤坝,使阳光对土地的干燥

---

① 译者注:约翰·劳斯(John Lawes,1814—1900),英国皇家学会院士第一男爵,英国企业家和农业科学家。
② 译者注:绿肥作物是指可为农作物提供肥源,提高土壤肥力的作物。
③ 译者注:当时的一种度量长度的单位,现在已经不再使用。

作用尽可能小。

灌溉茶园

然而，在有些情况下，所有以上的方法都不足以在土壤中保留足够的水分，茶叶种植不能达最佳效果。类似于这种情况就发生在芒格尔德伊地区喜马拉雅山下的一片非常肥沃的微粒沙地上，这里的沙地一直向西延伸到坎如普（Kamrup）①。从山上流下的河水不是流过沙岸的表面，而是在很大程度上流入沙岸地下，并在地下形成10英里左右的溪流，最终再次出现在沙岸的南边。在这一区间，地下水往往至少低于地表80—100英尺，土壤是一种极其疏松的沙土。由此可见，在这样一片缺水的土地上，茶叶的生长严重受阻。如果灌溉方法可行，这样的地区可能有利于茶树生长。几年前，戴维森先生建议在这一地区的茶叶苗圃中进行灌溉试验，事实证明灌溉结果非常成功。现在这一河岸或附近地区，苗圃灌溉几乎已成为普遍做法。我认为，在所有干旱地区对苗圃进行灌溉的价值现在已经超越了试验阶段的效果。在许多情况下，通过这种方法可以为未来的种植培育出品质更高的植物。

然而，在讨论茶园灌溉问题时，我们会发现一个更大的问题。乍一看，在年降雨量达到60英寸、80英寸或100英寸的省份提及灌溉看似画蛇添足，但我并不确定灌溉并非多此一举，至少在我刚才描述的这种土地上以及降雨量分布不均的地区不是。任何灌溉方法是否有利于茶叶生长只能通过试验来确定。有一点我可以肯定，无论是在芒街和诺贡，还是在雅鲁藏布江流域以外的其他地方，通过灌溉方法都可以大大延长农作物的生长期。不过，只在上述芒街地区的布提亚—克邦茶园进行过一次试验。在茶园上方3英里处挖掘一条溪流，通过一条明沟将水引入茶园，最后到达希望灌溉的地块，让水在茶叶行间的沟渠中流淌。去年（1900年）11月，当我检查该系统时，发现灌溉区域的茶株比茶园其他

---

① 迦摩缕波国，其故都位于今印度阿萨姆西部高哈蒂。

地方的长得更好、更茂盛、更翠绿，而且每英亩的茶叶比其他地方的多。

不过，似乎只有两类土壤有可能使用这种方法。第一种是我所描述的深层干燥多孔砂土；第二种是浅层土壤，浅层土壤下层是坚硬的板层。前一种土壤最好采用沟灌系统，必要时可设排水沟；后一种土壤最好采用盆灌方法（即在地块周围筑堤，然后浇水），并开挖深层排水沟。无论哪种方法，在灌溉后都要进行彻底的锄草。我非常希望在适合灌溉水的地方按照这些方法进行详尽的试验。目前，我认为这种方法在普遍情况下，作为对降雨量不足或降雨季节分配不当的补充，是非常有效的。

土壤的物理性质和茶叶的品质

在本章中，我已经谈到了土壤的物理状态对茶树生长茂盛度的影响，接下来要讨论的是土壤物理性质对茶叶品质的影响。但在这里，我们提到了一个还没有从科学角度探讨过的话题：土壤的物理性质会对茶树生长产生影响这个假设是否合理呢？毫无疑问，根据各种类比论证该影响是巨大的。在很多影响因素方面，与茶叶最相似的栽培作物是烟草。烟叶有价值的部分在于烟叶中的生物碱（尼古丁）含量，它的香气和价值是通过发酵等过程形成的。然而，影响烟叶品质的因素包括很多，例如土壤颗粒的大小、土壤的深度或土壤的含水量。事实上，在弗吉尼亚州的土地上种植康涅狄格州的烟草和在康涅狄格州的山谷中种植宾夕法尼亚州的烟草一样，都是品质低的烟叶。康涅狄格山谷本身如果是厚重的黏壤土［通常非常潮湿（潮湿可能也由于其他原因）］，烟草就会生产出厚厚的烟叶，这种烟叶中含有大量的油脂和胶质，固化后颜色深，耐汗性好。"但目前这种烟叶还不太适合做雪茄"，现在需要颜色浅、质地薄的茄衣。在轻质砂土上，茄衣质量很好，叶片质地薄，颜色浅。这个例子说明了叶片质量与土壤物理特性密切相关。

基于以上讨论，我认为可以推测土壤的物理特性与茶叶种类密切关联。但是目前，我们所知甚少。也许在其他条件相同的情况下，绝对干燥或不会积水的深层沙土是种植茶叶的最佳条件；也许在潮湿程度高的土壤上种植出的茶叶可以获得最浓的茶液。如果这些土壤太湿重，就无法培育出茂盛的灌木丛。但这些观点只是对现有茶园的实际观察，要想在这些问题的研究上取得更多进展，还需要非常仔细和精确的实验。我希望今后在时间允许的情况下能够接着探讨这些问题，因为我认为这些因素与茶叶的品质密切相关，就像我们下一章要讨论茶土的化学成分一样。

第三章　茶土的化学成分

1889年、1890年和1891年，沃克尔（Dr. J. A. Voelcker）博士①曾在印度政府工作过一段时间。在他1893年出版的《印度农业改良》一书中，就茶叶土壤问题写道：

> 关于土壤，我们对它的成分知之甚少。例如，在尼尔赫里（Neilgherries），我们完全相信，那里的茶叶种植之所以衰败与缺乏石灰（如果不是钾肥的话）有关。几乎在所有相关领域，人们都不太了解肥料。如饼肥（oilcake）和骨肥（bones）：不同的饼肥被归类在一起，就好像它们相差无几；骨肥是否有用，绿肥是否有利，还没有确定，更不知道在哪些土地上应该使用或不需要使用这些肥料。特定肥料，如硝肥或其他含钾肥的肥料、磷肥或氮肥，这些肥料对茶叶数量和质量的影响尚不明确。甚至在耕作技术方面也存在一些问题，例如，土壤应该翻到什么深度，土地应该保持土块状态还是进行精耕细作，排水程度的要求有多高，等等。

这篇摘录很好地反映了当时人们对茶树土壤化学成分的了解程度。当然，早先在印度或与种植印度茶有关的地方也进行过一些浅显

---

① 译者注：沃克尔（1854—1937），英国农业化学家，师从于李比希。

的研究，但这些研究都是从温带气候下的耕作角度出发的，对茶叶种植界来说用处不大。关于土壤中的化学成分，莫尼上校在他著名的获奖论文中只字未提。1875 年，利物浦的坎贝尔·布朗教授（Professor Campbell Brown）①发表了一些茶叶土壤和茶树的分析报告，这些报告现在对我们用处不大，因为没有说明它们的茶区来源。② 我们只需知道，这些土壤分析与最近的许多印度茶叶的土壤分析非常相似，但土壤的平均重量要比雅鲁藏布江流域的平均土壤重量更重。

《茶叶百科全书》（*Tea Cyclopedia*，1882）对优质茶叶土壤的必要成分有大量论述。"茶土的显著特点是含铁多、石灰少，钾肥多、苏打少。锰的存在是这些土壤的特点之一。"这是已有众多观点中的一种。塞缪尔·爱德华·皮尔（Mr. S. E. Peal）先生③在同一份出版物中提出了一个想法，他认为这种方法可以很好地用于确定茶叶土地的价值。他写道："调查一季茶叶的数量或生长速度，将是确定一个省份是否适合种植茶叶的一个直接而确定的方法。"他还补充说，如果我们所说的一季茶叶不是指最终采摘的数量，而是指同一株在整个季节中抽出的嫩芽数量，那么同样的测试方法也可以区分同一省份的土壤。

班贝尔先生的调查

到目前为止，我们对阿萨姆茶叶土壤和一般茶叶土壤化学成分的了解，几乎都要归功于班贝尔先生 1893 年之前在印度以及 1899 年之后在锡兰进行的研究：

所有茶叶土壤的主要特点是：

1. 几乎每种土壤都严重缺乏石灰④。
2. 几乎完全不含硫酸或硫酸盐，只有微量存在。

---

① 译者注：詹姆斯·坎贝尔·布朗（1843—1910），英国化学家。
② *Journal of the chemical Society*, 1875, Page 1219.
③ 译者注：塞缪尔·爱德华·皮尔（Peal, Samuel Edward, 1834—1897），英国普通人种学家和植物学家。
④ 译者注：生石灰的化学成分为氧化钙，后文"lime"作为肥料时译作"石灰"。

3. 茶叶灰烬中始终含有锰（通常占很大比例，但不是每次都能估算出来）。

4. 含氮量最高的土壤最有利于茶叶的茂盛生长。

5. 具有自由多孔的底土，能使茶树根系能够轻松穿透土壤，除此之外还能排出所有停滞水分，比那些致密的黏土性质土壤更适合。

6. 即使在雨季最肥沃的土壤中，可溶于水的盐分也很少。这是因为它们从不溶物中释放出来后立即被灌木根部利用。土壤中的大部分磷酸处于不溶解的状态。结果表明，施用含有可溶性磷酸盐的肥料对茶树大有益处。

自上述报告发表以来，班贝尔先生的研究成果有了进一步深入，他在最近的报告中论述得也更加准确。（参见《关于锡兰茶叶土壤的报告》，科伦坡，1900 年 3 月）[①]

土壤分析的价值

班贝尔先生和我自己的研究完全来自对锡兰和阿萨姆不同茶园土壤的分析，这些分析能在多大程度解决土地是否适宜种植或闲置土地耕作等问题，仍有待考虑。在农业化学的早期研究中，人们认为对土壤成分进行适当的分析，就能确定特定土壤所需肥料的数量和种类。然而，人们很快发现这是一种不切实际的希望。研究土地肥力，除了分析存在或不存在的化学成分的含量之外，还需要研究一系列相关问题，这使单纯的土壤分析结果没有用武之地。因此，土壤分析多年来没有受到什么重视。但必须记住，土壤分析最初是在最复杂的土壤上进行的，这片土地已经被不知多少代人耕种过，而且失去了土地原本的标准。另一种评估土壤价值的方法是把土壤分成小块，分析其中包含的各种成分，但这是一项极其繁重的工作，而且错误率极高，因此也不得不放弃其实践应用。

综合上述原因，现在人们普遍认为，在处理原生土壤或者对于最近

---

① *Vide Report on Ceylon Tea Soils*, Colombo, March 1900.

还未开发的土壤，进行一定的土壤分析可以得出最重要和最有价值的结果。我认为这是合理的，在全面了解茶树的营养问题之前，必须采用后一种土壤分析方法，才能获得产量最大、品质最高的茶叶。但与此同时，对土壤的分析将为我们提供非常有价值的指导。然而，我们不能期望土壤分析能够精确计算出需要多少磅的肥料，以及这样的肥料能够弥补多少土地肥力造成的不足。

我们的方法是粗略的，而无论是茶树还是其他植物，在分析上比我们实验室最优秀的方法都要精细得多。对于像茶叶这样的深耕作物，根系的延伸是否可以平衡附近土壤贫瘠的问题，延伸的范围比普通一年生作物要大得多。但即使考虑到作物，我们可以说：

第一，如果植物生长所必需的成分所占的比例非常小，这表明缺乏该成分会使人立刻发现；第二，如果一种成分的含量异常多，则表明这种成分是不需要作为肥料额外补充的。

但考虑到阿萨姆的土壤，若以英国农业的所有标准来判断，从一开始就遇到了困难。如百分比所示，许多成分最优质的茶土，似乎要比未开发的土地以及好的茶园土壤要差很多，甚至要比茶叶生产很差的茶园的土壤还要差。例如，比较一下下面的分析：1号土壤是伦敦一种非常好的土壤，每年产出7—8亩茶叶，每磅价值10便士到1先令；2号土壤同一市场上以更低的价格生产更少茶叶的土地。第三栏为1号样（好土）在2号样（劣土）的基础上计算出的重要成分的表现百分比：

表3-1　　　　　　　　不同质地的土壤重要成分占比（1）

	1号（%）	2号（%）	1号样土比2号样土百分比（%）
有机物（Organic Matter）	3.76	6.80	55.30
氧化铁（Oxide of Iron）	1.72	3.54	48.60
氧化铝（Alumina）	3.29	8.85	
氧化钙（lime）	0.06	0.12	50.00
氧化镁（Magnesia）	0.47	0.65	

续表

	1号（%）	2号（%）	1号样土比2号样土百分比（%）
碳酸钾（Potash）	0.16	0.47	34.00
碳酸钠（Soda）	0.24	0.13	
磷酸（Phosphoric Acid）	0.05	0.09	55.60
硫酸（Sulphuric Acid）	0.02	0.03	
不溶性硅酸盐（砂）［Insoluble Silicates（Sand）］	90.23	79.32	
	100	100	
含量氮	0.09	0.15	60.00

我所指出的这种情况绝不是特例，该省几乎每个地区都有这种情况。乍一看，这似乎表明分析在这里没有价值，化学成分上越贫瘠的土壤反而植物生长更好。但是，如果用另一种方法来考虑这些分析，显然矛盾就会消失。每个土壤中都有大量的沙子，这些沙子是植物生长的支撑物，从另一个角度来看，仅仅是作为有价值的土壤成分的稀释剂。因此，因此为了确定适于植生长的有效成分，不应该从土壤整体计算，而应该计算除去沙子的那部分。如果用这种方法来计算上面的土壤，我们得到的土壤中有价值的成分如下表：

表3-2　　　　　不同质地的土壤重要成分占比（2）

	1号（%）	2号（%）	1号样土比2号样土百分比（%）
有机物	38.90	32.88	118.20
氧化铁	17.80	17.12	104.10
氧化钙	0.62	0.58	106.90
碳酸钾	1.65	2.27	72.70
磷酸	0.52	0.44	118.20
氮	0.93	0.73	127.40

上表可看出明显变化，之前认为较为贫瘠的土壤现在证明其所有重要成分（除了钾肥）都很丰富。这种情况在阿萨姆邦的土壤中非常普遍，人们将其作为一种普遍规律，即决定茶土是否能生长出茂盛茶叶的

因素不是整体土壤成分的含量，而应该是沙土含量。沙土较少则土壤更加适宜，这是因为沙子在很大程度上起到了稀释其他物质的作用。

但在这场讨论中，我们忽略了一个重要的问题。虽然以土壤总量百分比表示的比例可能并不代表植物繁茂的程度，但它无疑显示了土壤的培育潜力。若从土壤中植物所需营养成分的最终比例来看，2号土含量高于1号土，因此，人们会认为1号土会比2号土更早消耗殆尽，只有当土壤的深度相同，而且其中一根根部和另一根一样容易渗透，这样的结论才能够被证明。

而在实际应用中，这一结论仅仅是由覆盖在黏土上的砂土的迅速枯竭而得出的，这块土地开始会出产极多的上等茶叶，但之后茶叶的品质比阿萨姆的任何其他土地产出的茶叶下降都快。虽然根据剔除沙土土壤成分的计算，一开始是非常丰富的，但是营养成分总量很小，而且很快就耗尽了，而且由于地下的泥土，树根无法在更远的地方寻找新的营养。但在我所举的例子中，情况并非如此。1号土壤至少有20英尺深的土壤，可以在不接触黏土或水的情况下种植，因此一开始就能产出丰富的茶叶，而且几乎可以无限期地保持下去。

因此，我们必须在土壤分析中考虑这些问题：

1. 土壤成分的浓度，即土壤除了沙子之外有价值的部分决定了植物的繁茂程度，也可能决定了茶叶的价值。

2. 有价值成分的绝对数量，以土壤整体中所占的百分比表示。这决定了没有施肥情况下植物生长的持久度。

3. 土壤的有效深度，如果土壤足够深，就可以抵消土地表面营养物质的绝对贫乏（如2号土）。

在解释这些数据时，至少需要考虑到以上三点。如果之前已经考虑到，那一定会有一个非常不同的施肥建议，或者根本没有建议。

采集土壤样品进行分析的方法

因此，在对土壤进行分析时，为了满足第三项考虑条件，应阐明底土的特性以及底土水的深度，因为这些可能对分析结果具有至关重要的影响。实际发送的样品应始终采用以下方式：在需要分析的地块上挖一个15英寸深的洞，在洞的中心留下一个6英寸见方的方块，大小应为6英寸×6英寸×15英寸。

做一个大小和土块相吻合的盒子，然后将其反转放入土壤，将盒子表面土壤铲平，盖上盖子，拿给分析师。在盒子末端标记，最初的表层土包含什么成分。这样分析师将会得到一个15英寸深土壤层的样本，而且往往仅凭观察就能得出有价值的结果，如果只是把同一深度的一铲土送去检查，那就完全失去意义了。

各种土壤成分的重要性

虽然土壤中包含很多成分，但是有利于农业生产的化学成分相对较少。一些并不作用于植物生长，比如二氧化硅、氧化铝和碳酸钠；一些可能超过了植物所需，如氧化铁、氧化镁和硫酸，但是这些成分可能必须以某种特定的形式存在，才能对植物有用，因此它们可能是土壤肥力的一个基本要素；一些是每种植物都需要这些成分，它们的绝对数量和相对数量主要取决于土地的肥力，如有机物、氧化钙、磷酸、钾和氮。我们将首先考虑有机物质和氮，因为它们与阿萨姆茶树的生长有关。

有机物和氮

这两种土壤成分紧密相连。事实上，土壤中所有有用的氮都已经包含在有机质中。我用"已经"这个词，是因为茶树利用它的时候，它通常已经被土壤中的微生物转化成硝酸盐。多年以来，我们都认为这一转化过程发生在植物吸收氮的时候，只有最近的研究似乎表明，有机物中的氮可以不需转化就能形成植物的养分。然而，对土壤中实际存在的硝酸盐的测定，通常不能提供有关土壤资源在植物营养供应方面的信息，因为这种形式的氮极易溶解，以至于一场暴雨就可能将其冲进下水沟。

这种硝酸盐通常在春季大量存在，但在雨季后则可能几乎消失，除非是在雨季停止之后。它们在春秋时节对气味的影响，是一个值得研究的问题。也许土壤中大量存在的硝酸盐很可能与这种味道有关，但是，除了季节变化的测定以外，硝酸盐的含量微小，且波动频繁，测量其含量通常没有什么结果，因此在忽略了对硝酸盐的分析。

但是土壤中不变的氮与有机物及腐殖土中，有机物和氮的数量是影响土壤肥力最重要的测量元素。除非土壤中有机物含量足够，否则土壤的其他成分几乎对茶叶生产都是徒劳。阿萨姆最好的未开垦的土地含有35%以上的有机物质，而且无沙土壤中氮的含量在0.8%—0.9%，以下几个印度地区选出的未开垦或未开垦土壤的数据可以说明这一点：

表3-3　　　　　不同茶园有机物与氮含量对比（1）　　　　单位：%

区域	茶园	有机物	氮
芒格阿尔多伊	纳格里朱利（Nagrijuli）①	48.11	1.12
	布提亚	42.61	1.07
提斯普尔	索纳朱里	37.72	0.94
比什纳特	迪克拉伊	44.94	1.24
诺尔特拉基姆普尔	特爵	39.67	1.3
	利拉巴里	36.82	1.02
迪布鲁加尔	帕尼托拉	39.89	0.83
	巴里扬	39.84	0.79
多奥姆多奥马	帕布约贾恩	38.9	0.93
焦哈特	诺阿卡恰里	46.44	1.53
	辛那马拉	45.56	1.43
	莫阿邦德	35.65	1.02
戈拉加特	博尔萨波里	37.76	0.98
瑙贡	兰加马蒂	38.87	1.00

---

① 译者注：纳格里朱利是印度阿萨姆巴克沙县（Baksa）的一个村庄。

另外，事实证明，这两种成分在不适宜种植茶树或者生长不茂盛的茶园里所占的比例几乎总是低于我之前所提到的限度。

表3-4　　　　　不同茶园有机物与氮含量对比（2）　　　　　单位：%

编号	有机物	氮
1	28.07	0.56
2	30.39	0.97

我们正在考虑的这些成分是最容易被茶叶的生长消耗的，在采集土壤样本的过程中，我在许多情况下都特别注意，要从未开垦地和多年种茶的同一块土壤中，并排检测样本。这种情况下流失现象的最为显著，如下表所示：

表3-5　　　　　不同茶园有机物和氮流失量　　　　　单位：%；磅/英亩

编号	茶园	土壤百分比（%）		每英亩重量①（磅）		流失百分比（%）		每英亩实际流失量（磅）		每年每英亩氮流失量（磅）
		有机物	氮	有机物	氮	有机物	氮	有机物	氮	
1	索纳朱里荒地	5.59	0.14	279500	7000	16.60	21.40	46500	1500	150.00
	索纳朱里种植10年	4.66	0.11	23300	5500					
2	迪克拉伊荒地	3.99	0.11	199500	5520	11.20	9.10	22500	520	14.30
	迪克拉伊种植35年	3.54	0.10	177000	5000					
3	特爵荒地	6.11	0.2	305500	10000	30.40	55.00	93000	5500	157.00
	特爵种植35—40年	4.25	0.09	212500	4500					
4	茶播荒地	5.89	0.12	294500	6000	21.90	16.70	64500	1000	15.60
	茶播种植64年	4.6	0.10	230000	5000					

① 这些数字是基于同种样本：1英亩的干土，深至15英寸重达500万磅。

续表

编号	茶园	土壤百分比（%）		每英亩重量（磅）		流失百分比（%）		每英亩实际流失量（磅）		每年每英亩氮流失量（磅）
		有机物	氮	有机物	氮	有机物	氮	有机物	氮	
5	帕尼托拉荒地	6.75	0.14	337500	7000	16.90	21.40	57000	1500	57.70
	帕尼托拉种植26—28年	5.61	0.11	280500	5500					
6	诺阿卡恰里荒地	2.74	0.09	137000	4500	33.60	22.20	46000	1000	33.30
	诺阿卡恰里种植30—40年	1.82	0.07	91000	6500					
7	辛那马拉荒地	2.87	0.09	143500	4500	11.00	22.20	16000	1000	25.00
	辛那马拉种植40年	2.55	0.07	127500	3500					

有机质和氮流失的原因

在极端的个例中，如果茶园从一开始就在种植密度比较大，每英亩每年损失150磅氮，或超过原来含量的2%。这种损失量是不容小觑的。部分是由于采摘的茶叶带走的，比如每英亩10孟德茶①大约每年吸收32磅氮。一定还有其他方面的流失，主要是深耕导致的，不论什么土壤多年以来都持续深耕，不允许有杂草的生长，冬天土壤存储的硝酸盐在春季由于绿肥作物也未能保留，其损失是巨大的。大量的耕种会导致土壤成分的流失，而且我们可以看到，近年来这种流失正在加剧。

---

① 译者注：孟德英文为"maund"，为印度等地的重量或容积单位，也称为"篮""篓""框"。1孟德约为38千克。

防止有机物和氮的流失

为何深耕、清除杂草或者绿肥作物会引起氮流失呢？要回答这个问题，首先我们要将土壤看作是一个细菌及微生物的巨大生命体，在肥沃的表层土壤中，每立方英寸存在数亿个这样的微生命。所有这些生物都以土壤为食，并利用土壤储存物质。而不透气的土壤，破坏了氮的效用，并将其作为气体排放到空气中。只要土壤没有被水浸透，并且通风良好，氮就不会流失。另一些微生物则同样利用氮形成硝酸盐，土壤中的硝酸盐本身是否足量对植物生长是至关重要的。但大部分硝酸盐在其不能被植物吸收的时候形成，因此在雨季，硝酸盐会被第一场雨冲走。微生物在透气的土壤中最为活跃，因此大量的耕作可以使其增加。那么我们为了保持茶树生长旺盛能做些什么呢？土地必须进行彻底耕作，规律的降雨会造成土壤中最宝贵和最昂贵的成分流失。虽然不能完全阻止氮的流失，但我们能在很大程度上减少其发生，这就要依靠绿色作物。土壤中的硝酸盐含量在降雨完全停止之前达到最高值，而早期的降雨只会滋润土壤，但不会导致排水，只会增加硝酸盐的含量。因此，绿肥作物播种的第一个时机应该在春天（只要土地足够湿润，种子就能发芽），然后在6月中旬锄入地里。通过这种方法，就能将大量的氮保留在土壤中，否则就会流失。我将在下一章再考虑最适宜于种植的作物，但在这里，我坚决主张用这一种手段来防止这一最珍贵的土壤成分的流失。

有人建议像播种绿色作物一样允许杂草生长，因为这也有助于保留硝酸盐，在某种程度上，这是正确的，但并不完全正确，因为天然杂草的根很浅，很常见的有藿香，还有许多天然草就是例子，由于它们的固氮能力受其根系范围限制，效果不是很好，也没有专门播种的作物效果好。此外，即使它们同样有效，也必须认识到，种植许多杂七杂八的植物显然是有风险的，因为茶的许多害虫都在杂草中栖身从而繁殖并到茶树中去。在阿萨姆，允许杂草生长显然是错误的，杂草本身就是一种危险，而且杂草的微薄效用也不及种植绿肥作物。

新开垦土地的价值损失

新开垦的土地上有机质和氮的流失更为活跃。好的茶土最能有利于微生物产生硝酸盐,而且有机物是这一活动最适宜的介质。因此,如果在茶树种植前一年土地没有进行覆盖,则不利于茶种的生长。

许多耕种者也同我说过这个情况,新开垦的土地若没有迅速种植则会退化,因此应该在当下立刻耕种。对此上文所述的原因就可以解释,避免退化的唯一方法是在所有这些已开垦的土地上种植一种作物。在种茶苗之前,要尽可能地保持一种作物生长,并在实际种植茶树之前将其锄掉。

雨水提供氮

如下所示:为了平衡这些氮源的损失,还有两三个方法:雨水带来了大量的硝酸盐和氨盐,它们都含有氮,但这只是植物所需的一小部分[①],而且只有当雨水几乎直接穿过土壤进入下水道时才会产生,远远低于对植物所需的含量。事实上,我认为在决定为茶树提供这种原料的方法时,人们可能会忽视氮的来源。

通过土壤和植物固氮

然而许多学者[②]发现,没有植物生长的土壤本身就具有固定氮的能力,这也是通过土壤微生物实现的。这一机制尚未得到很好的解释,但在适当的情况下,它可能对防止土地的绝对枯竭产生很大的影响。此外,乌头叶菜豆、含羞草和三叶草也可作为增加土壤中氮存储的一种非常有价值的手段。除此之外,还有一些低矮的绿色黏稠"藻类"(al-

---

① 班贝尔先生发现科伦坡的年降雨量为每英亩 7.628 磅。

② Winogradsky、Berthelot and André.[译者注:维诺格拉斯基(Sergei N. Winogradsky, 1856—1953),俄国微生物学家,土壤微生物创始人;皮埃尔·欧仁·马赛兰·贝特洛(Pieltte Engene Marcellin Berthelot)],1827 年 10 月 25 日—1907 年 3 月 18 日,法国著名化学家;让-巴蒂斯特-安德烈·杜马斯(Jean-Baptiste-André Dumas),1800 年 7 月 14 日生于法国阿莱斯,卒于 1884 年 4 月 10 日,法国化学家,特别是有机分析的先驱。

gae），它们生长在陆地表面，也有助于固氮。在正常情况下，这些不同的微生物究竟有多少价值，在热带地区从未被研究过，但若有条件进行此研究的话，那将会是最有趣的课题。

氮对茶叶质量的影响

氮和有机质是土壤肥沃的最基本成分。它们的大量存在或不存在将如何影响茶叶质量？在班贝尔先生最近关于锡兰茶土的报告中，① 他认为这是茶叶价值的主要影响因素之一，他列出了一些表格来确定土壤中物质和氮的含量增加对茶叶品质的影响。表3-6显示，随着土壤中有机质和氮的增加，茶叶价格也随之上涨，即茶叶质量随有机物质和氮的量而增加。就阿萨姆地区而言，这种说法未免过于宽泛。除了某些特殊类型的土壤，一般来说，我认为在其他条件相同的情况下，一个茶园产出更高质量的茶（主要因为这一地区及其形成的气候条件），是由于砂土壤中氮和有机物的比例高，而且随着这些成分的流失，茶叶的品质也随之下降。这种损失只能通过更密集地采摘来弥补。采摘的茶叶叶尖到茎上的第二片叶子，其氮含量减少可以说明这一点，如表3-6所示。②

表3-6　　　　　　　不同时期茶叶中的氮含量　　　　　　单位：%

	氮总量	咖啡因中氮含量	不存在于咖啡因中的氮
尖叶（未开）	6.63	3.62	3.01
第一叶	5.62	2.84	2.78
第二叶	4.57	2.05	2.52
茎	4	1.87	2.13

因此，如果增加土壤中氮的浓度，从而增加有机质的浓度，土壤的质量就会提高，这项检测与经验相符。因此，无论是在茶树的产量上还是茶叶的质量上，氮肥都占据的首要位置。在下一章中，我将讨论实现

---

① M. Kelway Bamber, Report on Ceylon Tea Soils, and their effects on the quality of Tea, Colombo, 1900.

② 奥佩尔先生（Dr. Hooper）帮我进行了分析，我在此向他致以诚挚的谢意。

这一目标的方法。

必须承认上述结论有一两个例外。众所周知,泥炭土不能产出优质茶叶,但能令灌木长势茂盛,笔者猜测这可能是土壤中的酸性有机物阻止了硝酸盐的形成,迫使植物吸收有机形式的氮。这种猜想在1902年春季笔者访问察查县和锡尔赫特之后得到了证实。

第二个例外是村落或垄沟土壤含有大量的氮和有机物,实际却根本不能种植茶树。下面是对两块相距几码的村落土壤成分进行的分析:

表3-7　　　　　　　不同类型的土壤成分分析　　　　　　单位:%

	垄沟土壤	普通荒地
有机物	7.57	5.32
氧化铁	2.51	2.74
氧化铝	4.95	5.10
氧化钙	0.30	0.03
氧化镁	0.47	0.36
碳酸钾	0.25	0.26
碱	0.22	0.23
磷酸	0.15	0.06
硫酸	……	0.02
不溶性硅酸盐(砂)	83.58	85.08
	100.00	100.00
氮含量	0.21	0.18

或者计算土壤的非砂质部分,可以得到:

表3-8　　　　不同类型的土壤成分分析(非砂质部分)　　　　单位:%

	垄沟土壤	普通荒地
有机物	46.11	37.68
氧化钙	1.83	0.21
碳酸钾	1.52	1.84
磷酸	0.91	0.42
氮	1.28	1.27

因此，从分析结果来看垄沟土壤非常好，与最好的阿萨姆土壤相近。笔者原以为它可能含有过量氧化亚铁，所以存在毒性，然而一项测试显示这种土壤的氧化亚铁含量仅为0.44%——远小于许多最好的茶园土。并且土壤中酸性物含量也很少，也没有检测出有毒物质，因而便把茶树长势弱的原因归咎于因宅基地耕作而造成的土壤致密性，但是正如前一章提到的那样，这种致密性结构可能通过排水或种植绿肥作物来改变。尽管还需进一步实验，但这有可能成为解决问题的完美方法。关于这一问题，笔者最近获悉，在这些村落的部分地区，用硫磺调节土壤是非常有益的。这种方法值得一试，但其作用机理很难解释。

"最低限度法则"

有机物和氮并不是茶树生长和产出优质茶叶所需土壤的全部成分。其他成分的配合也是必不可少的，如此才能发挥土壤的整体效力。在农业中有一项"最低限度法则"，称如果土壤中植物生长所需的任何一种成分无法达到其要求的最低限度，那么其他成分的存在也是徒劳的，并不能使植物顺利生长。由于茶树的生长至少需要磷酸、碳酸钾、氧化铁和钙，可能还需要氧化镁，所以土壤必须保证包含足够数量的上述成分并且维持一种可以被茶树充分吸收的形态，才能使茶树生长良好。之所以说"一种可被充分吸收的形态"，是因为土壤中这些成分是普遍存在的，但在某些情况下，茶树无法吸收。因此，如果一种黏性土壤中的碳酸钾含量总是比砂质土壤多出几倍，但在某一个特定时刻，砂质土壤比黏性土壤的产出更丰富，这仅仅是因为这些成分在黏土中的组合方式使其不利于茶树吸收。此外，在氧化铁和氧化铝过多的环境下，磷酸的作用将无法有效发挥。笔者对这些成分实际含量进行过直接测试，测试结果有助于对下面某些特殊情况进行说明。

磷酸

磷酸上述提及的成分中是最重要的。其含量与风化形成土壤的岩石类型有关。由喜马拉雅山风化后产生的大量冲积土所形成阿萨姆河谷,总体来说岩石中磷酸盐含量很低,因此这个山谷的土壤中磷酸盐含量也相对较低。但也有例外,比如在河流下游地区。种植优质茶叶需要土壤的非砂质部分含至少有0.25%的磷酸(如果是非常高质量的茶叶,数量会更多)。下表3-9显示了笔者在部分地区茶园土壤取样的磷酸平均含量(依据笔者的分析方法)。

表3-9　　　　不同地区土壤中的磷酸含量　　　　单位:%

地区	土壤磷酸含量	土壤非沙质部分磷酸含量
提斯浦尔	0.036	0.298
比什纳特	0.043	0.360
诺尔特拉基姆普尔	0.050	0.462
迪布鲁加尔	0.078	0.480
多奥姆多奥马	0.078	0.608
西布萨噶、纳齐拉	0.043	0.343
焦哈特	0.039	0.469
戈拉加特	0.050	0.417
瑙贡①	0.040	0.430
芒格阿尔多伊	0.120	0.878

这些数字表明了几个有趣的结论。由于土壤分析样本来自各地区的典型茶园,可用这些相对准确的数字进行分析。上述结果表明:(1)高档茶叶产量最高的土地中磷酸、有机物和氮的含量较高;(2)北阿萨姆地区优质茶叶持续高产的原因可能在于土壤的构成以及理想的气候。当然,茶叶质量也受采摘方式差异的影响,此外,还有一点不容忽视,北阿萨姆所产茶叶具有的独特香气和口感,这与当地土壤中高浓度

---

① 省略了情况有些特殊的科利亚巴尔地区。

的磷酸和足量的有机物密切相关。[①] 约翰·休斯（John Hughes）先生几年前曾前往锡兰拜访茶叶种植者，他指出最具价值的锡兰茶通常磷酸的含量最多。下表对碎橙香白毫（Broken Orange Pekoe）的研究［摘自他1900年在《热带农学家》（*Tropical Agriculturist*）中发表的数据］显示了这一点。

表3-10　　　　　　　　不同价格茶叶中的磷酸含量　　　　　　　　单位：%

茶叶价格	1/4 $\frac{1}{4}$	1/2 $\frac{3}{4}$	1/2 $\frac{1}{4}$	7 $\frac{1}{2}$	6 $\frac{1}{2}$	6 $\frac{1}{4}$
磷酸含量	0.87	0.92	0.87	0.66	0.71	0.58

如果茶叶中磷酸含量较高，说明在其他条件相同的情况下，磷酸会以有效形式大量存在于土壤中。班贝尔先生（见上文）为了研究茶叶和这种土壤成分之间的联系，以一个非常有趣的图表显示磷酸含量在不同品质茶叶的土壤中的变动。笔者并不认为这些数据具有很大参考价值，班贝尔先生本人也表示，测定磷酸的实际可用量可能会得到不同的结果。本书对几种典型的阿萨姆土壤中磷酸的实际可用量进行测定，结果如下表3-11：

表3-11　　　不同地区茶叶质量与土壤中磷酸实际可用量　　　单位：%

地区	茶叶质量	土壤中磷酸实际可用量（每100000份）
提斯浦尔河岸（荒地）	中等	2.69
特爵	中上	7.62
诺阿卡恰里	—	5.84
辛那马拉	—	5.24
帕尼托拉	上等	10.10

[①] 正如预料的那样，芒格阿尔多伊的情况是一个例外。这里的气候明显不如北阿萨姆地区，茶叶的采摘方式更为粗糙，人们也不打算获取优质茶叶。这些数据主要来自喜马拉雅山脉下（除未被开垦地区以外）的肥沃草地。

这些数字证实了本书先前提出的观点，即土壤中的磷酸含量与茶叶质量的确存在某种联系。

磷酸的耗竭

当长期在同一片土地上种植茶叶时，磷酸的耗竭就更为严重。当然，这种变化总是伴随着机物质的同步消耗。下表3-12列出了在相当长的一段时间内土壤中磷酸的有效含量和总含量（按土壤中非砂质部分计算），前者按每100000份中的部分计算，后者按百分比计算。

表3-12　　　　　不同园区茶树种植时间与土壤磷酸含量　　　　　单位：%

园区	茶树种植时间	土壤非沙质部分磷酸含量			有效磷酸含量		
		原始状态	种植茶树后	净损失百分比	原始状态	种植茶树后	净损失百分比
索纳朱里	10年	0.34	0.30	11.8	2.69	2.94	—
迪克拉伊	35年	0.45	0.43	4.4	—	—	—
特爵	35—40年	0.39	0.23	41.0	7.62	3.80	50.1
帕尼托拉	26—28年	0.47	0.36	23.4	10.10	6.96	31.1
诺阿卡恰里	30—40年	0.51	0.41	19.6	5.84	5.39	7.7
辛那马拉	40年	0.48	0.48	—	5.24	4.74	9.5

磷酸对茶叶质量的作用机理

磷酸何以在优质茶叶的生产中如此重要？与其他植物有关的研究可以提供借鉴。磷酸对植物任何部位的生长都有重要作用，任何一种蛋白质、细胞和组织的形成都需要磷酸的参与。由于茶叶制作选用的是嫩芽，因而磷酸对优质茶叶生产的重要性远高于普通农产品。另一个原因是，最近的研究表明，植物汁液的酸度取决于土壤中磷酸的含量。既然优质茶叶中新叶比老叶的酸度更高，因此有理由认为一定比例的酸度是优质茶叶的必要条件，而土壤中高含量的磷酸是其成立的保证。下表3-13显示了1901年8月大吉岭的一种杂交茶树的嫩芽、前两片叶子和茎中酸度以及磷酸所占百分比,据此可以看出叶片磷酸含量随酸度变化而变化。

表3-13　　　　　不同部位的茶叶酸度与磷酸百分比　　　　单位:%

	酸度(柠檬酸百分比)	磷酸百分比
嫩芽	1.64	1.35
第一叶	1.15	1.19
第二叶	0.92	1.01
茎	0.72	1.06

总而言之,磷酸是茶树培育中土壤的重要成分,是茶叶种植的必需元素。在那些以质量闻名的茶园中,高含量的磷酸可能是茶叶生产中最重要的因素之一,因为它与新细胞的产生和茶叶汁液酸度的提升有密切关系。

碳酸钾

茶树生长的次要成分无疑是碳酸钾,但是可能仅在阿萨姆大部分地区的土壤中才有充足的含量。碳酸钾对茶树叶片中单宁酸(构成茶叶苦涩口感的基本元素)、蛋白质、新细胞的形成和茶树生长至关重要。在后三项功能中,碳酸钾与磷酸同样不可或缺,缺乏碳酸钾可以使磷酸的作用完全瘫痪。约翰·休斯先生(见前文)认为碳酸钾对优质茶叶生产的作用非同小可,并且指出在他研究过的众多优质茶叶中,茶叶价格与其可溶性碳酸钾和磷酸的含量相关。而笔者目前尚不足以支持更进一步的分析,以验证此结论的可靠性。

估测土壤的碳酸钾含量有一定难度。在不增加土壤中碳酸钾有效含量的情况下,通过提高黏性土质在土壤中的占比,也能使碳酸钾含量达到很高的比例。也许得到其相对含量的最好方法是计算碳酸钾与黏土的比例,而黏土可以通过氧化铁和氧化铝加总来测量。在这种情况下,碳酸钾不应少于氧化铁和氧化铝的3%。下表3-14显示了几个茶园的总碳酸钾的百分比,以及其与黏土的比例。

表 3-14　　每英亩茶叶产量、品质与土壤中碳酸钾等

成分含量估测　　　　　　　单位：%

编号	每英亩茶叶产量、品质	土壤中碳酸钾含量	氧化铁和氧化铝中的碳酸钾含量
1	8—10 孟德，中等质量	0.35	4.37
2	6 孟德，中上质量	0.19	4.48
3	低产量，上等质量	0.38	4.37
4	6—8 孟德，上等质量	0.50	5.28
5	8—10 孟德，同上	0.41	4.17
6	7—8 孟德，同上	0.29	4.37
7	低产量，中等质量	0.10	2.91
8	5 孟德，同上	0.32	3.16

表中数据所显示的茶叶产量或质量与土壤碳酸钾含量的直接相关性并不明显，这可能是因为用于测试的阿萨姆土壤几乎都含有过量碳酸钾。事实上，在进行测试的六七十种土壤中，碳酸钾含量明显不足的只有大约三种。

但是如上所述，并不是所有土壤中的碳酸钾都可以被茶树直接利用。下表 3-15 显示了几个茶园中未被开垦和经过一段时间茶树种植的土壤中碳酸钾的有效含量，表明如果没有其他原因，茶树生长会导致碳酸钾的流失，因而适时为土壤补充钾肥非常必要。但笔者认为在大多数情况下，至少未来很长一段时间都不会存在这样的问题。

表 3-15　　不同茶园茶树树龄与茶土中碳酸钾含量　　　单位：%

茶园	茶树树龄	土壤非砂质部分碳酸钾含量			有效碳酸钾含量		
		未开垦	种植茶树	净损失百分比	未开垦	种植茶树	净损失百分比
索纳朱里	10 年	0.35	0.33	5.7	0.021	0.015	28.6
迪克拉伊	35 年	0.19	0.16	15.8	—	—	—
特爵	35—40 年	0.24	0.19	20.8	0.016	0.008	50.0
帕尼托拉	26—28 年	0.38	0.31	18.4	0.014	0.007	50.0
诺阿卡恰里	30—40 年	0.09	0.09	—	0.009	0.007	22.2
辛那马拉	40 年	0.13	0.10	23.1	0.009	0.006	33.3

唯一的问题是本书对土壤中碳酸钾含量下降与茶叶质量下降之间的关系尚不能给出一个令人满意的答复。这个问题需要通过系统性实验来探究。

阿萨姆土壤中的钙

过去阿萨姆茶园的土壤中钙含量极少,却几乎没有英国化学家对此进行过分析,因此并未在任何一种肥料的必要成分中提及。上述结论的依据是大多数欧洲土壤均富含钙,可以满足大多数农作物,特别是一些多叶植物的生长需要。一般而言,农作物的叶片面积越大所需钙越多,为了证实这一点,我发现茶叶燃烧后的灰烬中钙的含量相当高。因此,初步看来茶树的成功培育需要大量的钙参与,然而事实并非如此。几乎所有的阿萨姆土壤中都含有极少量的钙,即使是最好的土壤也不例外,并且茶树似乎并不适应土壤中钙含量过度的情况。据说如果某个地区的钙元素长期过量,那里的茶树也不会茁壮生长。垄沟土壤总是比周边地区含有更多的钙,却不能产出优质茶叶。茶树的生长没有明显地消耗钙,无论是土壤中钙的总量还是有效含量,都远低于磷酸和碳酸钾的消耗。下表3-16显示了这一情况:

表3-16　　　　　不同茶园茶树树龄与茶土中钙含量　　　　　单位:%

园区	茶树树龄	土壤非砂质部分钙含量			有效钙含量		
		未开垦	种植茶树	净损失百分比	未开垦	种植茶树	净损失百分比
索纳朱里	10年	0.04	0.09	—	0.019	0.064	—
迪克拉伊	35年	0.04	0.04	—	—	—	—
特爵	35—40年	0.11	0.02	81.8	0.086	0.012	86.0
帕尼托拉	26—28年	0.09	0.05	44.4	0.023	0.007	26.1
诺阿卡恰里	30—40年	0.06	0.04	33.3	0.020	0.007	10.0
辛那马拉	40年	0.04	0.04	—	0.013	0.006	—

这些结果毫无规律,也似乎并未显示出茶树对钙的需求,而这印证了人们的判断。事实上,由于阿萨姆土壤中的钙含量通常很低,我认为

几乎不会出现因为土壤中钙耗尽而需要施用化肥的情况。钙肥可以用于其他原因，例如为了改善土地的物理条件，或者可以用来根治萎凋病，甚至可以用来调节土壤的酸碱度（虽然阿萨姆地区除泥炭土外土壤的酸碱度是未知的），但除此之外的使用将会导致土壤发生变化，所以茶树生长不需要任何人为添加的钙作为肥料。茶树每年每英亩土地中大约只需要4磅的钙，而这是很容易满足的。

钙对茶叶质量的影响

人们一度认为钙有助于茶叶质量的提升。然而，班贝尔先生指出，产出最优质茶叶的茶园土壤的钙含量并不一定最高，并且根据最近的研究，售价最高的茶叶通常钙含量最少。下表3-17显示了产出优质茶叶的茶园土壤仅含有少量钙：

表3-17　　　　　　优质茶土中钙含量对比　　　　　单位：%

编号	钙含量百分比	编号	钙含量百分比	编号	钙含量百分比
1	0.09	3	0.11	5	0.06
2	0.16	4	0.08	6	0.10

考虑到英国土壤的钙含量很少低于0.2%，而大多数锡兰茶土的钙含量均大于此，笔者认为这足以证明土壤中钙含量与茶叶质量是相互独立的。

氧化铁的作用

上述几个元素是茶树从土壤中获得的较为重要的成分。当然，还有其他一些物质也对茶叶质量的提高有显著影响，氧化铁也许是其中最重要的。由于含有铁元素，最好的茶园土壤往往是红色的。焦哈特的土壤为红色砂质；提斯浦尔拥有大片的红色沃土；多奥姆多奥马山脉则是一种深红色砂土。但是，据分析，这几处土壤的氧化铁含量似乎并不比那些非红色土壤多。红色仅仅是一种不同的组合状态，这并不一定表明氧化铁的可吸收性强,但这确实意味着土壤能够充分透气。

我认为,如果铁含量对茶叶品质没有显著影响,那么有效铁含量可能对茶树生长有一些影响,因为微量的铁元素有助于深色叶子的形成。下面的分析似乎印证了这个观点,并且本书之后的分析将沿用这条思路,如表3-18所示。茶叶在生长过程中对元素的消耗在任何情况下都是相当大的,这在某种程度上可以解释为什么许多古老茶园的茶叶品质日益下降。然而,在所引用的案例中,在未来很长一段时间内土壤似乎仍有充足的有效铁元素可供使用。

表3-18　　　　不同茶园茶树树龄与茶土中氧化铁含量对比　　　　单位:%

茶园	茶树树龄	有效氧化铁含量		净损失百分比
		未开垦	种植茶树	
索纳朱里	10年	0.436	0.277	36.4
特爵	35—40年	0.420	0.345	17.9
诺阿卡恰里	30—40年	0.269	0.230	14.5
辛那马拉	40年	0.172	0.152	11.6
帕尼托拉	26—28年	0.327	0.307	6.1

低价铁氧化物

班贝尔先生去年阐述了一种理论,即茶叶质量与土壤中低价铁氧化物含量直接相关,然而这种成分含量极少,甚至几乎不存在。就锡兰土壤而言,低价铁氧化物的含量是衡量土地产出茶叶质量的一个相当好的指标,但并不能说这个理论完全适用于所有阿萨姆土壤。低价铁氧化物似乎与茶叶的香气、口感和提神作用没有任何特定的关系,笔者认为土壤中低价铁氧化物的百分比取决于:(1)有机物含量;(2)有机物状态。未开垦草地土壤中低价铁氧化物含量很高,原始森林土壤含量相对较少,而用于放牧的土壤含量极少。下表3-19列出了几种阿萨姆土壤低价铁氧化物含量:

表 3-19　　　　不同阿萨姆土壤低价铁氧化物含量　　　　单位：%

编号	土地类型	茶叶类型	低价铁氧化物含量（每100000）
1	原始森林	高品质，醇香苦涩	0.62
2	40年森林	高品质，醇香苦涩	0.79
3	未开垦草地	高品质，厚实可口	1.58
4	常年开垦草地	高品质，厚实可口	0.88
5	原始森林牧场	高品质，中等刺激性	0.44
6	常年开垦森林	高品质，醇香苦涩	0.26
7	常年开垦森林	高品质，醇香苦涩	0.44
8	原始森林	高品质，中等口感	0.18
9	常年开垦森林	高品质，中等口感	0.26
10	常年开垦灌木丛林	中上品质	1.06
11	原始森林	中上品质	0.88
12	常年开垦森林	中上品质	1.32
13	新垦草地	中上品质	3.52
14	常年开垦森林	中上品质	0.44
15	原始森林	中等质量	0.53
16	常年开垦森林	中等质量	0.26
17	原始森林	低品质	0.88
18	垄沟土壤	几乎没有生长	0.44

这些数据毫无规律可循。有些高品质茶园土壤中低价铁氧化物占比很低；另一方面，中上等的茶园的低价铁氧化物则较高。因此，不能根据阿萨姆地区所产茶叶中低价铁氧化物含量的百分比来评判其茶叶质量。

土壤中的锰元素

有学者试图把土壤中的锰元素含量与茶叶品质联系起来。班贝尔指出，在土壤中添加锰元素可以使叶片颜色更为鲜艳。有鉴于此，笔者测定了许多原始土壤和常年开垦土壤中锰的有效含量，但下表3-20中显示的数据极不规律，可能是因为土壤中锰含量与茶叶质量无关，或者锰在所有被检测的土壤中均有充足含量，而后者似乎是更有可能的情况。

表 3-20　　　　不同园区茶树种植时间与茶土中氧化锰含量　　　　单位：%

园区	茶树种植时间	有效氧化锰含量	
		原始状态	种植茶树后
索纳朱里	10 年	0.009	0.013
特爵	35—40 年	0.015	0.031
帕尼托拉	30—40 年	0.018	0.007
诺阿卡恰里	40 年	0.011	0.002
辛那马拉	26—28 年	0.004	0.004

土壤成分的均衡

总之，对于优质茶叶的生产，各种土壤成分的均衡比任何一种成分的大量存在更重要——也就是说，土壤应该含有足够的有机物和氮以满足植物需求（比如土壤非砂质部分氮含量应不少于 0.8%），其次是足够数量的其他成分以确保茶树能够随时摄取。如果有大量氮和必要的有机物，而没有足够的有效磷酸等，就可能导致茶树枝干而非叶片的茁壮生长。另外，如果氮含量过少而其他成分含量过多，虽然能够生产出高质量的茶叶——但产量极少。此外，如果氮和磷酸含量都很低，那么茶树的生长和茶叶质量都难以保障，茶园破败，茶树大量萎凋，茶园被空置，最终可能废弃。这种废弃的茶园在阿萨姆偶尔出现，在察查则有更多。

结语

综上所述，茶树的成功培育需要土壤中含有大量的有机物和氮——最好的情况是土壤的非砂质部分有机物达到 35% 以上，氮元素达到 0.8%。如果具备上述条件，只要存在少量[①]其他成分，比如磷酸和碳

---

① 如果把这些结果制成表格，可以分析出土壤的成分需求：土壤中非砂质部分的有机物含量不足 35%，氮含量不足 0.8% 时应施有机肥。磷酸含量低于 0.25% 时应施磷酸肥。如果要生产出高质量的茶叶，则含量至少为 0.4%。碳酸钾的含量不足氧化铁和氧化铝总和的 3.0% 时应施钾肥。

酸钾，就可以成功地种植茶叶。但要获得优质茶叶，这些成分必须在土壤中含量充足。在其他条件相同的情况下，磷酸含量越大（如果存在足量氮元素），茶叶质量就越好。酸钾与磷酸的作用相辅相成，但可能仅在阿萨姆土壤中存在充足的含量。总之，足量氮和少量磷酸能够产出一定数量的中等茶叶；足量氮和足量磷酸能够产出大量优质茶叶；少量氮和足量磷酸能够产出少量优质茶叶——但如果土壤中这两种元素都不充足，茶叶生产就无利可图了。除此之外的其他成分也可能与茶叶品质密切相关。氧化钙几乎没有影响，因为无论哪里的土壤中均有充足的含量。铁元素，特别是有效铁元素可能对茶叶品质有一定影响，在种植茶树多年的土壤中其含量有明显的下降，但这需要进一步调查，而且无论如何，铁元素显然都不需要作为肥料施用。锰元素的作用还需要在茶园中进行详细实证，笔者相信它在阿萨姆地区的土壤中大量存在并且能够被茶树吸收。布拉马普特拉河谷的许多茶园土壤中这些元素正在日益消耗，施肥将极为必要。下一章将讨论土壤中影响茶叶产量和品质的元素的主要补充方法。

第四章　阿萨姆地区的茶用肥料

作物的生长会消耗土壤内的元素，种植者有两种选择：一是给已经种植作物的土地施肥，二是休耕。后者通常被新兴国家采用，而传统的农业生产者大多数很难认识到施肥的重要性。茶叶种植的情况就是如此，并且在某些情况下，施肥可能是正确的选择。一些肥沃的冲积砂地可能能够常年种植茶叶而不需要施肥——但这些砂地的数量非常少，笔者甚至怀疑阿萨姆是否存在一两块以上的这种土地。但是，休耕制度由于土壤肥力的耗竭不能长期持续——在某些地区已经达到了临界点。这种制度难以长期进行下去的另一个原因与其费用相关，因为茶园中最肥沃土地的不断耗竭，从而使产地与工厂的距离越来越远。因此茶农唯一的选择是以某种方式对土壤施肥，而这也将成为未来政策的必然趋势。

反对施肥的理由

反对施肥的理由主要有两点。一是"施肥的成本过高",对此可以概略解释,即"施肥必然带来成本,否则土地就会变成荒地,人们要么将其废弃,要么承受饥饿"。全世界的农业都强调这样一个事实:除非土壤非常肥沃,否则没有任何一种农业可以在不施肥的情况下年复一年于同一地点进行生产。

二是一旦决定使用肥料,就必须长期持续进行。在某种程度上,这是正确且必然的结果。土壤肥力的下降是一种长期趋势,除非通过反复施肥将其保持在标准之上。因而施肥的必要性决定了其连续性。当然,通过明智的选择可以使施肥的频率和成本降到最低,尽量避开那些只能暂时性存在的元素,如硝酸钠,或是能够造成土壤贫瘠的元素,如硫酸铵。由于施肥是未来的必然选择,放任茶园土壤恶化到无法挽回程度的政策相当短视。虽然这一问题没有受到太多重视,仍有必要对其进行探讨。

施肥的一般原则

作为总体性的政策,其一,在土壤肥力下降后再施肥是绝不明智的。产量的持续轻微下降是表明土地生产能力下降的一个警告。剪枝是通常的做法,但茶叶产量仅在短暂上升之后就会有更大幅度的下降。茶叶种植真正需要的不是修剪枝干,而是施肥。我猜测,在几乎所有的阿萨姆地区,在不考虑茶叶产量和质量方面意外损失的情况下,大约在10年后至少应该使用一些手段来保存和增加土壤中的养分,15年后很少有绝对不需要肥料的情况。即使是现在一些不适宜种植茶树的地方,施用肥料也可以使茶树生长,但这种特殊情况很罕见。

其二,必须明确施肥要解决的核心问题。如果要实现茶用肥料的经济循环,茶园内无利可图的副产品都应归还给土壤,比如牛粪、草木灰、茶叶渣、茶叶加工过程中的各类损耗(如散落在生产线、运输线和周围灌木丛的碎屑）等，都应用于茶叶种植。如果将这些副产品全部收集起来进行整季的土壤堆肥，那么茶树需要从外界获取的肥料就会少得多。如果将上述已有肥料闲置，任其腐烂，除非出于某些特殊原因，否则就是极端的浪费。

其三，尽可能降低人工肥料的进口，因其成本巨大，应将其使用量减少到最低。虽然某些情况下可能有使用的必要，但是用量越少越好。阿萨姆资源异常丰富，虽然有众多未开垦土地，但不可思议的是几乎所有的茶用化肥的原料都不能在当地完成生产，而是需要以进口的方式获得。

其四，如果必须使用人造化肥，应仅补充土壤中含量不足的成分。对阿萨姆这样的新兴省份而言，以"茶肥"的名义出售的混合肥料不仅非常昂贵，而且还含有一些无用成分。

其五，应该选择具有持久性的，而不是那些虽然短时间内效果较好，但很快就会失效的肥料。后者包括硝酸钠、硝酸钾和硫酸铵，一般来说，这些易于溶解的肥料如果不立即被茶叶吸收，很快就会被冲蚀。

茶树对土壤成分的消耗

与其他作物相比，茶树并不会造成土壤元素的过度损耗。10孟德茶树从土壤中吸收的元素微乎其微，如果将其枝干燃烧后的灰烬用作土壤堆肥，氮是唯一损失的成分。这10孟德的茶树大致包含——

氮	……	36磅
磷酸	……	8磅
碳酸钾	……	20磅
碳酸钙	……	4磅

下表4-1给出其他作物对这些成分的损耗量：

表 4-1　　　　　　　不同作物对土壤元素的消耗量

	小麦（40 蒲式耳）(bushels)①	甜菜（18—19 吨）	棉花（$1\frac{1}{2}$ 吨）	烟草（720 磅）
氮	48 磅	121 磅	$58\frac{1}{2}$ 磅	$28\frac{3}{4}$ 磅
磷酸	24 磅	72 磅	45 磅	$6\frac{3}{4}$ 磅
碳酸钾	16 磅	304 磅	$70\frac{1}{2}$ 磅	$41\frac{3}{4}$ 磅
碳酸钙	1 磅	32 磅	88 磅	$51\frac{3}{4}$ 磅

即使上述过程中的损失的氮含量增加一倍，仍远低于许多作物的需求，并且茶树生长对其他成分的损耗也远不及大多数农产品。因此，茶树对土壤养分并无过度需求，通过这些数据以及对新老茶园土壤的分析，我认为目前阿萨姆茶叶种植通常只需要氮肥和磷肥，并且只有磷肥才需要纯粹的人造肥料。

土壤肥料

首先考虑本地可用肥料。从使用范围和应用前景来看，土壤肥料都是最重要的。在许多气候条件下，可被利用的肥沃的沉积物并不多。这些沉积物通常来源于土地的不良性状，比如降雨过多导致土地龟裂，或是大片未开垦的平原被繁盛生长的植被所覆盖，植物的长期生长和腐烂使表层土极其肥沃。另外，这毕竟是一种非常笨拙的施肥方法，通常需要消耗 100 吨土壤才能得到 5 吨有价值的肥料，因而仅在劳动力极其廉价的国家才会被纳入考虑。然而这种做法并不一定可靠，我曾见到过将数百吨土壤用于土壤堆肥，除却些许机械改进外，可能很少或根本没有

---

① 译者注：容量单位。蒲式耳与公斤的转换在不同国家，以及不同农产品之间是有区别的。1 英制蒲式耳（1.0321 美制蒲式耳）合 36.3677 升。

任何生产价值。通常认为实现 6 英寸深（沉降后等于 2—2.5 英寸）的肥料覆盖需要施用每英亩 400 吨肥料，如果肥料的效果不是最好的，就会对劳动力、物力和金钱造成大量浪费。也有学者反对，称这种"泥炭土"降低了所产茶叶的质量。但这一结论仍有待商榷，很难想象森林的表层土也具有同样不堪的效果。一个很有可能的假设是茶叶质量的下降源于剪枝后新生部位的茂盛生长，因为通常选择修剪茶树的时间是固定的，如果此时追肥，其中养分将被新枝完全吸收。

泥炭土

不同种类的表层土肥料具有的性质和价值不同。其中最有助于茶树生长的只有阿萨姆部分地区的真正的泥炭土。这种土壤由许多代植物腐烂而成，并且这种腐烂主要发生在水下。在这种情况下，自然冲蚀——对土壤成分的损耗——处于最低水平，特别是在这些条件下几乎不会形成硝酸盐。这意味着这种泥炭土的形成需要长年的孕育，非常缓慢。这些沉积物有时出现在地表，有时出现在某一深度的土壤层中。特别是在提斯浦尔和瑙贡，当地土壤中的氮和有机物含量通常很高，下文分析的 1 号、2 号样本均来自提斯浦尔，我还得到一份来自吉大港（Chittagong）的土壤样本，其两种物质的含量更高（如表 4-2 所示）。

表 4-2　　　　来自提斯浦尔和吉大港的土壤样本中

有机物和氮的含量对比　　　　单位：%

编号	有机物含量	氮含量
1	30.29	0.60
2	21.78	0.68
3	50.85	1.15

这些泥炭土非常宝贵，无论在何处都应将其用作肥料，因为它们确实对土地有显著的改善作用。据前文所述，这种土壤会降低茶叶的质量。我最近有幸受提斯浦尔英国阿萨姆茶叶公司（British Assam Tea

Company）茶园的钱普尼（M. Chamney）先生邀请,[①] 对提斯浦尔河岸上两块相邻的稍加修剪的试验田所产茶叶质量进行比对，其中"2号试验田"每英亩被施用泥炭土100吨，而另一块未使用肥料。施肥时间为1901年的2月、3月、4月，1900年和1901年（截至9月26日）两块试验田的茶叶产量统计如下：

表4-3　　　　1900年和1901年两块试验田的茶叶产量　　　　单位：孟德

类型	年份	茶叶产量
被施肥试验田茶叶产量（34英亩）	1900	481
	1901	543
未被施肥试验田茶叶产量（35.7英亩）	1900	458.5
	1901	358.75

可以看出，茶叶产量显著提升。加尔各答汤麦斯公司和克莱斯魏而公司（Messrs. W. S. Cresswell & Co.）联合出具的质量报告称,[②] 用泥炭土处理过的试验田所产茶叶的色泽比未施肥试验田的产品好，但在其他方面并无不同。

这是唯一记录在案的控制变量实验，它为施用泥炭土肥料不会降低茶叶质量提供了有力的数据支持：它对茶叶品质开始下降的茶农产生了巨大的影响，因此笔者希望在来年进一步验证这个问题。目前尚没有理由认为施用泥炭土后茶叶质量比之前更差。然而，这种肥料的用量不应超过每英亩100—120吨，否则将导致完全不同的情况。

阿萨姆黑色底土

通常在有泥炭土的地区，以及许多其他地方，存在着一种看似具有泥炭土性质的黑色底土。我在提斯浦尔和比什纳特、比哈利河岸（Be-

---

[①] 译者注：钱普尼（Montfort Chamney），英国茶园主。
[②] 译者注：《茶叶全书》载当时加尔各答之茶叶经纪人只有4家，即汤麦斯公司（Messrs. J. Thomas & Co.）、马伦公司（Carritt Moran & Co.）、克莱斯魏而公司（W. S. Cresswell & Co.）及非奇斯公司（A. W. Figgis & Co.）。

halli），在德兴河谷（Dehing），① 以及焦哈特的几个地方，曾多次被问及用底土施肥是否有助于生产。这种土壤由一种非常细腻黏滑的物质组成，里面没有植物残留，潮湿时会像奶酪一样切开，干燥时却会急剧收缩。它能像石墨一样在白色纸面上书写。一旦这种物质出现在地表附近，茶树就不能良好生长，而且笔者从未看到它被茶树根部吸收。因此，它本身自然不适合用于茶叶种植。然而，下面表4-4的分析表明它富含植物生长所需的元素。有些样本只测定了有机物和氮的含量，结果如下：

表4-4　　　　　　　　不同土壤样本的化学成分分析

	1号	2号	3号	4号	5号
有机物	7.49	8.58	9.59	13.68	13.65
氧化铁	5.90	4.66	7.45	—	—
氧化铝	5.60	6.39	3.79	—	—
氧化钙	0.35	0.21	0.67	—	—
氧化镁	1.07	1.19	0.52	—	—
碳酸钾	0.52	0.63	0.33	—	—
碳酸钠	0.45	0.26	0.27	—	—
磷酸	0.15	0.14	0.01	—	—
硫酸	0.18	0.02	0.02	—	—
不溶性硅酸盐（砂）	79.10	77.92	77.25	—	—
	100.00	100.00	100.00		
含氮量	0.15	0.21	0.16	0.30	0.18

我认为，根据上文所述可以看出，这种土壤在任何地方都能找到，但它作为肥料的价值仍待商榷。决不能把它放在已经开始硬化的土壤上，因为有可能会在表面形成泥浆。此外，它总是含有一定量的硫化物，在特定条件下能够形成硫化氢（一种植物毒素）。上述1号样本硫含量为0.22%，相当于0.42%的黄铁矿，受潮后能明显闻到硫化氢的

---

① 译者注：德兴河是印度东北部阿萨姆上游贾木纳河的一条大型支流，长约380千米，流域面积约6000平方千米。

气味。然而，一旦接触到空气，这种反应很快就会消失。但是这种土壤在土质疏松的地区非常值得尝试，因为它很可能变得非常有价值。在这种情况下，明智的做法是尽可能地避免在第一次使用时碰到茶树的茎。

网纹土层

网纹土层是最常见的表层肥料，这是一种成分变化极大的材料。有些网纹土层由于常年生长速生植物，在性质上接近泥炭土；其他情况下则与溪流底部的砂土没有太大区别。

真正有价值的网纹土层，应具备以下条件：

（1）它应该被速生植物所覆盖，通常以野生小豆蔻①为主。

（2）它应该是黑土，在任何时候都保持湿润，并含有植物碎屑——如根须等。

（3）它不应该来自活水。

（4）如果要施用的土壤纹理紧实，它至少要比要施用的土壤质地疏松。

如果有材料符合这些特征，那么完全可以认为它适用于阿萨姆的大部分地区。以下是对一些土壤中氮和有机物的测定结果。

表4-5　　　　　不同茶园有机物含量与氮含量百分比　　　　单位：%

茶园	有机物含量百分比	氮含量百分比
辛那马拉（Cinnamara）	6.05	0.25
桑高亚（Sangaua）（6英寸深）	8.62	0.23
萨马古里（Samaguri）（6英寸深）	9.73	0.30
戈东加（Gotoonga）（7英寸深）	8.40	0.23
顺托克（Suntok）	7.45	0.15

有鉴于此，存在一种做法，并且从经济学的观点来看无可厚非。这

---

① 译者注：姜科、小豆蔻属多年生的草本植物。

就是在一块土地上使用网纹土层肥料，三四年后用同种肥料再次施肥。与此同时，由于还没有足够的时间形成新的熟化土层，这种做法只不过是铺上一层价值不大的底土，并不值得并且每英亩30—40卢比的花费。下面表4-6是对一些在三四年前已经使用过网纹土层肥料的土壤抽样分析：

表4-6　　　　　不同地区有机物含量与氮含量百分比　　　　单位：%

编号	区域	有机物含量百分比	氮含量百分比
1	提斯普尔	4.89	0.06
2	焦哈特（1）	4.23	0.13
3	焦哈特（2）	4.00	0.09
4	焦哈特（3）	4.03	0.12

上述案例中，用作肥料的土壤均比被施肥的土壤贫瘠，因此，用于这项活动的资金几乎完全被浪费了。即使在最有利的条件下，例如布拉马普特拉河公司（Brahmaputra Company）每年都要用肥沃的河流淤泥和旺盛的速生植物碎屑培育网纹土层肥料，因为据说同种网纹土层肥料对土壤肥力的供应最多维持10年——事实上这一估计对一般茶园而言过低了。

然而，在某些情况下，实际经验似乎表明少量网纹土层底土可能有一些作用。显然，阿萨姆公司（Assam Company）的一些茶园就是这种情况。目前唯一的解释是，它对土地的质地有一些益处，但只能在极少数情况下能够补偿应用成本。

森林表层土

在没有泥炭土或优质网纹土层的情况下，森林表层土经常被使用，如果搬运距离不超过几码，显然是一个非常经济的选择。然而，通常只有靠近地表的6英寸有价值，而且可以通过土地颜色的变化辨别取用的深度。这种肥料的价值与其有机物和氮含量成正比，而它对土壤质地的影响可以忽略不计。因此，如果森林表层土的上述成分含量比需要施肥的土壤更高，那么它是有用的，因此事前对两者的分析（关于这些成分）将是必要的。瑙贡萨洛纳茶园所使用科卡尼森林（Korkani）的丛林表层土有机物含量为9.53%、氮含量为0.18%，被施肥土壤有机物和氮含量分别为5.13%和0.08%，因此施肥效果非常好。另一种来自戈拉加特的森林表层土含有4.97%的有机物和0.13%的氮。如果森林表层土质地较其施用地区土壤更疏松，效果可能会更好，但这不是绝对的，即使用于土质更疏松的地区，使用这种有用物质较少的肥料也不划算。

在这些情况下，一个非常严重的问题是，其他更简便的方法是否会带来更好的结果。这种施肥方法是昂贵的，每英亩成本达到30—100卢比，但通常认为这是劳动力成本，而且在任何情况下都必须支付。因此，由于土地施肥是在农闲月份进行的，所以这笔费用不完全为额外支出，无论如何其中很大一部分是必要支出。这恐怕是一个笔者无法探讨的问题；但是，劳动力雇用是否可以更加经济？在某些情况下，至少在寒冷的天气里是否可以在一些荒地上种植一种作物，可以同时产出肥料和产品？这样的作物有芥菜——在农闲时间可以完全由较少的劳动力进行生产——并将提供宝贵的肥料，以及茶园雇员所需要的大量油料。我只是提出一个建议，但它似乎不是最经济实惠的施肥策略，比如每英亩使用的200吨肥料中只有5%对茶树有价值。

茶园底土

还有一种土壤肥料是有利可图的，即茶园底土。通常，以一两垄茶树为代价在茶园中设置沟渠，以便将肥料输送进周边4英尺深的土壤中。只有在发生过度冲刷的特殊情况下才需这样做，因为茶树生长需要吸收土壤中养分，所以必须补充流失的成分，任何元素的补充都会有价值。然而，对其他情况而言，这一过程绝无好处，仅能偶尔对土壤质地起改善作用。在某些情况下，施用底土甚至会对茶树造成实质性的伤害——除了那些底土本身是泥炭土的地区，我不能以经济的理由在任何地方推荐这种做法。为了说明底土的平均肥力，给出了以下数据，见表 4-7：

表 4-7 不同土层的土壤有机物与氮含量百分比　　　　单位：%

编号	底土含量百分比		土壤含量百分比	
	有机物	氮	有机物	氮
1	4.94	0.07	4.69	0.09
2	3.75	0.09	4.81	0.13
3	—	0.07	3.59	0.09

在任何情况下，作为肥料的底土都比需施肥的土壤贫瘠。因此，它是否值得作为肥料施用？这些底土可能含有其他矿物质元素，这些元素因存在于土壤表面而有利于茶树生长。一定程度上可能是这样，但是从我对阿萨姆底土的分析来看，这些矿物质元素不会丰富到值得花费巨大的成本把它们应用到茶树种植上。因此，施肥前应对表层土壤的氮和有机物进行分析。整个过程只需要几天时间，却可以避免劳动力的巨大浪费。送来的任何样品都应附有其拟施用的土壤情况（砂土、重黏土、红黏土等），这样将节省大量的成本。

关于土壤肥料的总结

综上所述，在土壤肥料中，泥炭土通常能够增加茶叶的丰润度，但茶叶品质是否会因此而恶化还存在一些疑问；网纹土层有多种，但是有价值的品种应该：（1）呈黑色；（2）被速生植物覆盖；（3）不是来自活水；（4）质地较施用土地疏松。网状土层一旦被取用，即使在最有利的条件下，10 年内也不可能再形成肥料。森林表层土有时可能是有益的，但是没有统一的规律可循，而茶园底土只适合用于替代被冲蚀的土壤或改善土质。在使用土壤肥料之前，最好对建议施肥的土壤进行抽样分析。

牲畜粪肥

在阿萨姆，粪肥是次优的肥料。作为一个造访阿萨姆茶园的外来者，我对这种材料的利用率之低感到惊讶。它总是大量存在，但很难系统利用。平均500英亩的茶园通常至少有500头牛，每头每年至少产生2吨粪，在白天放牧时还有25%不可避免的损失，因而有价值的粪便每年约750吨。粪肥每英亩10吨的用量非常合适，因此每年有50—75英亩的土地受益，整个茶园10年可以完成一次治理。

这样一个过程，尽管看起来很简单，却涉及对粪肥的收集和保存，这在目前是很少见的。首先是粪肥的收集。最可行的方法是在晚上把所有牛赶到一个封闭的空间或院子里，其中一部分可能被粗略地覆盖，因为这样最方便，并在白天放牧时对粪便进行收集。这样的院子毗连粪池，单个工人每天将晚上产生的粪便运到粪坑并非难事。在我参观过的一些茶园中，这样的院子正在非常成功地运转，因为茶农的牛是安全的，但是粪肥却可以被保留下来，并且不会给茶园带来太多麻烦。如果雇用另一个工人每天清扫流水线上的所有材料碎屑，并把它们放在粪坑里，粪便的另一个来源——羊、家禽等——也不会丢失。

至于粪肥的保存，笔者建议每个茶园都应该有一个必要的、作为附属设施的粪坑，这个坑可以挖几英尺深，然后以最粗糙的茅草屋顶覆盖，屋檐距地面12英尺。这样每一块粪便，在秋季逐渐腐烂，春耕之前就可以用于冬季已经剪枝的茶树。如果不采用这种方法来保存粪便，会造成巨大的损失，因为雨水会冲刷掉有价值的东西，虽然在最好的条件下保存粪肥也不可避免地会造成巨大的损失，但是没有理由使这种损失加大。在加拿大最近的一些实验中，降雨量比这里少得多，比较露天的和受保护的粪肥中肥料的损失，发现露天的粪肥损失了有机物540磅、氮元素14磅、磷酸4磅、碳酸钾22磅，受保护的粪肥则只损失了有机物288磅、氮元素8磅，没有磷酸和碳酸钾流失。在印度，正如笔者上面所说，在露天条件下损失可能会远远大于这个比例。上述实验表明，腐烂的最佳条件是：(a) 防雨、防晒、防风；(b) 防水底板；(c) 肥料的存放应尽可能紧凑——毫无疑问，越接近这些条件，粪肥价值越高。

目前我仍未看到保存尿液的简单方法，但是如果可以做到这一点，将会到达一个新的里程碑,因为尿液包含了最有价值的,也是被牲畜所排出的物质中最容易吸收的部分。

但是阿萨姆的粪肥值得如此大费周章吗?它的组成成分是否值得采取上述方法来保存?下面表4-8的数字显示了阿萨姆地区印度牛的粪便成分,其中不包含尿液[莱塞(Dr. Leather),《农业分账》(Agric. Ledger),1897年第8期]:

表4-8　　　　　　　　　不同粪便成分对比　　　　　　　　　单位:%

	1号	2号	3号	4号
水分	76.05	78.84	75.61	73.95
有机物	14.90	13.43	14.69	15.95
硅酸盐	7.4	6.67	8.46	8.24
磷酸	0.182	0.167	0.192	0.126
氮	0.271	0.237	0.269	0.251

粪便腐烂过程中会发生一定程度的脱水,因此最终的水分会远小于上述分析。使用10吨如上表所示的含水的肥料意味着使每英亩土地增加1.5吨有机物、56磅氮,以及30—40磅磷酸,这一数量绝对不容小觑,尤其是它的成本仅仅来源于收集。

有一种普遍的观点是,这种肥料即使用量合理,也会降低茶叶品质。笔者认为,没有绝对证据表明这种情况属实,并且合理用量不会超过每英亩10吨。当然,如果施用过量粪肥,自然不能保证不会产生非自然的生长(如许多果树),但是我所说的数量完全可以安全施用。

粪肥几乎适合于所有阿萨姆土壤,但它特别适合于改善土质紧密的土壤。非常疏松的砂土,特别是覆盖在黏土上的砂土,也会受益巨大。综上所述,应在粪便完全腐烂后于早春播种前施用,并立即用锄头埋好。它将于5月发挥效用,并贯穿整个季节。

反对使用粪肥的一个理由是——它会刺激花园中产生橙色甲虫。然而,我一直无法找到两者之间的任何联系,并且认为丛林,尤其是乌卢草的普遍存在才是出现甲虫的原因,而不是粪肥的使用。

间作

我认为,对间作(filling in vacancies)而言,粪肥几乎是不可缺少的。仍然有人怀疑对陈年茶树进行间作是否有利可图。在某些情况下,我认为最好将茶园中的茶树连根拔起再重新种植,但如非必要,则进行间作必不可少,否则大片空闲土地将无法被利用。无数案例证明,只要小心谨慎进行间作,土地就能得到充分利用。从苗圃中取出一株幼苗,像在崭新的土地上那样种植,然后等待其成功生长,这显然不行。如果这样能够种植出优质茶树将是一个奇迹。有种说法是,这样的新茶树不能在陈年茶树繁盛的地方茁壮生长,这已被许多茶农证明是一种谬论。

一棵陈年的茶树在阿萨姆的价值约为 6 安那(annas)。① 一位成功完成间作的茶园主告诉笔者,每株间作茶树需要 2 安那的必要种植费用。他的方法是:挖一个 2 英尺深、18 英寸宽的洞,然后底部填满丛林土壤,把一株根用土壤紧紧包裹成球状的 2 年生的茶树放进去,用力压实,把洞内其余部分填满粪肥,整个踩实。之后在茶树周围铺上稻草,以防止阳光直射。种植后 1 年(播种后 3 年),为避免采摘时受伤,将新种茶树修剪成 6 英寸(不多于 6 英寸)的高度,如果可能的话,最好将所有茶树修剪为同一高度。这种方法取得了巨大的成功。唯一的问题是,丛林土壤并不常见,但可以用上一个季节的土壤和粪肥制作的混合堆肥作为替代品。具体的做法是,将粪肥置于一片空地,最好是在背光处,将其铺成 4 英寸厚的一层,然后覆盖一层 6 英寸的普通茶园土壤;在这上面再添加一层 4 英寸的粪肥,像之前那样交替覆盖,直到获得足量的肥料为止。这将在随后的寒冷天气中结合成一种肥沃的黑色混合土壤,并可能代替丛林土壤。

---

① 译者注:英属印度的钱币系统由卢比组成,有 1/2 卢比,1/4 卢比,2 安那(相当于 1/4 卢比),1/2 安那,1/4 安那,1/8 安那,和 1/12 安那(称为"Pie")。

关于粪肥的总结

总的来说,牛粪的使用潜力远超目前的利用水平,如果收集和保存得当,它应当是大多数阿萨姆茶园所需粪肥的核心。除黏结性土壤以及非常疏松的砂土外,它对各种土地都有价值。它应该在春耕后立即使用。茶树间作时粪肥几乎是不可或缺的。

绿肥

绿肥在茶用化肥中重要性仅次于粪肥,并且可能在未来应用前景巨大。绿肥是茶树周围种植的绿色作物,其埋在土壤中腐烂后的产物可以改良土壤和增加产量。绿肥问世已久,也经过了非常成功的实验,但目前为止仍没有普及。1893年班贝尔先生指出了几种可能有价值的植物,瓦特博士在《茶树的病虫害和萎凋病》中反复强调这种方法的价值,并指出迄今为止效果最好的植物——乌头叶菜豆。

用作绿肥的植物应满足下列条件:

(1)生长迅速,在短时间内大片生长。

(2)产出大量的绿色植物用于肥料制作。

(3)应尽可能深地扎根于土壤中。

(4)具备一定程度的耐寒性,以便在恶劣的气候和土壤条件下茁壮生长。

(5)能够在生长的同时补充土壤肥力。

(6)生长过程中可以保留土壤成分使之不易被冲蚀。

(7)制作堆肥时易腐烂。

(8)生长过程中不会干扰茶树的生长或采摘。

条件(1)、条件(2)和条件(3)说明牧草、水稻、小麦、玉米以及荞麦等禾本种都不是最适合用作绿肥的植物,因为它们均属于浅根系植物。除玉米外,其他作物的植被量对于覆盖的土地都很少。当然,玉米在一些山区可能是有价值的。在某种程度上,同样的情况也适用于茶园中很大一部分的杂草。藿香（图4-1）在阿萨姆邦被称为寒冷气候中的杂草,. 在杜阿尔斯（Dooars）① 则被称为"ilami"，它可能是茶树栽培中最常见的杂草，虽然汁液丰富，但根系并不发达（见图4-2），所以，虽然它通常是土地肥沃的信号，但作为绿肥很难推广。同样的观点也适用于其他大多数杂草。

图4-1 茶园中根系稀疏的藿香（"寒冷气候中的杂草"）

事实上我很难相信，人们为了供应绿肥而放任杂草丛生。当各类混杂的杂草在茶园里生长时，有些可能是有价值的，有些可能既没有价值也没有害处，有些可能是明显有害的，因为它们可能成为茶叶害虫的避难所，而且在某些季节，它们会从土壤中吸收茶树所需要的水分。也许在9月和10月有些许杂草无关痛痒，但即便如此，正如萨洛纳的韩德森（Henderson）② 第一次向笔者建议的那样，种植一定数量的、已知有价值的作物，肯定比种植无用的、有害的杂草好得多。

---

① 译者注：位于印度东北部，阿萨姆以西，种植低海拔茶叶，茶汤味道浓厚。
② 译者注：东印度公司的一名植物学家。

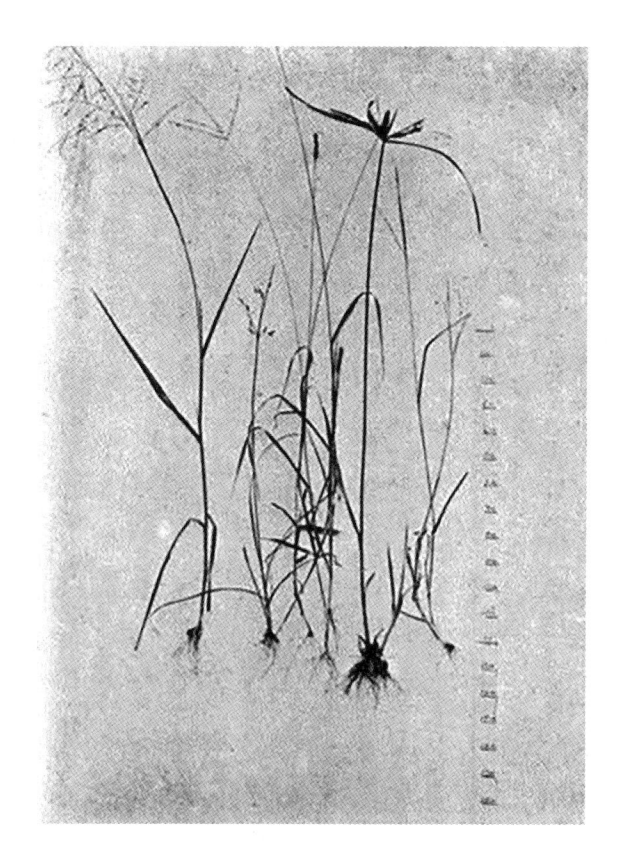

图 4-2　茶园中各类浅根系植物

可以发现，符合上述大多数条件的植物有两类：芥菜和豆科植物。除了吸收更多的土地养分，前者符合其他每一个条件，而豆科植物对所有条件都能满足。这种结论并不能排除在阿萨姆使用芥菜进行绿色施肥的可能性，尽管在其他国家很难发现这种做法有利可图。然而豆类作物生长过于频繁的土地容易使作物"生病"，在这种情况下，芥菜可能以极大的优势取代它们。

豆科植物

豆科作物是人们必须关注的、最有价值的绿色肥料，这是因为它们向土壤输送的氮多于吸收的数量，因为其根部生长着一种能够吸收空气中的氮并将其传递给植物的细菌——生长在这一植物根部，它的根瘤几乎总是肉眼可见。

迄今为止，阿萨姆大范围使用的唯一一种植物是乌头叶菜豆，它的生长非常成功。戈拉加特多利亚（Dooria）茶园的哈奇森（Hutchison）[①]进行了系统性尝试，在最近给笔者的一封关于这个问题的信中称：

> 我在不同月份播种的乌头叶菜豆，取得的成果也不同，因为良好的长势很大程度上取决于充足的水分，并且不能过于炎热和干燥。如果利用雨季，4月是播种的好月份，湿润且不炎热干燥，否则庄稼会被毁掉。同理也适用于5月。这两个月适合在低矮的修枝茶树中播种乌头叶菜豆，因为它有利于防止萎凋病。6月份的豆类植物虽然长势迅猛，但我不认为有什么好处。
>
> 我认为最好的时间是9月。乌头叶菜豆可以在10月被播种到一个很深的洞里，以适应寒冷天气。我也相信在10月结籽时，其根瘤中的氮含量能达到1.5%到2%。在下一个季节开始的时候，结果是显而易见的：虽然茶树丛会萎凋，但是我相信它的根在寒冷天气里是活跃的，并且第一次发芽时，茶树会呈现一种健康的油绿色，所以当你走过一块茶田时，可以轻易地区分它是否种植过乌头叶菜豆。
>
> 至于实际产量的增加，虽然我从来没有划出一块地来专门测试，但我认为，一株健康的植物更利于产量和质量的提高……现在（1901年8月）我打算在10月份为70亩的茶园种植乌头叶菜豆。

11月，当地人种植了乌头叶菜豆，结果长出一种非常小的植物，

---

① 译者注：Jas. Hutchison，曾受印度茶税联合会委托前往四川雅安调查藏茶加工制作事宜，著有《供应西藏的印度砖茶：四川任务报告》（*Indian Brick Tea for Xizang: report on a mission to Ssu-chuan*）。

并且开花结籽迅速，到了锄草的时候发现几乎没有什么好处，而且笔者相信在许多情况下，有相当大的危害。这是意料之中的，因为它违背了绿肥的所有原则——只产生了少量的植被，且这些植物生长过程中会在茶树最需要水分的时候从土壤中吸收水分。另外，如果在4月到8月播种，就会生产出一种生长良好的植物，它能提供大量的植物性物质，并且土壤总是含水量充足，满足各种所需条件。

在成功的案例中，乌头叶菜豆通常在4月和5月被种植。提斯浦尔巴姆冈茶园（Bamgaon）的怀尔德（Wylde）[①]估计，1900年每英亩施绿肥土地约增加四分之三孟德的产量，而成本几乎为零。在辛那马拉茶园[②]，这种方法已经在不同区域应用了几个季节，其中一个主要好处就是种植乌头叶菜豆的地区，绿蚜虫不会伤害茶树。在今年，它已经被用于瑙贡的几个茶园，对土壤条件和茶树的健康都非常有利。

因此，根据目前掌握的证据，我认为乌头叶菜豆是一种非常珍贵的绿肥作物。它在4月到8月的任何时候都可以种植，不过我更偏向4月和5月，播种约6个星期后会长成至少2英尺高的植物。由于土地极度贫瘠，一些种植者在种植这种作物时遇到了困难。白金汉（Buckingham）先生在给我的一封信中特别提到在贫瘠的土地上种植这种作物的困难。在这种情况下，明智的做法是在播种乌头叶菜豆种子之前，施用薄薄一层——比如每英亩1吨——农家肥，这时可能会生长茂盛。另一个难题是作物成熟时锄草的困难，克服的办法是每年作物成熟的时候额进行一次深度锄草。再次引用哈奇森的话：

> 它的应用比较简单，成本较低。在其生长过程中，你可以免除一轮锄草，这大约与种植乌头叶菜豆的价值相等。事实上，如果你在播种后6个星期就开始锄草，那么另一次深度锄草也将持续6个

[①] 译者注：巴姆冈茶园的经理。
[②] 译者注：位于东北印度的阿萨姆邦。

星期。因此锄草3个月就能获得回报。这些说法更适用于年初时的播种。

这种做法的应用成本非常小。乌头叶菜豆种子很少有每孟德超过5卢比的价格,并且半孟德就足够种植1英亩。它应在雨后播种。然而,据说如果在播种的时候把它掩埋起来,根系就会更深,并且植物不会因为人们的采摘而受伤。

这种绿肥作物似乎在两三种情况下特别有用。第一种情况是移植。在将植物连根拔起之后应该犁地,并尽早在5月份播种乌头叶菜豆,在6月底将其锄掉或犁掉。第二季乌头叶茶豆在8月播种,并在10月初锄掉,在接下来的寒冷天气里土地可以被再次播种。如果再种植时大量使用农家肥或粪肥,就不必过于担心种植失败。当然,应该使用两年生植物,并在种植1年后将其修剪到6英寸。乌头叶菜豆对那些已经被清理干净并且还没有种植作物土地也有效。这样的空地很快就会恶化,但是在雨季种植的乌头叶菜豆①会在土壤中留住大量有价值的成分,而不会像其他情况那样流失。

也许还有其他作物可以像乌头叶菜豆一样用作绿肥。② 瓦特博士提到了几种可能。他指出,敏感植物(含羞草)如果没有刺,将是有价值的;并且在古老的苗圃和垄沟地区种植也不会有问题。除此之外,他还将重点推荐条纹猪屎豆(Crotalaria striata)、糙毛假地豆(Desmodium polrcarpum)和猫尾草(Uraria crinita)。班贝尔极力向锡兰的种植者推荐条纹猪屎豆,但是白金汉对于这种植物的实验还没有达到预期效果。此外,赫尔伯特(Hulbert)先生还在阿萨姆公司的茶园里使用芸豆(French Beans)作为绿肥,但效果并不明显,而且这种做法已被终止。笔者希望早日对这些不同的植物进行试验,比如在其他地方证明用作绿

---

① 在这种情况下,也推荐敏感植物(含羞草)。
② 笔者最近注意到田菁属植物有大量的根瘤。因此,它很可能是一种非常有价值的植物。

肥非常成功的羽扇豆（Lupin）。

在此之前，人们一直认为绿肥作物是特定土地上的偶然作物。然而，笔者认为，有明显的证据支持将其定为许多土壤上的一年生常规作物，并且是在大部分雨季种植的绿色作物。用这种方法保护的土壤将会：

（1）防止土壤中的硝酸盐被大量冲蚀，以保证茶叶或绿肥作物消耗。

（2）避免过多的破坏性冲刷。

（3）锄草的次数减少，尽管同时每次锄草需要挖更深。

可以制订以下方案：

（1）在5月份下过春雨的最后一次锄地之后播下乌头叶菜豆的种子。

（2）大约在6月底进行锄草。

（3）在8月进行一次普通的锄地。

（4）在10月初种一茬芥菜（如果土地允许甚至可以再种一次乌头叶菜豆）。

根据这一方案，在对时间和作物进行微调的基础上将适用于大部分耕地。我相信这是值得尝试的。它可以每年减少两次锄草，虽然另外两次锄草的深度必须较平时更大，但总劳动量可能比以前少，大量有价值的物质不会被冲蚀而是留在土壤中。

绿肥小结

总而言之，绿肥已经被证明是一个成功的尝试，但是近来成功使用的作物只有芥菜和乌头叶菜豆。后者通常是最好的，并被使用得最多。它（1）能够培育出更加健康的茶树；（2）增加产量；（3）改善重土壤质地；（4）据说可以防止绿蚜虫活动；以及（5）固定空气中的氮作为直接肥料。最好是在5月或8月底以每亩半孟德的比例播种，而且每次播种应在锄地约6周以后进行。也有其他被建议用作绿肥的作物，但迄今为止，尚未得到充分的试验。最后，有明显的证据支持在雨季定期种植绿肥作物是茶叶种植的通行做法，而不是特殊的偶尔施肥手段。

◆◆ 史料篇

茶树中的间作豆科植物

关于绿肥这个问题，应当考虑在茶树种植中使用豆科植物和其他树木，它们的价值或其他方面的问题已经成为栽培中多年争论不休的问题之一。也许，我能做的最好的事情，就是复述奥佩尔先生关于使用楹树给茶园施肥的历史总结（参见瓦特的《茶树的病虫害和萎凋病》，1898年）。他写道：

> 几年前，汉尼（Hannay）[①] 上校（在阿萨姆的迪布鲁加尔）呼吁人们注意这种楹树的价值，并将它命名为"the tea fertilising tree"……而真正强调这种树的价值则要归功于白金汉。他做了几个实验，证明这种树具有一种特性，能使贫瘠的土壤变得肥沃，使灌木蓬勃生长，同时赋予老茶树活力。1884年10月2日，白金汉为印度茶叶协会出版了一本有关这个主题的小册子，介绍了他和几个种植园主种植楹树的经验。树荫通常不是增产的原因，实际上，大多数种植者均不喜欢树荫的存在，因为它往往有利于茶树茎的生长，从而导致茶叶质量下降；然而，使用楹树的情况下却很难变成这样。据说在相似的土壤和树龄条件下，种植在楹树下的茶树较茶园其他部分产量要高得多。据观察，楹树下种植的茶树对萎凋病虫害有相当强的免疫力。
>
> 有些人把楹树的作用归功于它对植物投下的有益的树荫；另一些人认为是枯叶提供的肥料；少数人认为间作楹树的优势在于，能够使茶树根扎得更深，并且从表层土壤中吸收过多的水分，而另一方面，它们从底层土壤中为茶树提供养料。白金汉称：我不认为楹树能够改良茶树土壤，因为在某些情况下，土壤中含有大量茶树所

---

① 译者注：法国驻印度支那军官，是自荷兰人之后两个世纪以来第一个走八莫道路的西方人。

需的元素，但我确实认为茶树的生命力是有限的，可能在很大程度上取决于土壤的性质，除非我们每年修复其中的一些，否则再过几年，可能会连最好的栽培和最科学的修剪也永远无法实现茶叶生产。

楹树给土壤和茶树带来的直接好处，并不像人们曾经认为的那样，是由于土壤中含有某种化学成分，而是因为附着在根部的根瘤。瓦特博士在1895年到访阿萨姆期间在楹树的根部发现这些根瘤①。

由此可见，楹树是第一种被认为具有绿肥特性的树木。另外一些被用于实验的树木也取得了几乎同样的成功。但它们都属于豆科植物，并且都长有固定空气中氮的根瘤，比如紫花黄檀、香合欢，还有合欢属的其他物种，以及刺桐（Erythrina indica）。②

这些树木的优势如下：

第一，它们给茶树提供微量的树荫，这本身就是一种优势。然而，树荫的价值一直备受争议，但这可能只是从特定地区得出的结论，而在其他地区是相当荒谬的。在布拉马普特拉河河谷下游，除了蚊虫滋生较多的地方，我认为，轻微树荫具有明显优势。瑙贡的情况可能尤其如此。因为在雨量不足的地区，这将在一定程度上防止土壤中的水分因过度炎热而蒸发。另外，我也认为树荫本身并非是在迪布鲁加尔、西布萨噶或诺尔特拉基姆普尔种植上述树木的全部理由。此外，班贝尔最近表示他赞成种植锡兰茶时需要轻微的树荫。

第二，树叶、花瓣等的不断掉落对周围的土壤而言是一种独特的肥料，因为它们形成的物质来自茶树所吸收的不同土壤层。班贝尔着重强调了它们在这方面的实用性，特别是针对银桦属的树（《锡兰茶土报告》，1900年）。他写道：

---

① 笔者相信，班贝尔先生在很久以前就观察到了香须树的根瘤，但没有发表观察结果。
② 译者注：别名木本象牙红、象牙红、龙牙花、山芙蓉。豆科，刺桐属。

史料篇

在锡兰土壤中保存钙的方法之一是利用银桦作为遮荫或风带。一般来说，银桦属植物的根会深深扎入土壤……储存大量的植物养料，包括茶树难以获得的大部分钙。这种植物养料在用以培育银桦属植物后，大部分又以落叶的形式回归土壤。

另外，一棵树的落叶不会超过15磅，如果以40英尺左右的间隔种植，每英亩的落叶总量约为180磅。很难看出这么少的材料会对土地产生多大的影响，因为它明显只是每英亩1.5英担（cwts.）的一种劣质材料。① 在阿姆利则茶园（Amgoorie）② 进行的一些实验中，白金汉发现这些落叶散布在土地上，没有产生明显的效果，这与预期相符。我认为，落叶在一个季节中作为肥料数量几乎不值得考虑。

第三，根系的渗透可以使土壤更加疏松，从而为茶树栽培提供了更好的条件。这是毫无疑问的情况，而且仅仅因为这个原因，人们尤其建议在紧致土壤中种植这些树木，因为它们能够迅速改善土壤质地。

第四，根瘤含有能够固定空气中氮的细菌，从而增加土壤中这种最重要的成分。在这种情况下，一般认为在树木附近，或者至少在根部附近，土壤会更加肥沃。白金汉提供了从这些地方采集的土壤样本，但我还没有发现从根部附近采集的土壤样本有任何明显改善。下面表4-9是笔者的分析数据。③

表4-9　　　　　　　与树根不同距离和不同土层的土壤

有机物与氮含量对比　　　　　　　单位：%

	表层土		10英寸深土壤层	
	氮	有机物	氮	有机物
靠近楹树根部	0.106	4.25	0.089	3.82

---

① 译者注：英国重量单位。1英担是1吨的1/20，也就是100磅，1600盎司。
② 译者注：印度旁遮普邦（Punjab Pradesh）的一个茶园。
③ 这篇报道发表时，白金汉先生向笔者提供了这些树木根部周围土壤的样本。这些物质中氮含量的测定结果同样没有说服力。

续表

	表层土		10 英寸深土壤层	
	氮	有机物	氮	有机物
远离楹树根部	0.100	4.13	0.091	4.30
靠近紫花黄檀植株根部	0.085	3.92	0.113	5.26
远离紫花黄檀植株根部	0.105	4.46	0.093	4.29

这些数据是完全不规则的，无法从中推断出任何结论。然而，尽管如此，毫无疑问的是，这些树的显著优势，完全或大部分是由于它们固定了大气中的氮，并且在某种程度上利于茶树吸收。尽管目前还不知道土壤中无法检测到氮的原因，是豆科植物使之成为一种可溶状态，可以很快地从土壤中被冲蚀从而在土壤中检测不到它，还是茶树只能通过接触合欢树植物或其他根系来获取营养，而含氮的植物体却不会渗入土壤。然而，这种好处是毋庸置疑的，并且只能很大程度上合理地归因于根部对氮的固定。

对茶园间种树木的异议

茶园里种植这些树有几个缺点。第一点，同时也是最常见的理由是，它们会促进茎的生长，因此茶叶质量较其他方案差。这个问题像笔者在很多案例中得知的那样，只是因为树木种植过密。在白金汉的茶园里，40 英尺为茶树的最佳种植间隔，这个距离相对靠近，大概 60 英尺会更好。可以肯定，种植适当比例的楹树不会损害茶叶质量。我相信巴杜利帕尔茶园里种着戈拉加特最好的茶树，并且相距 60 英尺种植楹树。但是，可以通过在树木成长过程中将其修剪到中等大小，从而使它们永远无法投下大面积阴影。如果有新的树苗取而代之的话，它们在三年后甚至可能被彻底砍伐。它们的有益作用在树被砍伐后仍然存在，这一点被一再证实。特别是在詹兹茶叶公司（Jhanzie Tea Co.）的赛伦茶园中尤为显著，而且我同样获悉，马伦茶叶公司的茶园也注意到了移除树木后继续产生的后续收益。因此，让树木定期轮种似乎是一项很好的政策，树龄不超过三年，行间距为15英尺。无论如何，这将是一个在树荫有害的情况下获得楹树益处的简单方法。

第二点，这些树以及树荫会滋生各种各样的害虫和萎凋病，其中主要是蚊子、蠕虫（faggot worms）和类似毛毛虫（caterpillars）的虫子，以及疱病（blister blight）。关于蠕虫，我从未找到与此相关的联系。如果蚊子在受它们影响的地区被系统地捕杀，这些蚊子的影响很有限。如果像上面建议的那样轮流砍伐树木，那么所有这些害虫都会因为没有树荫而无法生长。

所种树木的选择

在我推荐的树木中，楹树和紫花黄檀之间没有什么不同。香合欢明显不如这两个，因为它的形式截然不同，几乎不合适。我个人更喜欢楹树，因为它的树荫比紫花黄檀稍浅。一般不推荐豆科以外的树木，因为它们实际上没有农业价值。事实证明，银橡木（银桦）不会对茶叶造成伤害，① 而且可以作为很好的防风带，但是我从来没有看到它的存在会带来什么好处。其他几种本地树木没有有害影响，但是也没有什么好处，并且它们的树荫通常令人讨厌。其他树木应该被不惜一切代价移除，比如印度橡胶树（印度榕）、木棉树（Simul）、铁力木（Nabor）②（除非这种树的种植收益与茶树相等）和其他几个树种。

茶树间种豆科灌木

我经常被那些反对遮荫的人问到，是否有一种灌木可以像楹树那样满足需要，但树又不会过大以至于造成有害影响。在这方面，白金汉已经进行了实验，并向我提供以下说明：

---

① 最近，莫诺巴里（Monobarie）的邓洛普（C. J. Dunlop）先生告诉我，在银桦树过密种植的周边地区，茶树往往会逐渐绝迹。这是对种植这些树的严重异议。

② 译者注：锡兰铁木（Ceylon ironwood），学名为 Mesua ferrea。

第三编 阿萨姆邦的茶土与茶肥

你问我是否曾经尝试用豆科植物作为茶叶的绿肥,它们以灌木的形状取代了树木,比如楹树或紫花黄檀,这样就可以在没有树荫的情况下获得楹树的好处,就像你经常被问到的那样,没有遮荫是否就无法获得效果。

至于所谓的"乌头叶菜豆",我用下列灌木类型的豆科植物进行了实验。

(1) 猪屎豆(Crotalaria striata)。

(2) 白灰毛豆(Tephrosia candida)。[①]

(3) 糙毛假地豆。[②]

第一种是一年生植物,与羽扇豆非常相似,根上有很多的含氮小瘤。这是我用小茶树做的试验,我必须承认,我看不出结果有什么特别之处。这些植物生长到最高,大约5英尺,然后再被锄去,也有些在几英尺高的时候被锄去。

我接着又尝试了白灰毛豆,现在还在继续对这种灌木的试验。这种植物的优点是它是一种多年生植物,有相当数量的根瘤,并且几乎可以在任何土壤中生长。我的计划是让它长到3—4英尺高,然后修剪到大约1英尺高;1年内大约可以完成3次修剪。这种豆科植物几乎能够适应任何土壤。我看到它在不毛之地生长得很好,

---

[①] 译者注:豆科灰毛豆属植物,灌木状草本,高1—3.5米。茎木质化,具纵棱。羽状复叶长0.15—0.25米;叶柄长0.01—0.03米,叶轴上面有沟。总状花序顶生或侧生,长0.15—0.20米,疏散多花,下部腋生的花序较短,有种子10—15粒;种子榄绿色,具花斑,平滑,椭圆形,种脐稍偏,种阜环形,明显。花期10—11月,果期12月。原产于印度东部和马来半岛,是优良的绿肥植物。

[②] 译者注:豆科、山蚂蝗属小灌木或亚灌木。茎直立或平卧,高可达1.5米,基部多分枝,叶片为羽状三出复叶,托叶宿存,狭三角形,先端长尖,基部宽,叶柄略被柔毛;小叶纸质,顶生小叶椭圆形,长椭圆形或宽倒卵形,小托叶丝状,密被糙伏毛。总状花序顶生或腋生,花序总梗密被贴伏的白色糙伏毛。总花梗被淡黄色开展的钩状毛;花极密,苞片卵状披针形,被缘毛,在花未开放时呈覆瓦状排列,花萼钟形,裂片三角开,较萼筒稍短,花冠紫红色、紫色或白色,龙骨瓣极弯曲,先端钝;雄蕊二体,花柱无毛。荚果密集,狭长圆形,荚节近方形。7—10月开花,10—11月结果。生长在海拔450—900米的稀疏灌木丛中、山坡草地或溪边。鲜嫩枝叶为茎枝较纤细,叶薄柔软,地上部分几乎全部可刈割作饲草。

而楝树、紫花黄檀、印度刺桐、猪屎豆和其他植物却肯定会在 1 个月内灭绝。我对这种植物的效果感到满意,并打算在今年冬天(1900—1901 年)在茶园的 50—60 英亩土壤坚硬、茶叶低产的土地上播下种子。

在我已经种植茶树的试验田上,我确实注意到茶叶品质的改善,这不仅归功于细菌吸收的氮,还归功于落叶对土壤的施肥,增加有机物的数量,并最终成为植物的养分。

关于 3 号植物糙毛假地豆,它生长极其缓慢……始终没有超过 1 英尺高。根瘤比其他豆科植物要多……我可能还没有给予这种植物应有的重视,因为它生长杂乱,以至于种植者总是把它锄掉。我的意见是,为了实际使用,应该让它在贫瘠的茶园里自由生长 1 年左右,并且不能锄地;而任何其他植物都应进行人工除草。然而,2 号植物(白灰毛豆)是我目前应该特别注意的灌木。

这种(2 号)由白金汉推荐并命名为"bogga medeloa"① 的植物仍在试验阶段。据我所知,有好几个地方都在尝试这种做法,而且特别是在像比什纳特这样的地区很值得一试,因为蚊子的存在所以不宜种楝树或是紫花黄檀。

鸭嘴花②

还有一种植物被多次强烈推荐种植在茶树中,它叫作鸭嘴花

---

① 译者注:白灰毛豆现名"Bogga medeloa"(Tephrosia candidia),大吉岭称为 Bodlelara;Cajanus indicus,或称为 Arhar rahar;Sesbania aculeata,还有称为 Haincha sesbania egyptiaca,或称为 Jyanth, Indigofera dosua;或称为 Natal Java Indigo;Desmodium polycarpum;Desmodium tortuosum;Desmodium retroflexum;Leucoena glauca;Clitoria cajanifolia 等。

② 译者注:爵床科鸭嘴花属下的一个种。灌木,株高 2—3 米,茎节膨大,幼枝有毛,叶对生,矩圆状披针形或矩圆状椭圆形,端尖,全缘,穗状花序顶生或腋生,苞片卵形,花冠唇形,白色,有紫色线条,花期春、夏。分布于亚洲东南部,如印度等。

(Adhatoda Vasica),人们期望它能起到绿肥的作用。这种植物不属于豆科植物,据我所知,它不能固定氮元素,也没有观察到它周围的茶树有任何改善。然而,树叶的含氮量却非常丰富,落叶可能有一定价值——但可能不会很多。与此同时,虽然笔者认为它不值得在茶树中种植,但其落叶却能够形成颇具价值的杀虫剂(在挤压过程中会释放碱性气体),还是值得种植几平方码的。按照瓦特博士的建议,在荒地上间隔1英尺进行插枝,就可以获得足够的杀虫剂用以对付茶园里的一些害虫。

骨肥

上述都是茶园本身实际生产或可生产的肥料。比如可以在其中加入木柴燃烧后产生的灰烬,因为茶园都会燃烧大量木柴,所以其资源颇丰。笔者将在之后讨论这些问题。但是,一些当地生产的其他肥料也应该得到充分利用。第一种是骨肥,在某些地区,特别是在北岸的草原,很容易大量收集使用。目前,我认为有人从布拉马普特拉河河谷出口骨头,并且其中相当一部分被粉碎后用于茶园。如果骨头有价值就不会被允许出口后再次进口,而是应该让种植者在采集地购买,然后当场粉碎——通过一个小型切割粉碎机,如果第一季使用大量骨肥,成本就会被收回。我注意到一个种植园主买下了当地的骨头并用这种方式处理,结果令人非常满意。

但是骨肥真的有很大的好处吗?根据它们的组成成分,显然是非常有益的肥料。对一种典型的印度骨肥进行的分析如下:

表4-10　　　　　　　　印度骨肥成分分析　　　　　　　　单位:%

水分	7.50
氮	4.05
磷酸	23.25
磷酸钙	50.68

但是这种应用的实际价值在各地都被证明远远低于分析预期。事实

❖❖❖ 史料篇

上,根据德国最近的实验①,磷酸钙虽然占肥料重量的一半,但其在测定肥力价值时几乎可以忽略不计,其总肥力可能和氮有机物差不多。既然如此,使用骨肥所产生的益处远远低于迄今所假设的。事实上我怀疑骨灰是否值得以这种形式进口到阿萨姆,因为目前每孟德的价格比加尔各答还要高2卢比。

不过,本地产的骨头在阿萨姆的茶园里非常珍贵,粉碎前每孟德约值1卢比。然而,必须承认它们存在局限性。这种肥料见效极其缓慢。第一年没有任何成效,第二年可能只会有一些效果。最近发表的一份关于大吉岭茶茶园(Darjeeling Tea Gardens)的报告指出,② 1897年施用骨肥的有益效果在1900年显现。事实上,可以说骨肥是一种极好的肥料,可以用于防止良好的茶园衰败,但是其无法使已经荒芜的茶园恢复到良好状态。

据说骨灰是导致种子萌发的原因,但是对此我还没有获得任何证据。骨灰不足以影响茶叶品质。应按每英亩5—10英担的比例施用,研磨并通过3/16英寸的筛网过筛,当然骨灰越细腻越好,并在雨后潮湿时,将其埋在茶树周围的一个1英尺远的小型沟渠中。关于可溶性骨骼的用途和价值,请参阅后续章节。

饼肥

另一种有价值的肥料是豆饼,它在一定程度上可以在本地生产。当地的生产几乎仅限于阿萨姆的芥菜籽,进口则大部分依赖蓖麻饼(castor cake)。班贝尔在他的书中提到了许多可以使用的其他材料,包括楝树饼(margosa cake)、椰子饼(cocoanut cake)、罂粟饼(poppy cake)、尼日尔子饼(niger cake)③、棉花饼(cotton cake)、芝麻饼(sesamum

---

① 梅尔克尔和斯蒂夫克(Maercker and Steffek),《骨粉作为磷酸来源对作物的影响》(On the Effects of Bone Meal as a Source of Phosphoric Acid to Crops),柏林(Berlin),1895年。
② 柯雄和大吉岭茶叶公司(Kurseong and Darjeeling Tea Co.),1901年。
③ 译者注:印度的一种油料,为尼日尔子榨油后的渣滓。

cake)、麻花饼（mahua cake）和亚麻籽饼（linseed cake）。但是，为了使这种肥料有价值，它必须在当地生产，或者储量非常丰富，以补偿运往使用地的费用。在所有上述材料中，唯一值得进口的是棉花饼和亚麻籽饼。这两种豆饼都含有丰富的肥料价值，以及蓖麻饼，这些是唯一可以运往阿萨姆的，而且数量充足。我曾经寄希望于麻花饼［来自阔叶雾冰藜（Bassia latifolia）］，但是分析表明它不值得进口。①

然而，当地的供应品应当成为主要的肥料来源。芥菜在该省各地大量种植，实际上是为了产油。在某些情况下，种子直接出口到加尔各答，在其他情况下，它们在当地被压榨。在这里我强调，有必要尽可能地增加当地榨取的芥子油数量，以便节省出供当地人食用和供茶叶使用的肥料。例如，为什么不对所有带到工厂的芥菜种子给予超出市场价格的小额奖金，把油卖给茶园里的苦力（那里的需求总是很大），把豆饼当作肥料使用？或者，能否通过稍微提高豆饼的价格鼓励当地压榨业的发展？甚至，正如一个阿萨姆邦的种植园主领袖向笔者建议的那样，为什么不在附属的一些荒地上种植芥菜，并在工厂通过一个不太昂贵的榨油机以达到每英亩20蒲式耳的产量呢？这只会在11月需要人工劳作以及种子在3月成熟的时候，在这两个时期可以节省一定的劳动力。现在还不能透露这个计划的细节，但是很少有土地补助不能为此腾出20英亩土地，在这块土地上应该生产大约400蒲式耳或者300孟德的种子，产出200孟德豆饼，或者足够给20英亩适度的肥料。这样的土地可以在收割后重新恢复成丛林土壤，而在此期间生长起来的作物将在下一个11月再次播种之前被收割；或者更好的情况是，同样的土地在3年内只种芥菜1次，就可以恢复为丛林土壤。所生产的油通过在茶园里销售，几乎可以收回种植成本，而茶叶的肥料成本几乎为零。无论如何，在这么多土地（不适合茶叶，但相当适合芥菜）存在，甚至实行茶叶补助的情况下，从省外进口豆饼似乎很不划算。

---

① 我的样本中只有3.11%的氮，1.44%的磷酸和0.20%的石灰。

但是豆饼对茶有价值吗？幸运的是，在这个问题上笔者有最近进行实验的确切数据。第一份报告是由米切尔（J. C. H. Mitchell）[①]根据在博雷利茶叶公司（Borelli Tea Company）[②]的哈库拉茶园（Harchurah）进行的实验给出。数据来自3块很小，甚至只有1英亩的、在1年前修剪过的相似土地：1号试验田没有使用肥料；2号试验田用每亩15.5孟德的蓖麻饼和15.5孟德的骨肥处理；3号试验田仅用每亩15.8孟德的蓖麻饼处理。土地位于提斯浦尔河岸。下表4-11给出1899年和1900年的数据。

表4-11　　　　　　　　不同试验田茶叶产量与成本（1）

	1号试验田	2号试验田	3号试验田
1899年茶叶产量	3孟德38.25西尔	5孟德26.5西尔	6孟德24.5西尔
1900年茶叶产量	4孟德16西尔	5孟德26.75西尔	6孟德9.75西尔
1899年茶叶增量	—	1孟德28.25西尔	2孟德26.25西尔
1900年茶叶增量	—	1孟德10.75西尔	1孟德33.75西尔
两年内增加总量	—	2孟德39西尔	4孟德20西尔
两年内增长百分比	—	26.2%	35.0%
肥料总成本	—	76.0.0卢比[③]	44.9.0卢比
增加每磅作物的成本	—	5安那1派	2安那

因此，骨灰和蓖麻饼的混合物对最初两年的产量增长是有利的，更进一步说，它使茶树较之前更加健康，但单纯使用蓖麻饼可以带来一定的短期收效。

1900年，孟加拉联合茶叶公司（Bengal United Tea Company）的宾都库里茶园进行类似的实验。这个茶园位于提斯浦尔河岸和河流之间地势较低的平原。经分析，该地土壤养分或多或少已耗尽。

---

①　译者注：曾任英国驻香港副总督。
②　译者注：主要向欧洲出口印度茶叶的公司。
③　译者注：英属印度所用货币为卢比、安那、派沙，换算机制为1卢比＝16安那＝100派沙。故译者推测，本页"76.0.0卢比"为76卢比；后文"44.9.0卢比"为44卢比9安那；"61.1.6卢比"为69卢比1安那6派；"82.14.9卢比"为82卢比14安那9派。派沙英文为"pice"应与此处派（pie）同义。

1号试验田依旧没有使用肥料;2号试验田使用了15孟德9西尔①的蓖麻饼;3号试验田使用了15孟德20西尔的蓖麻饼和5孟德的骨肥。

与之前一样,将数据制成表格如下,见表4-12。

表4-12　　　　　不同试验田茶叶产量与成本(2)

	1号试验田	2号试验田	3号试验田
1900年茶叶产量	10孟德17西尔	12孟德14西尔	12孟德30西尔
1900年茶叶增量	—	1孟德37西尔	2孟德13西尔
1900年增长百分比	—	18.53%	21.2%
肥料总成本		69.1.6卢比	82.14.9卢比
增加每磅作物的成本	—	7安那2派	7安那2派

这些数字仅指1年的收成。这种影响很可能至少再持续2年,如果是这样的话,这2年的全部增长将不需要任何额外费用。该经理泰勒先生(C. B. Taylor)在1900年年底报告说,"肥料制造部门的强劲增长和健康发展令人瞩目,毫无疑问这些部门明年会增加产量,可能后年也会增加"。

因此,可以认为豆饼,无论是用作如上文所述的蓖麻饼,还是用作芥菜饼(mustard cake)②或其他当地生产的原料,都可以在一定程度上增加作物产量,即使豆饼在茶园里每孟德价格接近3卢比,也有利可图。它对茶叶品质没有不良影响,我把蓖麻饼或芥菜饼看作茶的肥料,它们可以从茶园外获得,但在茶园有更广阔的应用前景。它们提供了茶树需要的所有养分,如果进口,则进行严格分析,例如蓖麻饼的氮含量不能低于5.5%,磷酸钙含量不低于4%;芥菜饼的氮含量不能低于4.5%,磷酸钙含量不低于5%;棉花饼的氮含量不能低于4%,磷酸钙含量不低于5%;亚麻籽饼的氮含量不能低于4.5%,磷酸钙含量不低于5%。下表对阿萨姆去年冬天使用的优质豆饼进行了分析。在标有

---

① 译者注:印度重量单位换算,1孟德=40西尔。1西尔=2.057英磅=0.933公斤。

② 在马朱利古尔的爱德华(W. N. Edwards)为笔者正在进行的一项实验中,当地生产的芥菜饼的应用获益颇丰。虽然这个季节的完整数据尚未获得,但笔者可以确定仅这个季节的增产就会高于豆饼的成本。

"碱性"（alkalies）的商品中，大约有一半含有钾元素。

表4-13　　　　　　　　不同饼肥成分含量对比　　　　　　　单位：%

	进口蓖麻饼	本地芥末饼（迪布鲁加尔）	本地芥末饼（比什纳特）	本地芥末饼（瑙贡）
水分	7.67	8.44	9.04	19.33
有机物	82.78	82.92	80.90	72.39
钙	0.83	0.90	0.81	0.91
磷酸	3.07	2.97	2.81	2.66
碱性	3.31	2.93	3.05	3.41
砂	2.34	1.84	3.39	1.30
	100.00	100.00	100.00	100.00
含氮量	6.46	5.17	4.61	4.78
等于磷酸盐的石灰	6.70	6.48	6.13	5.80

豆饼最好在第一次锄地前施用，在春天（通过锄地将其与土壤混合）以每英亩10—15孟德的比例施用。可以说芥菜饼的价值是蓖麻饼的五分之四，亚麻籽饼的价值略高于前者。最好的应用方法是将其放入每棵茶树距离枝干1英尺远的一个沟槽，而播撒后再进行挖沟渠的效果也几乎一样好。

然而，有些问题蓖麻饼或其他豆饼无法解决。例如，它不能把一片被冲蚀过的沙坡恢复到非常肥沃的状态。这个问题涉及泥炭土壤或粪肥，并且实际上没有其他答案。此外，它不会使茶树在硬土上良好生长。在这种情况下，土壤的状况存在问题，必须在施肥之前采用第二章所述的方法进行补救。但除此之外，豆饼可能是来自茶园外的未来最重要的肥料。

氮肥

首先是氮肥（Nitrogenous fertilisers）。人造肥料，特别是氮肥，几乎仅限于硝酸钠、硝酸钾（Nitrates of soda and potash）和硫酸铵（Sulphate of ammonia）。第一种从南美（South America）进口；第二种是印度当地

产品;第三种则是天然气井中必不可少的副产品。对三者使用持有的反对意见是多雨天气它们会很快从土壤中被冲走。去年,阿萨姆公司的几个茶园开始使用硝酸钠,总体结果显示,施肥6周后,肥料的效果开始消失,并且经过处理的试验田肥力下降的速度很快,即使不是全部消失,也与未经处理的对照组近。希里亚卡的爱德华先生(F. H. Edwards)得到完全相反的结果,氮肥对土壤的改善在整个季节都得到了体现,茶树生长得更好。然而,我猜测这种情况是由于某种原因——而不是土壤养分的耗竭——硝酸钠有助于刺激植物根系重新生长,此时硝酸钠可能是有价值的,但这种情况非常罕见。通常情况下,硝酸钠对植物有效作用仅两三个月,如果之前的土壤贫瘠,除非在此期间用饼肥,那么茶树就会回落到以前的位置。还有另一个反对使用的原因。它是一种极易溶解的盐,土壤中丝毫不会有残留,施用后几英寸深的雨水将在一两天内把几乎所有肥料冲到排水沟。如果使用这种肥料的话,用量应该非常少,比如在油饼等持效期长的肥料中掺入5%。该肥料并不适合在定型修剪(collar-pruning)和重修剪(heavy-pruning)前使用。

硝酸钾的作用类似,较硝酸钠更为有效。但由于阿萨姆通常不需要钾肥,故不具有很大的优势。

第三种典型的氮肥是硫酸铵,其氮元素含量比其他肥料高。尽管过去常作为复合肥的原料,但我并不建议使用这种肥料,原因如下:

(1)导致土壤中大量其他养分流失,主要是氧化钙和碳酸钾。为了确定这种情况的影响程度,我将两种典型的阿萨姆茶土用浓度为1%的硫酸铵溶液浸泡两天,充分摇晃后待其沉淀,并进行分析。两种土壤干燥后,提取结果见表4-14。

表4-14　　　　　不同土壤氧化钙与碳酸钾含量　　　　单位:%

	土壤1号	土壤2号
氧化钙	0.037	0.018
碳酸钾	0.052	0.056

也就是说，土壤施用一次硫酸铵流失的碳酸钾可能比茶树生长10年所需的量更多，而且流失了大量氧化钙，这在阿萨姆土壤中的含量非常少。但还有其他的施肥方法可以取代这种肥料，并且花费少。

（2）几乎和硝酸钠一样容易从土壤中被冲走，因此不适合在多雨并且雨季采摘的地区使用。

（3）作用短暂，在施肥一年后，土壤比原来的更差。

1900年，在锡兰，关于茶叶使用硫酸铵的问题得到了广泛讨论。约翰·劳斯爵士，也许是世界上最大的施肥权威，他写道："我不建议使用硫酸铵不是因为它是一种高氮和易溶的肥料，而是因为它从土壤中除去了氧化钙，要知道锡兰土壤中氧化钙含量很少。"在锡兰由于以上原因不建议使用该肥料，遑论土壤更加贫瘠的阿萨姆。

有人严重怀疑大量可溶性浓缩氮肥会损害茶叶的质量，但这需要被进一步证实。由于上述原因，我认为这些肥料都不应该被使用，除非少量地与持效期长的肥料一起使用。不过，在茶树由于未知原因而停止生长的情况下，这三种肥料可以作为轻微刺激物使用。

磷肥

现在我们来谈谈与茶叶品质关系最密切的肥料——磷肥（Phosphatic manures）。尽管骨头本身几乎不能作为植物的磷肥，但用可其制备非常有效的肥料。骨骼中含有的磷酸三钙（Tribasic phosphatic of lime），茶树几乎无法吸收。然而，如果加入硫酸，就会产生一种不同的磷酸盐——氧化钙单磷酸盐（Mono-phosphate of lime），而植物完全能够吸收这种形式的磷。这种肥料在商业上被称为溶解的或酸化骨粉肥（vitriolized bones），并且可能是非常有用氮肥和磷肥。然而，这并未进行田野试验。如果施该肥，应按每英亩5—8英担的比例，并且在离茶株树干大约1英尺的地方挖环状沟使用。它们应保证含有2%—2.5%的氮和12%的可溶性磷酸钙。石灰的过磷酸钙，由矿物磷酸盐沉淀物制成，现在主要分布在卡罗来纳和佛罗里达，也将为植物提供磷酸盐。从这些来源中提取肥料的方法与最后一种命名的肥料是从骨头中提取肥料的方法完全相似。单独使用通常效果不佳，但与油饼混合使用会形成一种非常有效的肥料，或者可以与牛粪一起添加到缺乏磷酸盐的土壤中。

对于使用硫酸处理部分生石灰产品以达到上述目的的方法，其缺点是容易消耗土壤中本已不足的氧化钙。因此，尽管人们可以建议在混合物中少量使用硫酸，但不宜大量添加。

碱渣

迄今为止最成功的磷肥可能是碱渣（Basic slag），而在锡兰，磷肥的使用也得到了很大的推广。它实际上只在市场上销售了10年，是用贝塞麦转炉炼钢法（Bessemer process）[①] 生产的一种副产品，由四种磷酸盐和铁化合物组成。它的价值变化非常大，至少相当于含35%—40%氧化钙的磷酸盐，细度为70%—80%（也就是说，这个细度可以通过每平方英寸1万个网格的筛子）。由于它含有过量的氧化钙，不能与大多数其他肥料混合使用或储存，而且单独使用它几乎没有任何价值。在锡兰，最成功的方法是用这种肥料把轻度修剪的枝条埋在沟里，这样埋下的腐烂物质很快就和大量的茶根混在一起。我曾看到其中一条沟在6个月后被挖开，当时修剪的树枝已经完全腐烂，证明了这个方法的有效性。

掩埋剪枝

然而这引发了关于掩埋剪枝是否可取的问题。根据班贝尔先生的建议，这种做法在锡兰几乎所有最好的茶园中都很流行。瓦特博士坚决反对这种做法，因为它除了灰烬（无论如何，灰烬都可以归还给土地）之外，几乎没有什么农业价值，他认为这是传播枯萎病的一种方

[①] 译者注：贝塞麦转炉炼钢法最早源于工业革命，是平炉炼钢法发明之前首个从生铁大规模生产钢的廉价工艺，以英国发明人亨利·贝塞麦的名字命名。

式。他写道：

> 如果不是因为"幻想"和"无法解释"等字眼，我应该把掩埋剪枝看作是一种需要严格禁止的做法，并不否认这样做有一点农事上的好处，但是掩埋的剪枝就会造成严重的后果，将一些严重的疾病散布在庄园里。它将使得种植者支付10倍以上的费用来购买化学肥料，以为土壤提供与剪枝中所含的氮和其他物质一样多，掩埋剪枝会增加许多昆虫和真菌蔓延的风险。在一个庄园中，我从地里拔出许多埋在地下的剪枝延伸出来的树枝，发现活跃状态下的剪枝含有赤锈病的孢子结构。这些剪枝在秋季被掩埋，几个月后才把疾病传播开来。这也就难怪，几年前，赤锈在庄园里出现并且蔓延到了令人担忧的程度，因为年复一年把修剪的树枝埋起来，大量健康的茶树已经受到感染。

瓦特博士接着举例说明了枯萎病的传播，进一步证明茶树的其他天敌也是通过同样的方法传播的。最后，他建议所有的东西都应该焚烧——这个建议从他那个时代起就被广泛采纳，尤其是在阿萨姆北部地区。

毫无疑问，在任何情况下，这条建议绝对是最安全的。因为茶树被烧掉，而不是把它们扫进沟里并覆盖。但是也有特殊的情况，也许在运送茶树到垃圾场焚烧的过程中，更多灰霉病（grey blight）孢子被吹落到其他茶树上。在任何情况下，燃烧剪枝绝对是最安全的方法，因为总要把灰烬还给土地。在去年阿萨姆北部管理得最好的一个庄园中，我发现几英亩的灰烬散布在几码宽的狭长地带，这样做是有利于土壤肥力的恢复。因此，燃烧是处理剪枝的理想方法，特别是通过这种方法，消失的氮会在下一个春天通过绿色的豆科施肥作物返回到土地上。在修剪时，应始终培植绿色豆科作物固氮，因为修剪所去除的氮量相当大。如果庄园里存在枯萎病，应该使用燃烧的办法处理剪枝。在这方面最危险的病害是赤锈和枯萎，但我们不知道还有多少其他病害是通过掩埋的方式传播的。把修剪后的树枝随意地放在庄园里，任由它们枯萎，这无异于自杀，而把它们埋起来更是危险的。然而，如果庄园没有枯萎病，只要遵守以下条件，就没有任何绝对的理由反对掩埋剪枝：

（1）必须深埋，至少在其上覆盖六英寸的土壤，以免被锄头翻起。

（2）应在修剪后立即或尽快埋入。在锡兰，沟渠在修剪前就已经挖好，剪枝物几乎立即放入。如果干燥了，肥料价值大部分已经消失或变得难以利用。

（3）应与能破坏上面潜在病菌或真菌孢子的物质一起埋入。最好的材料是石灰和碱渣，它们不仅能破坏病菌孢子，还能加速剪枝物的腐烂。通常的做法是将碱渣撒在埋入的剪枝物上，然后立即覆盖。在这种方式下，每英亩施用4—5英担，并在次年春天使用堆肥。该方法在锡兰被认为非常成功。

如果地理位置方便，丛林的掩埋在重质土壤上是有利的，前提是没有线虫枯萎病。在允许埋枝的情况下，应将其放入沟槽中，并按照建议添加石灰或碱渣。

碱渣与绿肥的结合

上述方法仅在无病害的茶园中推荐使用。通常，以下方法可能是应用碱渣的更好方式。与其将其与剪枝物一起掩埋，不如在秋季深锄或第一次春季锄地时将其撒在表面，然后在5月种植乌头叶菜豆，并在6月锄地。碱渣使绿肥作物更为茁壮，吸收大量磷酸，然后在腐烂后将其传递给茶树。这种方法去年春天在几个园子里实施。目前尚无法判断其最终效果，因为每英亩8英担碱渣可以持续使用几年和种上几种绿肥作物，但我认为这种组合有望成为非常有效的肥料。与前面提到的溶解骨和过磷酸钙相比，我更有信心推荐其作为优质肥料。然而必须再次强调的是，单独使用碱渣几乎无用，因为它无法在土壤中扩散，根系没有机会与其接触。

草木灰

另一种经常被大量浪费,但绝大多数庄园产生的磷肥是草木灰(Wood Ashes)。通常把草木灰堆放在地上时,其中3/4的功效已经消失。建议把粪肥盖在草木灰上面,这样可以保护草木灰不受雨水,其功效10倍于直接堆放在地上。我希望今后每个茶园都可以这样做。以前认为任何碱性物质,如草木灰,都会增加粪堆中氨的生成,从而导致在这种条件下牛粪的变质,但这种观点现在已被放弃,粪肥在稍微碱性的条件下保存的更好。按以下操作,它将会是有价值的:(1)进行绿培前要在每英亩土地中施用5英担草木灰;(2)与剪枝一起掩埋(如果这样做);(3)与油饼混合,但如果草木灰已经暴露在雨中几个月,是没有什么用处的。

草木灰不仅是一种磷肥,而且主要是钾肥的来源。对新鲜灰烬样品和暴露在雨中的灰烬进行成分分析后得出以下数字,如表4-15。当然,不同树木的灰烬含量有很大差异。

表4-15　　　　　　不同灰烬的元素含量对比　　　　　　单位:%

	新鲜的灰烬	雨中的灰烬
水分	12.0	12.0
碳酸钾	5.5	1.4
磷酸	1.9	1.7
氧化钙	34.1	35.9

钾肥

作为钾肥的来源,草木灰应按上述方法使用。我曾说过,阿萨姆的茶叶很少特别需要钾肥。如果对土壤的分析结果表明缺乏钾,草木灰中的钾含量并不足够,只有两种肥料值得运往阿萨姆:一种是硫酸钾(钾含量为50%);另一种是盐酸钾(钾含量略高)。它们要同其他肥料混合使用,绝不能单独应用于茶树中。

石灰肥

现在我们来谈谈石灰的使用。正如在前面的章节中提到的,阿萨姆很少有土壤需要石灰,或者说在很大一段时间都不太需要石灰,前提是避免使用如硫酸铵之类的肥料,尽管目前它所含的硫酸铵远远少于一般的农业土壤。然而,石灰有它的功能,不应该完全被忽视。

(1)在遭受真菌和昆虫枯萎病影响的庄园里施用石灰通常是有用的,它不仅是一种肥料(虽然这可能在未来被发现与枯萎病有关),更是一种摧毁茶树周围土壤中昆虫、毛虫和真菌孢子的手段。为此,应使用刚熟化的新鲜石灰。购买和进口的熟石灰没有什么价值,因为通常50%的熟石灰已经恢复到碳酸钙的状态。

(2)在埋枝时石灰可作为碱渣的良好替代品,它具有与碱渣相同的加速腐烂埋枝的效果,但不具有添加磷酸的优点。

(3)它在保存牛粪方面也很有用。通过在粪堆中偶尔加入一层石灰,形成一种堆肥,使粪便腐烂得更快,石灰完全与粪肥结合。

除此之外,石灰在阿萨姆的茶叶种植中似乎没有直接的用途。

其他肥料

各种其他较为稀有的矿物质已被建议用于茶叶施肥。在锡兰,硫酸铁(Sulphate of lron)和硫酸锰(Sulphate of manganese)被认为是质量较好的肥料。但目前这两种肥料的价格较高,特别是硫酸锰非常昂贵,且尚无证据证明它们的效益,因此我不建议使用。

我们认为,目前在阿萨姆地区可能具有经济效益的肥料仅限于以下几种:

(1)泥炭土;

(2)牲畜粪肥;

(3)绿肥作物;

(4)间作具有施肥作用的植物;

（5）骨肥；

（6）油饼——主要是蓖麻和芥末。

这些都是或多或少完整的肥料。其中有用的特殊成分有：

（7）碳酸水中的硝酸或者钾，极少情况下是氮；

（8）骨头中的过磷酸钙或者磷酸盐矿物质中的磷酸；

（9）碱渣中的磷酸和石灰；

（10）草木灰中的磷酸和钾；

（11）在极少数情况下，钾肥中的硫酸盐或氯化钾；

（12）石灰。

我已经在每一个标题下指出每一种方法的效用，但现在需要提出一些关于如何实施的总体考虑。

（1）我强烈认为，在进行大规模修剪的前一年，应该一直进行施肥。因此，如果要在1902年12月砍掉一部分，就应该在1901—1902年冬天用它所需要的任何东西来施肥。这是基于这样一个原则：在进行一项严重的操作之前，茶树的总体健康状况应该尽可能地好，并且肥料应该与土壤充分结合，这样在没有过度刺激的情况下，茶树就能从严重的砍伐中恢复过来。

（2）1898年，瓦特博士在几个地方暗示，茶园迫切需要某种形式的轮作。在这一点上，我和他是一致的，并在这里建议一些可能有效的轮换形式。就施肥而言，我认为任何一块已经种植茶叶的土地，不施用至少一种肥料的时间不应超过7年。某些土地和庄园未施用肥料的时间可能有10年。以一个占地500英亩的庄园为例，它的土壤很轻且相当深，表层土壤很容易得到，牛粪也保存得很好。将这样一个庄园分成7个部分，每个部分70英亩，处理它的方法可能是：

第一个部分——第1年：培土追肥的厚度不超过4英寸；

第2年：五六月种下芥末，用作绿肥；

第3年：11月每英亩土地播撒8英担的碱渣；

第4年：5月和6月种植绿豆作为绿肥作物；

第 5 年：不施肥；

第 6 年：3 月加施每英亩土地 7 吨牛粪的追肥；

第 7 年：不施肥。

当第一批 70 英亩的土地得到培土后，第二批土地将进行第 2 年的处理，这样每年都会有一部分土地经过某种处理，同时进行轮作。因此这 7 年在茶园外的总成本仅用于碱性炉渣，在同一块地的下一个 7 年不需要，当然可以组合变化。如果培土不够，每英亩 10 英担的蓖麻客土或者每英亩 12 英担的芥末可以替代。碱渣可能被石灰取代，或用更少的追肥，例如可能在每一次轮作每英亩土地 4 英担，而不是 14 年仅一次。调查得不需要牛粪，或最终将碱性炉渣完全省略，形成过磷酸盐（每英亩 2 英担）与农家肥一起施用到田地。费用大致如表 4-16：

表 4-16　　　　　不同有机肥费用　　　　　单位：卢比

1	培土	30①
2	芥末种子（如果少一把普通的锄头，锄地的费用就会减少）	2.5
3	8 英担碱渣	30
4	绿豆种子	2
5	牛粪，包括运输和施肥	10
	总计	74.5

即前 7 年每年 10 卢比，后 7 年每年 6 卢比 8 安那。如果每年增加 30 磅的茶叶，这笔费用就会加倍地被抵消，因为所建议的种植方法肯定不会降低质量。

如我上面所说，轮作可以延长到 10 年，在第 1 年、第 4 年和第 6 年之后可增加什么都不做的一年，这样的话第一阶段的成本将降低为每英亩 7.5 卢比，第二阶段降至 4.5 卢比/英亩。把培土的价格设定在 30 卢比/英亩，这个数字可能相当低，但我建议的培土很轻。如果养料很好，如果在 7 年后有重复的可能，量少一点也足够。

---

① 译者注：按 1 卢比 = 16 安那计。

另一种轮作方法基于完全不同的品系,例如可能出现的重土:

第一部分——第 1 年:垄沟,土壤之间的交替行,并在沟中放置 2 吨/英亩牛粪,另外田地表面施肥 3 吨;

第 2 年:5 月在整块地上种植绿豆,6 月锄地;

第 3 年:不施肥;

第 4 年:在另一行挖掘深沟,在沟里增加密林和 4 英担/英亩的碱渣;

第 5 年:5 月在整块地上种植芥末,6 月锄地;

第 6 年:不施肥;

第 7 年:和第 2 年一样种植绿豆。

在接下来的 7 年的轮作中,该部分将在相应的年份中,沿原沟线与其他行之间的挖掘深沟。这样一个系统的成本将是如表 4-17:

表 4-17　　　　　一种轮作方法的项目费用

序号	项目	费用（卢比）
1	挖深沟	8
2	5 吨牛粪	7
3	绿豆种子	2
4	挖深沟	8
5	剪枝	5
6	4 英担碱渣	15
7	芥末种子	2.5
8	绿豆种子	2
	总计	49.5

即每年每英亩 7 卢比 1 安那的成本,除了碱渣和各种种子外,还要支付雇佣劳动力的费用。2 英担的饼肥总是能代替 1 吨牛粪,但牛粪改善坚硬的土壤的效用更加优越。

我相信,上述只是作为建议而提出的轮作在今后将成为常规工作,尽管在每个地区的轮作成本将有所不同。这样可以在一定程度上防止土地因单一种植茶树而耗竭,最重要的是,轮作可以保持茶叶的品质。正因如此，我特别在每个例子中介绍了一种磷肥。任何情况下，茶园运作都应基于土壤分析，对购买的任何人工肥料的价值都应该通过分析加以检查，并在茶园运作的每一个部分建立最严格的控制。

第五章　阿萨姆地区土壤特征

在这一章中，我试图描述、分类，并指出在布拉马普特拉峡谷每个地区的茶树土壤的最佳耕作方法。这样的尝试一定是非常不完美的，因为我对这些地区本身的了解很少，且仅分析了少数几个典型茶园的土壤。不周之处将进一步研究加以弥补，由于时间仓促，难免有错漏，恳请读者见谅。

大片的冲击地带孕育了阿萨姆峡谷（Assam Valley）的茶园，其位于北部的喜马拉雅山脉和南部被称为那加[①]、米吉尔（Mikir）[②]、詹塔（Jaintia）[③] 和卡西（Khasia）[④] 的丘陵之间。虽然都处于冲积地带，但在不同的地方，土壤性质却有很大的不同，甚至在相隔几英里的地方，也能发现完全不同的土壤。峡谷的南部有许多孤立的山丘，事实上，卡西丘陵的边界靠近高哈蒂的河流。然而，即使在峡谷北面，也会出现一两座孤立的小山，一般由片麻状的红色岩石组成。这些孤立的山丘一直延伸到提斯浦尔和西尔加特（Silghat），在那里它们似乎形成了米吉尔山的前哨，甚至比什纳特和尼格力丁地区也有出现。这样的山丘的存在可能表明现在山谷的南部地区在很久以前普遍高于现在的山峰。

山谷形成的地质历史鲜为人知。尽管印度地质调查局的官员们自1865年以来一直在峡谷周围的山上工作，几乎没有人做过任何与构成这片耕地的冲积层相关的工作。在那一年，时任调查员的梅德利科特

---

① 译者注：那加丘陵位于印度东北部，大部分在那加兰邦境内，是阿萨姆东部的一处丘陵。
② 译者注：米吉尔丘陵是位于印度阿萨姆邦东部的一组山丘。
③ 译者注：詹塔山是印度梅加拉亚邦最东端的一处丘陵，位于阿萨姆邦西南部。
④ 译者注：卡西丘陵位于阿萨姆邦西南部。

(Medlicott)① 先生对整个山谷的描述如下：

如果时间充裕或数据充足，我将更愿意讨论冲积层这一非常有趣重要且复杂的问题。第一次读到弗格森先生（Ferguson）关于恒河（Ganges）三角洲的那篇最有价值的论文时，我突然想到，布拉马普特拉的沉积物与恒河的沉积物相比是如此的落后，这是一种需要解释的反常现象。据说布拉马普特拉流量与恒河相当，但前者所携带的泥沙量要大得多。与恒河上的拉治马哈（Rajmahal）② 相比，图布里（Dhubri）③ 北部的阿萨姆山谷微不足道；此外，在它的大部分地区，岩石似乎在地表附近。然而，阿萨姆的冲积层远远落后于恒河平原。即使假设迪奈普（Dinagepore）④ 乃至三角洲的大部分深层沉积物都是布拉马普特拉的"杰作"，河流的实际关系一定是早已建立的，但布拉马普特拉河在三角洲的沉积物仍然远落后于恒河。我想要解决的难题是，为什么现在在高哈蒂的布拉马普特拉河流的海拔高度为350英里，显然低于拉治马哈境内、距离海洋250英里的恒河。弗格森正确地描述了阿萨姆处于半宜居状态。从布拉姆（Bramahkoond）到图布里水流颇多。它处于一个三角洲的状态，但没有三角洲必须具备的垂直增长的力量。作为这些准三角洲如何形成的证据，我可能会注意到德兴的一个显著特征，即地层的固定点是如何完全达到的。这条大河从山谷的东南角流出，而布拉马普特拉从山谷的东北方流出一样。离开山谷后，它在珀珀尔（Bhabar）⑤ 地带流动了几英里，这是一个由粗糙的岩屑形成的平

---

① 译者注：亨利·本尼迪克特·梅德利科特（Henry Benedict Medlicott, 1829—1905），在印度工作的爱尔兰地质学家。
② 译者注：拉治马哈是印度东部贾坎德邦的一个城镇，位于恒河岸边。
③ 译者注：图布里是印度阿萨姆邦的一个城镇。
④ 译者注：今孟加拉国西北部的迪奈普县。
⑤ 译者注：珀珀尔是印度北阿坎德邦的下喜马拉雅山和西瓦利克山脉（Sivalik Hills）以南的地区。它是沿印度河恒河平原北缘的西瓦利克冲积下来的沉积物的冲积扇形地。

坦斜坡。在这条斜坡的中间，河流仍然处于强烈的洪流中，它分成两条大致相等的支流：一条河流直接流向萨地亚上方的布拉马普特拉，另一条河流沿着南部丘陵的底部，穿过斋浦尔（Jaipur）① 的蒂普姆（Tippum）山脉的岩石峡谷，在萨地亚下方100多英里处汇入布拉马普特拉。河流自成两条支流，这是它正在构建而不是破坏的必要证据，并且多年来，这样的分岔得以维持，表明两条路线之间没有高度差。

我从1865年的印度地质调查回忆录中引用了这一段，它是迄今为止关于阿萨姆河流域冲积矿床地质学的最后一篇重要论文，因为它显示出人们对这些矿床的起源和进展知之甚少。对于这些矿床现状是增加或减少；这些矿床使得该国在高哈蒂和西尔加特之间河流的总体水平比在苏班西里和德兴山谷中更高的条件；在焦哈特和戈拉加特地区从山上延伸到河流的奇特山脊的形成原因；或提斯浦尔、比什纳特和西布萨噶② 被低地包围的孤立高原，我们几乎一无所知。人们只能希望，在不久的将来，即使不是为了茶，为了知识的普及，这些问题可以由训练有素的地质学家来解决。

土壤类型

阿萨姆山谷的土壤或多或少都适合种植茶叶，但除了迪布鲁加尔地区（该地区似乎是谷地中最复杂的部分）外。山谷的土壤由于茶叶种植中的不同价值大致可以分为五类：（1）在卡姆鲁普、芒加尔代和特兹普尔以及比斯纳特部分地区，靠近喜马拉雅山脚的冲积云母砂床；（2）特兹普尔、比斯纳特和可能的锡布萨加尔地区突然从低平原上升起的高地土壤（特兹普尔高地）；（3）主要由非常细的淤泥组成的重

---

① 译者注：斋浦尔是印度拉贾斯坦邦（Rajasthan）的首府。
② 译者注：西布萨噶是印度阿萨姆的一个县，位于该国东北部。

土，可能是在平静的水中沉积的，大量存在于瑙冈，有时在乔尔哈特、锡布萨加尔和迪布鲁加尔形成山脊；（4）一系列沿谷地线延伸的沙质山脊，从上游的杜姆杜玛经过锡布萨加尔（少量）、乔尔哈特和戈拉哈特一直延伸到米基尔山脉；（5）沿纳加山脉脚下的低山，主要分布在锡布萨加尔地区的大部分地区。在讨论各个地区时，我将对这些不同的山脊和土壤类型进行描述，我将按我在1900年11月和12月以及本年（1911年——编者注）1月访问这些地区的顺序进行描述。

芒格阿尔多伊地区

芒格阿尔多伊是布拉马普特拉北岸山谷中海拔最低的茶区，其由两个在土壤特征、水平高度和茶叶适宜性方面截然不同的区域组成：其中一个是在山丘附近的沙滩上；另一个是在地势略高于水平面并离河流较近的陆地上。

前者主要由草地和浅灰色的云母砂组成，由于多年草丛丛生并年年烧荒，因此通常具有非常肥沃的表层土壤，特别适合种茶。像大多数草地一样，地表的极度丰富性并没有延伸到很大的深度，但在表5-1中对几个茶园15英寸深的土壤的分析表明，荒地的表土非常好。

表5-1　　　芒格阿尔多伊地区不同土壤的化学成分组成　　　单位：%

	纳格里朱利荒地	布提亚茶园 已种几年茶	奥莱格居力茶园 种茶不足4年
有机物	8.34	6.80	5.57
氧化铁	3.11	3.66	2.89
氧化铝	4.15	3.62	3.55
氧化钙	0.10	0.38	0.13
氧化镁	0.79	0.81	0.65
碳酸钾	0.39	0.27	0.23
碳酸钠	0.33	0.23	0.14
磷酸	0.11	0.17	0.12
硫酸	0.02	0.02	0.01

续表

	纳格里朱利荒地	布提亚茶园已种几年茶	奥莱格居力茶园种茶不足4年
不溶性硅酸盐（砂）	82.66	84.04	86.66
	100.00	100.00	100.00
含氮量	0.19	0.17	0.14

所有这些都是极好的土壤，正如通过分析土壤的非砂质部分所展示的那样，如表5-2：

表5-2　　　芒格阿尔多伊地区不同土壤非砂质部分的化学成分组成　　　单位：%

	纳格里朱利	布提亚	奥莱格居力
有机物	48.11	42.61	41.77
氧化铁	17.94	22.93	21.66
氧化钙	0.58	2.38	0.97
碳酸钾	2.25	1.69	2.10
磷酸	0.63	1.07	0.90
氮	1.12	1.07	1.05

在这些土地的某些地方有砾石山脊，但现在水位有时在地表以下100多英尺。这是由于河流在山脚下的这片沙洲下方下沉，并延伸至芒格阿尔多伊地区南部。我想，在这些土壤上，只有在特殊情况下才需要人工排水——土壤通常多孔性很强，以至于水几乎立刻就消失了。如果可能的话，这一岸将是灌溉的地方之一，而且在任何地方都可以灌溉，因为这里土壤的极高的孔隙度和水深度将对灌溉有利的。

首先是有机质和氮的消耗，建议在茶树种植10年后，再间作绿豆等豆科植物。在这片土地上，种植楹树将有巨大的优势。最终，这里最有效的肥料将是来自周围草地丛林的肥沃表层土壤（存在这种土壤的地方）或其默认的牛粪或油饼。可溶性固氮肥料不推荐使用，且多年内不需要任何类型的磷肥。如果气候允许（我担心不会）近距离采摘，这里可以生产高品质的茶叶。据我所知，这一地区有一层红土，以及上面所说的灰色物质，但我未能对其进行检查。

靠近河边的茶园里的土壤是另一种完全不同的性质。这里土地的海拔略高于周围地区，并且由比我刚刚描述的土壤更精细。此外，土壤深度不大，在 8—15 英尺的深度范围内，在某些地方发现了含有硫磺氢的地下水，而硫磺氢是一种植物毒素。根系发育的最终深度受这种水位上升的最高点的限制，所以这种土地排水沟是必要的，且排水沟应较窄，并且在像芒格阿尔多伊这样的炎热地区，田地两侧都要挖有排水沟。由于土壤深度不足，作物很快就会发生衰竭，但我相信，有了肥料，茂盛的茶树就能继续生长。表 5 – 3 是对新格里马里的一种老茶土的分析，它仍然相当肥沃，但偶尔也会施肥。

表 5 – 3　　　新格里马里地区不同土壤的化学成分组成　　　单位：%

	已耕 30 年的新格里马里	
	总体土壤	非沙质土壤
有机物	3.25	32.43
氧化铁	2.47	25.00
氧化铝	2.98	—
氧化钙	0.12	1.21
氧化镁	1.62	—
碳酸钾	0.19	1.92
碳酸钠	0.15	—
磷酸	0.09	0.91
硫酸	0.01	—
不溶性硅酸盐（砂）	90.12	—
	100.00	—
含氮量	0.09	0.91

这些茶园需要尽早施肥。上述分析代表的土壤急需氮和有机质，其他需求不大。最佳的方法是使用豆科作物进行绿肥，同时建议将茶园或任何可获得的植物废弃物，包括村庄粪肥，埋入土壤。这种处理方式不仅能提供所需的养分，还能显著改善土壤状况，这是当前迫切需要的。

第三编 阿萨姆邦的茶土与茶肥

提斯浦尔地区

提斯浦尔地区有三种完全不同的土壤类型,第一种位于河流和所谓的提斯浦尔河岸之间,是有砂土覆盖的灰白色的土壤(干燥时)。显然,这些土地大多在种植茶树前已被耕种过。它是纯粹的冲积层,最糟糕的特征是表层土壤较浅且易碎,以及相对较高的水位,这使得所有这片土地都需要最细致和彻底的排水。这种浅层土壤导致了"红蜘蛛"和"赤锈病"的流行。对于前者来说,现在大部分的茶园都是在春季通过撒硫磺来控制的,这种方法非常有效,在这里每英亩的成本仅为5卢比。赤锈病可能是比红蜘蛛更强大的敌人,在大多数茶园中需要我的小册子(1901年8月)中建议的方法来防治。我相信,这些方法在本区适用,会有很好的效果。

由于有用的土壤相对较浅,而且土壤的消耗速度相对较快,因此这里所有的土地通常都需要施肥,尤其是在种植茶超过几年的土地上。1900年蓖麻饼产量的惊人增长(以每英亩15.5磅的速度)显示了茶对氮肥的反应。事实上,我建议使用油饼(芥末或蓖麻)。以每英亩10—15孟德混合每英亩3孟德的过磷酸钙的比例,并在次年的5月和6月种植绿肥。

表5-4是对有些枯竭的土壤的分析,这些土壤已经种植了20多年的茶树并且需要在该地区以这种方式进行施肥。

表5-4　　　　　营养枯竭土壤的化学成分组成　　　　单位:%

	1号	2号
有机物	3.37	3.14
氧化铁	2.23	3.14
氧化铝	4.42	5.32
氧化钙	0.07	0.08
氧化镁	0.29	0.52
碳酸钾	0.27	0.46

续表

	1号	2号
碳酸钠	0.17	0.45
磷酸	0.04	0.03
硫酸	0.02	0.02
不溶性硅酸盐（砂）	89.12	86.84
	100.00	100.00
含氮量	0.10	0.08

我们计算非砂质部分的土壤，结果如表5-5：

表5-5　　　　营养枯竭土壤的非砂质部分化学成分组成　　　单位：%

	1号	2号
有机物	30.97	23.87
氧化铁	20.50	23.87
氧化钙	0.64	0.61
碳酸钾	2.48	3.49
磷酸	0.37	0.23
氮	0.92	0.61

提斯浦尔沿岸

距离河流几英里处，陆地突然上升了18—20英尺，其中一块上升到阿萨姆山谷的红土河岸上，其存在尚无法解释。在之前的文章中，梅德利科特先生提道：

> 这些沉积物虽然很少开发，但它们是在恒河流域广泛发现的所谓"古老沉积层"的代表。重要的是，我们应该对这些新近形成的学说形成明确的意见，因为目前这些学说受到严重的怀疑，这些怀疑影响我们的推测。一般认为，这一较老的冲积层是海相地层。在实际河道的范围内，人们在很大程度上采用了更为合理的河流沉积学观点，但对那些与之相关的沉积层，人们的看法仍然是不

同的。与他们所处的实际条件形式相反的事实是他们所处的更高位置,显然远远超出了雨水和河流作用的范围。

无论这些河岸的起源和原因是什么,在阿萨姆山谷中都有几处,没有一处像提斯浦尔那样引人注目,但显然都具有同样的性质。它们由红壤土构成,质地稍好于山谷土壤的平均质地,因此成块时有些坚硬,在原始状态下,它们似乎大部分被壮丽的森林所覆盖,其中铁力木可能是许多地方的主要树种。这些河岸的土壤从表层到与周围低地相接的性质基本一致。偶尔它们会变得略带砂砾,但通常几乎没有石头。在提斯浦尔河岸上,有一段灰白色的细沙,宽度从 100 英尺到 1/4 英里不等,从西北到东南,非常不适合种植茶树。

提斯浦尔的整个河岸在初次开垦时非常适合种植茶树。它从开始就需要相当彻底的种植,但这可能会使茶树丛像山谷的其他任何部分一样繁茂。然而,把它称为肥沃土壤将是一个错误。处于原始状态的土壤的成分极其平衡,但是在密集种植大约 10 年后,如果不施肥,土地的价值将大大降低。对索纳朱里土壤样品的分析如表 5-6 显示,10 年来土壤成分发生了变化:

表 5-6　　　　未开垦与开垦 10 年土壤化学成分组成　　　　单位:%

	未开垦的土壤	种植茶树 10 年的土壤
有机物	5.59	4.66
氧化铁	2.98	2.84
氧化铝	5.03	4.50
氧化钙	0.04	0.09
氧化镁	0.46	0.48
碳酸钾	0.35	0.33
碳酸钠	0.30	0.27
磷酸	0.05	0.04
硫酸	0.02	0.01
不溶性硅酸盐(砂)	85.18	86.78

续表

	未开垦的土壤	种植茶树 10 年的土壤
	100.00	100.00
含氮量	0.14	0.12

像以前一样计算土壤的非砂质部分,如表 5-7:

表 5-7　　未开垦与开垦 10 年土壤非砂质部分化学成分组成　　单位:%

	未开垦的土壤	种植茶树 10 年的土壤
有机物	37.72	35.26
氧化铁	20.10	21.49
氧化钙	0.27	0.68
碳酸钾	2.36	2.50
磷酸	0.34	0.30
氮	0.94	0.83

正如第四章所示,在过去十年中,土壤中的有机质减少了 16.6%,氮元素减少了 21.4%,磷酸减少 11.8%,这意味着土壤中茶树最需要的成分已经严重贫乏。

非常幸运的是,提斯浦尔河岸周围和内部显然存在着非常丰富的泥炭和其他泥质沉积物。例如,在阿达巴里茶园附近,博雷利河(Borelli River)的旧河床处有一处沉积物,其肥力在整个阿萨姆地区排名靠前。索纳朱里茶园送来的土壤样本也具有同样丰富的化学成分。它们都含有 20% 的有机物和 60% 的氮。在这些沉积物存在且可用的地方,不需要担心土地的肥沃。在其他地方,应使用油饼和过磷酸钙。在春季早期,按照每英亩 12 孟德芥菜和 3 孟德过磷酸钙的比例施用这种肥料,可以维持三年的肥力。如果在此期间再种植两季乌头菜豆,效果会更好。没有这些绿肥作物,土壤中的氮元素将不足。此外,如果在种植绿豆期间种植两种绿肥作物,肥料将有 3 年的效用。没有这些绿色的施肥作物,氮素供应就会不足。

表 5-8 是对河岸东侧土壤的分析,显然它不如西侧好。

表5-8　　　　博雷利河岸东侧土壤化学成分组成　　　　单位：%

有机物	3.14
氧化铁	1.47
氧化铝	3.95
氧化钙	0.04
氧化镁	0.19
碳酸钾	0.23
碳酸钠	0.08
磷酸	0.02
不溶性硅酸盐（砂）	90.88
	100.00
含氮量	0.11

这样的土壤迫切需要用上述建议的方法之一进行施肥。

提斯浦尔的砂质土壤

在提斯浦尔河岸和喜马拉雅山脉之间，有一片由博雷利河谷形成的沙质土地，这里种植了该地区最早的一批茶树。这里的底土主要是沙子，在少数地方是砾石，如果地下水位离地表足够远，并且保持土壤的肥力，土地的表现就很好。在沙子或砾石下面，通常会发现一层蓝色黏土。如果这层黏土靠近地表，有限的根系范围会导致土壤较早地耗尽养分。

这些庄园最好的肥料是牛粪，然后是绿肥，前者在春季施用，每英亩约5—10吨。在茶园中种植一些楹树将会非常有利。另一种替代方案是使用碱性矿渣，然后种植绿肥作物。但无论如何，如果不进行施肥，这一区域的茶园将迅速退化。

比什纳特地区

博雷利河以东是比什纳特区域，在那里发现的各种土壤类型与提斯浦尔相似。例如，这里有一片红土，似乎原本与提斯浦尔的红土连成一片。但是它的质地比后者更重、更黏，但该地区几个最好的茶园就位于此。

表5-9是对河堤上一处土壤的分析，不过，这个样本的黏性可能比平均水平稍高一些。

表5-9　　　　　博雷利河堤上土壤的化学成分组成　　　　　单位：%

有机物	7.40
氧化铁	5.03
氧化铝	10.77
氧化钙	0.09
氧化镁	0.52
碳酸钾	0.58
碳酸钠	0.18
磷酸	0.05
硫酸	0.03
不溶性硅酸盐（砂）	75.35
	100.00
含氮量	0.11

也就是说，从提斯普尔河岸的索纳朱里茶园所采集的样本中黏土含量大约是比什纳特地区的1/2。这将强调以下几点：首先，只要有足够的有机质和磷酸，土壤就具有持久性。其次，需要彻底且频繁的耕作，否则土壤在雨季会变成泥浆，雨季结束会变得坚硬。再者，在寒冷干燥季节的早期进行深锄非常重要，这有助于保持下层土壤的湿润，并使上层土壤风化。当预期有长期干燥天气时，一次好的深耕对黏土含量高的土壤必不可少，砂质土地的情况完全不同。

比什纳特河岸的已经有10多年的历史并且被过度开垦部分土地，建议采取轮作施肥策略。如果缺乏表层土壤，可以使用每英亩10—12孟德芥菜来改善。两年后，种植乌头叶菜豆作为绿肥。四年后，再次施用芥菜饼肥，如此循环往复。这片土地非常适合前文提到的沟漕系统，能取得非常好的效果。

在红土河岸下面的一小片茶地和离提斯浦尔河边的土壤很相似。应该用类似的方法来处理。

提斯浦尔河岸和喜马拉雅山脉之间的砂质土壤带也存在于比什纳特河岸以北，但我认为比什纳特的优质土壤更深。比什纳特茶叶公司（Bishnauth Tea Co.）[①] 最好的茶园之一迪克拉伊茶园就位于此，对此处土壤进行分析，如表 5-10：1 号是荒地，2 号是种植茶叶多年的土壤。

表 5-10　　比什纳特地区荒地与开垦多年的土壤化学成分组成　　单位：%

	1 号	2 号
有机物	3.99	3.54
氧化铁	1.16	1.66
氧化铝	3.08	3.27
氧化钙	0.04	0.04
氧化镁	0.25	0.33
碳酸钾	0.19	0.16
碳酸钠	0.12	0.17
磷酸	0.04	0.04
硫酸	0.01	0.01
不溶性硅酸盐（砂）	91.12	90.78
	100.00	100.00
含氮量	0.11	0.10

计算土壤中非砂质部分的成分，结果如表 5-11 所示：

表 5-11　　比什纳特地区荒地与开垦多年的土壤非砂质
部分化学成分组成　　单位：%

	1 号	2 号
有机物	44.94	38.40
氧化铁	13.07	18.00
氧化钙	0.45	0.43
碳酸钾	2.14	1.74

[①] 译者注：1863 年在印度加尔各答成立的一家茶叶生产公司。

续表

	1号	2号
磷酸	0.45	0.43
氮	1.24	1.08

每一种成分都有明显的消耗，考虑到茶树的年龄，这些损失非常小，最好的方法是采用在与提斯浦尔非常相似的土地上建议的那些方法，即牛粪，然后培植绿肥，并种植楹树。楹树应在种植的第3年砍伐，因为这片土地受蚊子的严重影响，不适合培育大树来遮荫乘凉。在这些特殊的条件下白灰毛豆显然是一种可能具有非常大优势的灌木。正如在提斯浦尔所建议的，在绿肥作物前使用碱性炉渣，可能会收到很好的效果。

比什纳特以东有一片科卡尼森林，森林后面是一片巨大的草原。在森林地带的砂质土壤上发现了几个茶园，土壤质量极佳，但深度有限，在茶树生长初期便需施以肥料。8—20英尺深的底土由黏土组成，因此这个深度标志着有用材料的存在。或许，采用为期九年的轮作周期是最佳选择：

第1年：在重度修剪的前一年，每英亩施用100吨牛粪肥料，紧接着在春天种植乌头叶菜豆作绿肥。

第2年：无需任何处理。

第3年：芥菜作绿肥。

第4年：无需任何处理。

第5年：每英亩施用10英担饼肥，并于春季种植乌头叶菜作绿肥。

第6年：无需任何处理。

第7年：芥菜作绿肥。

第8年：无需任何处理。

第9年：无需任何处理。

第10年：如同第一年一样施用粪肥，循环往复。

在这个方案中，唯一需要外购的物品是饼肥，即便如此，饼肥也能在当地获得。

如上所述,科卡尼森林地带(以前是)的东边是一个巨大草原,散落着许多茶园。与许多草地一样,这里的大部分茶土很浅很薄(尽管有例外)。在这一区域内,推荐用于砂质森林茶园的施肥方法同样适用。

诺尔特拉基姆普尔地区

在比什纳特区以东是诺尔特拉基姆普尔区,几乎整个地区位于苏班西里河(Subansiri river)和喜马拉雅山脉之间的楔形地带。这里的地势偏低且多沼泽,因此只有在高于平均海拔水平的区域才能种植茶叶。事实上,现存茶园仍需要依靠大型工程疏通防水。

该地区存在三种类型的土地。① 第一种类型包括胡尔马利(Hoolmarie)、安妮斯巴瑞、杜拉哈特(Doolahat)和默布赫尔茶园,这些地方的表层土壤较为疏松,底土较硬,需要进行深层彻底的底土排水和重度耕作才能种植出茂盛的茶叶,但实际上,它们构成了真正肥沃的冲积层。对已种植20—25年茶叶的安妮斯巴瑞茶园土壤的分析如下表5-12:

表5-12　　　　安妮斯巴瑞茶园已种植茶叶20—25年的

土壤化学成分组成　　　　单位:%

有机物	5.23
氧化铁	2.53
氧化铝	3.48
氧化钙	0.06
氧化镁	0.49
钾	0.25
碳酸钠	0.15
磷酸	0.07
硫酸	0.02

---

① 我非常感谢来自特爵茶叶公司(Dejoo Tea Co.)的 W. A. 先生为我提供了许多我不能看到的有关这个地区的许多信息(H. H. M.)。

续表

不溶性硅酸盐（砂）	87.72
	100.00
含氮量	0.10

土壤非砂质部分的有机物含量如下表5-13：

表5-13　安妮斯巴瑞茶园已种植茶叶20—25年的土壤非砂质部分化学成分组成　　单位：%

有机物	42.61
氧化铁	20.61
氧化钙	0.49
钾	2.04
磷酸	0.57
氮	0.81

像这样的土地目前不需要施肥。深耕就能产出优质茶叶，但氮肥始终是必需的，因此无论如何，有必要培育一种绿肥作物。

诺尔特拉基姆普尔地区的第二大土壤类型是砂地茶园，例如利拉巴里、帕塔利帕姆（Pathalipam）和波尔多班（Bordeobam）。在这些茶园，尽管土壤的砂质特性很难防止排水沟坍塌，但仍然能够产出优质茶叶。表5-14是对利拉巴里土壤的分析，第一种土壤样本采自纳哈尔（Nahor）森林的荒地土壤，采集深度大于茶园平均深度。第二种土壤样本是已种植茶树长达15年的老茶土。

表5-14　　　　荒地与老茶土土壤化学成分组成　　　单位：%

	荒地	老茶土
有机物	3.60	2.10
氧化铁	1.37	1.91
氧化铝	4.10	2.58
氧化钙	0.04	0.10
氧化镁	0.37	0.62

续表

	荒地	老茶土
钾	0.17	0.12
碳酸钠	0.10	0.10
磷酸	0.02	0.07
硫酸	0.01	0.02
不溶性硅酸盐（砂）	90.22	92.38
	100.00	100.00
有机物	0.10	0.07

荒地土壤的磷酸含量极低，我不建议用其培育茶树，除非尽早施用磷肥。到目前为止，老茶园的土壤表现非常好，每英亩出产6孟德优质的手工采摘茶。然而，如果不在近期通过绿肥和牛粪轮作的方式施用有机肥和氮肥，土壤很容易迅速退化。

第三种土壤类型可能品质最好，涵盖了大部分喜兴和特爵（Dejoo）茶园，喜兴茶园与提斯浦尔低地茶园相似。喜兴茶园最适宜茶树生长的环境是一片类似提斯浦尔和比什纳特的河岸，一直延伸到山脚下。这种高地土壤是白蚁的天堂，但仍然非常适合种植茶树。虽然这里气候接近上游山谷，但由于缺乏磷酸盐，所以很难产出迪布鲁加尔品质的茶叶。特爵茶园荒地和种植茶叶35—40年的土壤分析结果如下表5-15：

表5-15　　　　特爵茶园荒地与老茶土中在26—28年后

损失养分占比　　　　单位：%

	荒地	老茶土	26—28年的损失养分百分比
有机物	6.11	4.25	30.4
氧化铁	2.78	2.75	—
氧化铝	5.63	5.60	—
氧化钙	0.11	0.02	81.8
氧化镁	0.33	0.33	—
钾	0.24	0.19	20.8

续表

	荒地	老茶土	26—28 年的损失养分百分比
碳酸钠	0.12	0.14	—
磷酸	0.06	0.03	50.0
硫酸	0.02	0.02	—
不溶性硅酸盐（砂）	84.60	86.70	—
	100.00	100.00	—
含氮量	0.20	0.09	55.0

因此，这些土壤在茶叶生长过程中变得贫瘠，即便超过 10—15 年的土地也需要施肥。我认为，最好的施肥方法是在提斯浦尔河岸使用的方法，只是磷酸盐不需要立即施用。优质的表层土壤不像在提斯浦尔地区那样容易获得，因此我们只能施用饼肥和过磷酸钙，或者仅施用饼肥。10 孟德油饼可以提供 40 磅氮/英亩。具体做法是每三年施用一次饼肥，辅以种植豆科绿肥作物，几乎不需要额外施肥，除了在每六年时，增施 3 孟德/英亩过磷酸钙。具体的施肥计划如下：

第 1 年：在 3 月按照上文的方法施用饼肥和过磷酸钙，在 8 月播种乌头叶菜豆，在 10 月初耕地。

第 2 年：不施肥。

第 3 年：在春季种植乌头叶菜豆作绿肥。

第 4 年：在 3 月照上文的方法施用饼肥。

第 5 年：在春天培植绿肥，例如芥菜（mustard）。

第 6 年：不施肥。

第 7 年：饼肥和过磷酸钙。

在第十年施用饼肥时应加入每英亩 5 英担的草木灰，并且如果乌头叶菜豆未让茶树生长得更茂盛，应偶尔用芥末代替。

迪布鲁加尔地区

在苏班西里河以东的布拉马普特拉河北岸，现在几乎没有茶园。整个迪布鲁加尔地区地势低洼，多被水域覆盖。几乎一跨过布拉马普特拉河及其支流迪布鲁河（Dibru），就能到达地势较高的地方。其与德兴河之间遍布山脊，这些山脊可能是印度大规模种植优质茶叶的最佳土地之一。兰加戈拉（Rangagora）公路上的一组茶园就位于其中一座山上。另一座山上有铁路，附近还有另一组茶园。通往斋浦尔的道路附近也有许多茶园。由于这些山脊的地形复杂，土壤类型和植被各异，因此在这个地区无法像在布拉马普特拉河北岸那样制定明确而具体的施肥规则，我只能用我亲自研究过的案例说明。

离开迪布鲁加尔后不久，人们在莫托拉（Mothola）发现兰加戈拉公路和迪布鲁河之间的冲积层下埋藏着一座古老森林的遗迹，并且成为一种优良肥料。值得注意的是，这种广泛存在的冲积层对附近茶园具有重要价值。沿着这条路，土地显然变得越来越砂质，突然下降到靠近迪布鲁河的低洼地带。即使不进行分析也能看出，像这样的土地是缺乏有机质的，牛粪比其他任何肥料都有用。如果没有牛粪，建议使用饼肥，然后是绿肥作物。

在兰加戈拉公路和铁路之间的地区，地貌特征极其多变。其中大部分是草地，坐落着全省最好的茶园。其他部分土壤质地较重，被外观经常变化的森林覆盖。在这片林地上有许多茶园，伍德拜恩茶园就是其中之一。其种植茶叶的时间长达7—8年，每英亩产出6孟德茶叶。对其底土的分析如下表5-16所示：

表5-16　　伍德拜恩茶园不同土层的土壤化学成分组成　　单位：%

	15英寸深土壤	8英寸深土壤	8—15英寸深土壤
有机物	6.80	7.13	6.43
氧化铁	3.54	3.57	3.50
氧化铝	8.85	7.80	10.09
氧化钙	0.12	0.11	0.13
氧化镁	0.65	0.65	0.66
钾	0.47	0.40	0.54
碳酸钠	0.13	0.13	0.14

续表

	15英寸深土壤	8英寸深土壤	8—15英寸深土壤
磷酸	0.09	0.10	0.08
硫酸	0.03	0.03	0.03
不溶性硅酸（砂）	79.32	80.08	78.40
	100.00	100.00	100.00
含氮量	0.15	0.17	0.13

这些数据清楚地表明，就化学成分而言伍德拜恩茶园稍逊于邻近茶园中出色的原始土壤的一点是有机质和含氮量较低，而这两者可以通过大量的有机肥料如牛粪来补充。如果本地能够供应有机质和氮，那么在未来许多年内，很少会用到其他任何养料。前提是根系能穿透黄色的黏性底土，彻底的底土排水和反复的耕作有助于根部突破覆着其上的黏土垫层。

如上所述，兰加戈拉公路和铁路线之间有大片草地，这些草地造就阿萨姆邦最好的茶园。例如约凯公司（Jokai）的帕尼托拉茶园，表5-17对其未开垦的土壤和已种植茶树26—28年的土壤进行分析：

表5-17　　帕尼托拉茶园土壤化学成分与26—28年间
土壤损失养分占比　　　　　单位：%

	荒地	老茶土	26—28年间土壤损失养分百分比
有机物	6.75	5.61	16.9
氧化铁	2.95	3.28	—
氧化铝	5.74	6.23	—
氧化钙	0.09	0.05	44.4
氧化镁	0.72	0.79	—
钾	0.38	0.31	18.4
碳酸钠	0.19	0.14	—
磷酸	0.08	0.06	25.0
硫酸	0.02	0.03	—
不溶性硅酸盐（砂）	83.08	83.50	

续表

	荒地	老茶土	26—28年间土壤损失养分百分比
	100.00	100.00	—
含氮量	0.14	0.11	21.4

这些数据表明草地土壤的一个缺陷,即由于茶树的浅根系仅分布在土壤表层附近,养分集中在表层,并且消耗较快。表 5-18 对同一种原始茶树土壤和古老茶树土壤中有效的植物营养物质的测定结果更是如此。

表 5-18　　同一种原始茶树土壤和古老茶树土壤中有效的
植物营养物质的测定

	未开垦的土壤	老龄茶园的土壤	26—28年间的土壤损失（%）
钾	0.014	0.007	50.0
磷酸	0.010	0.007	31.1
氧化钙	0.023	0.017	26.1
氧化锰	0.018	0.007	—
氧化铁	0.327	0.307	6.1

这种消耗的结果只能是茶叶质量和产量的下降。茶叶质量可以通过更频繁更精细的采摘保持一段时间,但最终会达到一个极限,即采摘无法更密集更精细,茶叶价值必然会越来越低。

在像迪布鲁加尔这样的优质茶区,在可以获得其他养料的情况下,应该避免使用真正的泥炭土壤作为肥料,尽管目前没有直接证据表明其具有负面影响。如果使用,应多次少量施用,而不是一次大量施用。但是,附近未开垦土地的富表层土壤可以任意使用泥炭土壤。如果可以的话,应该使用牛粪,同样要多次小剂量使用,而不是一次性大量使用。我不建议一年内在上述茶园中施用 5 吨/英亩牛粪肥料。

如果这些方法不可行,我建议在寒冷季节每英亩施用 5—7 英担的碱渣，并以同样的方式和比例使用所有可用的草木灰。随后在春季种植乌头叶菜豆作为绿肥，每三年重复一次，不必每次都添加碱渣，这样可以提高茶叶的质量。类似茶园的轮作施肥方案如下：

第 1 年：在寒冷季节每英亩施用 5 英担碱渣，紧接着在春天种植乌头叶菜豆作为绿肥。

第 2 年：不施肥。

第 3 年：在春天每英亩土地施用 5 吨牛粪。

第 4 年：同之前一样施用乌头叶菜豆绿肥。

第 5 年：不施肥。

第 6 年：每英亩土地施用 10 孟德饼肥。

第 7 年：培植芥菜作绿肥。

第 8 年：施用 2 英担硫酸钾肥，紧接着像第一年一样种植乌头叶菜豆作绿肥。

第 9 年：不施肥。

第 10 年：春天每英亩土地施用 5 吨牛粪。

第 11 年：每英亩施用 5 英担草木灰并且在春天种植乌头叶菜豆作绿肥。

因此，在十年内，每英亩土地通过施肥增加的氮与磷酸含量如下表 5-19 所示：

表 5-19　　　　　　在十年内每英亩土地
氮与磷酸的增加量　　　　　　　单位：%

	氮	磷酸
第 1 年	—	84
第 3 年	28	20
第 6 年	40	20
第 10 年	28	20

现在假设种植乌头叶菜豆能为每英亩土地增加 50 磅氮含量，10 年后每英亩作物增加了 246 磅氮或者平均每年 24.5 磅氮，14.5 磅磷酸和

10 磅钾。在第二个十年，由于草木灰替代碱渣，碳酸钾用量增加，磷酸用量减少。应注意的是，这样添加的氮量远低于茶树移除的氮量，因此，未来可能需要增加饼肥或牛粪的施用频率。由于尚未明确在没有植物生长的情况下，热带土壤的固有氮含量，因此我建议不要超过上述的氮肥用量，直到田间试验证明有必要增加。

表5-20是对东阿萨姆邦茶叶公司巴里扬其他土壤的分析，这些土壤就在我刚才提到的那片草地上。由于幼茶目前不需要施肥，可能除了2号，但它们都可以采用类似于刚才描述的方法进行防治。

表5-20　　　　　巴里扬其他土壤的化学成分分析　　　　　单位：%

	1号	2号	3号	4号
有机物	7.40	6.44	4.93	6.55
氧化铁	4.10	3.42	2.38	4.02
氧化铝	5.99	5.85	3.82	5.68
氧化钙	0.07	0.13	0.20	0.06
氧化镁	0.96	0.74	0.65	0.67
钾	0.31	0.30	0.23	0.30
碳酸钠	0.13	0.13	0.16	0.19
磷酸	0.09	0.09	0.09	0.11
不溶性硅酸盐（砂）	80.95	82.90	87.54	82.42
	100.00	100.00	100.00	100.00
含氮量	0.15	0.12	0.10	0.13

1号是未经开垦的土壤，其余土壤种植茶树的时长不同。

萨迪亚路（Sadya）的另一边（南侧）是一组在森林土地上的茶园，茶播茶园是其中之一。茶播茶园的土壤质地非常紧实厚重，表面不像刚才讨论的那么肥沃，但下至4英尺甚至更深的土壤性质良好。它比我们刚才谈到的那些土壤更具黏性，但由于它的深度，通常土壤特性极其持久。表5-21是这种土壤在茶树栽培的各个阶段的分析结果。

表 5-21　　茶播茶园种植茶树不同时间段的

土壤化学成分分析　　　　单位：%

	1号 种植茶树 64 年	2号 种植茶数 14 年	3号 种植茶树 5 年
有机物	4.60	4.11	5.75
氧化铁	2.48	3.08	3.11
氧化铝	5.08	4.48	6.95
氧化钙	0.06	0.07	0.11
氧化镁	0.61	0.72	0.74
钾	0.30	0.28	0.26
碳酸钠	0.15	0.13	0.28
磷酸	0.05	0.07	0.06
硫酸	0.02	—	—
不溶性硅酸盐（砂）	86.65	87.06	82.74
	100.00	100.00	100.00
含氮量	0.10	0.10	0.12

我认为帕尼托拉地区的施肥方案同样适用于此地。然而，绿肥占比可能更大，因此种植楹树和白灰毛豆灌木可能会有很大优势。

在茶播茶园的南面，朝着德兴茶园的方向，地势变得越来越低，茶树只种植在零星几座山脊。这些似乎是阿萨姆已知的最古老茶地，也是迄今为止产茶量最高的土地。土壤是颜色深的浅表层壤土，通常被茂密的森林植被所覆盖。事实上，整个德兴河谷地势很高，形成了一个非常适合种植茶叶的优良土壤区。土壤在离地表很近的地方有砾石和石质，但也适合茶树生长。

多奥姆多奥马地区

如果不越过德兴，而是沿着迪布鲁河及其支流，就会到达多奥姆多奥马地区。该区域由细砂粗砂相间的山脊组成，山脊方向似乎与河道相关。例如，一条巨大的山脊可能从伍德拜恩［沿着拉拉哈皮安路（Rarahapian）有一片轻壤土］穿过胡坎古里到达汉萨拉（Hansara）茶园一角。这条河北面是一座轻壤土山脊，穿过希利卡、帕布约贾恩、多达姆（Dhoedam）、汉萨拉茶园和比索科皮茶园。再往北面有另一片重壤土区域，主要位于丛林中。而具有轻壤土的蒂普克（Tippuk）地带在接近塔卢普茶园时质地变重。虽然物理特性不同，但茶树在轻壤土中生长最为繁茂，表5-22是采自这些山脊的一些土壤的分析结果。第一组是砂质轻壤土：

表5-22　　不同地区不同茶树种植时间段的土壤化学成分分析　　单位：%

	帕布约贾恩荒地	比索科皮地区种植茶树25—30年	希利卡地区种植茶树30年
有机物	3.76	4.32	5.19
氧化铁	1.72	2.73	9.83
氧化铝	3.29	3.91	4.19
氧化钙	0.06	0.08	0.11
氧化镁	0.47	0.74	0.78
钾	0.16	0.29	0.08
碳酸钠	0.24	0.11	0.08
磷酸	0.05	0.10	0.08
硫酸	0.02	0.02	0.02
不溶性硅酸盐（砂）	90.23	87.70	83.50
	100.00	100.00	100.00
含氮量	0.09	0.09	0.11

表5-23是对重壤土的分析：

表5-23　　　不同地区重壤土化学成分分析　　　单位：%

	胡坎古里地区种植茶树25年	塔卢普地区种植茶树30年	塔卢普地区种植茶树20—30年
有机物	4.67	4.59	3.86
氧化铁	3.19	2.43	2.42
氧化铝	6.28	4.94	4.19
氧化钙	0.16	0.10	0.10

续表

	胡坎古里地区 种植茶树 25 年	塔卢普地区 种植茶树 30 年	塔卢普地区 种植茶树 20—30 年
氧化镁	0.59	0.51	0.60
钾	0.50	0.29	0.24
碳酸钠	0.10	0.15	0.15
磷酸	0.07	0.09	0.08
硫酸	0.02	0.02	0.02
不溶性硅酸盐（砂）	84.42	86.88	88.34
	100.00	100.00	100.00
含氮量	0.10	0.09	0.09

因此，无论轻壤土还是重壤土的化学成分都非常相似。总体而言，整个地区的磷酸含量与山谷中的一样丰富，再加上完美气候、频繁采摘期，很大程度上使得这个地区茶叶品质卓越。然而，除非补充有机质和氮，否则土壤将会退化。在一些地方可获得相当好的草皮土壤以用于表层施肥。然而总的来说，不管草皮土是否有效，重壤土应广泛施用绿肥，轻壤土施用牛粪，并都与饼肥敷料相结合。并且轻壤土，也应该偶尔施用钾肥。这里列出了一个可能比较适合该区域的施肥计划：

轻壤土部分：

第 1 年：每英亩 5 吨牛粪。

第 2 年：不施肥。

第 3 年：每英亩 10 孟德饼肥。

第 4 年：在春天施乌头叶菜豆绿肥。

第 5 年：不施肥。

第 6 年：每英亩 5 吨牛粪。

这个施肥计划每年为每英亩土地提供 25 磅氮。在第 4 年时施用绿肥，每隔 5 年轮作一次，因此每 10 年一次，在播撒乌头叶菜豆种子前每英亩土地增施 2 英担硫酸钾或者 5 英担的草木灰。

重壤土部分：

第 1 年：在春天施乌头叶菜豆绿肥。

第 2 年：每英亩 7 吨牛粪或者每英亩 10 孟德饼肥。

第 3 年：不施肥。

第 4 年：正如第 1 年一样施用绿肥，并以此类推。

这个施肥计划能够每年为每英亩土地提供 30 磅氮，并且还将大大改善土壤的透气性。

我们必须认识到，尽管这片土地最初深厚且肥沃，但由于深层土地中有机质的耗尽，每年都需要更频繁的采摘以保持茶叶质量。我在去年 12 月的考察期间确信了这一事实。如果不采用上述方法，最终将不可避免地失去萨迪亚路段现在所特有的品质。

西布萨噶地区

从德兴向西到布拉马普特拉河南岸是该省西布萨噶地区的各个区域。从德兴到德科（Dekko）的那加山脚下坐落着索纳里茶园群；索纳里茶园群和布拉马普特拉之间有几个独立茶园，其中最重要的是马伦茶叶公司和拉吉麦茶叶公司（Rajmai Tea Co.）的茶园。德科西部坐落着一连串古老茶园，除了纳齐拉附近，它们围绕着那加山，坐落在低矮的山脉和毗连的平坦土地上。然而，在穿过詹兹河（Jhanzie River）之后，适宜种茶的土地扩展并延伸到更靠近河流的诺瓦卡恰里、梅伦、辛那马拉，最终到达布拉马普特河岸的尼格力丁。从这里开始，高地形成了一系列红土垄，几乎与河流成直角，直到到达丹斯里河（Dhunsiri River）。再往西是一片红土高原，一直延伸到米克尔山（Mikir hills）底部。

在这个巨大的西布萨噶地区，土地特征是多样化的。我还没能够分析索纳里部分土壤，其土壤变化也非常大。在茶区最东端（托克和加博卡等茶园）的山脚下形成适宜茶树种植的高原，其中大部分最近才开垦出来。它由黑色中等壤土和黄褐色底土组成。大部分是森林，但也有一些草地。这片土地上的茶园还没有老到需要施肥的程度，但是推荐给迪布鲁加尔草地的施肥方法（见前文）可能会适合这片土地。

从我刚才谈到的索纳里高原开始，一连串低矮的茶园绕过山丘底部，延伸到阿姆利则茶园。许多茶树都是在产茶初期种植的，总的来说，山坡已经被严重侵蚀，茶树几乎裸露在土壤外，生长得不旺盛。事实上，在一些案例中，我被告知这些茶园几乎不值得继续种植。然而，最初这些丘陵土壤非常适合种茶。表5-24是对博尔西拉（Borsillah）茶园新发现的优良茶土的分析。

表5-24　　博尔西拉茶园不同地带优良茶土的化学成分分析　　单位：%

	丘陵地带	山丘底部平坦的土地
有机物	3.18	3.24
氧化铁	1.52	1.52
氧化铝	3.30	3.42
氧化钙	0.06	0.05
氧化镁	0.20	0.11
钾	0.14	0.17
碳酸钠	0.06	0.11
磷酸	0.02	0.03
不溶性硅酸盐（砂）	91.52	91.35
	100.00	100.00
含氮量	0.08	0.08

对少砂土壤的分析如下表5-25所示：

表5-25　　博尔西拉茶园不同地带优良茶土的
少砂部分化学成分分析　　单位：%

有机物	37.50	37.45
氧化铁	17.93	17.57
氧化钙	0.71	0.58
钾	1.65	1.96
磷酸	0.28	0.35
氮	0.94	0.92

尽管该地区茶树繁茂,但缺乏磷酸和钾,需要尽早施肥,但比现有许多茶园要好得多。然而,如上所述,大多数丘陵地带已被严重侵蚀,早期没有采取任何措施来保护土壤,现在成为大多数茶园中难看的景象。对于大多数情况,人们不建议花费大量资金修复这些土地,因为种植其他树可能比种植茶树更有利可图。但如果要恢复这些土地,最好的方法可能是用山脚或山顶的土壤填平被侵蚀的坡地,并用丛林覆盖物固定这些土壤,在坡地上种植楹树,并施用所有能节省下来的牛粪肥。但如果土壤退化不太严重,这样做是非常值得的,因为原始状态的土壤非常适合种茶。

离山越远,种植茶叶的土壤就越坚硬。它甚至在某些平原地区形成硬邦邦的红土高原。阿萨姆茶叶公司的一些老茶园分布在这片比较坚硬的土地上。表5-26是对那些多年种茶的茶园土壤的分析:

表5-26　　巴蒙普克里和麦基普尔老茶园土壤化学成分分析　　单位:%

	巴蒙普克里	麦基普尔
有机物	5.68	4.93
氧化铁	5.49	2.89
氧化铝	5.71	4.93
氧化钙	0.35	0.05
氧化镁	0.53	0.34
钾	0.33	0.31
碳酸钠	0.24	0.19
磷酸	0.07	0.05
硫酸	0.02	0.01
不溶性硅酸盐(砂)	81.58	86.30
	100.00	100.00
含氮量	0.13	0.13

迄今为止,这些茶园中施用的最有效肥料显然是网纹土,而且任何轻壤土都对这些茶园有益。与此相关,赫尔伯特先生写信告诉我有关巴蒙普克里的事:"表面施肥的土壤表现良好,但绝不是例外。这种处理

❖❖❖ 史料篇

茶土的方式极大地改善了我们的茶园土壤，即使是在像里格里这样的老旧地方，茶园土壤被使用了多次。"

我之所以能成功地使用贫瘠的表层土壤作为肥料，是因为表层施肥使土壤比以前更轻。上面的分析表明，麦基普尔土壤无论如何不会枯竭，添加更轻的养料使植物更有能力获得土壤中储存的养分。相反，在巴蒙普克里的一次实验中，使用黏性的土壤，效果则不明显。

乌头叶菜豆绿肥在这里显著有效，对这种类型的茶园都应该有良好效果。但是需要反复施用才能产生巨大的效益，例如在同一块土地上每3年施用1次，并尽可能在5月播种前再加一点牛粪（比如每英亩1吨）。通过这种方法，可获得更茂盛的绿肥作物，且肥料价值也大大提高。比如：

第1年：在四月每英亩土地施用1吨牛粪，在5月播撒乌头叶菜豆种子，在6月锄地。

第2年：不施肥。

第3年：在4月施用5吨牛粪或10孟德饼肥，在5月种植芥菜，在6月锄地。

第4年：不施肥。

第5年：重复第1年，并以此类推。

在这一地区，偶尔有几座茶园坐落在被稻田环绕的一小片隆起的土地上，例如拉吉麦。这样的茶园可以采用比什纳特和提斯浦尔河岸的施肥方法。

焦哈特地区

实际上，上述情况一直向西延伸到詹兹河。越过这条河后，似乎沿低矮山丘边缘种植茶树的茶园不再出现。适合种植茶叶的土地逐渐向平原延伸，直到焦哈特地区出现沿河流绵延数英里的砂质土壤带。事实上，我们发现该区域山脊群的起点是丹斯里河，一直延伸到布拉马普特拉。焦哈特山脊是阿萨姆茶土中最深、最脆弱、砂粒最多的部分。表

5-27 显示了它的砂质程度,以及在茶树长期培育过程中土壤的耗竭程度:

表 5-27　　　　焦哈特地区不同土壤的化学成分分析　　　　单位:%

	辛那马拉荒地	辛那马拉种植茶树 40 年	40 年间土地损耗	诺阿卡恰里荒地	诺阿卡恰里种植茶树达 30—40 年	30—40 年间土地损耗
有机物	2.87	2.55	11.1	2.74	1.82	33.5
氧化铁	0.91	1.10	—	0.80	0.80	—
氧化铝	2.13	2.12	—	1.92	1.77	—
氧化钙	0.04	0.04	—	0.06	0.04	33.3
氧化镁	0.18	0.16	—	0.16	0.18	—
钾	0.10	0.13	—	0.09	0.09	—
碳酸钠	0.02	0.06	—	0.09	0.10	—
磷酸	0.03	0.03	—	0.03	0.02	33.30
硫酸	0.02	0.01	—	0.01	0.01	—
不溶性硅酸盐(砂)	93.70	93.80	—	94.10	95.17	—
	100.00	100.00	—	100.00	100.00	100.00
含氮量	0.09	0.07	22.20	0.09	0.07	22.20

以除去砂质部分的土壤为基础进行计算,结果如表 5-28 所示:

表 5-28　　焦哈特地区不同土壤少砂部分的化学成分分析　　单位:%

	辛那马拉荒地	辛那马拉种植茶树 40 年	诺阿卡恰里荒地	诺阿卡恰里种植茶树 30—40 年
有机物	45.56	41.13	46.44	37.68
氧化铁	14.44	17.74	13.56	16.57
石灰	0.63	0.65	1.02	0.83
钾	1.59	2.10	1.53	1.86
磷酸	0.48	0.48	0.51	0.41
氮	1.43	1.13	1.53	1.45

土壤消耗显而易见,而且如果考虑到可用养料的实际数量,这种消

耗就会变得更加明显（见前文）。尽管土壤的深度很大程度保护了它们免于严重退化，但在这里应该特别使用修复砂质茶土的方法。辛那马拉的肖沃斯先生（Showers）告诉我，他正在建造牛棚，努力保留尿液用于施肥。这显然是朝着正确方向迈出的一步。我相信在当地就能买到足量芥菜饼肥。此外，乌头叶菜豆作绿肥已经在辛那马拉取得了成功，不仅使茶树更加繁茂，而且有效防治蚜虫。这里的网纹土层通常具有丰富表土，但底土养料较少，正如以下对辛那马拉的网纹土分析所显示的那样，因此不能过分依赖土壤作为肥料来源。

表 5-29　　　　不同深度网纹土层的有机物和氮含量　　　　单位：%

	网纹土层表土	网纹土层底土	网纹土层已开垦
有机物	6.05	2.04	3.31
氮	0.25	0.06	0.11

一个合适的茶园治理计划如下：

第 1 年（剪枝前一年）：在春天每英亩土地施粪肥 5 吨。

第 2 年（剪枝）：在 5 月栽培乌头叶菜豆，在 6 月锄地。

第 3 年：不施肥。

第 4 年：不施肥。

第 5 年：在 5 月每英亩土地施用 5 英担草木灰并且培植乌头叶菜豆，在 6 月锄地。

第 6 年：每英亩土地施粪肥 5 吨，或者更好的是在每英亩土地上施用 10 孟德芥菜混合 1-2 英担磷酸。

第 7 年：像第 2 年一样培植乌头叶菜豆。

第 8 年：不施肥。

第 9 年：不施肥。

第 10 年：像第 5 年一样培植乌头叶菜豆，并以此类推。

从西边希里亚卡到东边诺阿卡恰里的整块茶土都可以用上述方法处理。

刚刚讨论过的地区往西几英里处的一座山脊具有更加明显的重壤土特征，包括杜夫拉廷、潘巴里和莫阿邦德茶园，或许还有更多茶园。虽然它包含一些砂地，但总的来说，它是一块细碎且质地相当厚重的肥沃土壤。表5-30分析展现了它的基本特征：

表5-30　　莫阿邦德和杜夫拉廷茶园土壤化学成分分析　　单位：%

	莫阿邦德荒地	杜夫拉廷植有茶树3年
有机物	4.89	4.95
氧化铁	2.94	2.99
氧化铝	4.94	3.94
石灰	0.01	0.05
氧化镁	0.32	0.27
钾	0.35	0.25
碳酸钠	0.19	0.17
磷酸	0.06	0.05
硫酸	0.02	0.04
不溶性硅酸盐（砂）	86.28	87.29
	100.00	100.00
含氮量	0.14	0.13

如果掩埋修枝对任何地方都有利，那么在这一组茶园中，可能最值得未受枯萎病影响的地块上进行，当然掩埋需要混合碱渣或生石灰。无论如何，应尽一切努力使土壤和底土变轻。种植楹树将是有益的。掩埋绿肥作物、牛粪也是如此。饼肥已被有利地使用。

戈拉加特地区

人们在莫阿邦德西部发现了山脊群，或者说是山脊遗迹，土壤呈红色且盛产茶叶。尼格力丁茶园位于其中一座山脊尽头，它隐没在布拉马普特拉的巴杜利帕尔、兰加戈拉公路等地。在尼格力丁的网纹土层有大量适合做肥料的淤泥，同样土壤也非常肥沃。尼格力丁茶园荒地的化学成分分析结果如表5-31所示：

表5-31　　　　尼格力丁茶园荒地土壤化学成分分析　　　　单位：%

	尼格力丁荒地
有机物	5.32
氧化铁	2.74
氧化铝	5.10
石灰	0.03
氧化镁	0.36
钾	0.26
碳酸钠	0.23
磷酸	0.06
硫酸	0.02
不溶性硅酸盐（砂）	85.88
	100.00
含氮量	0.18

如果采用适当的采摘方法，这片土地的茶叶质量能与该地区其他优质土地相媲美。

这些山脊上的其他茶园在土壤性质上并没有太大不同。下面对兰加戈拉路的整块土壤、表土和底土的分析结果，显示出土壤的一般特性，但这一特定样本比平均水平差得多。如表5-32所示：

表5-32　　兰加戈拉路的整块土壤、表土和底土化学成分分析　　单位：%

	兰加戈拉路		
	整块土壤	表土	底土
有机物	4.69	4.33	5.06
氧化铁	2.78	2.22	3.34
氧化铝	5.96	4.45	7.47
石灰	0.05	0.05	0.05
氧化镁	0.24	0.18	0.30
钾	0.27	0.21	0.32
碳酸钠	0.13	0.13	0.13
磷酸	0.05	0.05	0.05

续表

	兰加戈拉路		
	整块土壤	表土	底土
硫酸	0.02	0.02	0.02
不溶性硅酸盐（砂）	85.81	88.36	89.26
	100.00	100.00	100.00
含氮量	0.09	0.10	0.07

饼肥对这种土壤效用显著，总的来说，饼肥是这些山脊茶园最好的肥料，绿肥次之。这些肥料可以这样施用：

第1年：在3月时每英亩土地施用10孟德蓖麻或者12孟德芥菜。

第2年：在8月播种乌头叶菜豆，在9月末或10月初锄地。

第3年：不施肥。

第4年：不施肥。

第5年：在春天每英亩土地施用5英担草木灰，紧接着在5月种植乌头叶菜豆，在6月锄地。

推荐使用牛粪，按照2英担饼肥配合施用1吨牛粪的比率。

朝着戈拉加特车站方向靠近山丘的地方，土壤很明显由红色变成灰色。我没有采集到这个地方的任何样本，因此目前无法为其提出施肥方法。

在丹斯里河西侧，地势突然上升成为高原。高原向外延伸过程中，海拔逐渐降低，直到米克尔山。这里的土壤非常适合茶叶种植，对其分析如下表5-33所示：

表5-33　米克尔山的整块土壤、表土和底土化学成分分析　　单位：%

	米克尔山			博尔萨波里
	整块土壤	表土	底土	
有机物	4.81	5.88	3.75	3.47
氧化铁	2.75	2.78	2.72	2.33
氧化镁	4.54	4.79	4.29	2.75
石灰	0.06	0.08	0.04	0.07
碳酸镁	0.24	0.29	0.20	0.19

续表

	米克尔山			博尔萨波里
	整块土壤	表土	底土	
钾	0.25	0.28	0.21	0.20
碳酸钠	0.22	0.17	0.28	0.14
磷酸	0.06	0.07	0.04	0.04
硫酸	0.02	0.02	0.02	—
不溶性硅酸盐（砂）	87.05	85.64	88.45	90.81
	100.00	100.00	100.00	100.00
含氮量	0.13	0.16	0.09	0.09

对土壤非砂质部分的分析如下表 5-34 所示：

表 5-34　　米克尔山非砂质部分的整块土壤、表土和底土化学成分分析　　单位：%

	米克尔山	博尔萨波里
有机物	37.14	37.76
氧化铁	21.24	25.36
石灰	0.46	0.76
钾	1.93	2.18
磷酸	0.46	0.44
氮	1.00	0.98

这两种土壤都没有被耗尽，但都将受益于饼肥。事实上，就我所能观察到的，整个区域都可以用与丹斯里河另一侧完全相同的方法进行处理。

瑙贡地区

米克尔山西侧（也就是瑙贡地区所在地方）气候似乎与裂谷上方气候截然不同，土壤也比平常重，而且常常有坚硬底土，除了穿过赛科尼、索拉尔和凯利登的一部分和再次出现在兰加马蒂的红土垄外。

位于锡尔加特河（the river of Silght）附近的科利亚巴尔是一个独

特的地方，由过去用来放牧的重壤土组成，但含有大量磷酸盐。这使得茶树繁茂生长，但土壤需要尽可能多施用绿肥作物和牛粪。饼肥在这里也很珍贵。如果添加的磷酸盐和碳酸钾比牛粪或饼肥中的含量多，通常会被浪费掉。但土壤中必须含有有机物。

表5-35是对其中两个牧场土壤的分析结果：

表5-35　　科利亚巴尔两个牧场土壤的化学成分分析　　　单位：%

	1号	2号
有机物	5.01	3.76
氧化铁	4.03	2.43
氧化铝	7.38	5.01
石灰	0.09	0.19
氧化镁	0.47	0.44
钾	0.38	0.19
碳酸钠	0.34	0.22
磷酸	0.11	0.13
硫酸	0.04	0.01
不溶性硅酸盐（砂）	82.15	87.62
	100.00	100.00
含氮量	0.10	0.12

上面提到的红色山脊土品质良好且足够深重。表5-36是1985年采自兰加马蒂茶园的茶土分析结果，其用泥炭土作根外追肥且有20年历史、茶叶产量极好。该地区泥炭土较多，应大量使用。在没有泥炭土的情况下，每英亩土地施用10吨牛粪或10英担饼肥。或者按照戈拉加特地区的茶园规划处理土壤。

表5-36　　兰加马蒂茶园（瑙贡）土壤的化学成分分析　　　单位：%

	兰加马蒂茶园（瑙贡）土壤
有机物	4.29
氧化铁	1.66
氧化铝	4.29

续表

	兰加马蒂茶园（瑙贡）土壤
石灰	0.11
氧化镁	0.21
钾	0.26
碳酸钠	0.12
磷酸	0.08
硫酸	0.02
不溶性硅酸盐（砂）	88.96
	100.00
含氮量	0.11

该地区剩余部分由黏土组成，具有更硬的底土，易受干旱和过量降雨的影响。由于土地被深深的沟壑切割，除非通过斜坡排水，否则因雨水冲刷造成巨大损失。在这里排水必不可少，需要用到又深又窄的排水沟。曼尼普尔（Manipuri）耐受性较强的藤条是唯一适合这个地区的作物，实际上在整个地区都是如此。此外，在这些情况下，培植绿肥作物最有利可图，无论是在春天或在8月和9月。此外，种植椴树极有价值。在行间进行深耕，尤其是埋入山林肥料和牛粪，将会有很大好处。鉴于赤锈病普遍存在，我不建议掩埋修剪的树枝。在可行的情况下，灌溉将是有利的，但只能在少数情况下实现。该地区的一块已植有茶树15—20年的典型土壤，对其分析如下表5-37所示：

表5-37　　　　萨洛纳茶园的典型土壤的化学成分分析　　　　单位：%

化学成分名称	占比
有机物	5.14
氧化铁	3.29
氧化铝	6.84
石灰	0.05
氧化镁	0.27
钾	0.32

续表

化学成分名称	占比
碳酸钠	0.15
磷酸	0.04
硫酸	0.02
不溶性硅酸盐（砂）	83.88
	100.00
含氮量	0.09

小 结

这就是阿萨姆邦的各个地区的情况。推荐的施肥方法是基于几乎每个案例中都需要添加有机质和氮，经常性添加磷酸盐，偶尔需要钾肥。一般来说，在重壤土中，先施用磷肥再培植绿肥作物的效果最好；在轻壤土中，通常采用牛粪或饼肥（也用绿肥）形成最优添加物。所有施肥方法的最终目的是用最小的成本实现作物的最大改良。

中英文对照表

一 人物

Abbé Raynal	雷纳尔
Addison	阿迪森
Alcock	阿礼国
Balfour	巴富尔
Ball	鲍尔
Baron Humboldt	洪堡男爵
Boerhaave	布尔哈夫
Boswell	鲍斯韦尔
Botero	博塔罗
Cang Hee	康熙
Colonel Money	莫尼上校
Confucius	孔子
Dante	但丁
Dr. Jameson	詹姆森博士
Dr. Johnson	约翰逊博士
Dr. Royle	罗伊尔博士
Dr. Wallich	沃利克
Dr. Willich	维利希博士

Dr. Clark	克拉克博士
Du Halde	杜赫德
Duncan Forbes	邓肯·福布斯
Father Carpina	卡皮纳神父
Father Hyakinth	海基斯神父
Fontaney	洪若翰
Fortune	福琼
George Ⅲ	乔治三世
Hannay	汉尼
Hanneman	哈内曼
Henderson	韩德森
Hippocrates	希波克拉底
Holstein	荷尔斯泰因
Hutchison	哈奇森
J. C. H. Mitchell	米切尔
Jonas Hanway	乔纳斯·汉威
Kaempfer	坎普费尔
Kien-Long	乾隆
LETTSOM	莱特索姆博士
Liebig	李比希
Lindley	林黎
Linnaeus	林奈
Loch, R. N.	利洛上尉
Lord Elgin	埃尔金勋爵
Loyu	陆羽
M. Chamney	钱普尼
Mr. Soyer	索耶先生
Macartney	马戛尔尼

中英文对照表

Maffei	马菲
Joseph De Guignes	德金
Martini	卫匡国
Mr. Beale	比勒先生
Mr. Colledge	郭雷枢先生
Mr. Gordon	戈登先生
Mr. Isaac Disraeli	艾萨克·迪斯雷利先生
Mr. Murray	慕瑞先生
Mr. Pitt	威廉姆斯·皮特先生
Mr. Wickham	维克汉姆先生
Mr. Jacobson	雅各布森先生
Patin	帕坦
Père Amiot	钱德明牧师
Professor Tyndall	廷德尔教授
Protector Cromwell	护国公克伦威尔
Puankhequa	潘振承
Queen Catharine of Braganza	布拉干萨王朝的凯瑟琳女王
Robert Boyle	罗伯特·博伊尔
S. E. Peal	塞缪尔·爱德华·皮尔
Sir Charles Sedley	查尔斯·塞德利爵士
Sir George Staunton	乔治·斯汤顿
Sir Hans Sloane	汉斯·斯隆爵士
Sir Henry Pottinger	亨利·璞鼎查爵士
Sir Joseph Banks	约瑟夫·班克斯爵士
Thaer	泰伊尔
The Emperor Shin Nong	神农皇帝
Thomas Garway	托马斯·加威
Van Braam	范百兰

Van Horn	范霍恩
Von Siebold	冯·西博尔德
William Cobbett	威廉·科贝特
William Cowper	威廉·古柏
Wylde	怀尔德

二 著作

Agric Ledger	《农业分账》
An Account of The Cultivation and Manufacture of Tea in China	《中国茶叶生产加工报告》
Ancient History of Tea	《广陵耆老传》
Bell's Travels	《贝尔游记》
Canton Chy	《广州志》
Cha Kin	《茶经》
Cha Pu	《茶谱》
Chemistry of Agriculture	《农业化学》
Cottage Economy	《农舍经济》
Domestic Encyclopaedia	《国内百科全书》
Edinburgh Review	《爱丁堡评论》
Encyclopedia Britannica	《不列颠百科全书》
Essay on the Nature, Use and Abuse of Tea	《论茶的性质、用途和滥用》
Gazette	《伦敦宪报》
Geography of China	《中国新地图志》
Green Tea	《绿茶》
Handboek v. d. Kult. en Fabrik. v. Thee	《茶叶培养和制造手册》
Harleian Miscellanies	《哈雷杂集》
Historical Account of China	《中国历史与现状概述》

中英文对照表

Hoa-king	《花镜》
Journal of the Asiatic Society of Bengal	《孟加拉亚洲协会杂志》
Journey from Portsmouth to Kingston-upon-Thames, & C.	《从朴次茅斯到泰晤士河畔的金斯顿之旅》
Kuen Fang Pu	《群芳谱》
La Revue Agricole	《农业新闻报》
Literary Magazine	《文学杂志》
Marcet's Vegetable Physiology	《植物生理学》
Mémoires Concernant les Chinois	《北京传教士关于中国历史、科学、艺术、风俗、习惯及其他之论考》
Mercurius Politicus	《政治快报》
Monographie du Thé	《茶的专著》
Oriental Repertory	《东方宝库》
Pen Csao Kiang Moo	《本草纲目》
Periplus of The Erythroean Sea	《爱利脱利亚海周航记》
Rape of The Lock	《夺锁记》
Report on Ceylon Tea Soils	《关于锡兰茶叶土壤的报告》
Rolls Series	《档案丛刊》
Rugge's Diurnal	《托马斯·鲁格的日记,1659—1661》
She King	《诗经》
Tea Cultivation	《茶叶种植》
The Canton Register	《广州纪录报》
The Mulberry Garden	《桑园》
The Vû Ye Shan Chy	《武夷山志》
Theory of Horticulture	《园艺学》

Transactions of The Agricultural and Horticultural Society of India	《印度农业园艺学会学报》
Tropical Agriculturist	《热带农学家》
Wanderings in China	《中国北方的三年之旅》

三 地区

Addabari	阿达巴里
Airdie	艾尔德里
Amluckie	阿姆拉基
Amoor	黑龙江
Ancient Brittany	古布列塔尼
Ankoy	安溪
Anniesbarie	安妮斯巴瑞
Ashantee	阿散蒂
Assam	阿萨姆邦
Badulipar	巴杜利帕尔
Balijan	巴里扬
Bamon Pukri	巴蒙普克里
Bantam	班塔姆
Beesocopi	比索科皮
Behalli	比哈利河岸
Bhabar	珀珀尔
Bhutia Chang	布提亚
Bindukuri	宾都库里
Bishnath	比什纳特
Bohea	武夷
Bor Sapori	博尔萨波里
Borahi	博拉希

中英文对照表

Borelli River	博雷利河
Borghat	博尔加特
Bourdeaux	波尔多
Bramahkoond	布拉姆
Brewster	布鲁斯特
Burdwan	伯德万
Burgundy	勃艮第
Cachar	察查县
Cairo	开罗
Calcutta	加尔各答
Canton	广州
Ceylon	锡兰
Che Kiang	浙江
Cheong-sow-Kie	长沙
Chubwa	茶播
Chung Ling Chy Ky	崇陵寺
Chusan	舟山
Chy She	赤石
Cinnamara	辛那马拉
Cochin-China	越南
Cordova	哥多华
Csao Tuon	曹墩
Csong Ngan	崇安
Csong Ngan	慈恩
Dehing	德兴河
Dejoo	特爵
Dhubri	图布里
Dibrugarh	迪布鲁加尔

Dikorai	迪克拉伊
Dinagepore	迪奈普
Dooars	杜阿尔斯
Doolahat	杜拉哈特
Doom-Dooma	多奥姆多奥马
Dooria	戈拉加特多利亚
Duflating	杜夫拉廷
Fanchang	繁昌县
Firando	平户
Fo-gan	佛冈
Fo-kien	福建
Foo-chew-foo	福州府
Ganges	恒河
Gauhati	高哈蒂
Geu Ning	建宁
Golaghat	戈拉加特
Gotoonga	戈东加
Great Britain	英国
Guadalquivir	瓜达尔基维尔河
Han Kiang	汉江
Hankow	汉口
Harmutty	哈姆提
Hathibari	哈蒂巴里
Hattigor	哈蒂戈尔
Hautley	霍特利
Heeleaka	希里亚卡
Kotalguri	科塔尔古里
Hermitage	埃米塔日

中英文对照表

Hoamg Pe	黄柏
Hokeu（Hohow）	河口
Honan	河南
Hoogrijan	胡格里詹
Hoolmarie	胡尔马利
Hooquong	湖广
Houpe	湖北
Hoonam	湖南
Hukanguri	胡坎古里
I-cheu	沂州
Indian	印度
Ireland	爱尔兰
Jaboka	加博卡
Jaintia	詹塔
Jaipur	斋浦尔
Java	爪哇岛
Jorhat	焦哈特
Joyhing	喜兴
Kalgan	张家口
Kamrup	坎如普
Kellyden	凯利登
Keoo-lung	九龙河
Keyhung	基洪
Khasia	卡西
Kiang-nan	江南
Kiangsi（Kiangsee、Kiang-sy）	江西省
Kien Yang	建阳
Kien-ning-fu	建宁府

Keu-V	建瓯
Kieu-kio-kee	九曲溪
Kinkiang river	荆江
Kiu-cheu-fu	衢州府
Kiu-kiang	九江
Koliabar	科利亚巴尔
Korkani	科卡尼森林
Kung Kuon	公馆
Lachryma Christi	拉克里麦克利斯蒂
Lake Poyang	鄱阳湖
Lapa	湾仔
Lee	李河
Ligri Pukri	里格里普克里
Lilabari	利拉巴里
Li-ling	醴陵
Liverpool	利物浦
Macao	澳门
Mackeypore	麦基普尔
Madras	马德拉斯
Majulighur	马朱利古尔
Mangaldai	芒格阿尔多伊
Mazengah	马赞加
Merbheel	默布赫尔
Mersey	默西河
Mijikajhan	米吉卡扬
Mikir	米吉尔
Mississippi	密西西比河
Moabund	莫阿邦德

❖ ❖ 中英文对照表

Mong-shan	蒙山
Moo-yuen	婺源
Mutrapore	穆特拉波尔
Naga	那加
Naganijan	纳加尼詹
Nagrijuli	纳格里朱利
Nahor Rani	纳霍拉尼
Nahorhabi	纳霍尔哈比
Nangasacki	长崎港
Nan-king	南京
Naples	那不勒斯
Napuk	纳普克
Nazira	纳齐拉
Nganhui	安徽省
Nigriting	尼格力丁
Ning Po	宁波
Ningchow	宁州
Ning-te	宁德
Noakachari	诺阿卡恰里
Noholia	诺霍莉娅
North Lakhimpur	诺尔特拉基姆普尔（北拉金普尔）
Nowgong	瑙贡
Numaligarh	努马利加尔
Nuy Shan	内山
Orangajuli	奥莱格居力
Ostend	奥斯坦德
Pabbojan	帕布约贾恩
Panbarrie	潘巴里

Panitola	帕尼托拉
Pack Yuen Shan	宝源山
Pe-chy-ly	北直隶
Peiho River	白河
Pe-Kiang River	北江
Ping Suey	平水
Pu-ching-hien	浦城县
Py Kung	皮坑
Quong tong	广东
Quong-sy	广西
Rajmahal	拉治马哈
Rangamati	兰加马蒂
River Jodo	净土川
River Kan-chang	赣江
Rrahmaputra Valley	布拉马普特拉河谷
Salonah	萨洛纳
Samaguri	萨马古里
Sangaua	桑高亚
Scmerton	萨默顿
Seconee	赛科尼
Seleng	赛伦
Serra dos Orgaos	奥尔冈斯山脉
Sha-heen	沙县
Shan-sy	山西
Shau-U	邵武
Shen-sy	陕西
She-pa-tan	十八滩
Sheu-chew-fu	潮州府

Siang-tam	湘潭
Sibsagar	西布萨噶
Silghat	西尔加特
Sing-csun	星村
Singrimari	新格里马里
Solal	索拉尔
Sonajuli	索纳朱里
Sonari	索纳里
South America	南美
Subansiri River	苏班西里河
Su-chao	苏州
Suez Canal	苏伊士运河
Suiffry	萨弗里
Sunglo-shan	松萝山
Sung-yong	崇阳
Suntok	顺托克
Sy-chu-shan	西樵山
Sylhet	锡尔赫特
Szu-chuen Ssu-chuan	四川省
Talup	塔卢普
Ta-moey-ling（Tay-moey-ling）	大梅岭
Tezpore	提斯普尔
Thames	泰晤士河
Tien-sing	天津
Tingri	定日
Tippum	蒂普姆
Tong Moo Kuon	桐木关
Tong-shan	通山

Tonkin	东京
Toonting lake	洞庭湖
Towkok	托克
Tsong-gan-hien	崇安县
Upper Assam	北阿萨姆
Upsal	乌普萨拉
Vienna	维也纳
Whey-chew-fu	徽州府
Woodbine	伍德拜恩
Woosung	吴淞
Wo-ping	和平县
Yang-cse-kiang	扬子江
Yang-low-tung	羊楼洞
Yen Ping	延平
Yu-ning	豫宁

四 其他专有名词

Adhatoda Vasica	鸭嘴花
Albiszia Odopatissima	香合欢
Albizia Chinensis	楹树
alkalies	碱性
Amgoorie	阿姆利则茶园
annas	安那
Apothecaries' Hall	（英国）药剂师协会
Assam Tree	阿萨姆树
azote	氮
Bagshot Beds	巴格肖特层
Bamgaon	提斯浦尔巴姆冈茶园

❖❖ 中英文对照表

Basic Slag	碱渣
Bassia Latifolia	阔叶雾冰藜
Bessemer Process	贝塞麦转炉炼钢法
Bishnauth Tea Co.	比什纳特茶叶公司
Black-leaf Flowery Pekoe	黑叶花香白毫
Blights	枯萎病
Blister Blight	疱病
Bogga Medeloa (Tephrosia Candida)	白灰毛豆
Borelli Tea Company	博雷利茶叶公司
Brassica Orientalis	东方芥属植物
Brassica Sinensis	油菜
British Assam Tea Company	英国阿萨姆茶叶公司
Broken Orange Pekoe	碎橙香白毫
Bushels	蒲式耳
Calcareous Rocks of the Coal	钙质煤岩
Cambrian	寒武纪岩
Camellia	山茶科
Caper	珠兰茶
Caterpillars	毛毛虫
Chalk	白垩层
Ching-wo	政和茶
Cochin Chinensis	越南树种
Cocoanut Cake	椰子饼
Collar-pruning	定型修剪
Congous	工夫茶
Conservatoire des Arts et Metiers	巴黎"国家工艺学院"
Cotton Cake	棉花饼
Crotalaria striata	条纹猪屎豆

cwts.	英担
d.	便士
Dalbergia Assamlca	紫花黄檀
Darjeeling Tea Gardens	大吉岭茶园
Dejoo Tea Co.	特爵茶叶公司
Desmodium Polrcarpum	糙毛假地豆
Devonian	泥盆纪岩层
Dog-rose	犬蔷薇
Elphinstone	益花臣
Erythrina indica	刺桐
Faggot Worms	蠕虫
Filling in Vacancies	间作
Fine Souchong	正山小种茶
Fychows	徽州茶
Granite	花岗岩
Graywacké	杂砂岩
Green Cerin	绿蜡酸
Grevillea robusta	银桦
grey blight	灰霉病
Han dynasty	汉代
Harchurah	哈库拉茶园
Hastings Beds	哈斯丁层
Heavy-pruning	重修剪
Heu Han dynasty	三国时期
Summer solstice	夏至
Hong Moey Pekoes	香茅白毫
Igneous	火成岩
Indian Tea Association	印度茶叶协会

中英文对照表

Jhanzie	詹兹茶叶公司
Kaisow	华南红茶
Katjang Oil	花生油
Ko Yu	谷雨
Kokow	祁红
Leang Ching	晾青
Lias	青色石灰岩
Lien-czu-sin	莲子心
Lignin	木质素
Limestone	石灰岩
Linseed cake	亚麻籽饼
London Clay	伦敦黏土层
Long-csin tea	龙井茶
Lord Amherst's Embassy	阿默斯特勋爵大使馆
Lower Greensand	下海绿石砂
Lupin	羽扇豆
Ly Hia	立夏
Mahua Cake	麻花饼
Malabathrum	肉桂叶
Margosa Cake	楝树饼
Mati Kalai	乌头叶菜豆
Nabor	铁力木
Metamorphic	变质岩
Mid-hill Tea	中山茶
Milstone Grit	磨石粗砂岩
Moning	武宁红茶
Mountain Limestone	山地石灰岩
Mustard Cake	芥菜饼肥

Nao-Csee	脑子茶
Nectria Camelliae	枝干溃疡病
New Red Sandstone	新红砂岩
Ning-yong	宁红茶
Nitrogenous fertilisers	氮肥
Non-Calcareous Rocks of the Coal	煤的非钙质岩石
Nossa Senhora da Penha	派尼亚圣母神殿
Oc Ching	渥青
Oilcake	油饼
Oolite	鲕状岩
Oolong	乌龙茶
Padre Souchung	僧侣小种
Pakling	北岭茶
Pekoe	白毫茶
Phosphatic Manures	磷肥
Physic	中药学
Plantain	车前草
Po Ky	簸箕
Po Lam	簸篮
Poey	焙
Poey Long	焙笼
Poppy cake	罂粟饼
Pouchong	包种茶
Puon Shan Souchong	正山小种茶
Puon Shan Tea	普山茶
Reaumur	列氏温度
Red Leaf	小种红茶
Red Rust	赤锈病

中英文对照表

Rivington Pike	利文顿山峰
Royal Exchange, London	伦敦皇家交易所
San Chun	三春
Sandstone	砂岩
Schistose	片岩
Scoop-baskets	竹簸箕
Sesamum Cake	芝麻饼
Siao Poey	小红袍
Silurian	志留纪岩
Simul	木棉树
Singlo	松萝茶
Sonchy	松溪
Souchong	小种茶
Stricta Aiton	艾顿变种
Suey	隋朝
Sulphate of Ammonia	硫酸铵
Sultaness Head	苏丹人像咖啡店
Sung dynasty	宋朝
Ta Poey	大红袍
Tai-pings	太平茶
Tang	唐朝
Te Tsong	唐德宗
Teu Chun	头春
The Bengal United Tea Company	孟加拉联合茶叶公司
The Crimean War	克里米亚战争
The East India Company	英国东印度公司
The Emperor Wen Ty	文帝时期
The New River Company	新河公司

The Time of Yao and Shun	尧舜时代
Tien Hing	巔馨
Tien-kais	天台茶
To Ching	退青
Tribasic Phosphatic of Lime	磷酸三钙
Tsin Dynasty	晋朝
Tsing Ming	清明
Twankay	屯溪茶
Udsi	新潟茶
Ul Chun	二春
Up-country Bohea	内地武夷茶
Upper Green Sand	上海绿石砂层
Uraria Crinita	猫尾草
Vin de Grave	格拉夫餐酒
Way Shan	外山茶
Withering	萎凋
Wood Ashes	草木灰
Yen	岩茶
Yu-tsien	雨前

参考文献

一 史料类

（唐）韩鄂原编：《四时纂要选读》，缪启愉选译，农业出版社 1984 年版。

（清）秦达章修，（清）何国佑纂：光绪三十一年刊本《霍山县志》卷二《物产》，国家图书馆藏民国石印本。

（清）王崧编纂，李春龙点校：《云南备征志（下）》，云南人民出版社 2010 年版。

姚贤镐编：《中国近代对外贸易史资料（1840—1895）》，中华书局 1962 年版。

二 论文类

毕卓君：《爪哇茶业之勃兴与华茶海外贸易之影响》，《上海总商会月报》1927 年第 7 卷第 12 号。

刁莉、金靖壹、胡娟：《全球化视野下的近代中俄贸易：以棉布和茶叶为中心》，《清华大学学报》（哲学社会科学版）2019 年第 2 期。

董晓汾：《供求，偏好与政府干预——18 世纪以来世界茶叶市场的嬗变》，博士学位论文，山西大学，2021 年。

冯国福译：《中国茶与英国贸易沿革史》，《东方杂志》1913 年第 3 期。

胡赤军：《近代中国与西方的茶叶贸易》，《东北师大学报》（社会科学版）1994 年第 1 期。

贾雯：《英国茶文化及其影响》，硕士学位论文，南京师范大学，2008 年。

角山荣、玉美、云翔：《红茶西传英国始末》，《农业考古》1993 年第 4 期。

林齐模：《近代中国茶叶国际贸易的衰减——以对英国出口为中心》，《历史研究》2003 年第 6 期。

刘章才：《饮茶在近代英国的本土化论析》，《世界历史》2019 年第 1 期。

苏全有：《论清代中俄茶叶贸易》，《北京商学院学报》1997 年第 1 期。

陶德臣：《19 世纪 30 年代至 20 世纪 30 年代中印茶业比较研究》，《中国农史》1999 年第 1 期。

陶德臣：《英国茶叶消费的发展及其影响》，《茶业通报》2021 年第 4 期。

陶德臣：《英属锡兰茶业经济的崛起及其对中国茶产业的影响与打击》，《中国社会经济史研究》2008 年第 4 期。

汪敬虞：《中国近代茶叶的对外贸易和茶业的现代化问题》，《近代史研究》1987 年第 6 期。

王涛、王华玲：《清代茶叶贸易衰败的政策因素探析》，《农业考古》2010 年第 5 期。

萧致治、徐方平：《中英早期茶叶贸易——写于马戛尔尼使华 200 周年之际》，《历史研究》1994 年第 3 期。

虞文霞、江志伊：《〈种茶法〉考释——兼论清代茶叶种植技术的进步》，《农业考古》2016 年第 5 期。

曾丽雅、吴孟雪：《中国茶叶与早期中美贸易》，《农业考古》1991 年第 4 期。

张小坡：《近代安徽茶叶栽培加工技术的改良及其成效》，《中国农史》2011 年第 2 期。

庄国土：《茶叶、白银和鸦片：1750—1840 年中西贸易结构》，《中国经济史研究》1995 年第 3 期。

三　著作类

［英］艾伦·麦克法兰、［美］艾丽斯·麦克法兰：《绿色黄金：茶叶帝

国》,扈喜林译,周重林校,社会科学文献出版社2016年版。

［英］爱尼斯·安德逊:《英使访华录》,费振东译,商务印书馆1963年版。

陈椽编著:《茶业通史》,中国农业出版社2008年版。

陈慈玉:《近代中国茶叶的发展与世界市场》,中国台北"中研院"1982年版。

程天绶:《种茶法》,商务印书馆1931年版。

丁援、马志亮、许颖:《文化线路在中国》,东方出版中心2020年版。

福建省政府建设厅:《福建建设报告》(第9册),福建省政府建设厅1936年2月。

［英］格林堡:《鸦片战争前中英通商史》,康成译,商务印书馆1961年版。

江滢河:《奥斯坦德公司对华贸易初探》,李向玉、刘泽生主编《港澳研究〈澳门理工学报〉专栏文萃2011—2013》,社会科学文献出版社2018年版。

［美］李明珠:《中国近代蚕丝业及外销(1842—1937年)》,徐秀丽译,上海社会科学院出版社1996年版。

梁碧莹:《龙与鹰:中美交往的历史考察》,广东人民出版社2004年版。

［英］罗伯特·福琼:《两访中国茶乡》,敖雪岗译,江苏人民出版社2016年版。

［英］罗伊·莫克塞姆:《茶:嗜好、开拓与帝国》,毕小青译,生活·读书·新知三联书店2010年版。

［英］马克曼·埃利斯、［英］理查德·库尔顿、［英］马修·莫格:《茶叶帝国:征服世界的亚洲树叶》,高领亚、徐波译,中国友谊出版公司2019年版。

［美］马士:《东印度公司对华贸易编年史1635—1834年》(第一、二卷),中国海关史研究中心组译,中山大学出版社1991年版。

彭南生:《中间经济:传统与现代之间的中国近代手工业1840—1936》,

高等教育出版社 2002 年版。

彭泽益：《中国近代手工业史资料 1840—1949》第 1 卷，生活·读书·新知三联书店 1957 年版。

彭泽益：《中国近代手工业史资料 1840—1949》第 2 卷，生活·读书·新知三联书店 1957 年版。

［美］萨拉·罗斯：《茶叶大盗：改变世界史的中国茶》，孟驰译，社会科学文献出版社 2015 年版。

上海通商海关总税务司署编：《光绪三十二年三都澳港口华洋贸易情形论略》，《通商各关华洋贸易总册》（下），通商海关总税务司署 1984 年版。

石涛等：《近世以来世界茶叶市场与中国茶业》，社会科学文献出版社 2020 年版。

［美］威廉·乌克斯：《茶叶全书》（上卷），侬佳、刘涛、姜海蒂译，东方出版社 2011 年版。

吴觉农、范和钧：《中国茶叶问题》（上、下），商务印书馆 1937 年版。

吴觉农、胡浩川：《中国茶业复兴计划》，商务印书馆 1935 年版。

仲伟民：《茶叶与鸦片：十九世纪经济全球化中的中国》，生活·读书·新知三联书店 2010 年版。

周重林、太俊林：《茶叶战争：茶叶与天朝的兴衰》，华中科技大学出版社 2015 年版。

［美］朱那逊：《费城与中国贸易》，费城 1978 年版。

四　外文资料

Anselin, L., "Local Indicators of Spatial Association-LISA", *Geographical analysis*, 1995, 27 (2).

Chaudhuri, K., *The Trading World of Asia and the English East India Company: 1660–1760*, Cambridge: Cambridge University Press, 1978.

Frank Leslie's Popular Monthly, New York: Frank Leslie Publishing House,

1883.

Gideon Nye, J. R., O. F. Canton, *Tea and the Tea Trade*, New York: Printed by GEO. W. Wood, 15 Spruce-street, 1850.

Harold H. Mann, *The Tea Soils of Assam, and the Tea Manuring*, Calcutta: W. Newman & Co., 1901.

H. B. Morse, *Chronicles of the East India Company Trading to China, 1635 – 1834*, Vol. 1, London: Clarendon Press, 1926.

Maicus Berliant and Thus Ten Raa, "A Foundation of Location Theory: Consumer Preferences and Demand", *Journal of Economic Theory*, 1988, 44 (2).

Reginald Hanson, *A Short Account of Tea and the Tea Trade with a Map of the China Tea Districts*, London: Whitehead, Morris and Lowe, 1878.

Samuel Ball, *An Account of the Cultivation and Manufacture of Tea in China*, London: Printed for London, Brown, Green and Longmans, Paternoster-row, 1848.

Thomas Short, *Dissertation upon Tea, Explaining Its Nature and Virtues*, London: W. Bowyer, 1730.

后　记

如何建设中国特色、中国风格、中国气派的哲学社会科学，是当今学者面临的首要任务。提出中国问题被世界各国学者所接纳并形成研讨趋势、基于中国发展实际提出有别于旧有理论的基本学术构架，是打破西方垄断世界学术话语体系的重点。中国经济史研究在很长一个历史时期的最大挑战就是提出一个为全世界关注和讨论的问题。

中国经济史研究从以生产关系为主线转变到生产力研究为核心的过程，经历了面对西方学术话语的被动应对到主动脱钩。2008年以后，针对彭慕兰的《大分流》中国学者提出一个十分逻辑化的否定后，中国的史学研究开始回归"小题大做"，回归以文本解读为主的纯历史方法，或是工具使用的极端化。当前学术界形成回归纯历史方法和极端化工具使用两种趋势最本质的原因是发现问题。事实上，这两种趋势并非坏事，也许意味着中国的史学研究回归本体理性，也是中国人发现中国问题的前奏。在我看来，方法只是试错的手段。作为一个经济史的研究者，思考问题的广度、深度以及视角更为重要。仅站在中国角度去看问题，缺乏世界史和中国史之间有机关联，自然难以提出一个为世界关注、讨论与研究的学术问题。

德国教育学家第斯多惠曾说，"教育的艺术不在于传授知识，而在于唤醒、激发、鼓舞。"传授知识是高等教育的重要组成部分，但教育的艺术则在于启发学生自主探究新事物的热情，培养能够持续这种热情

后　　记

的毅力。因此，在我看来，大学的使命是培养一种情怀，一种超越考试、就业等功利性目标的理想。让学生真正弄清"我为什么学"和"我为谁学"，将"我"能发现和解决国家经济社会发展中的问题作为目标，考试就业作为过程，不断自主延展自己的知识体系，将国家利益和个人学业相结合，实现"天生我材必有用"的个人价值。而在解决问题过程中旁涉的诸多学科知识，才是提出引发广泛关注的中国问题的基础。

以吾之愚钝断不可能提出如此宏大的问题，唯以近代世界茶叶市场为题，继《近世以来世界茶叶市场与中国茶业》后，捃摭三部19世纪西方人著作加以译注，以盼对贤能者有所助益。

本书的编撰工作得到山西财经大学晋商研究院、山西省晋商文化基金会、山西省晋商文化研究会等单位的大力支持，感谢山西财经大学晋商研究院王书华院长、乔南副院长、山西省晋商文化基金会为本书提供的巨大帮助。感谢首都师范大学阎守诚先生、南开大学王玉茹先生和陕西师范大学李裕民先生对我的教诲。山西财经大学晋商研究院的梁娜老师、董晓汾老师，中国人民大学博士后部明钰，山西大学博士研究生韩笑、陈心颖、江雪、刘晓倩、曹原广、李唐、王瑞芬、郭宇晨等，硕士研究生郝子瑾、韩雨霏等，帮助搜集资料、整理校对，并参与部分写作。工作巨繁，谨致谢意。

石涛于山西大学东山校区

2023年12月

丛书后记

《晋商史研究文库第一辑》系列丛书总计五卷：第一卷《明清晋商与山西乡村的城市化研究》（乔南著，21.6万字），第二卷《晋商与经济带——清末民初西北—京津冀经济带的形成研究》（乔南著，22.7万字），第三卷《明清泽潞商人研究》（张林峰著，28.3万字），第四卷《民国时期斌记商行史料与研究》（梁娜著，21.6万字），第五卷·资料卷《18—19世纪茶叶市场史料与研究》（权彤、石涛等编著，49.1万字），该丛书汇聚了山西财经大学与山西大学两所高校的晋商研究力量，精心打造的晋商研究力作。晋商文化作为山西省的文化品牌之一，其研究亦是省内众多高校的学术特色。本丛书的顺利出版，是在前辈学者多年努力的基础上，晋商研究领域取得的又一重大成就。与以往研究相比，本丛书实现了以下突破：

第一，研究时段的扩展。

传统上，学界对晋商的认知多集中在清代，偶有涉及明代。晚清民初以后，尽管晋商传统形式已面临衰落，但仍有晋商在变革中重生，转型向近代工业，推动中国工业化进程。本丛书在研究时段上的扩展，弥补了以往研究的不足。

第二，研究理论的创新。

城镇化和近代化是明清经济史研究的重要议题。学界的研究多集中于江南地区，形成了所谓的"江南模式"，导致研究地域上的不平衡。

实际上，明清以来，随着晋商实力的增强，山西传统社会也发生了变革，乡村城市化趋势明显。山西地区出现的农村商业化、早期乡村工业化及城镇专业化等现象，与江南地区有相似之处。施坚雅的层级理论在山西地区也得到了验证。

第三，晋商内涵的深入探讨。

晋商研究的兴起，最初主要集中在晋中票号商人上，长期以来，晋商几乎等同于晋中票商的代名词。然而，晋商的内涵远不止于此，不同历史时期晋商的构成和经营领域都有显著差异。例如，明代晋商主要由晋南平阳府和晋东南泽州府、潞安府的商人构成，而清代晋中帮才逐渐崛起，并成为晋商的最杰出代表。本丛书对晋商早期代表泽潞商帮的研究，是对晋商内涵的扩充。

第四，研究视野的拓宽。

随着我国综合国力的提升，构建具有中国特色的学术话语体系，参与国际学术话语权的竞争变得尤为重要。20世纪七八十年代传入中国的西方理论，其核心是"西方中心论"，以欧洲发展模式作为衡量世界其他地区发展的标准。然而，这一标准的普遍性值得质疑，且可能反映了西方学界的傲慢和学术霸权。近年来，学界强调从本土视角寻找内部因素，是对上述观点的反思与修正。晋商现象可作为审视中国前近代社会的典型案例，从更广阔的视角提出问题。

第五，研究资料的深入发掘。

本文库几乎涵盖了现存的可利用材料。在研究中，大量使用了民间文献，如庙宇碑刻资料，并将田野调查应用于学术研究。晚清近代晋商研究则以大量存世的档案资料为对象，这类资料的丰富性和连贯性为深入个案研究提供了可能。尤其是国际学术交流的便利和海外文献的公布，为研究提供了额外助力，如东印度联合公司留下的系统性材料，是汉文史料的重要补充。

谨此记述。